春秋三傳（上）

孔子
（晉）杜預
（漢）何休
（戰國魯人）穀梁子　注釋

一部《春秋》是孔子的傑作，
孔子的學問包羅萬象，
《春秋》的含義何嘗簡單？
讀《春秋》，
必須讀三傳，
然三傳文辭不加注解也讀不明白。

春秋三傳序

晉杜氏預左傳序曰春秋者魯史記之名也記事者以事繫日以日繫月以月繫時以時繫年所以紀遠近別同異也故史之所記必表年以首事年有四時故錯舉以爲所記之名也周禮有史官掌邦國四方之事達四方之志諸侯亦各有國史大事書之於策小事簡牘而已孟子曰楚謂之檮杌晉謂之乘而魯謂之春秋其實一也韓宣子適魯見易象與魯春秋曰周禮盡在魯矣吾乃今知周公之德與周之所以王韓子所見蓋周之舊典禮經也周德既衰官失其守上之人不能使春秋昭明赴告策書諸所記註多違舊章仲尼因魯史策書成文考其眞僞而志其典禮上以遵周公之遺制下以明將來之法其教之所存文之所害則刊而正之以示勸戒其餘則皆即用舊史史有文質辭有詳略不必改也故傳曰其善志又曰非聖人孰能修之蓋周公之志仲尼從而明之左丘明受經於仲尼以爲經者不刊之書也故傳或先經以始事或後經以終義或依經以辯理或錯經以合異隨義而發其例之所重舊史遺文略不盡擧非聖人所修之要故也身爲國史躬覽載籍必廣記而備言之其文緩其旨遠將令學者原始要終尋其枝葉究其所窮優而柔之使自求之饜而飫之使自趨之若江海之浸膏澤之潤渙然冰釋怡然理順然後爲得也其發凡以言例皆經國之常制周公之垂法史書之舊章仲尼從而修之以成一經之通體其微顯闡幽裁成義類者皆據舊例而發義指行事以正褒貶諸稱書不書先書故書不言不稱書曰之類皆所以起新舊發大義謂之變例然亦有史所不書即以爲義者此著春秋新意故傳不言凡曲而暢之也其經無義例因行事而言則傳直言其歸趣而已非例也故發傳之體有三而爲例之情有五一曰微而顯文見於此而起義在彼稱族尊君命舍族尊夫人梁亡城緣陵之類是也二曰志而晦約言示制推以知例參會不地與謀曰及之類是也三曰婉而成章曲從義訓以示大順諸所諱辟壁假許田之類是也四曰盡而不汙直書其事具文見意丹楹刻桷天王求車齊侯獻捷之類是也五曰懲惡而勸善求名而亡欲蓋而章書齊豹盜三叛人名之類是也推此五體以尋經傳觸類而長之附于二百四十二年行

事王道之正人倫之紀備矣或曰春秋以錯文見義若如所論則經當有事同文異而無其義也先儒所傳皆不其然答曰春秋雖以一字爲褒貶然皆須數句以成言非如八卦之爻可錯綜爲六十四也固當依傳以爲斷古今言左氏春秋者多矣今其遺文可見者十數家大體轉相祖述進不成爲錯綜經文以盡其變退不守丘明之傳於丘明之傳有所不通皆沒而不說而更膚引公羊穀梁適足自亂預今所以爲異專修丘明之傳以釋經經之條貫必出於傳傳之義例總歸諸凡推變例以正褒貶簡二傳而去異端蓋丘明之志也其有疑錯則備論而闕之以俟後賢然劉子駿創通大義賈景伯父子許惠卿皆先儒之美者也末有潁子嚴者雖淺近亦復名家故特舉劉賈許潁之違以見同異分經之年與傳之年相附比其義類各隨而解之名曰經傳集解又別集諸例及地名譜第歷數相與爲部凡四十部十五卷皆顯其異同從而釋之名曰釋例將令學者觀其所聚異同之說釋例詳之也或曰春秋之作左傳及穀梁無明文說者以爲仲尼自衞反魯修春秋立素王丘明爲素臣言公羊者亦云黜周而王魯危行言孫以辟當時之害故微其文隱其義公羊經止獲麟而左氏經終孔丘卒敢問所安答曰異乎余所聞仲尼曰文王既沒文不在茲乎此制作之本意也歎曰鳳鳥不至河不出圖吾已矣夫蓋傷時王之政也麟鳳五靈王者之嘉瑞也今麟出非其時虛其應而失其歸此聖人所以爲感也絕筆於獲麟之一句者所感而起固所以爲終也曰然則春秋何始於魯隱公答曰周平王東周之始王也隱公讓國之賢君也考乎其時則相接言乎其位則列國本乎其始則周公之祚胤也若平王能祈天永命紹開中興隱公能宏宣祖業光啓王室則西周之美可尋文武之迹不隊是故因其歷數附其行事采周之舊以會成王義垂法將來所書之王卽平王也所用之歷卽周正也所稱之公卽隱公也安在其黜周而王魯乎子曰如有用我者吾其爲東周乎此其義也若夫制作之文所以彰往考來情見乎辭言高則旨遠辭約則意微此理之常非隱之也聖人包周身之防既作之後方復隱諱以辟患非所聞也子路欲使門人爲臣孔子以爲欺天而云仲尼素王丘明素臣又非通論也先儒以爲制作三年文成致麟既已妖妄又引經以至仲尼卒亦又近誣據公羊經止獲

麟而左氏小邾射不在三叛之數故余以爲感麟而作作起獲麟則文止於所起爲得其實至於反袂拭面稱吾道窮亦無取焉

漢何氏休公羊序曰昔者孔子有云吾志在春秋行在孝經此二學者聖人之極致治世之要務也傳春秋者非一本據亂而作其中多非常異義可怪之論說者疑惑至有倍經任意反傳違戾者其勢雖問不得不廣是以講誦師言至於百萬猶有不解時加釀嘲辭援引他經失其句讀以無爲有甚可閔笑者不可勝記也是以治古學貴文章者謂之俗儒至使賈逵緣隙奮筆以爲公羊可奪左氏可興恨先師觀聽不決多隨二創此世之餘事斯豈非守文持論敗績失據之過哉余竊悲之久矣往者略依胡毋生條例多得其正故遂隱括使就繩墨焉

晉范氏甯穀梁序曰昔周道衰陵乾綱絕紐禮壞樂崩彝倫攸斁弒逆篡盜者國有淫縱破義者比肩是以妖災因釁而作民俗染化而遷陰陽爲之愆度七曜爲之盈縮川岳爲之崩竭鬼神爲之疵厲故父子之恩缺則小弁之刺作君臣之禮廢則桑扈之諷興夫婦之道絕則谷風之篇奏骨肉之親離則角弓之怨彰君子之路塞則白駒之詩賦天垂象見吉凶聖作訓紀成敗欲人君戒慎厥行增修德政蓋誨爾諄諄聽我藐藐履霜堅冰所由者漸四夷交侵華戎同貫幽王以暴虐見禍平王以微弱東遷征伐不由天子之命號令出自權臣之門故兩觀表而臣禮亡朱干設而君權喪下陵上替僭逼理極天下蕩蕩王道盡矣孔子覩滄海之橫流迺喟然而歎曰文王既沒文不在茲乎言文王之道喪興之者在已於是就大師而正雅頌因魯史而修春秋列黍離於國風齊王德於邦君所以明其不能復雅政化不足以被羣后也於時則接乎隱公故因茲以託始該二儀之化育贊人道之幽變舉得失以彰黜陟明成敗以著勸誡拯頹綱以繼三五鼓芳風以扇遊塵一字之褒寵踰華衮之贈片言之貶辱過市朝之撻德之所助雖賤必申義之所抑雖貴必屈故附勢匿非者無所逃其罪潛德獨運者無所隱其名信不易之宏軌百王之通典也先王之道既弘麟感化而來應因事備而終篇故絕筆於斯年成天下之事業定天下之邪正莫

善於春秋。春秋之傳有三。而爲經之旨一。臧否不同。褒貶殊致。蓋九流分而微言隱。異端作而大義乖。左氏以鬻拳兵諫爲愛君。文公納幣爲用禮。穀梁以衛輒拒父爲尊祖。不納子糾爲內惡。公羊以祭仲廢君爲行權。妾母稱夫人爲合正。以兵諫爲愛君。是人主可得而脅也。以納幣爲用禮。是居喪可得而婚也。以拒父爲尊祖。是爲子可得而叛也。以不納子糾爲內惡。是仇讎可得而容也。以廢君爲行權。是神器可得而闚也。以妾母爲夫人。是嫡庶可得而齊也。若此之類。傷教害義。不可強通者也。凡傳以通經爲主。經以必當爲理。夫至當無二。而三傳殊說。庸得不棄其所滯。擇善而從乎。既不俱當。則固容俱失。若至言幽絕。擇善靡從。庸得不竝舍以求宗。據理以通經乎。雖我之所是。理未全當。安可以得當之難。而自絕於希通哉。而漢興以來。瓌望碩儒。各信所習。是非紛錯。準裁靡定。故有父子異同之論。石渠分爭之說。廢興由於好惡。盛衰繼之辯訥。斯蓋非通方之至理。誠君子之所歎息也。左氏豔而富。其失也巫。穀梁清而婉。其失也短。公羊辯而裁。其失也俗。若能富而不巫。清而不短。裁而不俗。則深於其道者也。故君子之於春秋。沒身而已矣。升平之末。歲次大梁。先君北蕃迴軫。頓駕于吳。乃帥門生故吏。我兄弟子姪。研講六籍。次及三傳。左氏則有服杜之註。公羊則有何嚴之訓。釋穀梁傳者雖近十家。皆膚淺末學。不經師匠。辭理典據。既無可觀。又引左氏公羊以解此傳。文義違反。斯害也已。於是乃商略名例。敷陳疑滯。博示諸儒同異之說。昊天不弔。大山其頹。匍匐墓次。死亡無日。日月逾邁。跂及視息。乃與二三學士。及諸子弟。各記所識。并言其意。業未及終。嚴霜夏墜。從弟彫落。二子泯沒。天實喪予。何痛如之。今撰諸子之言。各記其姓名。名曰春秋穀梁傳集解。

春秋目錄

春秋卷首

綱領一 此篇論春秋經傳源流

陸氏德明曰古之王者必有史官君舉則書所以愼言行昭法式也諸侯亦有國史春秋卽魯之史記也孔子應聘不遇自衞而歸西狩獲麟傷其虛應乃與魯君子左丘明觀書於太史氏因魯史記而作春秋上遵周公遺制下明將來之法褒善黜惡勒成十二公之經以授弟子弟子退而異言丘明恐弟子各安其意以失其眞故論本事而爲之傳明夫子不以空言說經也春秋所貶損人當世君臣其事實皆形於傳故隱其書而不宣所以免時難也及末世口說流行故有公羊穀梁鄒氏夾氏之傳鄒氏無師夾氏有錄無書故不顯於世漢興齊人胡毋生趙人董仲舒並治公羊春秋蘭陵褚大東平嬴公廣川段仲溫呂步舒皆仲舒弟子嬴公守學不失師法授東海孟卿及魯眭宏宏授嚴彭祖及顏安樂由是公羊有嚴顏之學宏弟子百餘人常曰春秋之意在二子矣彭祖授琅邪王中中授同郡公孫文及東門雲安樂授淮陽泠豐及淄川任翁豐授大司徒馬宮及琅邪左咸始貢禹事嬴公而成於眭孟以授潁川棠谿惠惠授泰山冥都又疏廣事孟卿以授琅邪筦路筦路及冥都又事顏安樂路授大司農孫寶　瑕丘江公受穀梁春秋及詩於魯申公武帝時爲博士使與董仲舒論江公吶於口而丞相公孫宏本爲公羊學比輯其義卒用董生於是上因尊公羊家詔太子受衞太子復私問穀梁而善之其後浸微唯魯榮廣皓星公二人受焉廣盡能傳其詩春秋蔡千秋梁周慶丁姓皆從廣受千秋又事皓星公爲學最篤宣宗卽位聞衞太子好穀梁乃召千秋與公羊家並說上善穀梁說後又選郎十人從千秋受會千秋病死徵江公孫爲博士詔劉向受穀梁欲令助之江博士復死乃徵周慶丁姓待詔使卒授十人十餘歲皆明習乃召五經名儒太子太傅蕭望之等大議殿中平公羊穀梁同異望之等多從穀梁由是大盛慶姓皆爲博士姓授楚申章昌曼君初尹更始事蔡千秋又受左氏傳取其變理合者以爲章句傳子咸及翟方進房鳳始江博士授胡常常授梁蕭秉爲講學大夫　左丘明作傳以授曾申申傳衞人吳起起傳其子期期傳楚人鐸椒椒傳趙人虞卿卿傳同郡荀卿名況況傳武威張蒼蒼傳洛陽賈誼誼傳至其孫嘉嘉傳趙人貫公貫公傳其少子長卿長卿傳京兆尹張敞及侍御史張禹禹數爲御史大夫蕭望之言左氏望之善之薦禹徵待詔未及問會病死禹傳尹更始更始傳其子咸及翟方進胡常常授黎陽賈護護授蒼梧陳欽漢書儒林傳云漢興北平侯張蒼及梁太傅賈誼京兆尹張敞太中大夫劉公子皆修春秋左氏傳始劉歆從尹咸及翟方進受左氏由是言左氏者本之賈護劉歆歆授扶風賈徽徽傳子逵逵受詔列公羊穀梁不如左氏四十事奏之名曰左氏長義章帝善之逵又作左氏訓詁司空南閣祭酒陳元作左氏同異大司農鄭衆作左氏條例章句南郡太守馬融爲三家同異之說京兆尹延篤受左氏於賈逵之孫伯升因而注之汝南彭汪記先師奇說及舊注太中大夫許淑九江太守服虔侍中孔嘉魏司徒王朗荆州刺史王基大司農董遇徵士燉煌周生烈並注解左氏傳梓潼李仲欽著左氏指歸陳郡潁容作春秋條例又何休作左氏膏肓公羊墨守穀梁廢疾鄭康成鍼膏肓發墨守起廢疾自是左氏大興漢初立公羊博士宣帝又立穀梁平帝始立左氏後漢建武中以魏郡李封爲左氏博士羣儒蔽固者數廷爭之及封卒因不復補和帝元興十一年鄭興父子奏上左氏乃立於學官仍行於世迄今遂盛行二傳漸微左氏今用杜預注公羊用何休注穀梁用范甯注

啖氏助曰古之解說悉是口傳自漢以來乃爲章句如本草皆後漢時郡國而題以神農山海經廣說殷時而云夏禹所紀自餘書籍比比甚多是知三傳之義本皆口傳後之學者乃著竹帛而以祖師之目題之予觀左氏傳自周晉齊宋楚鄭等國之事最詳晉則每一出師具列將佐宋則每因興廢備舉六卿故知史策之文每國各異左氏得此數國之史以授門人義則口傳未行竹帛後代學者乃演而通之總而合之編次年月以爲傳記又廣采當時文籍故兼與子產晏子及諸國卿佐家傳并卜書及雜占書縱橫家小說諷諫等雜在其中故敘事雖多釋意殊少是非交錯混然難證公羊穀梁初亦口授後人據其大義散配經文故多乖謬失其綱統然其大指亦是子夏所傳

歐陽氏修曰昔周法壞而諸侯亂平王以後不復雅而下同列國吳楚徐並僭稱王天下之人不稟周命久矣孔子生其末世欲推明王道以扶周乃聘諸侯極陳君臣之理諸侯無能用者退而歸魯卽

其舊史考諸行事。加以王法。正其是非。凡其所書。二用周禮爲春秋十二篇。以示後世。後世學者。傳習既久。其說遂殊。公羊高。穀梁赤。左丘明。鄒氏。夾氏分爲五家。鄒夾最微。自漢世已廢。而三家盛行。當漢之時。易與論語分爲三。詩分爲四。禮分爲二。及學者散亡。僅存其一。而餘家皆廢。獨春秋三傳並行至今。初孔子大修六經之文。獨於春秋欲以禮法繩諸侯。故其辭尤謹約而義隱。爲學者不能極其說。故三家之傳。於聖人之旨各有得焉。太史公曰。爲人君者。不可不知春秋。豈非王者之法具在乎。

鄭氏樵曰。春秋者。魯史記之名也。有未經夫子筆削之春秋。有已經夫子筆削之春秋。孔穎達曰。春秋之名。無所經見。惟昭二年。韓起來聘。見魯春秋。晉語。司馬侯對悼公曰。羊舌肸習於春秋。悼公使之傳其太子。楚語。申叔時論傳太子之法。亦云教之以春秋。由此觀之。是周之典禮不存。惟魯春秋爲列國所重。皆在夫子未修之前。舊有春秋之目。則韓起之所見。與叔向叔時之所學者。乃周公伯禽以來。上自天子。下至列國。禮樂征伐等事。無不備載。皆周之盛時爲王之典章。此杜預所謂周之舊典禮經是也。今汲冢瑣語。亦有魯春秋。記魯獻公十七年事。諸如此類。皆夫子未生之前。未經筆削之春秋也。孟子云。王者之迹熄而詩亡。詩亡。然後春秋作。此魯史記東遷以後事。已經夫子筆削之春秋也。或謂春秋之名取賞以春夏。刑以秋冬。或謂一褒一貶。若春若秋。或謂春獲麟。秋成書。謂之春秋。皆非也。惟杜預所謂年有四時。故錯舉以爲所記之名。此說得之。汲冢瑣語。記夫子時事。自爲夏殷春秋。墨子曰。吾見百國春秋。以至晏子。虞卿。呂不韋。陸賈。著書皆曰春秋。蓋當時述作之流。於正史外。各記其書。皆取春秋以名之。然觀其篇策。本無年月。與錯舉春秋以爲所記之名。則異矣。或曰。春秋之名如此。而聖人作經之意。則何如。曰。聖人之意。其有憂乎古者諸侯之國。各自有史。書成而獻於王。王命內史掌之。以別其同異。考其虛實。而知其美惡。周自東遷以來。威令不振。諸侯無所稟畏。而史官有虛美隱惡者。百世之下。衆史並作。予奪不同。善善惡惡。不足以懲勸。聖人因魯史記以聞見其事。筆而爲經。二百四十二年之事。約於一萬八千言之間。使後世因列國之史。斷以聖人之經。則史之不實者。即經以傳其實。經之所不載者。即史以知其詳。此則聖人之意。而左氏取之以爲傳也。吁。春秋一經。造端乎魯。及其至也爲周。造端乎一國。及其至也爲天下。造端乎一時。及其至也爲萬世。吾於此見之。

朱子曰。周衰。王者之賞罰不行於天下。諸侯彊陵弱。衆暴寡。是非善惡。由是不明。人欲肆而天理滅矣。夫子因魯史而修春秋。代王者之賞罰。是是而非非。善善而惡惡。誅姦諛於既死。發潛德之幽光。是故春秋成而亂臣賊子懼。　孔子作春秋。當時亦須與門人講說。所以公穀左氏得一個源流。只是漸漸訛舛。當初若是全無傳授。如何鑿空撰得。問公穀傳大概皆同。曰。所以林黃中說。只是一人。只是看他文字。疑若非一手者。或曰。疑當時皆有所傳授。其後門人弟子。始筆之於書耳。曰。想得皆是齊魯間儒。其所著之書。恐有所傳授。但皆雜以已意。所以多差舛。其有合道理者。疑是聖人之舊。

左氏不必解是丘明。如聖人所稱。煞是正直底人。如左傳之文。自有縱橫意思。史記却說左丘失明。厥有國語。或云左丘明。左丘其姓也。左傳自是左姓人作。又如秦始有臘祭。而左氏謂虞不臘矣。是秦時文字分明。

吳氏澂曰。春秋經十二篇。左氏。公羊。穀梁。各有不同。昔朱子刻易詩書春秋於臨漳郡。春秋一經。止用左氏經文。而曰公穀二經。所以異者。類多人名地名。而非大意所繫。故不能悉具。竊謂三傳得失。先儒固言之矣。載事則左氏詳於公穀。釋經則公穀精於左氏。意者左氏必有案據之書。而公穀多是傳聞之說。況人名地名之殊。或因語音字畫之舛。此類一從左氏可也。然有考之於義確然見左氏爲失。而公穀爲得者。則又豈容以偏徇哉。漢儒專門。守殘護闕。不合不公。誰復能貫穿異同。而有所去取。至唐啖助。趙匡。陸淳。三子。始能信經駁傳。以聖人書法纂而爲例。得其義者十七八。自漢以來。未聞或之先也。觀趙氏所定三傳異同。用意密矣。惜其予奪未能悉當。間嘗再爲審定。以成其美。其間不繫乎大義者。趙氏於三家從其多。今則如朱子意。專以左氏爲主。倘義有不然。則從其是。左氏雖有事跡。亦不從也。一斷諸義而已。

綱領二　此篇論春秋大旨經傳義例

孟子曰。春秋。天子之事也。是故孔子曰。知我者其惟春秋乎。罪我者。其惟春秋乎。孔子成春秋。而亂臣賊子懼。王者之迹熄而詩亡。詩亡。然後春秋作。晉

之乘楚之檮杌魯之春秋一也其事則齊桓晉文其文則史孔子曰其義則某竊取之矣

莊氏周曰春秋經世先王之志也聖人議而不辯又曰春秋以道名分

公羊氏高曰春秋何以始乎隱祖之所逮聞也何以終於哀十四年曰備矣君子何爲爲春秋撥亂世反諸正莫近諸春秋

司馬氏遷曰孔子因史記作春秋上至隱公下訖哀十四年十二公據魯親周故殷運之三代約其文辭而指博故吳楚之君自稱王而春秋貶之曰子踐土之會實召天子而春秋諱之曰天王狩于河陽推此類以繩當世貶損之義後有王者舉而開之春秋之義行則天下亂臣賊子懼焉孔子在位聽訟文辭有可與人共者弗獨有也至於爲春秋筆則筆削則削子夏之徒不能贊一辭

王氏通曰春秋之於王道是輕重之權衡曲直之繩墨也舍則無所取衷矣又曰春秋其以天道終乎故止於獲麟

孔氏穎達曰年時月日四者史之所記皆應具文而春秋之經或時而不月月而不日亦有日不繫月月而無時者或史文先闕而仲尼不改或仲尼備文而後人脫誤桓十七年五月無夏昭十年十二月無冬既得其月時則可知仲尼不應故闕其時獨書其月當是寫者脫漏其日不繫於月或是史闕文若僖二十有八年冬下無月而有壬申丁丑雖欲改正無以復知其時而不月月而不日者史官之文亦或自有詳略案經傳書日者凡六百八十一事自文公以上書日者二百四十九宣公以下亦俱六公書日者四百三十二計年數略同而日數綢倍此則久遠遺落不與近同且他國之告有詳有略若告不以日魯史無由得其日而書之如是則當時之史亦不能使日月皆具仲尼從後修之舊典參差安能皆使齊同去其日月則或害事之先後備其日月則古史有所不載自然舊有日者因而詳之舊無日者因而略之既有詳略不可以爲褒貶故春秋諸事皆不以月日爲例

啖氏助曰左氏比餘傳其功最高博采諸家敘事尤備能令百代之下頗見本末因以求意經文可知穀梁意深公羊辭辯隨文解釋往往鉤深但以守文堅滯泥難不通比附日月曲生條例義有不合亦復强通或至矛盾不近聖人夷曠之體又不知有不告則不書之義凡不書者皆以義說之列國至多若盟會征伐喪紀不告亦書則一年之中可盈數卷況他國之事不憑告命從何得書但書所告之事定其善惡以文褒貶耳左氏言褒貶者又不過十數條其餘事同文異者亦無他解舊解皆言從告及舊史之文若如此論乃是夫子寫魯史耳何名修春秋乎故謂二者之說俱不得中

趙氏匡曰啖氏依公羊家舊說云春秋變周之文從夏之質予謂春秋因史制經以明王道其指大要二端而已興常典也著權制也故凡郊廟喪紀朝聘蒐狩昏取皆違禮則譏之是興常典也非常之事典禮所不及則裁之聖心以定褒貶所以窮精理也精理者非權無以及之故曰可與適道未可與立可與立未可與權是以游夏之徒不能贊一辭然則聖人當機發斷以定厥中辯惑質疑爲後王法何必從夏乎問者曰然則春秋救世之宗指安在答曰在尊王室正陵僭舉三綱提五常彰善癉惡不失纖芥而已又曰褒貶之指在乎例綴叙之意在乎體所謂體者其大概有三而區分有十所謂三者凡即位崩薨卒葬朝聘會盟此常典所當載也故悉書之隨其邪正而加褒貶此其一也祭祀婚姻賦稅軍旅蒐狩皆國之大事亦所當載也其合禮者夫子修經之時悉皆不取故公穀云常事不書是也其非者及合於變之正者乃取書之而增損其文以寄褒貶之意此其二也慶瑞災異及君被殺被執及奔放逃叛歸入納立如此並非常之事亦史冊所當載夫子則因之而加褒貶爲此其三也此述作之大凡也所謂十者一曰悉書以志實二曰略常以明禮三曰省辭以從簡四曰變文以示義五曰即辭以見意六曰記是以著非七曰示諱以存禮八曰詳內以異外九曰闕略因舊史十曰損益以成辭知其體推其例觀其大意然後可以議之耳或曰聖人之教求以訓人也微其辭何也答曰非微之也事當爾也人之善惡必有淺深不約其辭不足以差之也若廣其辭則是史氏之書耳焉足以見條例而稱春秋乎

周子曰春秋正王道明大法也孔子爲後世王者而修也亂臣賊子誅死者於前所以懼生者於後也

邵子曰春秋皆因事而褒貶豈容人特立私意哉人但知春秋聖人之筆削爲天下之至公不知聖人之所以爲公也如因牛傷則知魯之僭郊因初獻六羽則知舊僭八佾因新作雉門則知舊無雉門皆非聖人有意於其間故曰春秋盡性之書也

春秋為君弱臣彊而作。故謂之名分之書。 五霸者。功之首。罪之魁也。春秋者。孔子之刑書也。功過不相揜。聖人先褒其功。後貶其罪。故罪人有功。亦必錄之。不可不恕也。

程子曰：天之生民。必有出類之才。起而君長之。治之而爭奪息。導之而生養遂。教之而倫理明。然後人道立。天道成。地道平。二帝而上。聖賢世出。隨時有作。順乎風氣之宜。不先天以開人。各因時而立政。暨乎三王迭興。三重既備。子丑寅之建正。忠質文之更尚。人道備矣。天運周矣。聖王不復作。有天下者。雖欲倣古之迹。亦私意妄為而已。事之謬。秦之以建亥為正。道之悖。漢專以智力持世。豈復知先王之道也。夫子當周之末。以聖人不復作也。順天應時之治。不復有也。於是作春秋。為百王不易之大法。所謂考諸三王而不謬。建諸天地而不悖。質諸鬼神而無疑。百世以俟聖人而不惑者也。先儒之傳曰。游夏不能贊一辭。辭不待贊也。言不能與於斯耳。斯道也。惟顏子嘗聞之矣。行夏之時。乘殷之輅。服周之冕。樂則韶舞。此其準的也。後世以史視春秋。謂褒善貶惡而已。至於經世之大法。則不知也。春秋大義數十。炳如日星。乃易見也。惟其微辭奧義。時措從宜者。為難知也。或抑或縱。或予或奪。或進或退。或微或顯。而得乎義理之安。文質之中。寬猛之宜。是非之公。乃制事之權衡。揆道之模範也。夫觀百物。然後識化工之神。聚眾材。然後知作室之用。於一事一義。而欲窺聖人之用心。非上智不能也。故學春秋者。必優游涵泳。默識心通。然後能造其微也。 春秋有重疊言者。如征伐盟會之類。蓋欲成書。勢須如此。不可事事各求異義。但一字有異。或上下文異。則義須別。 詩書載道之文。春秋聖人之用。詩書如藥方。春秋如用藥治病。聖人之用。全在此書。所謂不如載之行事深切著明者也。 五經之有春秋。猶法律之有斷例也。律令惟言其法。至於斷例。則始見其法之用也。 春秋之書。百王不易之法。三王以後相因既備。周道衰。而聖人慮後世聖人不作。大道遂墜。故作此一書。此義門人皆不得聞。惟顏子得聞。常語以四代禮樂是也。 春秋諸侯。不稟命天王。擅相侵伐。聖人直書其事。而常責夫被侵伐者。蓋兵加於己。則引咎自責。或辯諭之以禮。又不得免焉。則固其封疆。上告之天子。下訴之方伯。近赴於鄰國。必有所直矣。苟不勝其忿。而與之戰。則以與之戰者為主。責己絕亂之道也。 春秋之文。一一意在示人。如土功之事。無小大莫不書之。其意止欲人君重民力也。

胡氏安國曰：古者列國各有史官。掌記時事。春秋魯史耳。仲尼就加筆削。乃史外傳心之要典也。而孟氏發明宗旨。目為天子之事者。周道衰微。乾綱解紐。亂臣賊子。接跡當世。人欲肆而天理滅矣。仲尼天理之所在。不以為己任而誰可。五典弗惇。已所當敘。五禮弗庸。已所當秩。五服弗章。已所當命。五刑弗用。已所當討。故曰。我欲載之空言。不如見之行事之深切著明也。空言獨能載其理。行事然後見其用。是故假魯史以寓王法。撥亂世反之正。其大要。則皆天子之事也。故曰。知我者其惟春秋乎。罪我者其惟春秋乎。知孔子者。謂此書遏人欲於橫流。存天理於既滅。為後世慮。至深遠也。罪孔子者。謂無其位。而託二百四十二年南面之權。使亂臣賊子。禁其欲而不敢肆。則戚矣。是故春秋見諸行事。非空言比也。公好惡。則發乎詩之情。酌古今。則貫乎書之事。興常典。則體乎禮之經。本忠恕。則導乎樂之和。著權制。則盡乎易之變。百王之法度。萬世之準繩。皆在此書。故君子以謂五經之有春秋。猶法律之有斷例也。學是經者。信窮理之要矣。不學是經而處大事。決大疑。能不惑者鮮矣。 春秋聖人傾否之書。 春秋為誅亂臣賊子而作。其法尤嚴於亂臣之黨。 通於春秋。然後能權天下之事。 春秋之法。治姦惡者。不以存歿。必施其身。所以懲惡獎忠義者。及其子孫。遠而不泯。所以勸善。 春秋之文。有事同而辭同者。後人因謂之例。有事同而辭異。則其例變矣。是故正例。非聖人莫能立。變例。非聖人莫能裁。正例。天地之常經。變例。古今之通誼。惟窮理精義。於例中見法。例外通類者。斯得之矣。

汪氏藻曰：六經。惟春秋為仲尼作。聖人見其所志之書也。學而不明乎是非。何以為人。治而不明乎刑賞。何以為國。此書之所以作。而為萬世法也。

朱子曰：漢書。易本隱以之顯。春秋推見至隱。易與春秋。天人之道也。易以形而上者。說出在那形而下者上。春秋以形而下者。說上那形而上者去。 春秋皆亂世之事。聖人一切裁之以天理。想孔子當時。只要備二三百年之事。故取史文寫在這裏。何嘗云某事用某法。某事用某例耶。且如書會盟侵伐。不過見諸侯擅興自肆耳。書郊禘。不過見魯僭禮耳。至於三卜四卜。牛傷牛死。是失禮之中又失禮也。如不郊猶三望。是不必望而猶望也。如書仲遂卒猶繹。是不必繹而猶繹也。如此等義。却自分明。　春秋只是直載當時之事。要見當時治亂興衰。初間王政不行。天下都無統屬。及五伯出來扶持。方有統屬。禮樂征伐自諸侯出。到後來五伯又衰。政自大夫出。到孔子時。皇帝王伯之道掃地。故孔子作春秋。據他事實寫在那裏。教人見得當時事是如此。安知用舊史與不用舊史。今硬說那箇字是舊史文。那箇字是孔子文。如何驗得。聖人所書。好惡自易見。如葵丘之會。召陵之師。踐土之盟。自是好。本末自是別。及後來五伯既衰。溴梁之盟。大夫亦出與諸侯之會。這箇自是差異不好。　春秋是聖人據魯史以書其事。使人自觀之以為鑒戒耳。其事則齊桓晉文有足稱。其義則誅亂臣賊子。若欲推求一字之間。以為聖人襃善貶惡。專在於是。竊恐不是聖人之意。如書即位者。是魯君行即位之禮。繼故不書即位者。是不行即位之禮。若桓公之書即位。則是桓公自正其即位之禮耳。春秋有書天王者。有書王者。此皆難曉。或以為王不稱天。貶之。某謂若書天王。其罪自見。宰咺以為冢宰。亦未敢信。其他如莒去疾。莒展輿。齊陽生。恐只據舊史文。若謂添一箇字。減一箇字。便是襃貶。某不敢信。桓公不書秋冬。史缺文也。或謂貶天王之失刑。不成議論。魯桓之弒。天王不能討。罪惡自著。何待於去秋冬而後見乎。又如貶滕稱子。而滕遂至於終春秋稱子。豈有此理。今朝廷立法。降官者猶經赦敘復。豈有因滕子之朝桓。遂並其子孫而降爵乎。　春秋所書。如某人為某事。本據魯史舊文筆削而成。今人看春秋。必要謂某字譏某人。則是孔子專任私意。妄為襃貶。孔子但據事直書。而善惡自著。今若必要如此推說。須是得魯史舊文。參較筆削異同。然後可見。而亦豈復可得也。或人論春秋。以為多有變例。所以前後所書之法多有不同。曰。此烏可信。聖人作春秋。正欲襃善貶惡。示萬世不易之法。今乃忽用此說以誅人。未幾又用此說以賞人。使天下後世皆求之而莫識其意。是乃後世弄法舞文之吏之所為也。曾謂大中至正之道而如此乎。　程子所謂春秋大義數十。炳如日星者。如成宋亂。宋災故之類。乃是聖人直著誅貶。自是分明。如胡氏謂書晉侯。為以常情待晉襄。書秦人。為以王事責秦穆處。却恐未必如此。須是己之心果與聖人之心神交心契。始可斷他所書之旨。不然。則未易言也。程子所謂微辭隱義。時措從宜者為難知耳。　四代之禮樂。此是經世之大法也。春秋之書。亦經世之大法也。然四代之禮樂。是以善者為法。春秋是以不善者為戒。　問孔子有取乎五伯。豈非時措從宜。曰。是。又曰。觀其予五伯。其中便有一箇奪底意思。　林問先生論春秋一經。本是正誼明道。權衡萬世典刑之書。如朝聘會盟侵伐等事。皆是因人心之敬肆為之詳略。或書字。或書名。皆就其事而為之義理。最是斟酌毫忽不差。後之學春秋。多是較量齊魯短長。自此以後。如宋襄晉悼等事。皆是論霸事業。不知當時為王道作邪。為伯者作邪。若是為伯者作。則此書豈足為義理之書。曰。大率本為王道正其紀綱。看以前春秋文字雖觕。尚知有聖人明道正誼道理。尚可看。近來止說得伯業權譎底意思。更開眼不得。此義不可不知。　蘇子由解春秋。謂其從赴告。此說亦是。既書鄭伯突。又書鄭世子忽。據史文而書耳。定哀之時。聖人親見。據實而書。隱桓之世。時既遠。史冊亦有簡略處。夫子但據史冊寫出耳。

呂氏大圭曰。春秋穿鑿之患。其大端有二。一曰以日月為襃貶。二曰以名稱爵號為襃貶。春秋以事繫日。以日繫月。以月繫時。事成於日者書日。事成於月者書月。事成於時者書時。其或宜月而不月。宜日而不日者。皆史失之也。　或曰。春秋所書。皆據魯史爾。所謂門人高弟不能贊一辭者。其義安在。曰。有春秋之達例。有聖人之特筆。有日則書日。有月則書月。名稱從其名稱。爵號從其爵號。與夫盟則書盟。會則書會。卒則書卒。葬則書葬。戰則書戰。伐則書伐。弒則書弒。殺則書殺。一因其事實而無加損焉。此達例也。其或史之所無而筆之以示義。史之所有而削之以示戒者。此特筆也。故曰其事則齊桓晉文。其文則史。其義則丘竊取之矣。蓋用達例而無所加損者。聖人之公心。有特筆以明其是非者。聖人之精義。

洪氏興祖曰。春秋本無例。學者因行事之迹以為例。猶天本無度。治歷者即周天之數以為度。然獨求於例。則其失拘而淺。獨求於義。則其失迂而鑿。

汪氏克寬曰。春秋紀事。大而天地日星人倫邦國。小而宮室器幣草木禽蟲。凡天下萬物之理。無不具焉。能通是經。則理無不窮矣。故揚子曰。說理者莫辯乎春秋。

吳氏澂曰。子朱子云。析之有以極其精而不亂。然後合之可以盡其大而無餘。竊謂讀春秋者。其亦可以是求之矣。春秋。化工也。化工隨物而賦形。春秋。山岳也。山岳徙步而異狀。持一槩之說。專一曲之見。惡足與論聖人作經之旨哉。

程氏端學曰。傳稱屬辭比事者。春秋之大法。此必孔門傳授之格言。而漢儒記之耳。而說春秋者。終莫之省。甚可惜也。夫屬辭比事。其大者。合二百四十二年之事而比觀之。其小者。合數十年之事而比觀之。又如魯桓見殺於齊。而莊公忘父之讎。主王姬婚。與齊人狩。文姜之喪未除。而如齊納幣。書子同生於前。至三十七年而始娶。又如公如齊逆女。先至而後夫人入。其終則有姜氏弒閔孫邾之亂。又如書王人子突救衛。而衛侯朔入於衛。又書公至自伐衛。又書齊人來歸衛俘。又如書大無麥禾而築郿。告糴於齊。而新延廄。凡春秋之事。無不皆然。

劉氏永之曰。春秋因乎魯史。而筆之傳之。而王法由諸而明。亂逆由諸而章也。言之重。辭之複。必有大美惡焉。此先儒之說也。抑嘗考之。蓋史冊之實錄。而其紀載之體異焉耳。其凡有五。有據其事之離合而書之者。有重其終而錄其始者。有重其始而錄其終者。有承赴告之辭而書之者。有非承赴告之辭聞而知之而書之者。此五者。其凡也。而皆所以紀實也。夫首止之與葵邱也。皆夏之會。而秋之盟。是離而爲二事矣。故再書焉。此據其事之離合而書之者也。踐土之會。美矣。而盟不異書。同日也。平邱之會。無美焉。而盟則異書。異日也。皆實之紀也。非美之大而詳其辭也。將書其取鼎也。於稷之會。則始之以成宋亂。此重其終而錄其始也。既書曰宋伯姬卒也。於澶淵之會。則終之以宋災故。此重其始而錄其終也。會未有言其故者。於此二者。言之特以明其所重也。他如書寔來。則先書州公如曹。書齊侯伐北燕。則遂書暨齊平。皆是物也。子朝之亂。叔鞅至自京師。而言之未知其孰是焉。故曰王室亂。此非承赴告之辭聞而知之而書之者也。劉單以王猛居于皇。則來告矣。敬王居翟泉。而尹氏立子朝。則來告矣。此承赴告之辭而書之者也。皆實之紀也。非惡之大而詳其辭也。曰言之重。辭之複。必有大美惡焉者。先儒之過也。

鄧氏元錫曰。莊僖之世。禮樂征伐自諸侯出矣。春秋治諸侯。予其尊王者。奪其不尊王者。而後王統尊。文宣而後。禮樂征伐自大夫出矣。春秋治大夫。予其尊君者。奪其不尊君者。而後王統存。桓莊以前。列國之大夫雖管隰狐趙之勳。不見於會盟。惟特使而與魯接者則名之。以大夫無繫乎天下之故也。雖先郤欒胥之烈。不見於侵伐。惟魯大夫之特將則書之。以大夫惟繫於一國之故也。大夫之名。見於春秋。夫子之所恫也。曰。天下有道。則政不在大夫。大夫之主盟也。自垂隴始也。大夫之主兵也。自伐沈始也。陪臣抑又微矣。春秋之法。陪臣之名不經見。以爲於王統最遠也。是故陽虎入於讙陽。關以叛。經不書。書盜竊寶玉大弓。曰。是盜而已矣。南蒯以費叛。不書。書叔弓圍費。侯犯以郈叛。不書。書叔孫仲孫圍郈。蓋治陪臣。治大夫而已矣。

陸氏樹聲曰。孟子曰。春秋。天子之事。蓋以春秋所載禮樂征伐。大率皆天子之事。而說者遂以爲孔子作春秋。擅二百四十二年南面之權。是以匹夫而僭天子爵賞刑罰之柄矣。夫豈孔子乎。

綱領三　此篇論傳注得失及讀春秋之法

荀氏崧曰。孔子作春秋。左丘明子夏造膝親受。無不精究。丘明撰所聞爲傳。其書善禮。多膏腴美辭。張本繼末。以發明經意。信多奇偉。儒者稱公羊高親受子夏。立於漢朝。辭義淸儁。斷決明審。多可採用。董仲舒之所善也。穀梁赤師徒相傳。暫立於漢時。劉向父子。猶執一家。莫肯相從。其書文淸義約。諸所發明。或左氏公羊所不載。亦足訂正。是以三傳並行。

邵子曰。春秋三傳之外。陸淳啖助可以兼治。

程子曰。以傳考經之事迹。以經別傳之眞僞。或問左傳可信否。曰。不可全信。信其可信者耳。又問公穀如何。曰。又次於左氏。問左氏卽是丘明否。曰。傳中無丘明字。不可考。

劉氏安世曰。公穀皆解正春秋。春秋所無者。公穀未嘗言之。故漢儒推本以爲眞孔子之意。然二家亦自矛盾。則亦非孔子之意矣。若左傳則春秋所有者。或不解。春秋所無者。或自爲傳。故先儒以謂左氏或先經以起事。或後經以終義。或依經以辯理。或錯經以合異。然其說亦有時牽合。要之讀左氏者。當經自爲經。傳自爲傳。不可合而爲一也。然後通矣。

胡氏安國曰。傳春秋者三家。左氏叙事見本末。公羊穀梁辭辯而義精。學經以傳爲案。則當閱左氏。玩辭以義爲主。則當習公穀。

胡氏寧曰。左氏釋經雖簡。而博通諸史。叙事尤詳。能今百世之下。頗見本末。其有功於春秋為多。公穀釋經。其義皆密。如衛州吁以稱人為討賊之辭也。公薨不地。故也。不書葬。賊不討。以罪下也。若此之類。深得聖人誅亂臣討賊子之意。考其源流。必有端緒。非曲說所能及也。啖趙謂三傳所記本皆不謬。義則口傳。未形竹帛。後代學者。妄加附益。轉相傳授。浸失本真。故事多迂誕。理或舛駁。其言信矣。然則學者於三傳。忽焉而不習。則無以知經。習焉而不察。擇焉而不精。則春秋之宏意大旨。簡易明白者。汩於僻說。愈晦而不顯矣。

朱子曰。春秋之書。且據左氏當時天下大亂。聖人且據實而書之。其是非得失。付諸後世公論。蓋有言外之意。若必於一字一辭之間。求褒貶所在。竊恐不然。　國秀問三傳優劣。曰。左氏曾見國史。考事頗精。只是不知大義。專去小處理會。往往不曾講學。公穀考事甚疎。然義理却精。二人乃是經生。傳得許多說話。往往不曾見國史。　李丈問左傳如何。曰。左傳一部。載許多事。未知是與不是。但道理亦是如此。今且把來參考。問公穀如何。曰。據他說亦是有那道理。但恐聖人當初無此等意。如孫明復趙啖陸淳胡文定。皆說得好。道理皆是如此。但後世因春秋去考時。當如此區處。若論聖人當初作春秋時。其意不解有許多說話。擇之說文定說得理太多。盡堆在裏面。曰。不是如此底。亦壓從這理來。　問春秋胡文定公之說如何。曰。尋常亦不滿於胡說。且如解經不使道理明白。却就其中多使故事。大與做時文答策相似。　左傳君子曰。最無意思。因舉芟夷蘊崇之一段。是關上文甚事。左傳是一箇審利害之幾。善避就底人。所以其書有貶死節等事。其間議論。有極不是處。如周鄭交質之類。是何議論。其曰宋宣公可謂知人矣。立穆公其子饗之命以義夫。只知有利害。不知有義理。此段不如公羊說君子大居正。却是儒者議論。　或有解春秋者。專以日月為褒貶。書時月。則以為貶。書日。則以為褒。穿鑿得全無義理。若胡文定公所解。乃是以義理穿鑿。故可觀。　安國春秋明天理。正人心。扶三綱。叙九法。體用該貫。有剛大正直之氣。　問胡春秋如何。曰。胡春秋大義正。但春秋自難理會。　胡春秋傳。有牽彊處。然議論有開合精神。亦有過當處。　問胡文定據孟子春秋天下之事。一句作骨。如此。則是聖人有意誅賞。曰。文定是如此說道理也是恁地。但聖人只是書放那裏。使後世因此去考見道理。如何便為是。如何便為不是。若說道聖人當時之意。說他當如此。我便書這一字以褒之。他當如彼。我便書那一字以貶之。則恐聖人不解恁地。左氏所傳春秋事。恐八九分是。公穀專解經事則多出揣度。　前輩做春秋義。言辭雖粗率。却說得聖人大意出。如二程未出時。便有胡安定孫泰山石徂徠。他們說經。雖是甚有疎略處。觀其推明治道。直是凜凜可畏。春秋本是嚴底文字。聖人此書之作。遏人欲於橫流。遂以二百四十二年行事。寓其褒貶。一字不敢胡亂下。使聖人作經。有今人巧曲意思。聖人亦不解作得。　左傳是後來人做。為見陳氏有齊。所以言八世之後。莫之與京。見三家分晉。所以言公侯子孫。必復其始。左氏是史學。公穀是經學。史學者。記得事却詳。於道理上便差。經學者。於義理上有功。然記事多誤。　三家皆非親見孔子。或以左丘明恥之。是姓左丘。左氏乃楚左史倚相之後。故載楚事極詳。呂舍人春秋。不甚主張胡氏。要是此書難看。如劉原父春秋亦好。可學云。杜預毎到不通處。不云傳誤。云經誤。曰。可怪。是何識見。

晁氏公武曰。三傳之學。穀梁所得最多。諸家之解。范甯之論最善。

章氏潢曰。自漢而下。說春秋者。無慮數百家。皆原於公羊穀梁左氏。胡氏最晚出。得顓立於學官。而諸家之說。幾盡廢矣。安國之作傳也。總三家紛紜之說。而錄其似。彙諸家後出之論。而采其長。義例炳然。袞鉞斯備。然以為不詭於聖人之教則可。以為盡得聖人之意則未也。夫經之為言常也。聖人之作經也。簡易明白。不以徼瑕難明之辭眩天下也。不以操切繳繞之文誤後世也。要以是是而非非。善善而惡惡。以昭人道。以達王事。如斯而已矣。廼胡氏一時進御之言。意存納約。是故不免激焉而過。索聖人之精義於一字筆削之文。是故不免鑿焉而深。故三傳立。而聖人之教分。聖人之志。則未失也。胡氏之傳出。而聖人之教尊。其得者固多。而失者亦不少矣。以上論傳注得失

程子曰。春秋一句。即一事。是非便見於此。乃窮理之要。學者只觀春秋。亦可以盡道矣。　他經非不可以窮理也。但論其義耳。春秋因其行事。是非較著。故窮理為要。春秋以何為準。無如中庸。欲知中庸。無如權。何物為權。義也。時也。春秋已前。既已立例。到近後來。書得全別。一般事。便書得別。有意思。若

以前例觀之。殊失也。春秋大率所書事同。則辭同。後人因謂之例。然有事同辭異者。蓋各有義。非可例拘也。

邵子曰。治春秋者。不辯名實。不定五霸之功過。則未可言治春秋。先定五霸之功過而治春秋。則大意立。若事事求之。則無緒矣。

張子曰。春秋之書。在古無有。乃仲尼所自作。惟孟子爲能知之。非理明義精。殆未可學。先儒未及此而治之。故其說多鑿。

楊氏時曰。春秋其事之終始。學者先明五經。然後學春秋。則其用利矣。　又曰。人言春秋難知。其實昭如日星。孔子於五經中言其理。於春秋著其行事。學者若得五經之理。春秋誠不難知。　又曰。伯淳先生嘗有語云。看春秋。若經不通。則當求之傳。傳不通。則當求之經。某曾問之云。傳不通。則當求之經。何也。曰。只如左氏春秋。書君氏卒。君氏乃惠公繼室聲子也。而公羊春秋。則書曰尹氏。傳云大夫也。然聲子而書曰君氏。是何義。當以尹氏爲正。此所謂求之經。

李氏侗曰。春秋一事。各是發明一例。如觀山水。然趨步而形勢不同。不可拘以一法。　又曰。春秋所以難看者。蓋以常人之心。推測聖人。未到聖人灑然處。豈能無失邪。朱子門人問讀春秋之法。曰。只是據經所書之事迹。而準折以先王之道。某是某非。某人是底。猶有未是處。不是底。又有彼善於此處。自將道理折衷。便是。只是聖人言語細密。要人子細斟量考索耳。　答黃仁卿云。所示春秋大旨甚善。此經固當以類例相通。然亦先須隨事觀理。反復涵泳。令胸次開闊。義理貫通。方有意味。若便一向如此排定說殺。正使在彼分上。斷的十分的當。卻於自己分上。都不見得箇從容活絡受用。則亦何益於事邪。大抵不論看書與日用工夫。皆要放開心胸。令其平易廣闊。方可徐徐旋看道理。浸灌培養。切忌合下便立己意。把捉得太緊了。卽氣象急迫。田地狹隘。無處著工夫也。

陸氏深曰。春秋比諸經尤難讀。簡嚴而閎大。惟其簡嚴。故立論易刻。惟其閎大。故諸說皆通。聖人筆削之旨隱矣。事案左氏之的。義取公穀之精。此兩言乃讀春秋之要法。（以上論讀春秋之法）

提要

周十二王（春秋歷十有四王悼王立未踰年敬王崩在春秋後故止曰十二王）

平王（四十九年入春秋隱元年也三年崩在位五十一年）

桓王（元年隱四年也桓十五年崩在位二十三年）

莊王（元年桓十六年也莊十二年崩在位十五年）

僖王（元年莊十三年也十七年崩在位五年）

惠王（元年莊十八年也僖八年崩在位二十五年）

襄王（元年僖九年也文八年崩在位三十三年）

頃王（元年文九年也十四年崩在位六年）

匡王（元年文十五年也宣二年崩在位六年）

定王（元年宣三年也成五年崩在位二十一年）

簡王（元年成六年也襄元年崩在位十四年）

靈王（元年襄二年也二十八年崩在位二十七年）

景王（元年襄二十九年也昭二十二年崩在位二十五年）

敬王（元年昭二十三年也崩在春秋後）

魯十二公

隱公（不書即位）桓公（四年七年去秋冬二時）莊公（不書即位）閔公（不書即位）僖公（不書即位）文公　宣公　成公　襄公　昭公　定公（元年無正月）哀公

五伯（春秋終入吳黃池之役吳越亦爭伯矣）

齊桓（莊十三年會北杏）宋襄（僖十九年盟曹南）晉文（僖二十八年戰城濮）秦穆（文三年伐晉）楚莊（宣十一年盟辰陵）

晉十一世

文公（僖二十八年立三十二年卒）襄公（僖三十三年立文六年卒）靈公（文七年立宣二年卒）

成公（宣三年立九年卒）景公（宣九年立成十年卒）厲公（成十一年立十八年卒）

悼公（成十八年立襄十五年卒）平公（襄十六年立昭十年卒）昭公（昭十一年立十六年卒）

頃公（昭十七年立三十年卒）定公（昭三十年立卒在春秋後）

魯三桓（仲孫氏又曰孟孫叔孫氏季孫氏）

晉八卿（智罃士匄荀偃韓起欒黶士魴魏絳趙武）

晉六卿（趙氏范氏智氏荀氏魏氏韓氏）

晉三卿（魏斯趙韓虔籍）

周來聘七（隱七年凡伯九年南季桓四年宰渠伯糾五年仍叔之子八年家父僖三十年宰周公宣十年王季子）

周錫命三（莊元年榮叔文元年毛伯成八年召伯）

周歸脤一（定十四年石尚）

周賵葬四（隱元年宰咺文元年叔服五年榮叔召伯）

周來求三（隱三年武氏子來賻桓十五年家父求車文九年毛伯求金）

魯君臣朝聘于周八（僖二十八年公兩朝王所成十三年公如京師僖三十年公子遂文元年叔孫得臣八年公孫敖、宣九年仲孫蔑襄二十四年叔孫豹○文九年叔孫得臣昭二十二年叔鞅會葬故不數）

公如齊十有一（僖公三宣公六昭公二○春秋公如齊者十有五桓莊四如齊非朝故不數）

公如晉二十（文公二成公四襄公五昭公八定公一）

公如楚二（襄公一昭公一）

魯大夫聘列國五十有六（如齊十有九如晉二十有五如陳二如宋五如年如衛如楚如莒如邾各一○又如齊四如宋三如晉二如陳滕各一皆因事而往非專行聘禮故不數）

諸侯朝魯四十（曹滕小邾各五杞邢各七郯二薛紀穀鄧郜葛牟蕭各一）

齊聘魯五（隱七年弟年桓三年弟年僖三十三年國歸父宣十年國佐襄二十七年慶封）

晉聘魯十有一（成三年荀庚八年士燮十一年郤犨十八年士匄襄元年荀罃八年士匄十二年士魴二十六年荀吳二十九年士鞅昭二年韓起昭二十一年士鞅）

宋聘魯四（成四年華元八年華元

提要

襄十五年向戌　昭十二年華定

衛聘魯四　文四年甯俞　成三年孫良夫　襄元年公孫剽　襄七年孫林父

陳鄭秦吳聘魯各一　莊二十五年陳女叔　文十二年秦術　襄五年鄭公子發　襄二十九年吳札

楚聘魯三　莊二十三年荆人　文九年椒　襄三十年薳罷

盟一百有九　始隱元年蔑　終哀二年句繹　凡盟會侵伐內爲主書及外爲首從而謹善惡之首也

特盟參

盟同盟始終　石門于衆特盟之始終也　鄗陵參盟之始終也

同盟十有六　始莊十六年幽　終昭十三年平邱

涖盟四

來盟五

殊盟二

殊會四

外大夫聘而遂盟五

會九十七　始隱

遇七

平五

來七

人自爲盟

侵六十

伐二百十有三

戰二十三

圍四十四

入二十七

二年於邾越入莒吳入

滅三十

遷十

敗師十有六

取師三

取國邑十有六

襲一

追二

戍三

以一國而用諸侯之師三

城二十有九

築八

執三十有一

獲六

潰四

降二

講武二

蒐五

狩四

乞師五

次師十有三

制楚得失七

救二十三

獻捷二

雩二十有一

郊九

烝嘗三

望三

災異一百二十二

土田十

齊桓衣裳之會十有一

齊桓兵車之會四

晉襄退三強

晉文五書會

晉悼五會

晉悼三

九

駕（襄十年伐鄭十一年伐鄭同年伐鄭）晉平七合諸侯（溴梁祝柯澶淵商任沙隨兩夷儀）晉平五合諸侯（澶淵于宋城杞澶淵于虢）春秋五始（元者氣之始春者四時之始王者受命之始正月者政教之始即位者一國之始）孔子相魯（定十年會于夾谷齊人來歸鄆讙龜陰田十二年叔孫墮郈季孫墮費十四年石尚來歸脤）子路用魯（定十二年墮郈墮費）子貢用魯（定十五年邾子來朝哀七年公會吳于鄫十二年公會吳于橐皋公會衛宋于鄖）冉求用魯（哀十一年齊國書伐我）王人三（莊六年子突救衛僖八年于洮僖二十九年翟泉）命大夫三（魯單伯鄭祭仲陳女叔）魯三家所始（僖元年公子友敗莒于酈是役公賜季友汶陽之田及費而季孫氏始○四年公孫茲侵陳叔孫氏始○十五年公孫敖救徐孟孫氏始○即三桓也）

諸侯興廢（附）魯滅一國（項）晉滅十二國（耿霍魏虢虞焦楊韓肥鼓偪陽陸渾）楚滅二十一國（息弦黃夔鄧權江六蓼鄘邶庸穀陳舒鳩蔡唐頓胡申隨）秦滅二國（梁滑）齊滅五國（譚紀遂鄣蔡）邾滅一國（須句）衛滅一國（邢）莒滅一國（鄫）狄滅一國（溫）吳滅一國（徐）蔡滅一國（沈）鄭滅一國（許）宋滅一國（曹）越滅一國（吳）

王朝世表

案春秋尊王之書也大全列國年表周與諸侯並列恐非經旨今別爲王朝世表列於二十國年表之前不使與列國爲伍所以正名辨分也

平王宜臼
　幽王子在位五十一年
桓王林
　平王孫在位二十三年
莊王佗
　桓王子在位十五年
僖王胡齊
　莊王子在位五年
惠王閬
　僖王子在位二十五年
襄王鄭
　惠王子在位三十三年
頃王壬臣
　襄王子在位六年
匡王班
　頃王子在位六年
定王瑜
　匡王弟在位二十一年
簡王夷
　定王子在位十四年
靈王泄心
　簡王子在位二十七年
景王遺
　靈王子在位二十五年
王子猛
　景王子四月立十月卒
敬王匄
　子猛弟在位四十四年
元王仁
　敬王子在位七年

欽定四庫全書提要春秋年表一卷不著撰人名氏陳振孫書錄解題云春秋二十國年表一卷不知何人作自周而下次以魯蔡曹衛滕晉鄭齊秦楚宋杞陳吳越邾莒薛小邾館閣書目有年表二卷元豐中楊彥齡撰自周之外凡十三國又董氏藏書志有年表無撰人自周至吳越凡十國征伐朝覲會同皆書今此表正二十國與書錄解題所載同蓋即陳振孫所見也其書在宋本自單行岳珂雕印九經乃以附春秋之後珂記云春秋年表今諸本或缺號名或紊年月參之經傳多有參錯今皆為刊正諸國君卒與立皆書惟魯缺今依經傳添補廖本無年表歸一圖今既刊公穀并補二書以附經傳之後是此書經珂刊補與馮繼先之名號歸一圖同刻者通志堂經解不考岳珂之語乃與名號歸一圖連為一書亦以為馮繼先所撰誤之甚矣

春秋年表

	己未								甲子		
	平王四十九年				五十年	五十一年	桓王元年	二年	三年	四年	五年
周	平王自四	十九年入	春秋				平王太子	泄父之子			
	隱公元年				二年	三年	四年	五年	六年	七年	八年
魯	隱公息姑	惠公長庶	子亦名息								
蔡	自宣侯考	父二十八	年入春秋	戴侯子							六月卒桓
曹	自桓公終	生三十五	年入春秋	穆公子							
衛	自桓公完	十三年入	春秋莊公	太子			三月弑弟	州吁自立	殺[illegible]公[illegible]	立桓公弟	
滕	至魯隱七	年見滕侯	卒							三月卒	
晉	自鄂侯二	年入春秋	孝侯子郤	都于鄂曰	鄂侯						哀侯光立
鄭	自莊公寤	生入春秋	武公子								
齊	自僖公祿	甫九年入	春秋莊公	子							
秦	至穆公任	好始見于	春秋僖五	年							
楚	自武王十	九年入春	秋名熊通	蚡冒弟							
宋	自穆公和	八年入春	秋八月卒	兄宣公子	殤公與夷	立					
杞	自武公廿	一年入春	秋								
陳	自桓公鮑	二十三年	入春秋文	公長子							
吳	自大伯十	九世至壽	夢入春秋	成六年							
邾	儀父克後	爲子									
莒	至魯文公	十八年見	庶其								
薛	至魯隱公十	一年見來	朝名穀莊	三十一年	見卒其後	至昭三十	二年見獻	公卒			
許	至魯隱十	一年見莊	公及許叔	立至桓十	五年入許	即穆公新	臣				
小邾	至魯僖七	年見來朝									

								甲戌			
	六年	七年	八年	九年	十年	十一年	十二年	十三年	十四年	十五年	十六年	十七年
周												
	九年	十年	十一年	桓公元年	二年	三年	四年	五年	六年	七年	八年	九年
魯			十一月弑	桓公允立	惠公子							
蔡	侯封人立	宣公子										
曹												
衛												
滕												
晉	鄂侯子	曲沃武公	稱立莊伯	子		曲沃武公	伐翼逐于	汾隰小子	侯立哀侯	子曲沃	伯誘殺之	晉哀侯弟
鄭												
齊												
秦												
楚												
宋				正月弑殤	公子莊公	馮立						
杞												
陳								正月卒弟	厲公佗殺	太子免立	踰年弑免	弟躍立亦
吳												
邾												
莒												
薛			來朝									
許												
小邾												

干支	周		魯																			
	十八年		十年			正月卒			緡立							為厲公						
	十九年		十一年			曹莊公射				正月卒												
	二十年		十二年			姑立桓公	十一月卒			鄭昭公忽						八月卒太						
	二十一年		十三年			世子	衛惠公朔			立莊公太						子免三弟						
	二十二年		十四年				立宣公太			子宋納鄭	十二月卒					長曰躍中						
甲申	二十三年		十五年				子			厲公突立	子襄公諸					曰林少曰					入許	
	莊王元年	莊王桓王	十六年				出奔齊衛			忽出奔衛	兒立					杵臼林立						
	二年	大子	十七年		六月卒		黔牟立			突奔忽復						為莊公						
	三年		十八年	四月薨	哀侯獻舞					歸弒立子												
	四年		莊公元年	莊公同桓	立桓侯弟					亹秋齊殺						十月卒宣						
	五年		二年	公子立						之立子儀				十二月卒		公杵臼立						
	六年		三年							昭公弟			三月卒子	子閔公捷								
	七年		四年										文王熊貲	立								
	八年		五年				[illegible]立惠公						立									郳犁來朝
	九年		六年				黔牟奔周															
甲午	十年		七年				惠公復入															
	十一年		八年								十一月弒											
	十二年		九年								無知自立											
	十三年		十年								[illegible]殺無知											
	十四年		十一年								桓公小白											

干支	周		魯																			
	十五年		十二年								[illegible]公弟			八月弒子								
	僖王元年	僖王莊王子	十三年											游立秋殺								
	二年		十四年							納厲公殺				子游桓公								
	三年		十五年							子儀				御說立								
	四年		十六年					同盟于幽	晉滅									十二月卒			盟幽	
甲辰	五年		十七年						晉武公三									邾子瑣立				
	惠王元年	惠王僖王子	十八年						十九年卒													
	二年		十九年		卒				晉獻公佹				六月卒子									
	三年		二十年		蔡穆侯肸				諸立武公				杜敖囏立									
	四年		二十一年		立哀侯子				子	五月卒鄭			弒成王頵									
	五年		二十二年							文公捷立			立一作惲									
	六年		二十三年			十一月卒				厲公子												
	七年		二十四年			僖公夷立																
	八年		二十五年			莊公子	五月卒															
	九年		二十六年				衛懿公赤															
甲寅	十年		二十七年				立惠公子															
	十一年		二十八年															四月卒文				
	十二年		二十九年															公[illegible]立				
	十三年		三十年																			
	十四年		三十一年																	四月薛伯		

					甲子										甲戌				
十五年	十六年	十七年	十八年	十九年	二十年	二十一年	二十二年	二十三年	二十四年	二十五年	襄王元年	二年	三年	四年	五年	六年	七年	八年	九年
											襄王惠王	太子鄭							
三十二年	閔公元年	二年	僖公元年	二年	三年	四年	五年	六年	七年	八年	九年	十年	十一年	十二年	十三年	十四年	十五年	十六年	十七年
八月薨	閔公啟方	莊公子八	月弑僖公	申閔公庶	兄立														
																冬卒	蔡莊公甲	午立穆侯	子
卒	昭公班立	僖公子							七月卒	曹共公襄	立昭公子								
		狄滅衛戴	公申立懿	公弟衛文	公燬立戴	公弟													
											九月卒立	奚齊殺及	卓子晉惠	公夷吾立	閔公弟		秦獲晉侯	歸	
																			十二月卒
							晉執虞公	以媵秦穆	姬										
											正月卒大	子款公茲	父立						
															十二月卒	子穆公款	立		
						夏卒僖公	業立												
									來朝										

					甲申										甲午				
十年	十一年	十二年	十三年	十四年	十五年	十六年	十七年	十八年	十九年	二十年	二十一年	二十二年	二十三年	二十四年	二十五年	二十六年	二十七年	二十八年	二十九年
十八年	十九年	二十年	二十一年	二十二年	二十三年	二十四年	二十五年	二十六年	二十七年	二十八年	二十九年	三十年	三十一年	三十二年	三十三年	文公元年	二年	三年	四年
															冬薨	文公興僖	公子立		
							四月卒	衛成公鄭	立文公子	出奔楚復	歸晉人執	衛侯衛立	公子瑕殺	衛侯歸于	衛				
					九月卒晉	懷公子圉	立秦納文	公重耳立	獻公子殺	懷公				十二月卒	晉襄公讙	立文公子			
														四月卒鄭	穆公蘭立	文公子			
子無詭殺	立孝公昭	桓公子							六月卒弟	昭公潘立									
																十月弑子	穆王商臣	立	
					五月卒子	成公王臣	立												
					十一月卒	弟桓公姑	容立		來朝										
										六月卒子	共公朔立								

				甲寅										甲辰					
四年	三年	二年	定王元年	六年	五年	四年	三年	二年	匡王元年	六年	五年	四年	三年	二年	頃王元年	三十三年	三十二年	三十一年	三十年
		弟	定王匡王						匡王					子	頃王襄王				
六年	五年	四年	三年	二年	宣公元年	十八年	十七年	十六年	十五年	十四年	十三年	十二年	十一年	十年	九年	八年	七年	六年	五年
		委作倭	名接又作	公子立一	宣公倭	二月薨													
						莊侯子	立穆侯孫	蔡侯公申	卒										
													立共公子	曹文公壽	八月卒				
											朝	滕昭公來							
		立襄公弟	成公黑臀	九月弑靈												襄公子	公夷皋立	八月卒靈	
立靈公庶	襄公堅	公夷立弑	十月卒穆																
					惠公元立	五月弑見	即昭公弟	懿公商人	舍立弑立	五月卒									
子	公榮共公	正月卒桓	和	公子一名	公稻立康	二月卒共													
									立一名侶	子莊王旅	卒								
						立	弟文公鮑	十二月弑						成公少子	公杵臼立	四月卒昭			
												來朝							
									立	靈公平國	五月卒子								
									立	定公貜且	五月卒子								
				季佗立	庶其弑子	十月紀公													
																		公錫我立	十月卒昭

				甲戌															
三年	二年	簡王元年	二十一年	二十年	十九年	十八年	十七年	十六年	十五年	十四年	十三年	十二年	十一年	十年	九年	八年	七年	六年	五年
	子	簡王定王																	
八年	七年	六年	五年	四年	三年	二年	成公元年	十八年	十七年	十六年	十五年	十四年	十三年	十二年	十一年	十年	九年	八年	七年
						宣公子	成公黑肱	十月薨											
							立	蔡景侯固	二月卒										
									亦名廬	立文公子	曹宣公廬	五月卒							
				立穆公子	衛定公臧	九月卒									立成公子	衛穆公速	十月卒		
																滕文公立	八月卒		
															立成公子	晉景公獳	九月卒		
公弟	公睔立悼	十一月卒成	公費立	三月卒悼															弟
														惠公子	公無野立	四月卒頃			
							共王審立	七月卒											
					共公固立	八月卒													
													立	子成公午	子入陳太	五月弑楚			
	一曰乘	吳壽夢立																	
							公寧立	正月卒靈											

					甲申										甲午				
四年	五年	六年	七年	八年	九年	十年	十一年	十二年	十三年	十四年	靈王元年	二年	三年	四年	五年	六年	七年	八年	九年
											靈王簡王	子							
九年	十年	十一年	十二年	十三年	十四年	十五年	十六年	十七年	十八年	襄公元年	二年	三年	四年	五年	六年	七年	八年	九年	十年
									八月薨	襄公午成	公子								
				五月卒	曹成公負	芻立宣公	庶子												
					十月卒	衛獻公衎	立定公子												
							四月卒滕	成公原立											
	六月卒厲	公州蒲立	景公太子						正月殺悼	公周立襄	公子								
											六月卒僖	公髡頑立	成公子				十二月弒	簡公嘉立	僖公子
十月卒靈	公環立頃	子																	
					十月卒景	公立桓公	子												
															三月卒子	孝公匄立			
													三月卒子	哀公溺立					
								十二月卒	宣公牼立	來朝									
					莒子朱卒	一名渠邱	公犂比公	密州立又	名買朱鉏										
						學子棄													
																穆公來朝			

					甲辰										甲寅				
十年	十一年	十二年	十三年	十四年	十五年	十六年	十七年	十八年	十九年	二十年	二十一年	二十二年	二十三年	二十四年	二十五年	二十六年	二十七年	景王元年	二年
																		景王靈王	子
十一年	十二年	十三年	十四年	十五年	十六年	十七年	十八年	十九年	二十年	二十一年	二十二年	二十三年	二十四年	二十五年	二十六年	二十七年	二十八年	二十九年	三十年
																			四月殺
							十月卒	曹武公勝	立成公子										
			出奔	衛殤公剽	立定公孫										二月殺	衛侯衎復	歸	五月卒	衛襄公惡
				十一月卒	晉平公彪	立悼公子													
								十月卒莊	公光立靈	公子				五月弒莊	公杵臼立	莊公異母	弟		
		九月卒子	康王昭立														十二月卒	子郟敖麇	立
												三月卒弟	文公益姑	立					
	九月卒	吳諸樊立	壽夢長子	一日遏										十二月卒	吳餘祭立	一名戴諸	樊弟	五月弒	夷末立一
					晉執宣公	二月卒悼	公華立												
					晉執犂比	公													
															八月卒悼	公食立			

三年	四年	五年	六年	七年	八年	九年	十年	十一年	十二年	十三年	十四年	十五年	十六年	十七年	十八年	十九年	二十年	二十一年	二十二年
					甲子										甲戌				
三十一年	昭公元年	二年	三年	四年	五年	六年	七年	八年	九年	十年	十一年	十二年	十三年	十四年	十五年	十六年	十七年	十八年	十九年
六月薨	昭公稠襄	公子立																	
蔡靈侯般	立景侯子										楚滅蔡	蔡平侯廬	[illegible]侯子						
														三月卒	曹平公須	立武公子		三月卒	曹悼公午
立獻公子							八月卒	衛靈公元	立襄公子										
			正月卒	悼公寧立															
										七月卒	晉昭公夷	立平公子				八月卒	晉頃公去	疾立昭公	子
												三月卒定	公寧立簡	公子					
					七月卒哀	公立景公	子												
十一月弒	靈王虔立	康王弟一	名圍										四月弒公	子比立殺	平王熊居	立節棄疾	靈王弟		
										十二月卒	子元公佐	立							
						正月卒弟	平公郁釐	立											
								四月[illegible]	楚滅陳封	其大夫穿	封戌爲陳	公楚平王	卽位悼大	子之子吳	歸于陳立	是爲惠公			
名句餘餘	祭弟														正月卒	吳王僚立	名州于夷	昧子	
	六月卒莊	公穿立																	
十一月弒	子展輿立	奔吳太子	著邱公去	疾立										八月卒庚	輿立是爲	共公			奔紀鄣
									遷于夷									遷于白羽	五月卒斯
			穆公	來朝													來朝		

二十三年	二十四年	二十五年	敬王元年	二年	三年	四年	五年	六年	七年	八年	九年	十年	十一年	十二年	十三年	十四年	十五年	十六年	十七年
					甲申										甲午				
			敬王																
二十年	二十一年	二十二年	二十三年	二十四年	二十五年	二十六年	二十七年	二十八年	二十九年	三十年	三十一年	三十二年	定公元年	二年	三年	四年	五年	六年	七年
												十二月薨	定公宋昭	公弟					
十一月卒	蔡悼侯東	國立廬之	弟六月卒	蔡昭侯申	立悼侯弟														
[illegible]立公子							十月卒	曹聲公野	立悼公弟			聲公殺	隱公通立	平公弟		隱公殺	靖公露立	聲公弟	
								七月卒	滕頃公結	立									
										六月卒	晉定公午	立頃公子							
								四月卒獻	公蠆立定	公子									
						九月卒昭	王軫立平	王子一名	珍										
					十二月卒	子景公頭	曼立												
				八月卒子	悼公成立											五月卒子	隱公乞卒	弟僖公過	立
																二月卒子	懷公柳立		
							四月殺	吳闔廬立	一名光諸	樊子									
															二月卒隱	公益立			
			來奔復納	郊公															
											四月獻公	穀卒子襄	公定立						
立																		鄭滅許以	斯歸元公

周敬王	甲子	魯	1	2	3	4	5	6	7	8	9	10	11	12	13	14	15	16	17	18	19
十八年		八年			三月卒										七月卒子					盛立	
十九年		九年			曹伯陽立				四月卒聲		秋卒惠公				閔公越立						
二十年		十年			靖公子				公勝立獻		立哀公太										
二十一年		十一年							公子		子之子										
二十二年		十二年																	春卒比立		
二十三年	甲辰	十三年																	弒惠公夷		
二十四年		十四年														五月卒			立一名貴		
二十五年		十五年	五月薨													吳夫差立	來朝				
二十六年		哀公元年	哀公蔣定																		
二十七年		二年	公子立			四月卒															
二十八年		三年				衛出公輒					十月卒悼										
二十九年		四年		二月殺		立靈公太	八月卒				公立惠公										晉執小邾
三十年		五年		蔡成侯朔		子蒯聵子	隱公虞母			九月卒晏	子										子
三十一年		六年		立昭侯子			立			孺子荼立		七月卒子									
三十二年		七年								殺悼公陽		惠王章立					來				
三十三年	甲寅	八年			宋滅曹虜					生立景公				十二月卒			歸				
三十四年		九年			伯陽					子				子閔公維							
三十五年		十年								三月弒悼				立			來奔		五月卒		
三十六年		十一年								公壬立悼											
三十七年		十二年								公子											
三十八年		十三年																		夏卒	
三十九年		十四年																			

春秋年表考證

杞自武公十一年入春秋○案傳說彙纂定本所列年表及列國興廢說皆云杞自東樓公四傳至武公二十九年入春秋爲魯隱公元年與原本異宋林堯叟輯二十國紀年自云當以杜氏年表爲正而于隱公始年紀杞則云東樓公五傳至武公十二年入春秋於僖公元年紀杞又云二十九年入春秋前後所紀不免異辭今並識於此

周惠王元年惠王僖王孫○通志堂本林氏列國紀年並與原本同而史記周本紀則云惠王乃僖王子案僖王在位僅五年似嗣位不當有孫司馬氏去周未遠考據當詳於杜氏故彙纂定本從之謹據改

周桓王十一年曲沃武公伐翼○通志堂本伐作代訛

襄王九年齊無詭殺立孝公○史記齊世家長衛姬生無詭左傳作無虧

景王元年景王靈王○案周本紀及林氏王朝紀年皆云景王靈王子也原本脫子字應補

景王九年杞平公郁釐立○諸本皆同通志堂作都釐疑誤

王朝世次
平王宜臼幽王子 桓王林平王孫太子洩父子 莊王佗桓王子
僖王胡齊莊王子 惠王閬史記僖王子大全信王孫
襄王鄭惠王子 頃王壬臣襄王子 匡王班頃王子
定王瑜匡王弟 簡王夷定王子 靈王泄心簡王子
景王遺靈王子 王子猛景王子史記作悼王 敬王匄景王子

魯國世次
隱公息姑惠公子 桓公允隱公弟 莊公同桓公子
閔公啟方莊公子 僖公申閔公兄 文公興僖公子
宣公倭文公子 成公黑肱宣公子 襄公午成公子
昭公裯襄公子 定公宋昭公弟 哀公蔣定公子

蔡國世次
宣公考父戴公子 桓公封人宣公子 哀公獻舞桓公弟
穆公肸哀公子 莊公甲午穆公子 文公申莊公子
景公固文公子 靈公般景公子 平公廬靈公孫世子有之子
悼公東國平公弟 昭公申悼公弟
成公朔昭公子

曹國世次
桓公終生穆公子 莊公射姑桓公子 僖公夷莊公子
昭公班僖公子 共公襄昭公子 文公壽共公子
宣公廬文公子 成公負芻杜注宣公庶子史記作宣公弟
武公滕成公子 平公須武公子 悼公午平公子
聲公野悼公弟 隱公通平公弟 靖公露聲公弟
伯陽靖公子

衛國世次
桓公完莊公子 宣公晉桓公弟 惠公朔宣公子
公子黔牟羣公子立六年惠公復入黔牟奔周 懿公赤惠公子
戴公申昭伯頑子宣公孫 文公燬戴公弟 成公鄭文公子
穆公速成公子 定公臧穆公子 獻公衎定公子
殤公剽穆公孫立十二年甯喜弒之公復入 襄公惡獻公子
靈公元襄公子 出公輒莊公子 莊公蒯聵靈公子
衛君起靈公子立一年奔齊出公復立 悼公黚靈公子

滕國世次
滕侯見隱七年名謚未詳 宣公嬰齊 孝公鄭 昭公元
文公壽 成公原文公子 悼公寧成公子
頃公結悼公子 隱公虞毋頃公子

晉國世次
鄂侯郄孝侯子 哀侯光鄂侯子 小子侯哀侯子
晉侯緡哀侯弟武公滅之
曲沃莊伯鮮桓叔子 武公稱莊伯子王命為晉侯 獻公佹諸武公子
奚齊獻公子 卓子獻公子 惠公夷吾獻公子
懷公圉惠公子 文公重耳獻公子 襄公驩文公子
靈公夷皐襄公子 成公黑臀文公子 景公獳成公子
厲公州蒲景公子 悼公周惠伯談子襄公曾孫
平公彪悼公子 昭公夷平公子 頃公去疾昭公子
定公午頃公子

鄭國世次
莊公寤生武公子 厲公突莊公子 昭公忽莊公子
公子亹昭公弟 公子儀昭公弟立十四年傅瑕弒之厲公復入
文公捷厲公子 穆公蘭文公子 靈公夷穆公子
襄公堅靈公弟 悼公費襄公子 成公睔悼公弟
僖公髡頑成公子 簡公嘉僖公子 定公寧簡公子
獻公蠆定公子 聲公勝獻公子

吳國世次
壽夢太伯十八世孫始見春秋 諸樊壽夢子 餘祭諸樊弟
夷昧餘祭弟 王僚夷昧子 闔廬名光諸樊子 夫差闔廬子

燕國世次
繆侯鄭侯子 宣侯繆侯子 桓侯宣侯子 莊公桓侯子
襄公莊公子 桓公 宣公 昭公 武公
文公 懿公 惠公懿公子 悼公 共公
平公 簡公 獻公 孝公

齊國世次
僖公祿父莊公子 襄公諸兒僖公子 桓公小白襄公子
公子無虧桓公子 孝公昭桓公子 昭公潘桓公子
舍昭公子 懿公商人桓公子 惠公元桓公子
頃公無野惠公子 靈公環頃公子 莊公光靈公子
景公杵臼莊公弟 安孺子荼景公子
悼公陽生荼兄 簡公壬悼公子 平公驁簡公弟

秦國世次
文公襄公子 寧公文公孫 出子寧公少子 武公寧公子
德公武公弟 宣公德公子 成公宣公弟 穆公任好成公弟
康公罃穆公子 共公稻康公子
桓公榮共公子 景公桓公子 哀公景公子 惠公哀公孫
悼公惠公子

楚國世子
武王熊通蚡冒弟 文王熊貲武王子 堵敖熊囏文王子
成王頵文王子 穆王商臣成王子 莊王旅穆王子
共王審莊王子 康王昭共王子 郟敖麇康王子
靈王虔共王子一名圍 平王居共王子一名棄疾

昭王軫平王子　惠王章昭王子

宋國世次

穆公和宣公弟　殤公與夷宣公子　莊公馮穆公子　閔公捷莊公子　桓公御說莊公子　襄公茲父桓公子　成公王臣襄公子　昭公杵臼成公子　文公鮑昭公弟　共公固文公子　平公成共公子　元公佐平公子　景公頭曼元公子　昭公得元公曾孫公孫周子

杞國世次

武公謀娶公子索隱曰謀一作謨　靖公武公子　共公靖公子　德公共公子世本作惠公　成公德公子史記自武靖共惠至桓公姑容立共九十六年而無成公一代譙周徐廣俱云惠公生成公桓公與史記不同未詳孰是　桓公姑容成公弟　孝公匄桓公子　文公益姑孝公弟　平公郁釐文公弟　悼公成平公子　隱公乞悼公子　僖公過隱公弟　閔公維僖公子

陳國世次

桓公鮑文公子　陳佗桓公弟　厲公躍桓公子　莊公休桓公子　宣公杵臼桓公子　穆公款宣公子　共公朔穆公子　靈公平國共公子　成公午靈公子　哀公溺成公子　惠公吳哀公孫世子偃師子　懷公柳惠公子　閔公越懷公子

薛國世次

薛侯見隱十一年名謚未詳　薛伯見莊三十一年名謚未詳　獻公穀　襄公定獻公子　薛伯比襄公子　惠公夷比子

邾國世次

邾子克字儀父　邾子瑣儀父子　文公蘧蒢瑣子　定公貜且文公子　宣公牼定公子　悼公華宣公子　莊公穿悼公子　隱公益莊公子立十九年而吳執之子革嗣

桓公革隱公子立十二年而奔越隱公復入　公子何桓公弟

莒國世次

莒子見隱二年名謚未詳　茲平公　紀公庶其　渠丘公季佗庶其子　黎比公密州渠丘公子　展輿黎比公子　著丘公去疾展輿弟　郊公著丘公子　庚輿著丘公弟立十年郊公復入奔魯　莒子狂　馬氏端臨通考以季佗為厲公，朱為渠丘公，是佗與朱乃二人也。徐氏邈、孔氏穎達皆謂莒君無謚，則佗安得獨謚厲乎？齊氏履謙作莒國說，紀不載厲公，蓋亦以通考為未可信也。汪氏克寬曰：渠丘公為季佗，必有所據，今故不用馬氏說。

小邾國世次

魯莊公五年，郳黎來來朝。僖七年，小邾子來朝。始命為附庸也。自時厥後，朝於襄者一，朝於昭者二，盟會屢見於春秋，而世次相承，經傳無明文可據，今姑闕之。

許國世次

莊公　穆公新臣莊公弟　僖公業穆公子　昭公錫我僖公子　靈公甯昭公子　悼公買靈公子　許男斯悼公子　元公成

王朝興廢說

周　姬姓，黃帝之苗裔，后稷之後也。后稷封於邰，今武功縣也。及夏之衰，后稷之子不窋失其官，竄於西戎。括地志曰：不窋故城在慶州弘化縣，今慶陽府安化縣西。不窋之孫公劉徙居邠，今邠州東北有豳亭，三水縣西有古豳城，皆是也。公劉傳九世至太王，去邠邑於岐山之陽，今岐山縣也。文王受命作邑於豐，今西安府鄠縣南有鄠城。武王克商而有天下，定都於鎬，鎬在豐水之東，豐在豐水之西，相去二十五里。平王遷都王城，今洛陽縣西河南故城是也。敬王又遷成周，今洛陽縣東洛陽故城是也。平王四十九年，魯隱公立。敬王三十九年，獲麟之歲也。後九王二百二十年而赧王為秦所滅。

[案]大全諸國興廢說共二十四國，周與諸侯亦並列，今區而別之，不使周與列國齒，虞、虢、紀俱早亡，不錄。

列國興廢說

魯　姬姓，侯爵，周文王第四子周公旦所封也。周公有大勳勞於天下，位冢宰，留相天子，乃封其長子伯禽為魯侯，都於曲阜，今山東兗州府曲阜縣是也。伯禽十三世傳至隱公息姑，元年春秋託始於此，又二百四十有二年，為哀公蔣之十四年，西狩獲麟，春秋以終。後九君至頃公讎為楚所滅。

蔡　姬姓，侯爵，武王同母弟叔度所封也。武王克商，封叔度於蔡，今汝寧府上蔡縣是也。平侯徙新蔡，今新蔡縣是也。昭侯又徙州來，謂之下蔡，今壽州北三十里有蔡國城，即下蔡也。宣侯二十八年，魯隱公立。成侯十年，魯哀公十四年也。後為楚所滅。

曹　姬姓，伯爵，武王同母弟叔振鐸所封也。武王克商，封叔振鐸於曹，今兗州府定陶縣是也。叔振鐸生太伯脾，脾後九世桓公終生即位，桓公三十五年，魯隱公元年也。魯哀公八年，曹伯陽為宋所滅。

衛　姬姓，侯爵，武王同母少弟康叔封之後也。武王封康叔於衛，今衛輝府淇縣東北朝歌城是也。文公遷楚丘，其故城在今滑縣東。成公又遷帝丘，今開州有顓頊城是也。桓公十三年，魯隱公即位。出公十二年，魯哀公十四年也。其後貶號曰君，止有濮陽之地。秦二世廢其君角為庶人。

滕　姬姓，侯爵，周文王子叔繡所封，今滕縣是也。魯隱公七年始見滕侯卒，其後書子，蓋時王所黜也。漢地理志：滕封三十一世為齊所滅。孔氏穎達及諸家多因之。戰國策則謂滕滅於宋。通鑑、通考皆云宋滅滕。永知孰是，姑並存之。

晉　姬姓，侯爵，周武王少子唐叔虞之後也。成王封叔虞於唐，始都於翼，今平陽府翼城縣是也。唐叔子燮父為晉侯，傳十世至昭侯，昭侯封其叔文侯之弟成師於曲沃，是為桓叔。曲沃者，今之聞喜縣也。昭侯伯至京侯為桓叔之孫武公所滅。武公徙居絳，在今絳州之北。景公又自絳徙新田，今在曲沃縣南。鄂侯二年，魯隱公立。定公三十一年，魯哀公十四年也。又六世，韓、魏、趙三分晉地，遷其君靖公俱酒為家人。

鄭　姬姓，伯爵，周厲王少子友之後也。宣王二十二年封友於鄭，在西都畿內棫林之地，漢屬京兆日鄭縣今華州是也幽王之難友寄帑於虢鄶之間因取二國之地在濟西洛東河南潁北四水間謂之新鄭今開封府新鄭縣是也莊公二十四年魯隱公即位聲公二十年魯哀公十四年也後爲韓所滅

吳 姬姓子爵周太王長子大伯奔荊蠻以避季歷居於梅里今無錫縣也大伯卒仲雍嗣立後十七世至壽夢始稱王其後闔閭築大城而都之即今蘇州府治也魯成公六年壽夢見經夫差十五年獲麟之歲也魯哀公二十二年爲越句踐所滅

燕 姬姓伯爵周同姓召公奭之後也武王封召公於薊號爲北燕今順天府大興縣是也穆侯七年魯隱公即位獻公十二年魯哀公十四年也後六世易王立傳王號者六世至燕王喜爲秦所滅

齊 姜姓侯爵太公望之後也其先四岳佐禹平水土有功虞夏間封於呂商末太公起漁釣爲文武師封營丘曰齊侯漢地志云臨淄師尚父所封臣瓚謂臨淄即營丘也案齊曾從薄姑後復都臨淄詩所云王命仲山甫城彼東方即其事也今臨淄縣屬青州府薄姑即博興縣也僖公九年魯隱公立簡公四年魯哀公十四年也後三君一百有二年康公貸卒田氏遂并齊

秦 嬴姓伯爵出自顓頊裔孫女脩子大業生大費與禹平水土佐舜調馴鳥獸賜姓嬴是爲柏翳柏翳十九世非子爲周孝王主馬汧渭間馬大蕃息孝王分爲附庸而邑之秦今秦州清水縣故秦城是也非子之曾孫曰秦仲死於西戎其孫襄公討西戎有功平王東遷賜以岐豐之地列爲諸侯寧公徙平陽今鄭縣西有平陽故城德公徙雍今鳳翔縣也獻公徙櫟陽今臨潼縣也孝公徙咸陽今咸陽縣也文公四十四年魯隱公立悼公十一年魯哀公十四年也後九世孝公用商鞅以耕戰霸秦其子惠文君自號爲王傳武王昭襄王孝文王莊襄王至始皇并天下自立爲皇帝二世而亡

楚 芊姓子爵出自顓頊孫重黎爲高辛氏火正能光融天下命曰祝融其弟吳回嗣爲祝融生陸終陸終生六子最少者季連季連之苗裔鬻熊爲周文武師成王時封鬻熊曾孫熊繹於荊蠻胙以子男之田其地居丹陽徐廣宋忠皆曰在南郡枝江縣今屬荊州府其後都郢今江陵縣是也昭王徙都水經注謂之鄢郢今在宜城縣西南秦拔郢郢楚保陳城即故陳國也其最後徙壽春即今壽州是也武王十九年魯隱公立惠王八年魯哀公十四年也惠王而下有簡聲悼肅宣威懷頃襄考烈幽哀負芻十二王而秦滅之

宋 子姓公爵出自商王帝乙之長庶子啟食宋於微謂之微子周武王誅紂立其子武庚武庚以三監畔成王誅之乃更封微子爲宋公以奉湯祀禮樂車服悉如商舊作賓王家漢地志云梁國睢陽縣故宋國微子所封今歸德府商丘縣是也穆公和七年魯隱公立景公三十六年魯哀公十四年也後至王偃稱王圖伯而齊魏楚共滅其國

杞 姒姓伯爵武王克商求夏禹苗裔得東樓公封杞以奉禹祀杜氏預曰杞國本都陳留雍邱縣桓六年淳于公亡國杞似并之遷都淳于又遷緣陵襄二十九年又遷淳于今開封府杞縣即雍邱也淳于今廢城在安邱縣東北緣陵故城在昌樂縣東南東樓公四傳至武公武公二十九年魯隱公立閔公六年獲麟之歲也後爲楚所滅

陳 媯姓侯爵出自帝舜之後封於有虞虞幕裔孫閼父爲周武王陶正能利器用王賴之以元女太姬下嫁其子滿而封諸陳使奉虞帝祀今陳州是也桓公二十三年魯隱公立閔公二十一年魯哀公十四年也後三年楚惠王使公孫朝滅陳

薛 任姓侯爵黃帝之後奚仲封於薛今滕縣南四十里有薛城隱十一年滕薛來朝始見經莊三年書薛伯卒蓋時王所黜也孔氏穎達陸氏淳告曰小國無紀世不可知亦不知爲誰所滅

邾 曹姓子爵出自陸終第五子晏安之後武王克商封其苗裔曹挾於邾爲附庸今魯國鄒縣是也自挾至儀父十二世始見春秋魯隱公元年儀父會盟于蔑北杏之會附從齊桓進爵爲子莊公十六年經書邾子克卒即儀父也哀公十六年邾子益來奔後爲楚所并

莒 嬴姓子爵出自少昊之後武王封茲輿期於莒今莒州是也莒君無謚而有號自茲輿期十一世至茲平父始見於春秋共公庚輿而下微不復見後四世而楚滅之

小邾 曹姓子爵出自邾挾之後夷父顏有功於周周封其子友於郳爲附庸莊公五年友之曾孫黎來始朝魯杜注東海昌慮縣東北有郳城今昌慮故城在滕縣東南齊小白霸郳君附從進爵爲子始列諸侯謂之小邾子孔氏穎達陸氏淳皆曰穆公之孫惠公以下春秋後六世而楚滅之

許 姜姓男爵與齊同祖武王封四岳之苗裔文叔於許今許州是也春秋時國小而近鄭爲鄭所逼成十五年遷葉今南陽府葉縣是也昭九年遷夷實城父今亳州東南七十里有城父故城十一年遷析實白羽今南陽府鄧州內鄉縣是也定四年遷容城應劭曰容城即華容城今監利縣也或曰容城在葉縣西未知孰是孔氏穎達曰自文叔至莊公十一世始見春秋元公子結元年獲麟之歲也戰國初楚滅之

春秋一百二十四國爵姓

爵姓具者五十國

魯 姬姓侯爵　蔡 姬姓侯爵　曹 姬姓伯爵　衛 姬姓侯爵　滕 姬姓侯爵　晉 姬姓侯爵　鄭 姬姓伯爵　吳 姬姓子爵　燕 姬姓伯爵　虞 姬姓公爵　虢 姬姓公爵　祭 姬姓伯爵　邢 姬姓侯爵　凡 姬姓伯爵　滑 姬姓伯爵　原 姬姓伯爵　荀 姬姓侯爵　芮 姬姓伯爵　息 姬姓侯爵　隨 姬姓侯爵　巴 姬姓子爵　賈 姬姓侯爵　郕 姬姓子爵　齊 姜姓侯爵　秦 嬴姓伯爵　楚 芈姓子爵　宋 子姓公爵　杞 姒姓伯爵　陳 媯姓侯爵　紀 姜姓侯爵　鄧 曼姓侯爵　薛 任姓侯爵　州 姜姓公爵　梁 嬴姓伯爵　宿 風姓男爵　南燕 姞姓伯爵　莒 嬴姓子爵　邾 曹姓子爵　徐 嬴姓子爵　越 姒姓子爵　小邾 曹姓子爵　鄅 妘姓子爵　鄫 姒姓子爵　許 姜姓男爵　胡 媯姓子爵　夔 芈姓子爵　郯 嬴姓子爵　萊 姜姓子爵　舒鳩 偃姓子爵　偪陽 妘姓子爵

有爵無姓者十五國

唐 侯爵　弦 子爵或隗姓　頓 子爵　沈 子爵或嬴姓　譚 子爵或子姓　宗 子爵　邘 子爵　白狄 子爵　賴 子爵　肥 子爵　戎蠻 子爵　麇 子爵或祁姓　鼓 子爵或祁姓　穀 伯爵或嬴姓　舒 子爵

有姓無爵者十七國

魏 姬姓　耿 姬姓　霍 姬姓　郜 姬姓　韓 姬姓或侯爵　焦 姬姓　楊 姬姓　淮 姬姓　密 姬姓　黃 嬴姓　羅 熊姓或偃姓　申 姜姓　夷 妘姓　向 姜姓　鄟 漆姓　舒庸 偃姓　戴 子姓

爵姓皆亡者三十二國

江 或嬴姓　郎　權 或偃姓　道　栢　貳　軫　絞　六 或偃姓　遂　崇　項 或姞姓　冀　溫　厲　蓼 或偃姓　巢　庸　姒　介　邿　無終　蓐收　於餘丘　英氏　根牟　鮮虞　陸渾　房　桐 或偃姓　鄣　狄

附庸九國

顓臾 風姓　須句 風姓　葛 嬴姓　任 風姓　牟　極　蕭 或子姓　鄟　郭

欽定四庫全書提要　春秋名號歸一圖二卷　蜀馮繼先撰陳振孫書錄解題載是書所列人名周一魯二齊三晉四楚五鄭六衛七秦八宋九陳十蔡十一曹十二吳十三邾十四杞十五莒十六滕十七薛十八許十九雜小國二十崇文總目謂其以官謚字名裒附初名之左文獻通考引李燾云昔丘明傳春秋於列國君臣之名字不一其稱多者或至四五始學者蓋病其紛錯難記繼先集其同者為一百六十篇以是二端推之是繼先舊本本為旁行斜上如表譜之體故以圖為名而分至一百六十篇也今本目次與振孫所言合其每一人為一條既非裒附初名之左亦無所謂一百六十篇者與崇文總目及李燾所說迥異崇岳珂雕印相臺九經例云春秋名號歸一圖二卷刻本多譌錯嘗合京杭建蜀本參校有氏名異同實非一人而合為一者有名字若殊本非二人而析為二者有是某國適他國而前後互見者有是某公與某年而經傳不合者或以傳為經或以注為傳或偏旁疑似而有亥豕之差或行款牽連而無甲乙之別今皆訂其譌謬且為分行以見別書然則今本蓋珂所刊定移易非復李燾以前之舊本觀燾所稱宋大夫莊堇秦右大夫詹傳未始有父字而繼先輒增之若子韓皙者蓋齊頃公孫世族譜與傳同而繼先獨以為韓子皙與楚鄭二公孫黑其篇今檢驗此本皆無此文則為珂所刪改明矣

春秋名號歸一圖卷上

周　魯　齊　晉

周 姬姓黃帝苗裔后稷之後也武王伐紂而有天下至幽王為犬戎所殺謂之西周平王東遷洛邑謂之東周即春秋之始也今據經傳有異呼者合而錄之

文王 王季之子也見序　文王昌 桓六註　周文王 僖十九年文王並同　皇

祖文王 哀二

周桓公　周公黑肩 隱六桓五桓十八

王子克 莊王弟　子儀 並同桓十八

平王 見序僖三年同　宜臼 昭二十六年王名也

召康公 僖四　召公奭 為周太保　召伯 定九年傳引甘棠之詩

召穆公 僖二十四　召公虎 同上年註召穆公周之卿士

石速 莊十九年王之元士也　膳夫 同上年即石速也

蘇忿生 隱十一　司寇蘇公 武王時為司寇同上年註

王子帶 僖十一惠王之子襄王母弟也　叔帶 僖二十四昭二十六　太叔帶 僖七

甘昭公 僖二十四食邑於甘謚昭

周公閱 文十四　宰孔 僖五年註　宰周公 僖九年經五年周公同

王子虎 僖二十八王之卿士　王叔 同上年文三　王叔文公 文三王卿士也

虎名叔族文謚

叔興 僖十六周內史也　叔興父 後為大夫僖二十八年

蔿國 莊十六周大夫　子國 同上年字也

陳媯 陳國媯姓之女　王后　惠后 並同莊十八年襄王子帶之母

王世子 僖五年經　王太子鄭 同上年傳　襄王 僖二十四君云天王同

虢仲 桓八年王之卿士也　虢公林父 同上年

王季子 宣十年天王母弟季子成公元年同　劉康公 同上年食采於劉十五年同

樊皮 莊二十九周大夫樊其采地皮名　樊仲皮 莊公三十年

王札子　王子札 上註云王札子即王子札也　王子捷 並同宣十五年

王叔陳生 襄十年王之卿士也　王叔 同上年下云王叔氏

單公子愆期　成愆 襄公三十年蔿邑大夫按釋例即一人也

芮伯 文公元年周大夫　芮良夫 同上年

毛伯 毛國伯爵諸侯為王卿士者也文元　毛伯衛 衛伯字也同上年

尹子 成十六年經王卿士者也文元　尹武公 經傳異文

劉夏 襄十五天子官師非卿也下云劉子　劉定公 昭元

原伯 昭十二年周大夫　原公 同上年

周甘人 昭九周大夫襄也

祈招 昭十二周大夫為司馬掌丘甲之職招名也　圻父 同襄十六年

甘簡公之弟過 昭十二名過周之卿士　甘悼公 同上年悼公即過　甘

過 襄三十年

單子　單襄公 並同成元年十六年經傳異文

毛伯過 昭十八周大夫

毛得 同昭十八過之族　毛伯得 昭二十六

景王 昭十一

王猛 昭二十二景王子也　王子猛 同上年王子名猛　悼王 並同上年未即位追謚

劉獻公 昭十三年定公之子王卿士名摯亦云劉子　劉摯 昭二十二註　劉子

摯 同上年

原伯魯 昭十八周大夫　原伯魯之子 昭二十九即伯魯也　伯魯子 上年註

伯蚠 昭二十二劉獻公之庶子　劉狄 昭二十六劉蚠也　劉文公 昭二十三年

劉卷 杜云劉卷即劉蚠也定四

單子 昭二十六　單穆公 昭二十二單旗　單旗 昭二十二年下云單子同或云單氏

謂單子之家也

單子 昭十一年　成公 同上年單子為王官伯

賓起 昭二十二年王子朝之傅也　賓孟 同上年即賓起也

樊頃子 昭二十二　樊齊 名也同上年

王子朝 昭二十二景王長庶子　西王 昭二十三子朝在王城之西故謂西王

王子匄昭二十二子猛之母弟東王昭二十三敬王居狄泉在王城之東故曰東王
敬王昭二十二年冬即位定五年殺王子朝于楚
召莊公昭二十二召伯奐昭二十召莊公
召簡公昭二十四莊公子召伯盈同上年註簡公
甘平公昭二十周卿士
甘桓公昭二十四甘氏下云甘氏又往矣即桓公也
尹氏固昭二十六王子朝之黨尹圉昭二十三尹文公也與尹固同是子朝之黨疑是一人
夷王昭二十六厲王父
宣王厲王子
幽王宣王子
伯服幽王少子襃姒所生攜王伯服
惠王平王六世孫
定王襄王孫
頃王靈王定王孫並同上年
魯姬姓侯爵文王之子周公旦之後也周公翼戴天子輔相成王成王封其子伯禽爲魯侯至隱公十三君春秋之始也今據經傳有異文呼者合而言之
魯公文十二禽父昭十二伯禽定四周公之子始封之君
魯武公哀二十四武公敖桓六註哀二十四註
仲子惠公夫人桓公之母宋武公之女隱元傳惠公仲子隱元年經傳子氏同上年傳仲子也夫人子氏隱二
魯隱公下云隱公同魯隱並見杜序公名息姑與桓閔文宣成襄經及傳不載故知而不書凡諸侯皆放此
費伯隱元年魯大夫費庈父隱二年
聲子惠公元妃姪娣隱公之母也隱元君氏隱公攝位不敢從正君之禮尊其母遜正夫人故書日君氏卒隱三
公子益師隱元年經衆父益師字也經傳異文
公子彄隱五年經孝公子臧僖伯同上年公子彄也諡僖

臧孫達桓二年僖伯之子也臧哀伯同上年即臧孫達
臧孫辰莊二十八魯大夫臧文仲莊十一
臧孫許宣十八文仲之子武仲之父成二年臧孫同臧宣叔宣十八
臧武仲成十八魯大夫文仲之孫宣叔之子臧紇襄四年臧武仲也臧孫襄十四臧紇也下云臧氏並同
臧昭伯昭二十五臧爲之子也臧孫同上年下云臧氏同呼族
公子展展氏祖夷伯僖十五年展氏之祖父夷諡伯字經震夷伯之廟
無駭隱二年經魯卿未賜族者也司空無駭同上年傳展氏隱八年無駭卒公賜族曰展氏賜族之始
展禽魯大夫僖二十六柳下惠並同上年名獲字禽柳下食邑諡惠按血脈圖盜跖之兄也按莊子即柳下季也
公子翬隱四年十年魯大夫貶去族下皆同羽父字也同上年
子同桓六年桓公子莊公文姜所生莊公春秋十二公唯莊僖昭定名諡見傳
夫人姜氏桓三桓公夫人齊女也文姜桓六
公子慶父莊二年三十二年慶父同仲慶父莊八共仲閔二
公孫敖僖十五慶父之子也魯大夫孟穆伯文元年下云穆伯同
文伯文十四穆伯之子穀也穀文元文十四
公子遂僖二十六魯卿莊公之子公孫敖從父昆弟襄仲文七東門襄仲傳二十六年襄仲居東門故曰東門襄仲東門遂襄公二十三東門氏同上
年仲文十八年傳仲即襄仲也仲遂宣八經
公孫歸父宣十襄仲之子也子家同上年字也東門氏呼其族也宣十八遂東門氏即歸父也
仲嬰齊成十五年襄仲子公孫歸父弟宣十八年遂東門氏又使嬰齊紹其後曰仲氏
公子牙莊三十二同母弟叔牙僖叔叔孫氏並同上年
公孫茲僖四經叔牙子也叔孫戴同上年戴氏也
叔孫得臣文元叔牙之孫莊叔文三昭五
叔彭生文十一經註叔仲惠伯叔牙孫叔仲惠伯同上年傳文十八註文七文十四

叔孫舒哀二十六武叔之子文子同上年
公子友莊二十五魯上卿莊公之母弟季子公子友字閔元季友莊三十二成
季友昭十三
季文子文十八季友之孫魯之宗卿季孫行父也下云文子同季孫行父上年同經下傳云行父
季孫宿襄六行父之子魯之正卿也季武子同上年
公彌襄二十三季武子長庶子也公鉏公鉏註上
悼子襄二十三季武子庶子紇平子父也悼子紇註季悼子昭十二
季孫平子昭九年季孫意如季孫意如昭十三平子季孫並同上年
季氏昭二十六
季孫斯定五年平子意如子季桓子桓子同上年
南孺子哀三季桓子之妻南氏同上年
季康子哀八桓子之子肥肥哀三
公父歜定五年季桓子從父昆弟父文伯公父文伯同上年
公山不狃定五年季氏臣費宰子洩也費宰子洩同上年洩亦作泄
鍼巫莊三十二魯大夫傳云鍼巫氏謂其家也鍼季並同
公子魚閔二奚斯也奚斯同上年
夫人風氏文四莊公妃僖公之母魯之附庸須句國之女成風文五
夫人姜氏哀姜莊公夫人莊二十四哀姜同上年傳夫人氏僖元年經不言姜閔文
子在喪之稱也文公子惡文十八年經書子卒惡傳云殺惡註惡大子上年同
公子買僖二十八年經魯大夫子叢同上年經傳異文
婦姜文四年有姑之稱夫人姜氏文十八惡視之母出姜也出姜同上年註文公薨而見出故曰出姜哀姜上年同傳東門至即出姜也
惠叔文元文伯弟名難難文七
仲孫蔑文十四文伯穀之子孟獻子文十五
仲孫羯襄二十三孟莊子速之庶子秩之弟孝伯也孟孝伯同上年襄三十

一年孝伯同上年孟孫同上年
子服昭伯昭十六惠伯之子子服回子服回同上年
敬嬴文十八文公妃宣公母夫人嬴氏宣八
僖公閔二莊公之子成風所生閔公庶兄也魯申定四年
公孫嬰齊成二叔肸之子魯大夫子叔聲伯成六聲伯成八嬰齊
成十六子叔嬰齊同上年
叔老襄十四聲伯之子也子叔齊子同上年子叔族也齊子字也襄十六年云齊子
叔弓昭三叔老子也敬子同上年子叔子昭二
宣伯文十一成八叔孫得臣之子僑如叔孫僑如成二僑如成十六叔
孫宣伯成六叔孫氏襄二十三呼其家也
叔孫豹成十六僑如之弟也叔孫穆子襄二十八下云叔孫皆同二十七二十九
唯云穆子皆同穆叔襄公二年
叔孫不敢定元年武叔之父下云不敢同叔孫成子定十年下云成子同
叔孫氏定八武叔上年註叔孫不敢之子州仇也同上後註叔孫武叔州
仇哀十一註州仇同上年叔孫武叔哀十一註叔孫同上年武
叔懿子定十子叔孫同上年
叔孫輒定十二年叔孫氏族恨叔孫不禮而出奔子張字也哀八年奔在吳
公若藐定十叔孫氏之族郈宰公若同上年
伯姬成九年穆姜之女成公之姊妹共姬襄三十年在魯曰伯姬嫁爲宋共公夫人故曰
共姬從夫之諡也
郰人紇襄十年郰邑大夫仲尼父叔梁紇也叔梁紇註郰叔紇襄十七
厚成叔襄十四後改爲郈氏名瘠厚孫同上年稱其族也瘠同上年
公子稠襄三十一歌歸之姊齊歸之子昭公名稠父昭二十五魯昭公上註
孟莊子襄十六獻子之子魯公族大夫孟孺子速同上年莊子速同上
年仲孫速襄十六孟氏本出共仲故族稱仲孫亦曰孟孫
昭子昭四昭十叔孫豹之庶子叔孫婼同上年註昭二十五叔孫昭子同上
年叔孫昭二十三二十四叔孫氏昭二十五

孔子序素王今古皆云見序仲尼散在諸卷孔丘序定十哀十六尼父
哀十六
孟椒襄二十三孟獻子之孫子服惠伯子服惠伯同上年子服椒昭三
惠伯同上年子服湫昭十三湫子服惠伯子服子襄二十八子服
氏昭十六族也
閔子馬襄二十三魯大夫閔馬父閔馬父同上年註昭十八二十六
叔仲帶襄三十一叔仲小之父也叔仲父襄二十八叔仲昭伯襄七叔仲
惠伯之孫叔仲昭子昭四叔仲帶也
榮駕鵝定元年魯大夫榮成伯同上年
孟丙昭四年叔孫豹之子孟同上年下皆呼孟
仲壬孟丙之弟同昭四年仲亦同上年下云仲者皆仲壬也
孟僖子昭七仲孫貜也仲孫貜昭九
孟懿子昭二十五孟僖之子仲孫何忌仲孫何忌同上年何忌昭七孟
孫定元
仲孫閱襄三年僖子之子南宮敬叔南宮敬叔昭十一哀三孔子弟子也下云
敬叔並同
孟孺子哀十一孟懿子之子孟孺子洩武伯彘孟孺子洩同上年下云右師同
右師孟武伯哀十四註孟孫同上年武伯彘孟孫並哀十一
子家懿伯昭二十五年註云子家懿伯羈莊公玄孫子家羈昭公十五二莊公玄
孫下註云醫也自稱子家子並同上年子家氏定元
齊歸襄三十一昭公之母胡女也齊諡歸姓夫人歸氏昭十一經小君齊
歸昭十
叔仲小昭十二叔仲帶之子叔仲子當世所呼叔仲穆子同上年
南蒯昭十二南遺之子季氏費邑宰南氏昭十三
琴張琴牢子開並同昭二十年孔子弟子也
叔輒昭二十一叔弓之子伯張伯張子叔並同上年
公子宋定元昭公弟定公同上年宋父昭二十五

季公若昭二十五下云公若季公亥公亥即公若也同上年
秦遄之妻昭二十五秦姬昭二十五年
郈昭伯昭二十五年郈孫同上年下云郈氏同
公爲昭二十五昭公子務人務人昭二十九公叔務人哀十一
洩聲子昭二十六魯大夫下云聲子同野洩同上年字亦作泄同
苫夷定七季氏家臣苫越定八
公斂處父定七孟氏家臣成宰公斂陽公斂陽上註
季孫寤季寤季桓子之弟子言字也並同定八年
定姒定十五定公夫人姒氏同上年
子服何哀三十二子服景伯子服景伯同上年景伯哀十
顏羽哀十一孟氏臣字子羽子羽同上年
樊遲哀十一孔子弟子樊須字子遲樊須上註下云須也同
冉求哀十一三十三求名字子有孔子弟子冉有有子並哀十一
孟之側哀十一年孟氏族子反哀十一或云字反何論云孟之反
子貢定十五衛人姓端木名賜孔子弟子衛賜端木賜見上
公孫成哀十五公孫氏爲孟氏成邑宰下大成皆同公孫宿宿即名也哀十四
公子寧哀二年哀十七公子也悼公同上年
公子有山哀二十四年季孫之黨公孫有山氏哀二十七公自其家出遜
于郲故呼其家
齊姜姓侯爵太公望之後也其先四岳佐禹有功遂封於呂故大公曰呂望也太公股肱周
室成王封其子呂伋爲齊侯僖公九年即隱之元年也今據經傳有異呼者合而言之
呂伋昭十二太公望之子齊丁公丁伋諡也襄二十五
齊侯祿父桓十四齊僖公桓十五經
弟年隱季仲年同上年傳齊仲年桓三
諸兒莊八經齊襄公莊九經
公子小白莊八齊小白莊九齊侯小白僖十七齊桓公九
或云齊桓傳十九

王姬莊十一冬嫁爲齊桓夫人魯主婚也見經 其姬莊十一此與共姬直不從夫人之謚
鮑叔牙莊八年傳小白正卿也 鮑叔莊九年
鮑牽成十七鮑叔牙曾孫 鮑莊子同上年
鮑國成十七牽之弟齊人於魯召而立之定九年鮑子九十餘 鮑文子同上年註
管仲莊八年管仲夷吾 夷吾同上年 管敬仲閔元年
齊無知莊八年經 公孫無知同上年傳 無知 仲孫昭四與仲孫湫同呼族也
高傒莊二十二齊卿惠公族 高子閔二 敬仲襄二十九
高固宣五齊大夫下云高子同 高宣子宣十四年
高止襄二十九高厚之子 高子容同上年 高氏同上年
公孫蠆襄二十九蠆子尾齊大夫 子尾襄二十八高子尾 子尾氏
高彊昭八昭十子尾之子 子良孺子同昭八謂其幼也 子良氏昭八呼其家也
高張昭二十九高偃子 高昭子哀五年
公子完莊二十二陳公子完 敬仲上年同自陳奔齊國
仲孫齊大夫閔元年適魯還齊使齊桓務寧魯難桓公善其言魯人嘉之不名 仲孫湫
同上年湫即名也
公子昭僖十七桓公子也 齊孝公僖二十二年
公子潘僖十七桓公子 齊侯潘文十四 齊昭公 齊潘定四年
公子無虧桓公子也閔二 武孟閔二年
雍巫僖十七雍人名巫 易牙字也同上年
國歸父僖二十九年 國莊子僖三十三下云國子族也
國佐宣十齊上卿 國子成十七 國武子並同上年 賓媚人成二年國佐也
國弱成十八佐之孫 國景子襄二十六 國子同上
國夏哀三 國惠子哀五 惠子哀六
國美昭四國氏姜姓魯大夫叔孫豹之妻 國氏北婦人並同上年齊在魯之北故
豎牛● 云
公子商人十僖公 齊懿公文八 十 商人同上年

公子元僖十七 齊侯元宣十 齊惠公文十四十八年惠公同
子叔姬文十四魯女齊侯舍之母 叔姬傳 昭姬並同上年齊昭公夫人從夫之謚
豎貂僖三年 寺人貂同上年十七年同
晏弱宣十五桓子嬰父也世呼晏子 晏桓子宣十四
晏嬰襄二十五晏弱之子大夫 晏子嬰襄十七世呼晏子 晏平仲襄三十三
齊侯無野成九年經 頃公成二年傳
齊侯環襄十九 齊環襄十八靈公名 靈公同上年註
太子光靈公太子襄元 世子光襄二 齊莊公襄十
陳文子襄二十三二十八 陳無須襄二十七
陳桓子襄二十八年 陳無宇襄六二十四文子之子
孫書昭十九陳無宇之子子占也 子占同上年 書哀十一陳僖子謂其弟書
陳武子昭二十六年 子彊字也並同上年
陳乞哀四下云陳子皆同 陳僖子同上年六年同
陳恒哀四 陳成子同上年陳常兄弟八人昭子莊子僖子齒宣子來穆子安廩丘子
意茲子芒盈惠子得 陳常同上年 大夫陳子哀二十七
陳逆哀十四陳氏宗也 子行同上年
陳瓘哀十五大夫陳恒之兄子玉 子玉同上年
析文子襄十八齊大夫子家 子家同上年 析歸父襄二十三
崔杼襄元諸卷皆云崔子 崔子 崔武子謚也襄二年
華還襄二十三齊大夫 華周同上年即華還也
杞殖襄二十三齊大夫 杞梁同上年即杞殖也
棠姜襄二十五下云姜氏同 東郭姜同上年
慶封襄二十五崔杼黨 慶季襄二十八季字子也 子家亦字也 慶氏並同上年
北郭佐襄二十八冬齊大夫 北郭子車同上年下云子車皆同
慶舍慶封子也代父專政 子之字也並同襄二十八年
慶嗣襄二十八慶封之族 子息同上年慶嗣
慶寅襄二十八 慶繩同上年慶嬰

公孫竈襄二十九子雅 子雅襄二十八竈子雅惠公族
欒施昭十年正卿也大夫子雅之子 子旗昭八年字也
公孫明昭四年齊大夫子明字也 北婦人之客謂子明也並同上年
公子固昭八子尾之屬頃公子也 子成同上年
子工昭八子成之弟 鑄同上年
子車昭八頃公之孫捷也 公孫捷昭十 子淵捷昭二十六年下云淵捷同
公孫青昭二十頃公之孫 子石同上年
梁丘據昭二十齊大夫 子猶同上年二十六年字也
子囊帶昭二十六齊大夫 囊帶同上年註
齊侯杵臼襄二十五立哀五年卒在位五十九年 齊景公魯叔孫僑如奔納女
於靈公生景公
鬻姒之子荼哀五年下云荼皆同 君荼哀六年陳乞弒其君荼 孺子哀六年
註云孺子同 安孺子哀八年杜云安謚也
公子陽生哀五年六年 齊陽生哀六年經 陽生同上年傳 悼公同上
年 齊侯陽生哀十註 齊悼公哀八
茲施哀四至六年奔魯 茲多哀十一年
公子鉏昭二十六哀五 南郭且于且于即鉏也哀五年奔魯居於南郭故曰南郭
且于哀六
闞止哀六陽生家臣子我也簡公寵之以國政致陳恒殺並在十四年 子我哀六年十四年
壬哀六悼公之子 齊簡公哀十四 君壬陳恒弒其君壬並同哀十四
齊侯敬哀十七年註簡公弟 齊侯同上
宗樓哀十一 宗子陽同上年 子陽註
大陸子方哀十四子我臣 東郭賈即子方也
顏庚哀二十三齊大夫顏涿聚 顏涿聚同上年注哀二十七
晉姬姓侯爵武王之子唐叔虞所封之國也成王封母弟虞於唐燮父改唐爲晉昭侯封桓叔於曲沃相殺至武公遂并宗國爲晉侯今合而錄之
唐叔昭十五始封之君 唐叔虞桓六昭元 叔虞昭元唐之季世其名曰叔虞

虞成王之母弟太叔晉侯同上年注
僖侯桓六司徒同上年名也晉廢司徒之官爲改中軍避僖侯之諱也
太子仇桓二穆侯之太子文侯也文侯同上年文侯仇昭二十三注
成師桓二桓叔同上年曲沃伯同上年昔文侯卒子昭侯立元年危不自安故
封桓叔爲曲沃伯
曲沃莊伯桓二桓叔子桓叔卒立莊伯襲父之爵亦爲曲沃伯
曲沃伯莊十六年武公襲父之爵亦爲曲沃伯曲沃武公桓三莊伯之子莊伯
卒武公立晉武公莊十六年曲沃武公遂并晉國僖王因使虢公以君命命爲晉侯卽
獻公之父文公重耳之祖也晉侯同上年
晉獻公僖九年武公之子也晉侯佹諸名也同上年
太子申生僖五年傳世子申生僖五年經太子僖四僖十共太子
僖十共子昭二十八晉申生同上年注
荀息僖二晉大夫荀叔僖九年
驪姬莊二十八姬氏僖公四年
卓子莊二十八僖九嬖姬之娣生卓子公卓子僖九
夷吾莊二十八獻公子小戎子生夷吾僖九晉侯夷吾僖二十四經晉惠
公僖九十三惠公僖十五晉侯晉君同上年
懷嬴僖二十二秦女妻子圉子圉諡懷公故曰懷嬴嬴女同上年辰嬴文公後妻
生公子樂諡曰辰嬴文六
太子圉僖十七惠公太子懷公子圉圉同上年懷公僖十五年註二
十三二十四孺子僖五
公子重耳莊二十八獻公子大戎狐姬生僖九二十三晉公子僖二十三晉
重耳定四晉文公同上年文公僖三十八
韓簡僖十五萬之孫韓定伯國語諡也
寺人披僖五年寺人勃鞮僖二十五
司空季子僖二十三臣臼季也胥臣名也同上年臼季僖三十三食采於臼
瑕呂飴甥僖十五卽呂甥也蓋姓瑕呂名飴甥字子金呂甥子金同上年

瑕甥僖二十四陰飴甥僖十五食采於陰
趙衰僖二十三正卿也趙盾之父子餘僖二十四字也趙成子文五諡也成
季文六孟子餘昭元年原大夫僖二十五
原同僖二十四季隗生原邑也原叔宣十五趙同宣十二
屏括僖二十四季隗生同之弟屏邑屏季宣二公族大夫同上年
樓嬰僖二十四括之弟樓邑趙嬰成四趙嬰齊宣十二
頭須僖二十四一日里鳧須里鳧須同上年註
趙盾文六傳宣二經叔隗生盾僖二十三趙宣子宣子同上年宣二
宣孟成八
趙武襄十八正卿也朔之子盾之孫莊姬所生也趙文子襄二十五二十六趙
孟襄三十一
趙朔宣十二盾之子趙莊子並同上年
趙成昭五昭七趙景子昭七
趙鞅昭二十五執政上卿志父哀二簡子之一名也定公十三年避范中行氏出奔晉侯
召歸復位改名志父趙簡子昭二十五先主哀二十年無恤呼簡子
無恤哀二十鞅之子簡子廢嫡子伯魯而立襄子襄子哀二十七趙孟哀二十年
當世所呼
趙姬僖二十四文公女成公之姊趙衰妻也宣二君姬氏同上年
趙莊姬成四成八晉成公女趙朔妻姬氏同上年孟姬成十七
趙旃宣十二趙傁同上年老稱
邯鄲午定十三趙午國語十五註
狐突閔二年晉大夫文公外祖狐毛狐偃之父也伯行同上年
狐偃僖二十三狐突之子子犯同上年字也舅氏僖二十四子犯重耳舅也舅
犯國語十
狐射姑文六年狐偃之子賈季同上年食采於賈字季
狐鞫居文二續簡伯同上年續鞫居文六
狐庸成七巫臣之子文子自楚奔晉邢伯襄十八晉大夫屈狐庸襄三十一邢

侯襄十八昭十四
介推僖二十四介之推同上年
先軫僖二十八三十二原軫同上年食采於原
先蔑文六伯也士伯文七
先且居僖三十三先軫之子霍伯文五年先軫之子食采於霍
先穀宣十二年中軍佐也原穀同上彘季與士魴同字彘子並同上年
欒枝僖二十七二十八欒貞子僖二十七註文五
欒書宣十二年盾之子黶之父欒伯同上年當世所呼成二年同欒武子並同
上年襄十四年武子同
弁糾成十八欒糾同上年
欒黶成十七書之子欒桓子襄十二欒伯襄十四桓主襄二十一
卿士曰主
欒盈襄十八黶之子也欒懷子襄二十一陪臣盈襄二十一自稱欒孺
子襄二十二下欒氏同
魏犨僖二十七年畢萬之子也魏武子僖二十七年
陽處父僖三十二年晉處父文二太傅陽子文六下云陽子同
郤缺僖三十三郤芮之子冀缺同上年郤成子文十三
郤克宣十七下云郤子同郤子郤獻子同上年成二郤伯成二駒
伯宣十二國語十二與郤錡同
郤犨成十一年郤克從父兄弟苦成叔成十四年晉卿士也苦成同上年
郤錡成十三郤克子卿士也下云郤子同駒伯成十七與郤克同
郤至成二年三郤皆正卿溫季成十六年新軍佐季子字也成十七年
郤毅成十三郤至弟步毅成十六
韓武子唐宰相世系韓厥之父也子輿成二字也
韓厥宣十二萬玄孫韓獻子同上年
韓無忌成十八厥子襄七公族穆子襄七年爲公族大夫下云穆子同
韓起襄七無忌弟宣子士起襄二十六大夫入天子之國稱士韓宣子同上年

韓不信昭三十二年韓起之孫伯音字也同上年韓簡子同上年定元年
士會文六士蔿之孫將中軍加太傅士季文七隨季文六註食采於隨字季隨
會文十三季氏宣十六年呼其字氏隨武子僖二十八宣十二武諡也范
武子成十八初封隨後改封范故互而言之或曰隨武子或曰范武子其後有范文子士
燮范宣子士匄范獻子士鞅皆為執政上卿襄十七范會
士貞士渥濁宣十二士伯宣十五士貞伯成五士渥濁成十八
范文子成二士燮同上范叔同上燮宣十七文子襄二十六
范匄成十六年自稱匄也同士匄成十七范宣子成十八年文子之子
士魴成十八彘季同上年與先縠同字
士弱襄九士渥濁之子莊子或云士弱氏士莊子同上年士莊伯襄公二十
五與己前羣娚同諡士鞅襄十四士匄之子上卿也鞅也同范鞅襄十八昭五
范叔襄二十九范獻子同上代魏舒將中軍
士文伯襄三十士弱子士伯瑕同上年昭十二
士景伯昭十三士文伯之子彌牟士伯昭二十三字與士貞子同彌牟昭十三
士彌牟昭二十三司馬彌牟郞大夫昭二十八年
范吉射定十三士鞅子下云范氏士吉射同上年范昭子同上年哀五昭子同
范皐夷定十三范氏側室子也士皐夷哀三年
荀林父僖二十七中行桓子中行氏之祖也荀伯文七伯氏宣十五伯字也桓
子同上年中行桓子宣六桓子始將中軍自此以為族世稱中行
伯宣十五成二年皆曰中行伯自後子孫襲將中行者皆曰中行伯伯爵也與字義乖
荀首宣十二林父弟趙同趙嬰兄知氏之先與中行同祖自此分族稱知氏知莊子
知季同上年
荀罃成三荀首之子知武子襄十四知伯成十八襄十三
荀庚成三林父之子中行伯同上年襲將中行
荀偃成十六荀庚子中軍帥中行偃成十七官臣偃襄十八自稱中
行伯襄十四伯游襄十三字也中行獻子襄十六十八獻子中
行氏襄二十三族也

荀盈襄二十七知罃之子晉上卿也知盈昭五知氏昭九伯夙襄二十七知
悼子襄二十三
荀吳襄二十六林父之孫偃之子中行伯國語十五自林父至吳三世襲將中行故
族稱中行氏中行吳昭五穆子昭十二中行穆子同上年襄二十六
荀躒昭九年荀盈之子下軍佐也知躒昭二十六下云知氏同知伯昭二十一
知文子定十四
荀寅定十三昭二十九中行荀吳之子下卿將中軍中行寅昭二十九中行文
子定十三
荀瑤哀二十三荀躒之子知伯襄子知伯豫讓主也知伯襄子並同上年
箕鄭文九註箕鄭父文八文九
胥甲文公十二胥臣之子胥甲父宣元
晉靈公宣二夷皐同上年經云弒其君夷皐
公子黑臀宣二年文公之子也成公同上晉侯黑臀宣九
丕鄭僖十丕鄭父僖十一經
晉侯驩文六晉襄公文二文六子僖三十三年傳曰子墨衰絰謂襄公也公未葬
故曰子
魏錡宣十二年魏犫之子廚武子宣十二呂錡成十六即魏錡也呂相父
呂相成十三魏錡之子魏相成十八
魏絳襄三魏莊子襄四獻子之父也
魏舒魏絳之子執政大夫昭二十八魏獻子同上年下云魏子同
魏曼多定十三魏襄子同上年
詹嘉文十三瑕嘉成元年詹嘉處瑕故曰瑕嘉
解張成二年張侯同上年
晉景公成十八晉侯獳同上年
晉侯成十年經太子也景公在州蒲生代父稱爵失人子之禮也太子州蒲傳
晉厲公成十三君州蒲十八年經弒其君州蒲
孫周成十七晉襄公曾孫悼公周子十八晉侯周襄十五悼公周成十

八晉悼公襄十六
羊舌大夫閔二年為太子申生軍尉叔向祖父也
羊舌職成十八佐祁奚伯華叔向之父叔魚叔虎皆庶子也
羊舌赤襄三職之子叔向之兄伯華同上年註字也銅鞮伯華昭五銅鞮
所封之邑也
羊舌肸昭五年羊舌職之子也叔向襄十四叔肸襄十一叔譽禮記
趙文子與叔譽觀九原叔譽叔向也
羊舌虎襄二十一下云虎也同叔向庶弟也叔虎同上年
羊舌鮒昭十三叔向庶弟也叔鮒同上年下云鮒也同叔魚並字也同十三
晉平公襄十八註會臣彪襄十八傳晉侯彪昭十
申公巫臣宣十二本楚大夫出奔仕晉晉以為邢邑大夫下晉臣同屈巫成二子
靈昭二十八
欒王鮒襄二十一欒大夫也王鮒同上年鮒昭元年欒桓子同上年
祁奚襄三晉大夫祁大夫國語
女齊襄二十司馬侯下云齊也襄二十九司馬侯襄二十六昭元女叔齊昭五
叔齊昭元女叔侯襄二十八叔侯同上年
女寬昭二十六大夫女叔寬定元年
師曠襄十八昭八子野字也昭八工昭九傳曰酌以飲工工謂樂師師曠也
嬖叔昭九外嬖外嬖大夫公之嬖者傳曰公欲廢知氏而立其外嬖禮記謂之李調是也
鞏朔鞏伯士莊伯並同成二年下與士弱同諡
楊石昭五叔向子食我食我同上年楊食我伯食並昭二十八
張趯昭三大夫也孟同上年
少姜昭二晉平公之愛妾齊之女也少齊昭三謂之少齊言異衆妾也
犬戎狐姬莊二十八年文公之母狐季姬昭公十三
籍黶昭十五註晉卿籍談九世祖也司晉典籍故曰籍氏孫伯黶昭十五
籍談昭十五叔氏同上所其族也籍父敬而不名
晉頃公昭三十晉侯去疾同上年

晉昭公昭十六晉侯夷同上年
史墨昭三十二晉太史也蔡墨昭二十九即史墨也蔡史墨同上年
晉定公哀二年晉午同上年
鄭無恤哀二年王良也王良　郵良　子良並同上年
楚隆趙襄子家臣陪臣隆哀二十年自稱也

春秋名號歸一圖卷上考證

尹子註成十六年經王卿士者也文元〇案成十六年公會尹子伐鄭傳稱尹武公是也前此文公元年經傳俱無其人原本文元二字疑衍

展禽註魯大夫二十六〇案展禽係僖二十六年見左傳原本脫僖字今增

夫人風氏註莊公肥〇案肥字悉嬰氏之誤集韻嬰與妃同總要云古嬪御之貴次於后曰妃風氏爲莊公之妾故以稱之今改妃

郰人紇註仲尼父叔梁邑也〇案郰乃陬邑梁紇其名也原本邑字疑紇字之誤

定伯註國語謚也〇案此即晉語云韓景之孫韓簡謚定伯是也通志堂本無謚字義不可解

瑕甥註僖四十二〇案僖在位止三十三年瑕甥見傳在僖二十四年今云四十二蓋傳寫訛倒也

原同註季隗生〇案傳趙衰從晉文公出亡奔狄狄以叔隗妻之生盾又云文公妻趙衰生原同屏括樓嬰是原同等三人乃文公女趙姬所生即後文君姬氏是也史記趙世家則云衰未從亡時其妻生同括嬰齊不言誰氏要之非季隗明甚此註必有誤但通志堂本亦同故仍其舊而附識之下屏括註倣此

陽處父註僖三十二年〇通志堂本作三十三年訛

郤缺註僖二十二〇案郤缺獲白狄乃僖三十三年事原本二十二訛今改正

春秋名號歸一圖卷下

楚　鄭　衞　秦　宋　陳
蔡　曹　吳　邾　杞　莒
滕　薛　許　雜小國

旁引王者附

楚芈姓子爵顓頊之後也周成王封熊繹於楚至熊通乃僭號稱王
熊通史記楚世家武王名楚武王莊四年傳註楚自僭桓之世始僭稱王
屈瑕桓十一莫敖同上年莫敖楚官也莊四年屈重亦襲此官
屈禦寇僖二十五息公子邊息公子邊同上年
屈建襄二十二子木襄二十五年爲令尹
公子元莊三十令尹子文莊二十八年子元同
鬭廉桓九若敖子也鬭射莊三十
鬭穀於菟鬭伯比之子三十僖二十楚令尹子文同上年下子文同
鬭克僖二十五子儀文十四申公子儀同上年
得臣僖二十三宣十二成得臣僖二十三令尹同上年子玉僖二十七
鬭椒宣二宣四司馬子良之子子越椒下云椒也越椒同子越　司馬
令尹　伯棼同上年亦作賁襄二十六若敖謂伯賁也
鬭勃僖二十八年楚大夫子上同上年令尹子上僖三十三年爲令尹楚
子上　子上同上年
成大心文五令尹得臣之子也大心僖二十八孫伯同上年　大孫伯
僖三十三
成嘉文十二若敖曾孫子孔同上年
鬭宜申僖二十六二十八宜申僖二十八文十子西同上年
鬭般宣四子文之子子揚亦作班子揚同上年申公鬭班莊三十　司

馬子西僖二十六註
箴尹克黃宣四子揚之子文之孫箴尹楚官箴尹鬭楚王改其名曰生
成然昭十三韋龜之子鬭辛之父郊尹　蔓成然同上年
鬭成然昭十四令尹子旗子旗同上年定五
鬭辛昭十四成然之子鄖公辛定四年楚滅鄖爲邑辛爲邑大夫
鬭懷定四年辛之弟鬭懷上年同下云懷也
仲歸文五文十子家同上年
息嬀莊十四嬀姓之女息侯之妻文夫人莊二十八文王滅息以息嬀爲夫人
申公叔侯僖二十六申叔僖二十八
蔿賈僖二十七伯嬴孫叔敖之父伯嬴同上字也宣四年
孫叔敖宣十一詩蔿賈之子令尹孫叔敖宣十二孫叔同上年蔿
敖同上年蔿艾獵宣十一
楚子頵文元年經弒其君頵楚成王同上年
榮黃僖二十八年榮季同上年
太子商臣僖三十三世子商臣文元穆王文元文十
息公子朱文九子朱息公也子朱息公同上年
文之無畏文十左司馬也下云無畏子舟字也同上年申舟宣十四年楚子
使申舟聘齊
公子燮文十四王子燮同上年楚僭稱王故公子亦呼王子
公子嬰齊宣十一年註莊王之弟楚之正卿成二先大夫嬰齊昭七左
尹子重宣十一子重字也令尹子重成二子重同上年
公子側宣十二註正卿成十六經子反宣十二註字也宣十五成二成七成十五成十
六司馬成十六大司馬側　側成四子反名成九成十六
潘尫宣十二大夫師叔同上年
潘黨宣十二尫之子潘叔黨同上年潘尫之黨成十六
楚子旅宣十八經楚莊王文十四年傳
公子貞襄七經莊王之子子囊同上年成十五襄十三

公子壬夫襄五令尹子辛同上年右尹子辛成十六
公子辰成九年子商楚太宰也見成十年
公子穀臣成三王子邲鄢下句宜成二年皆云王子即穀臣也
司馬子庚襄十二莊王子午也公子午襄十五令尹公子午皆同
楚子審襄十三年共王也共王成二年文七年襄五年楚共王皆同
養由基成十六養叔襄十四
公子追舒襄十五莊王子子南為箴尹箴尹同上年子南襄二十一令尹
子南同令尹子南襄二十二
叔伯僖二十三蒍呂臣同上年
鍼尹固定四年鍼或作箴哀十六工尹固哀十八或云工尹亦同蒍固蒍氏
固名箴尹楚官改職為工尹並同十八年
蒍子馮襄二十一年令尹下蒍子同上
蒍罷襄三十下云蒍氏子蕩襄二十七三十令尹子蕩同
申叔豫襄三十一申叔時之孫申叔跪之子申叔下並云申叔或云夫子大夫之美稱
伍舉襄二十六年椒舉同上年
伍奢昭二十子胥之父連尹奢昭二十七
棠君尚昭二十年伍尚昭二十奢之子員之兄
伍員昭二十下云員同伍舉之孫伍奢之子子胥同上年昭三十一
𦳝無宇昭十一芋尹昭七十三芋尹無宇昭十三
楚子昭襄二十八楚康王同上年
郟敖襄二十九康王子熊麇同上年楚子麇昭元經
公子圍昭元康王弟楚令尹襄三十令尹圍昭元大夫圍昭公十
元年王子圍襄二十九楚公子圍昭元熊虔昭元楚子昭十一
其君虔昭十三楚靈王昭元庶子圍昭元王子襄二十
公子黑肱昭元宮廄尹子皙同上年子皙昭十三
觀從昭十三觀起之子其子從子玉同上年
王子比昭元公子比昭十二子干昭元右尹子干昭元楚公

子昭元年與公子圍皆曰楚公子二月晉楚會盟重言楚公子者皆公子圍也又秦后
子與子干俱奔在晉后子謂楚公子者即子干也楚君子干昭十三訾
敖昭十三不成君者楚人皆謂之敖葬於郟曰郟敖死於訾曰訾敖
公子弃疾昭十二蔡公昭十三君司馬昭十三熊居同上
年立後名居楚子居昭二十六平王昭十三年後二十六年楚平王同
右尹子革昭十二鄭丹昭十二然丹昭十三
陽匄昭十七穆王曾孫令尹子瑕令尹子瑕同上年
公子魴下云魴也自稱司馬子魚同上年
陽令終昭二十七陽匄子中廄尹昭十七年下云子魚者皆同
太子建昭十九郹陽封人之女生楚太子建哀十六王子建昭二
十六子木哀六勝哀十六子木之子白公同上年下云王孫亦謂白公也
囊瓦定二年子囊之孫以王父字為氏令尹子常昭二十六下子常同楚
瓦定四子常同上年
郤宛昭二十七子惡左尹並同上年
沈尹氏葉公子高之父也昭三十一下云戌也自稱左司馬戌昭三十一
註定四下云司馬皆同
葉公定五年食采於葉楚僭稱王故宰邑皆僭稱公諸梁定五諸梁即名也下葉公
諸梁同沈諸梁哀十九父為沈尹戌子高以父之邑為氏改封葉故互言之
子高哀十六
伯州犂晉大夫伯宗之子下云太宰州犂同昭元太宰同上年呼其官
王孫由于定四下由于同寢尹哀十八吳由于同上年
季芈芈姓也平王之女昭王之妹定五季芈畀我服虔云畀我即季芈字也定四
太子壬昭二十六平王太子楚子軫哀六年立後改名楚昭王同上年
越女之子章哀六年昭王妾章惠王楚王惠同上年哀十六
公子結定四年昭王兄子期定四哀十六
公孫寬哀十九子期之子司馬哀十六
公子申昭王兄定四哀六年十三年與成六年公子申同名相去八十年非一人也

子西哀十六與僖王之世鬭宜申同字子西
公孫寧哀十八子西之子下云寧同令尹哀十六十七子國十七下十八年
右司馬子國同
公孫朝哀十七武城尹同上年令尹之子同上年
公子啟哀六昭王兄也王救陳在外將卒欲立子西子期子閭皆辭之子閭同上年
公子申公子結皆平王之子也
鄭姬姓伯爵西周厲王之子宣王之母弟桓公友所封之國也
莊公寤生隱元鄭伯寤生桓十一經鄭莊公隱十一桓十一
公子呂隱元鄭大夫子封同上年
共叔段隱元共叔莊十六京城太叔隱元下云太叔同太叔段隱元
祭仲隱元祭氏仲名初為祭封人掌封疆者後以為氏祭足字也桓五祭仲足
桓五祭封人仲足桓十一年
公孫閼隱十一鄭大夫子都同上年公子閼莊十六與隱十一年相去三十
四年不合一別有公子同名世族未遠蓋一人也子當為孫
曼伯桓五昭十一檀伯守櫟大夫也櫟邑邑名桓十五年
鄭太子忽桓元世子忽桓十五經公子忽隱三桓十三鄭忽桓六鄭
昭公昭公桓十一
公子突隱九突桓十一鄭伯突桓十五經鄭伯桓十一十五厲公
桓十一十五莊四
洩伯隱七年字亦作泄洩駕隱五宣三
洩堵俞彌僖二十四註云堵俞彌子俞彌文公孫子蘭所生官三年傳下云俞彌
高渠彌鄭卿桓十七十八、高伯桓十七
鄭子昭公弟子儀桓十八莊十四在位十四年遇弒傳復云鄭子蓋其微弱臣子不以君禮赴
於諸侯子儀莊十四鄭伯莊三傳莊四經
鄭伯捷文公也僖三十二年鄭文公僖二十三鄭捷定四鄭伯僖三十四
三十三十三
公子蘭文公子燕姞生僖三十宣三鄭伯蘭宣三鄭穆公三年冬

子良穆公庶子宣四成三 去疾宣四 公子去疾成二
公孫輒襄九伯有之父 子耳襄八襄九註襄十
行人良霄襄十一公孫輒之子 伯有襄十五 伯有氏襄二十九 良氏
襄三十
公子宋宣四 子公同上年
公子歸生宣四 子家同上年執政大夫仁而不武懼譖從逆春秋書爲首惡貶弑君之名
公子堅宣四 襄公堅同上年 鄭伯堅成四經 鄭襄公同上年
太子夷文十七 君之嫡夷同上年 鄭靈公宣四 其君夷宣四
經天子蠻成二 子貉昭二十八
世子華僖七經 太子華僖七傳 子華同上年
公子魚臣宣十二 僕叔同上年
石制宣十二 子服同上年
公孫申成九 叔申成十四
公子班成十 子如同上年
鄭伯費成六 鄭悼公同上年
鄭伯睔襄二 鄭成公同上年
髡頑成十公太子 太子髡頑成十七 鄭伯髡頑襄七 鄭僖公同上年
鄭子罕成十六穆公之子 公子喜成十六釋例謚子罕經傳不見
子展襄八子罕之子上卿也 舍之上名也同年 公孫舍之襄九 罕氏
襄二十九釋例謚桓子
子皮襄二十九子展之子代父爲上卿 罕虎襄三十子皮子罕之孫以王父字爲罕氏昭三同
嬰齊昭十六子皮之子 子齹 孺子同上年
罕達哀二哀十三子齹之子 子姚哀九哀二十 武子賸哀九 鄭子賸
哀十三
罕朔昭七 馬師氏同上年馬師職也
公子偃成三穆公子也 子游成六

公孫蠆襄九襄十四九公子偃之子 子蟜襄八
游販襄二十二公孫蠆之子太叔之兄 子明同上年
子太叔襄二十四正卿 太叔襄二十二昭元 游吉襄二十八公子偃之孫以王父
字爲氏昭子
公子發襄五經穆公之子子產父 子國成五襄二襄三釋例謚惠子
子產襄十五公子發之子執政上卿昭二十 子美襄二十五 公孫僑襄二十二
昭元穆公之孫 鄭僑襄二十四 少正襄二十二鄭卿官也
國參哀五子產之子 子思 桓子思哀七桓謚也
公子騑襄九穆公之子執政上云騑也同 子駟成十襄八
公孫黑襄十五 子晳襄三十昭元 駟氏同上年
公孫夏襄十子駟之子亦卿也 子西同上年
駟帶襄三十子西之子 子上同上年昭十八
駟偃昭十九駟帶之子 子游同上年駟公子偃同名同字
駟乞昭十九游叔父 子瑕同上年
駟歂定八駟乞之子 子然襄元定八註
駟弘哀二十七駟歂之子 子般哀二
公子嘉襄九穆公之子 子孔襄八 司徒孔襄十九傳以襄十年嘗爲司徒之官故云
公孫楚昭元穆公孫太叔之叔父變大夫 游楚 游氏 子南子
南氏同上年
子張宣十四穆公孫 公孫黑肱襄二十二 伯張同上年
子革襄十九穆公子孫子然之子 然丹子革名昭九昭十六 鄭丹昭十二註仕楚
爲右尹楚人謂之鄭丹
然明襄二十四鄭大夫 鬷蔑蔑名也 鬷明並昭二十八
印段襄二十七 印氏同上年 子石襄三十
印癸昭十六印段之子 子柳同上年
公孫段襄二十七 子石同上年 伯石襄三十亦字伯石 公孫段氏昭元
豐施昭七公孫段之子也 豐氏同上年昭元 子旗昭十六

豐卷襄三十 子張同上年
公孫揮襄二十四 子羽同上年二十九行人子羽同 行人揮昭元
馬師頡襄三十子羽孫馬師官也 羽頡同上年以王父字爲氏
渾罕昭四鄭大夫 子寬同上年
宛射犬襄二十四 鄭公孫同上年下云公孫同
鄭伯嘉昭十二經 鄭簡公同上年下云簡公同
鄭伯寧昭二十八經 鄭定公同上年
鄭伯蠆定九經 鄭獻公同上年
鄭勝哀二 鄭聲公同上年
衛姬姓侯爵文王之子武王之弟康叔所封之國也
其君完隱四年衛州吁弑其君完 衛桓公同上年 衛桓公隱五年
公子晉隱五 衛侯晉桓十二 衛宣公桓十三
石碏隱四衛大夫 石子同隱四其氏也
石稷成二年下云石子同石碏四世孫 石成子同上年 石子同上年
石買襄十七 石共子襄十九
悼子襄十九 石惡襄二十七二十八
石盂襄二十二 石臭同上年
從子圃襄二十八年 石圃哀十七年
壽子桓十六 壽同上年
公子朔桓十六 衛侯朔同上年 惠公同上年
昭伯閔二謚也惠公庶兄宣公子也 公子頑同上年
戴公閔二立其年卒 申同上年註名也
甯速閔二註 甯莊子同上年
甯俞僖二十八註下甯子同 甯武子同上年
甯殖襄元經二十傳 甯惠子襄二十或云甯子見成十四
甯喜襄二十六甯下云甯子甯氏 悼子襄二十
子路杜序孔子弟子孔悝邑宰也定十二定十四同 仲由同上年下由也同 季路

哀十四季子哀十五
衛侯燬僖二十五燬僖十八傳衛文公閔二
衛子僖二十五經衛侯鄭宣九衛成公僖三十一
叔武成公弟僖二十八衛子僖二十八經夷叔同上夷謚也衛武定四
公子瑕僖二十八子適僖三十
衛侯遬成二衛穆公同上年
孫良夫宣七經林父之父成十四孫桓子同上年傳成三年孫子同
孫林父襄七傳下云孫子孫氏同孫文子成十四
孫襄襄二十六林父之子伯國同上年
衛侯臧成十四經衛定公成十四傳定公同上年
衛侯弟黑背成十經子叔黑背同上年傳
衛獻公襄十四衛侯衎襄二十六
公孫剽襄元子叔黑背子襄十四衛侯剽襄二十六註弒其君剽同上年
子叔同上年
北宮括成七北宮懿子襄十四下云懿子同
北宮佗襄十三北宮文子襄三十一
北宮喜昭二十下北宮子北宮氏皆同貞子昭二十與析成子皆生賜謚
蘧伯玉襄十四蘧瑗襄二十九
庾公差襄十四子魚同上年
母弟鱄襄十四衛侯之弟鱄襄二十七子鮮同上
太叔文子襄二十五下云文子太叔儀襄二十七世叔儀昭三十二經註
世叔齊哀十一經太叔懿子之子太叔疾上年傳云即世叔齊也下云疾同太
叔悼子並同上年
太叔遺哀十六太叔疾之弟太叔僖子同上年
史狗襄二十九史朝之子衛文子同上年
史鰌襄二十九年史魚同上年
公叔文子定六下云文子同公叔發襄二十九

孔成子昭七衛卿孔達之子孔烝鉏同上年
孔文子哀十一執政上卿悝之父羈之孫圉昭七孔圉哀十五烝鉏
之曾孫圉同昭七年烝鉏羈之父也
孔姬哀十五蒯聵之姊孔圉之妻悝之母也伯姬姬氏同孔伯姬哀十七伯姬
同上年
孔悝哀十五孔文子圉之子孔叔同上年
王孫牟昭十二康叔之子康伯同上年
衛侯兄縶昭二十靈公兄孟縶昭七公孟昭二十公孟縶同上年
析朱鉏昭二十成子同上年與北宮貞子皆生賜謚析成子同上
齊豹昭二十下云齊氏同齊氏子同上謂其家也衛司寇昭三十一年
公子鮒襄二十九南楚昭二十公南楚同上年
祝佗定四祝史名佗太祝子魚同上年下云子魚同
衛侯元哀三衛靈公同上年
蒯聵定十四世子蒯聵定十四經太子蒯聵定十四傳曾孫蒯
聵哀二莊公哀十五
亡人之子輒哀二衛侯輒哀十五出公輒哀二十衛出公
哀二十六
公子郢哀二公孫彌牟之父子南同上年
公孫彌牟哀二十五彌牟子南之子南氏以父字為族文子子之並同上年
高柴哀十七衛大夫孔子弟子也柴哀十五子羔同上年季羔哀十七
褚師比哀十六哀二十五褚師哀二十五褚師聲子同上年
司徒瞞成哀十五瞞成哀十六子還成哀十六經
襄公之孫般師哀十七公孫般師般師並同上年
公子起哀十七靈公子其君起哀十八
公文要哀二十五公文懿子同上年
彌子瑕定六嬖大夫彭封彌子哀二十五下云彌子
夫人之弟期哀二十五司徒期同上年下云期

王孫齊哀二十六衛大夫王孫賈之子昭子同上年
衛大夫肸哀十六註下臣肸哀十六郢武同上年
子伯哀十六註子伯季子同上年
許公爲哀十六許爲同上年
公子黚哀二十六蒯聵庶弟悼公同上年
秦嬴姓伯翳自伯益佐堯舜有功舜乃賜姓封邑至周穆之世造父與秦仲有功遂爲列國僖公始見春秋
秦穆公秦穆秦伯任好穆公名文六年卒
公孫枝僖九秦大夫僖十五子桑文三
孟明僖三十二下云孟子孟明視文二百里孟明視僖三十三
西乞僖三十二西乞術同上年
白乙僖三十二白乙丙僖三十三
太子罃僖十五秦伯罃文八秦康公僖十五文七
秦伯之弟鍼昭元下云鍼同后子同上年自秦奔晉景公母弟
鍼註秦鍼傳註秦公子昭元秦伯車弟鍼公子鍼
並釋例
秦穆姬僖十五穆姬同下秦穆夫人穆公夫人伯姬僖十五姬姓之女嫁於秦也在晉曰伯姬伯謂長女也在秦曰穆姬從夫之謚也嫁於小國則不從夫之謚紀伯姬郯伯姬鄫伯姬是也大國亦不從夫之謚自有謚者文姜聲姜出姜齊姜齊歸是也其有叔姬者各據本國長幼次序
宋子姓公爵其先契之後也武王伐紂封微子啓爲宋公以繼殷之祀也
宋穆公隱三宋公和同上年經
宋殤公隱三四年殤公同與夷隱三
孔父桓二大司馬孔父孔父嘉桓二大司馬隱三司馬桓二其官也
宋武公司空武公名司空故廢司空之官改爲司城避其諱也桓六
華父督桓元宋督桓二督大宰同上年
司馬華孫文十五貴而不名華耦同上年華督孫司馬子伯文十

華定襄二十九 宋司徒同上年 華費遂昭二十大司馬 司馬同上年
華貙昭二十一年大司馬華費遂之子爲少司馬 子皮字也同上年
少司寇牼昭二十華亥庶兄 華牼同上年
其君捷莊十二經 閔公同上年
公子御說莊十一宋莊公子 宋公御說僖九 宋桓公同上年、
公子馮隱四年三年馮也亦同 宋公馮莊二年經 宋莊公莊二一經
太子茲父僖八 宋子九年經 宋公茲父僖二十三 宋襄公同上年
大司馬固僖二十二莊公孫 公孫固僖二十七
目夷僖八下九年公子目夷同 子魚僖十九下云司馬子魚同 司馬子魚
司馬僖三十 宋公王臣文七 宋王臣定四 宋成公文七
司徒皇父文十一下云皇父戴公子 皇父充石同上年
宋昭公文十六下昭公同 杵臼同上年昭公名
公子鮑文十七十六 宋公鮑成二 宋文公同上年
高哀文十四 子哀同上年
王姬文十六下云夫人王姬同 襄夫人同上年 君祖母同上
公子圍龜成五年 子靈同上年
靈不緩哀二十六公子圍龜之後 左師同上年
羊斟宣二年御士 叔牂同上年
蕩澤成十五公孫壽之孫 大夫山 子山並同上年
朱共公成十五 宋公固同上年
子罕襄六下云司城子罕同 司城子罕同上年 樂喜襄九
樂轡襄六 子蕩同上年
桐門右師定九 樂大心同上年 樂祁昭二十二罕孫定八 子 樂祁
犂同上年定六經 子梁定八 司城子梁昭二十七
樂溷定八樂祁子 子明定九
樂茷哀二十六樂溷子 子潞 司城茷並同上年
樂得哀二十六 門尹得同上年

褚師段襄二十共公子段 子石同上年
宋伯姬襄二十六三十 共姬同上年夫之諡從
合左師襄十七合向戌邑也下云左師皆謂官也 宋左師向戌並同上年
向魋哀十三 桓魋同上年下云司馬桓魋魋也皆同 桓司馬哀十八 司
馬同上年此亦與子仲同十四年傳云司馬欲入謂向魋也
左師向巢官也哀十四 向巢 左師巢同上年
向宜昭二十一向戌子 子祿同上年
皇野哀十四 司馬子仲同哀十四十七年宋子仲同 司馬哀十四年傳上
云司馬曰司馬請謂子仲也下云司馬欲入謂向魋也
公子朝宋公子名朝出奔仕衛淫亂懼罪奔晉昭二十一年歸宋 衛公子朝在衛
爲大夫懼罪奔晉昭二十一年自晉歸宋救華氏之亂其年傳以仕衛之故謂之衛公子朝
宋子朝哀十一年經註也下云子朝並同 宋朝歸宋後至定十四年衛靈公爲
南子召之朝復適衛 宋公子朝定十四哀十一
世子成成十五 宋公成昭十五 宋平公昭十一元公父也
世子痤襄二十六年經 太子痤同上年經傳異文
世子佐昭四 太子佐同上年 宋公佐昭二十五經下云宋公同 宋元
公昭二十五二十六
公子城昭二十年下云城也也語助 子城字也同上年
太子欒元公太子也昭二十三十五 宋景公哀二十六
杞姒之子非我哀十七 皇非我哀二十五 司馬同上年
公之弟辰定十年註云景公弟辰傳云辰同 母弟辰並同昭二十定十一
公孫周哀二十六元公孫 子高同上年
周之子得哀二十六公孫周之子 昭公同上年
陳嬀姓陳侯爵舜之後也周武王封遏父之子滿於陳賜姓嬀氏號胡公即始封之祖也
陳侯林莊元年 陳莊公莊二年
五父隱六年威公之弟也 陳公子佗同上年 陳佗威六 文公子
佗桓五年 陳五父隱七年 五父佗襄二十五年註

陳侯躍威十二年 厲公同上年
公子完莊二十二厲公子也 敬仲同上年
陳子僖二十八年經先君未葬故日子 陳侯朔文十三年 陳共公文元年
轅濤塗陳大夫下云濤塗僖四 轅宣仲僖五年
陳侯杵臼僖十二 陳宣公十三年
陳侯平國 弒其君平國同宣十 陳靈公宣九 靈侯成年
少西子夏之名徵舒之祖宣十一註 子夏同上註
夏徵舒宣十一年大夫也下云徵舒同 夏氏同十一年 少西氏同上年皆謂徵
舒之家 夏南子夏之後字子南成二年
夏齧昭二十三年徵舒玄孫 陳大夫齧同上年 陳夏齧同上
成公午宣十一 陳侯午襄四 陳成公襄四
陳侯之弟黃襄二十 公子黃同上年
鍼子隱八年陳大夫 陳鍼子同上年
陳鍼宜咎陳大夫襄二十四 陳鍼同上 鍼宜咎同上年註 宜咎同上
年 葳尹宜咎昭四年陳大夫奔楚爲葳尹
公子招昭元年八年 子招並同上 陳侯之弟招昭八經 司徒
招八年傳 太子偃師襄二十五 世子偃師昭八年經 悼太子
偃師同上年傳
孫吳昭八年太子偃師之子 悼太子之子吳昭十三 陳侯吳昭四
陳惠公同上年 陳侯溺昭八年 陳哀公同上年
陳子先君未葬定四年會諸侯稱子 陳侯柳定八 陳懷公同上年至晉公爲楚所滅
蔡姬姓侯爵武王封弟叔度爲蔡侯叔度作亂見誅其子蔡仲名胡成王復封之於蔡也
蔡叔定四年始封之君 蔡叔度蔡世家叔度之名也得罪放逐尚書有放驩兜之義
寬而宥之故之於遠也
蔡仲定四年蔡叔之子周公舉而命之 蔡侯同上年註周公以王命命之爲蔡侯 胡
同上年蔡仲名也尚書云小子胡
蔡侯考父隱八年 蔡宣公同上年

蔡僖封人桓十七年 蔡威侯同上
蔡季桓十七年 蔡侯獻舞莊十年 蔡哀侯莊十四年
蔡甲午定四 莊侯註 蔡侯甲午蔡世家 蔡莊公註襄八
蔡侯申宣十七 蔡文公同上年 蔡文侯襄二十
公子燮襄八年 司馬燮同上年 蔡司馬襄二十
聲子蔡大夫伍舉也世相善與楚大夫 歸生名也並同襄二十六年
蔡侯成二年 蔡景公同上年三十年襄 其君固襄三十年
世子般襄三十年 太子般同上 蔡侯昭十一 蔡靈侯昭十一楚
靈王誘而殺之其七十人遂聞蔡滅之 士 蔡靈公昭十三年楚平自蔡得國復封
其孫盧爲蔡侯遂得成禮蔡之
世子有昭十一年 隱太子同上 太子蔡平公之父年蔡靈公之
蔡侯盧昭十三隱太子之子盧楚靈滅蔡爲邑使公子棄疾爲蔡公疾即位是爲平王乃封盧而復之 蔡平公昭二十一年 平侯同上年
太子朱昭二十一年傳 蔡侯朱昭二十一年經平侯之子
蔡侯 蔡君並定三年 蔡侯申宣十七年蔡侯申卒諡曰文侯今昭侯是玄孫
不合與高祖同春秋之也哀四
蔡昭侯哀四年爲大夫公孫翩所弒 蔡昭公同上年經
公孫霍哀四年經 公孫肝同上年傳註云肝霍也弒君之黨
曹姬姓伯爵文王之子振鐸武王封弟振鐸於陶丘即其國也
曹伯終生桓十年 曹桓公同上年
曹太子桓九年 世子射姑同上年 曹伯射姑莊二十三 曹莊
公莊二十四 曹赤莊二十四年自外歸于曹 曹僖公同上年註
曹伯班僖七 曹昭公同上年
曹伯襄僖二十八經 曹共公僖三十二
曹伯壽宣十四 曹文公同上年
曹伯廬成十三 曹宣公同上年
公子負芻成十三 曹伯負芻襄十七 曹成公成十五

子臧成十五子臧惡篡弒之君抱清愼之故能守節讓位致邑全身公子之賢無以加也公
子欣時成十三傳欣時即子臧名也
曹伯滕昭十四 曹武公同上年
曹伯須昭十八 曹平公同上年
曹伯午昭二十七年 曹悼公昭二十八
曹伯露定八年 曹靖公同上年
公孫彊哀七年寵大夫執政喪國 司城彊哀八年
吳姬姓子爵周太王之子太伯仲雍之後也武王封周章爲吳子至壽夢而僭號稱王始通中國
吳子壽夢襄十二 吳子乘名也同上年
吳子諸樊乘之長子也襄十四 吳子遏名也襄二十五
吳子句餘襄二十八 吳子夷末同上年註昭十五
吳子餘祭襄二十九 戴吳史記即餘祭也
吳公子札襄二十九壽夢之子 季子襄三十一註昭二十七至哀公十年九十餘歲
札襄二十九經 季札襄三十一年註 延州來季子昭二十七延州來季
札之邑也禮記謂之延陵季子
吳子僚昭二十年註 其君僚昭二十七經 州于昭二十七經
鱄設諸昭二十七年 鱄諸定十註
吳公子光諸樊子也昭十七 吳光昭十七年昭三十年註 吳子光定十四
吳子闔廬號也昭二十七年三年闔廬同
吳太宰嚭晉大夫伯宗曾孫伯州犂之孫吳大夫哀元年七年太宰同 子餘字也
太宰子餘哀八年
王子姑曹哀八年 公子姑曹哀十七
邾曹姓子爵顓頊之後有陸終氏生子曰邾安周武王封其苗裔邾俠居邾十二世至儀父
春秋見
邾儀父字也桓十七 邾子克名也隱元莊十六年同 邾莊公見後序與
邾子穿同謚
邾子蘧蒢文十三 邾文公文十四

邾定公文十四下定公同 貜且同上年
邾子牼襄十七 邾宣公成十八年
邾子華昭元年 邾悼公同上年
邾子穿定三年經 邾莊公同上年
邾子益定十五註哀七 邾隱公同上年云邾子同下
太子革哀八年二十四年並同 邾桓公
茅夷鴻哀七年 茅成子邾大夫也下云成子同上年
杞姒姓公爵夏禹之苗裔也武王克殷求禹後得東樓公而封之九世至成公始見春秋
杞子僖二十三年經杞入春秋自桓以來二年本皆侯爵莊二十七年爲時王所黜稱伯成公
始用夷禮復爲仲尼所貶故僖二十三年書杞子卒 杞成公同上年傳
杞子僖二十七猶有夷禮故亦書子朝魯 杞伯姑容襄六 杞桓公
年同上
杞伯匄襄二十三 杞孝公同上年
杞子襄二十九年文公來盟復用夷禮春秋賤之故貶書子 杞伯益姑昭六年卒
經復稱伯 杞文公昭六年同
杞伯郁釐昭二十四年 杞平公同上年
杞伯成定四年 杞悼公同上年
杞伯過哀八年 杞僖公哀九年
莒嬴姓子爵少昊之後周武王封茲輿於莒十一世至茲平公始見春秋自共公以下微弱
不復見
莒挐僖元年 莒子弟挐同上年
莒子僖二十六年 莒茲平公同上年傳註莒夷無謚以號爲稱此即時君之號也
其後各以邑爲號 莒期定四年
莒紀公文十八 庶其同上年經
太子僕莒紀公太子文十八 莒僕同上年
犂比公號也襄十六襄二十一 密州名也襄三十一 買朱鉏密州之同上年
字也乃經傳互文 鉏註唯一字

莒展昭元年 展輿襄三十一
著丘公昭四年十四年 莒子朱成十四
公弟庚輿昭十四年 莒子庚輿昭二十三經 莒共公昭十九此一君有謚傳二十六年杜云莒夷無謚既郎不言
莒茲大夫莒大夫昭十四 蒲餘侯同上年 蒲輿侯茲夫此在下文
滕姬姓侯爵文王子叔繡之後也自叔繡至宣公十七世始見春秋
滕子嬰齊僖十九 滕宣公同上年
滕宣九年卒經不書名 滕昭公同上
滕子成十六年文公卒經不書名 滕文公同上年傳 滕侯並同上年滕本侯爵自隱十一年傳稱侯二年朝會稱子蓋爲時王所黜其後不復本爵今文公傳註復云侯者是杜呼其舊爵
滕子原昭三年 滕成公襄六
滕子寧昭二十八 滕悼公同上年
滕子結哀四 滕頃公同上年
滕子虞母哀十一 滕隱公同上年
薛任姓侯爵黃帝之苗裔仲虺居薛爲湯左相武王復其封爲薛侯齊桓黜之爲伯
薛伯穀昭三十一年 薛獻公同上年
薛伯定定十二 薛襄公同上年
薛伯夷哀十年經 薛惠公同上年經
許姜姓男爵堯四嶽伯夷之國也周武王封文叔於許十一世至莊公始見春秋
許男業文五年 許僖公六年
許男新臣僖四 許穆公同上年
許男錫我宣十七 許昭公同上年
許男甯襄二十六 許靈公同上年
其君買昭十九年許悼公瘧飲太子止之藥卒孔子以君父有疾藥當由醫太子可以視膳問安不宜獨進藥物責止失於慎慮致害君親故加弒逆之名亦以教誡 許悼公同上年
許男成哀十三年 許元公同上年

雜小國凡見經傳小國并考引者附
越子定十七 句踐同上年允常子也下云越子句踐
常壽過昭十三 越大夫同上
紀裂繻紀國夫人隱二年 紀子帛字也隱二
郕太子朱儒文十一 郕伯同上年
有窮后羿襄四下云后羿 夷羿同上年夷氏也下云羿同 鉏羿註
戎子駒支駒支名也 姜戎氏同上襄十四
韓服桓九年巴大夫 巴行人 巴客同上年行人與客辭非名字謚號考其傳義亦宜錄之
北燕伯昭十二 北燕伯款昭三 燕簡公同上昭六年簡公同
鄧侯吾離桓七經 鄧侯同上傳
季杼哀元 后杼襄四少康子亦同哀元
孔甲夏之天子少康之後九世君 夏后並昭二十九
逢公殷諸侯姜姓 逢伯陵並同昭二十
州公州國公爵 名淳于公淳于州國所都同桓五年
唐侯定三年 唐成公同上年
南燕伯莊二十年 燕伯父同上年
虢公莊二十年周惠王爲子頹之亂失國二十一年虢公與鄭厲公共討子頹以安王室
虢叔莊二十一 虢公醜僖五醜即名也莊三十二年有神降於莘至僖五年爲晉獻所滅
十招父僖十七 招傳云招曰然
皋陶堯舜臣也文五年 庭堅皋陶字也文十八年
高陽氏 顓頊文十八年
高辛氏 帝嚳文十八年
伯虎文十八年 朱虎同上年
仲熊文十八年 熊羆同上年
渾敦文十八年 驩兜同上年

窮奇文十八年 共工同上年
檮杌文十八年饕餮傳無異名三苗也 夏鯀註云鯀夏禹父也同上
伯封昭二十八 封豕同上年其三凶封豕所有異呼皆天下之民各據其惡目之也
后夔妃昭二十八 玄妻同上年
管叔周公之兄成王叔父與蔡叔祿父作亂甚間王室周公誅之 管叔鮮鮮即叔之名也同定四年

春秋名號歸一圖卷下考證

芋尹○案芋當作芊鄭樵通志氏族畧楚有大夫芊尹申無宇之後原本及　殿本諸坊本俱作芋而陸氏音義直音于付反讀如芋蹲鴟也之芋字蓋因陳有芋尹以烏名官讀者不辨陳楚之分以致芋芊相混今仍其舊而謹識于此

公子閼註世族未遠蓋一人也○此因隱公十一年有公孫閼而莊十六又有公子閼相去三十四年不應有公子與之同名故直斷曰一人也他本作二人則與上文詞意不合

鄭僑○註十四上原本空兩字案傳鄭伯如晉子產寓書于子西云僑也惑之在襄二十四年則所闕兩字乃襄二兩字也今補

虢公醜註有神降于莘○案莊三十二年神降于莘原本莘字係莘之訛

招註傳云招曰然○案傳所云招即卜招父也此註昭字應改招

春秋卷之首

春秋卷之一

杜氏預曰春秋者魯史記之名也記事者以事繫日以日繫月以月繫時以時繫年所以紀遠近別同異也故史之所記必表年以首事年有四時故錯舉以為所記之名也

【案】孟子言春秋天子之事也蓋謂春秋本諸侯之史其時列邦僭亂名分混淆而史體乖舛夫子因而修之其名秩則一裁以武成班爵之舊其行事則一律以周公制禮之初故曰春秋天子之事者猶曰天子之史云爾說者不察而以為夫子行南面之權則近於夸矣又董仲舒述夫子之言曰我欲託之空言不若見諸行事之深切著明也蓋謂凡著書者言理則虛徵事則實故雖言理義以垂訓不如借二百餘年行事使是非得失皆著見於此爾說者以為春秋是夫子之行事非空言比亦似非本意

隱公

楊氏士勛曰魯世家隱公名息姑惠公之子周公八世孫以平王四十九年即位隱者諡也周書諡法隱拂不成曰隱魯雖侯爵據臣子言之故謂之公

【左】惠公元妃孟子孟子卒繼室以聲子生隱公宋武公生仲子仲子生而有文在其手曰為魯夫人故仲子歸於我生桓公而惠公薨是以隱公立而奉之宋梁國睢陽縣孔疏宋公爵譜云子姓周武王封紂子武庚以紹殷後武庚作亂周公伐而誅之更封微子啟為宋公括地志兗州曲阜外城即伯禽所築古魯城

【案】春秋託始隱公之說先儒大抵相同獨陳氏傅良以為不始於平王而始於桓王且謂繻葛之敗春秋所以始汪氏克寬曰若是則春秋當始於桓公不始於隱公矣

（己未）周平王四十九年

元年

齊僖公祿父九年晉鄂侯郄二年曲沃莊伯鮮十一年衛桓公完十三年蔡宣公考父二十八年鄭莊公寤生二十二年曹桓公終生三十五年陳桓公鮑二十三年杞武公二十九年宋穆公和七年秦文公四十四年楚武王熊通十九年

董氏仲舒曰一者萬物之始也元者辭之大也一為元者視大始而正本也杜氏預曰因魯史作春秋故以魯紀年又曰凡人君即位欲其體元以居正故不言一年一月也歐陽氏脩曰人君即位稱元年常事爾孔子未修春秋其前固已如此蓋記事先後遠近以歲月一二數之乃理之自然也其謂一為元亦未嘗有法蓋古人之語耳及後世曲學之士始謂孔子書元年為春秋大法遂以改元為重事自漢以後又名年以建元而正僞紛雜稱號遂多不勝其紀徐氏無黨注曰古謂歲之一月亦不云一而曰正月國語言六呂曰元間大呂周易列六爻曰初九大抵古人言數多不言一不獨謂年為元也

【案】元字之義自董氏以為視大始而欲正本至何杜附益因有體元之說胡傳乃推衍至乾元坤元以為體元者人君之職謂元者宰相之事又曰元即仁也仁人心也以益廣董氏之旨夫以始為元唐虞已然古之帝王義或有取而遂目為聖人之書法則鑿矣至其傳桓公元年曰元年即位之始年也自是累數雖久而不易此前古人君記事之例春秋祖述為編年法及漢文帝惑方士之言改後元年始亂古制夫在位十有六載矣復稱元年可乎孝武又因事別建年號歷代因之或五六年或四三年或一歲再更使記注繁蕪莫之勝識矣歷世無窮而美名有盡豈記久明遠可行之法也必欲傳久當以春秋編年為正此則得之

春王正月

【左】元年。春。王周正月。不書即位。攝也。

【公】元年者何。君之始年也。春者何。歲之始也。王者孰謂。謂文王也。曷為先言王而後言正月。王正月也。何言乎王正月。大一統也。公何以不言即位。成公意也。何成乎公之意。公將平國而反之桓。曷為反之桓。桓幼而貴。隱長而卑。其為尊卑也微。國人莫知。隱長又賢。諸大夫扳隱而立之。隱於是焉而辭立。則未知桓之將必得立也。且如桓立。則恐諸大夫之不能相幼君也。故凡隱之立。為桓立也。隱長又賢。何以不宜立。立適以長不以賢。立子以貴不以長。桓何以貴。母貴也。母貴則子何以貴。子以母貴。母以子貴。

【穀】雖無事。必舉正月。謹始也。公何以不言即位。成公志也。焉成之。言君之不取為公也。君之不取為公何也。將以讓桓也。讓桓正乎。曰不正。春秋成人之美。不成人之惡。隱不正而成之。何也。將以惡桓也。其惡桓何也。隱將讓而桓弒之。則桓惡矣。桓弒而隱讓。則隱善矣。善則其不正焉何也。春秋貴義而不貴惠。信道而不信邪。孝子揚父之美。不揚父之惡。先君之欲與桓。非正也。邪也。雖然。既勝其邪心以與隱矣。已探先君之邪志。而遂以與桓。則是成父之惡也。兄弟。天倫也。為子受之父。為諸侯受之君。已廢天倫而忘君父。以行小惠。曰小道也。若隱者。可謂輕千乘之國。蹈道則未也。

【案】胡傳以伊訓證商不改月。然漢書三統歷以大甲元年十二月乙丑朔為冬至。是商之十二月。乃夏之十一月。商未嘗不改月也。又以秦始建國書冬十月證秦不改時。然漢書高帝紀春正月。顏氏注云。凡月皆大初正歷後追改。當時以十月為歲首。即謂十月為正月。又漢元年十月。五星聚東井。劉氏敘曰。太白辰星去日率不過一兩次。今十月而從歲星於東井。無是理也。然則五星以秦之十月聚東井耳。秦之十月。今七月。日當在鶉尾。故太白辰星得從歲星也。據此足明記事之文皆是追改。權此一事失改。遂以秦之十月為漢之十月耳。是秦亦未嘗不改時也。周正改月並改時。呂氏大圭。熊氏朋來證以經傳所書。李氏廉證以秦誓。無可疑者。顧時月俱時王所改。不曰王春正月。而加春於王者。蓋行夏時之志寓焉矣。正者王事之始。春者天道之始。王所為者系之以王。天所為者冠之以春。三正迭用。惟夏得天。欲王者上奉天時。必以得天為正。蓋春秋為尊王而作。故以王法正天下。春秋為萬世而作。故以天道正王道也。不書即位者。左氏以為攝。公穀以為讓。而杜氏預釋之以為不行即位之禮。故不書即位。此定解也。胡傳謂仲尼首絀隱公以明大法。故削之。義恐未安。夫君行即位之禮則書即位。不行則不書。孔子安得而筆削之乎。

三月。公及邾儀父盟于蔑。父音甫。凡人名地名放此。蔑莫結反。凡書邾公並作邾婁。蔑公穀並作眜。此私盟之始。邾。魯國鄒縣也。孔疏。邾曹姓。顓頊之後有六終。武王封其苗裔為附庸。蔑。姑蔑。魯地。

【左】三月。公及邾儀父盟于蔑。邾子克也。未王命。故不書爵。曰儀父。貴之也。公攝位而欲求好於邾。故為蔑之盟。

【附錄】【左】夏四月。費伯帥師城郎。不書。非公命也。費。魯大夫費庈父之食邑。讀如字。與季氏費邑讀曰祕者有別。郎。魯邑。

【公】及者何。與也。會及暨皆與也。曷爲或言會。或言及。或言暨。會猶最也。及猶汲汲也。暨猶暨暨也。及我欲之。暨不得已也。儀父者何。邾婁之君也。何以名。字也。曷爲稱字。褒之也。曷爲褒之。爲其與公盟也。與公盟者衆矣。曷爲獨褒乎此。因其可褒而褒之。此其爲可褒奈何。漸進也。眛者何。地期也。

【穀】及者何。内爲志焉爾。儀字也。父猶傅也。男子之美稱也。其不言邾子何也。邾之上古微。未爵命於周也。不日。其盟渝也。眛。地名也。

【案】附庸比於天子之元士。應稱字。左氏謂未王命。故不書爵。其說爲長。

夏五月鄭伯克段于鄢。 鄢音偃。鄭在滎陽宛陵縣西南。朱子詩傳。鄭本在西都畿內咸林之地。武公得虢鄶之地。乃徙其封而施舊號於新邑。是爲新鄭。孔疏。鄭國伯爵。譜云。姬姓。周厲王子。宣王母弟友之後也。宣王封友於鄭。鄢。潁川鄢陵縣。

【左】初。鄭武公娶於申。曰武姜。生莊公及共叔段。莊公寤生。驚姜氏。故名曰寤生。遂惡之。愛共叔段。欲立之。亟請於武公。公弗許。及莊公即位。爲之請制。公曰。制巖邑也。虢叔死焉。佗邑惟命。請京。使居之。謂之京城大叔。祭仲曰。都城過百雉。國之害也。先王之制。大都不過參國之一。中五之一。小九之一。今京不度。非制也。君將不堪。公曰。姜氏欲之。焉辟害。對曰。姜氏何厭之有。不如早爲之所。無使滋蔓。蔓難圖也。蔓草猶不可除。況君之寵弟乎。公曰。多行不義。必自斃。子姑待之。既而大叔命西鄙北鄙貳於己。公子呂曰。國不堪貳。君將若之何。欲與大叔。臣請事之。若弗與。則請除之。無生民心。公曰。無庸。將自及。大叔又收貳以爲己邑。至於廩延。子封曰。可矣。厚將得衆。公曰。不義不暱。厚將崩。大叔完聚。繕甲兵。具卒乘。將襲鄭。夫人將啟之。公聞其期。曰。可矣。命子封帥車二百乘以伐京。京叛大叔段。段入于鄢。公伐諸鄢。五月辛丑。大叔出奔共。書曰。鄭伯克段于鄢。段不弟。故不言弟。如二君。故曰克。稱鄭伯。譏失教也。謂之鄭志。不言出奔。難之也。遂寘姜氏於城潁。而誓之曰。不及黃泉。無相見也。既而悔之。潁考叔爲潁谷封人。聞之。有獻於公。公賜之食。食舍肉。公問之。對曰。小人有母。皆嘗小人之食矣。未嘗君之羹。請以遺之。公曰。爾有母遺。緊我獨無。潁考叔曰。敢問何謂也。公語之故。且告之悔。對曰。君何患焉。若闕地及泉。隧而相見。其誰曰不然。公從之。公入而賦。大隧之中。其樂也融融。姜出而賦。大隧之外。其樂也洩洩。遂爲母子如初。君子曰。潁考叔純孝也。愛其母。施及莊公。詩曰。孝子不匱。永錫爾類。其是之謂乎。

申國。南陽宛縣。北有故申城。共。共國。汲郡共縣。虢。虢國。滎陽縣。此爲東虢國。虢叔所封。後并於鄭。有故城。京。鄭邑。滎陽京縣。祭。陳留長垣縣東北有祭城。卽祭仲邑。廩延。鄭邑。陳留酸棗縣北有延津。城潁。鄭地。潁谷。水經注。潁水出陽城陽乾山之潁谷。

【公】克之者何。殺之也。殺之則曷爲謂之克。大鄭伯之惡也。曷爲大鄭伯之惡。母欲立之。已殺之。如勿與而已矣。段者何。鄭伯之弟也。何以不稱弟。當國也。其地何。當國也。齊人殺無知。何以不地。在內也。在內雖當國不地也。不當國雖在外亦不地也。

【穀】克者何。能也。何能也。能殺也。何以不言殺。見段之有徒衆也。段。鄭伯弟也。何以知其爲弟也。殺世子母弟目君。以其目君。知其爲弟也。段弟也而弗謂弟。公子也而弗謂公子。貶之也。段失子弟之道矣。賤段而甚鄭伯也。何甚乎鄭伯。甚鄭伯之處心積慮成於殺也。于鄢。遠也。猶曰取之其母之懷中而殺之云爾。甚之也。然則爲鄭伯者宜奈何。緩追逸賊。親親之道也。劉氏敞曰。克之者何。戡之也。討賊者稱人以殺之。此殺有罪。其稱鄭伯何。莊公以私害公。以政假人。以小忍亂大謀。助乎段之亂。鄭者。莊公爲之也。左氏曰。段出奔共。不言出奔。難之也。非也。若段得生奔他國。則鄭伯有伐弟之惡。無殺弟之惡。但當云鄭伯伐段于鄢。何有改伐爲克哉。公羊以殺謂之克。大鄭伯之惡。何休因云以弗克大郤缺之善。知加克大鄭伯之惡。非也。彼弗克納者。猶曰弗果納云爾。非克段之比也。郎以弗克爲善。弗克葬有何善乎。程子曰。鄭伯失爲君之道。無兄弟之義。故稱鄭伯而不言弟。克。勝也。言勝。見段之彊。使之彊。所以致其惡也。不書奔。義不繫於奔也。

秋七月。天王使宰咺來歸惠公仲子之賵。咺。吁阮反。賵。撫鳳反。此王室下交諸侯之始。天王。周平王也。譜云。周黃帝之苗裔。姬姓。后稷之後也。文王受命。武王克殷而有天下。武王至平王凡十三王。兄弟相及者一人。平王是武王十一世孫也。

【左】秋七月。天王使宰咺來歸惠公仲子之賵。緩。且子氏未薨。故名。天子七月而葬。同軌畢至。諸侯五月。同盟至。大夫三月。同位至。士踰月。外姻至。贈死不及尸。弔生不及哀。豫凶事。非禮也。

【附錄左】八月。紀人伐夷。夷不告。故不書。有蜚。不爲災。亦不書。紀。紀國。在東莞劇縣。孔疏世族譜。紀。姜姓。侯爵。齊滅之。夷。夷國。在城陽莊武縣。孔疏世本。夷。妘姓。傳無其人。不爲誰所滅。

【公】宰者何。官也。咺者何。名也。曷爲以官氏。宰士也。惠公者何。隱之考也。仲子者何。桓之母也。何以不稱夫人。桓未君也。賵者何。喪事有賵。賵者蓋以馬。以乘馬束帛。車馬曰賵。貨財曰賻。衣被曰襚。桓未君。則諸侯曷爲來賵之。隱爲桓立。故以桓母之喪告于諸侯。然則何言爾。成公意也。其言來何。不及事也。其言惠公仲子何。兼之。兼之非禮也。何以不言及仲子。仲子微也。

【穀】母以子氏。仲子者何。惠公之母。孝公之妾也。禮。賵人之母則可。賵人之妾則不可。君子以其可辭受之。其志不及事也。賵者何也。乘馬曰賵。衣衾曰襚。貝玉曰含。錢財曰賻。

王氏充曰。左氏以仲子爲未死而先歸賵。或以二年下夫人子氏薨。以子氏爲仲子。因以爲此時仲子尚在耳。天下有人未死而先歸賵者乎。恐不然矣。　劉氏敞曰。左氏曰緩。且子氏未薨。故名。非也。惠公以仲子爲夫人。以桓公爲大子。事相發也。今天王歸賵。應曰惠公及夫人子氏之賵。何故但言仲子。不稱夫人乎。杜云婦人無謚。故以字配氏。審如杜說。天王則生賵人之母。魯之羣臣。亦生謚君夫人也。周德雖衰。不應生歸人賵。又曰。春秋於大夫莫書其官。至冢宰則書之。此見任之最重。宰者尊稱。非中士所當員。或以爲士。或以爲氏。皆非也。程子曰。王者奉若天道。故稱天王。其命曰天命。其討曰天討。盡此道者。王道也。春秋因王命以正王法。稱天王以奉天命。夫婦人倫之本。最當先正。春秋之時。嫡妾僭亂。聖人尤謹其名分。仲子繫惠公而言。故正其名。不曰夫人。曰惠公仲子。謂惠公之仲子。妾稱也。以夫人禮賵人之妾。亂倫之甚也。然春秋之始。天王之義未見。故不可去天。而名咺以見其不王。王臣雖微不名。況於宰乎。　陳氏傅良曰。周大夫不名。爵從其爵。未爵稱字。必微者而後名之。名之者。貶也。何貶乎宰咺。命妾母也。古者諸侯不再娶。再娶亦妾也。於是隱將讓桓。以夫人之禮喪其母而赴於京師。歸賵。蓋命之也。其曰惠公仲子者。修春秋之辭也。

【案】左氏謂子氏未薨，其謬不待辨矣。穀梁謂仲子爲惠公之母，母以子氏，例以成風，亦合，但由記年表惠公卽位於平王三年，至隱公元年，歷四十七年，而其母始薨，似太久遠，當以公羊說爲是。宰爲冢宰，則劉氏敞之說得之。

九月及宋人盟于宿

此參盟之始。宿，小國，東平無鹽之縣也。

【左】惠公之季年，敗宋師于黃。公立而求成焉。九月及宋人盟于宿，始通也。黃，宋邑，陳留外黃

【附錄左】冬十月庚申，改葬惠公。公弗臨，故不書。惠公之薨也，有宋師，太子少，葬故有闕，是以改葬。衞侯來會葬，不見公，亦不書。鄭共叔之亂，公孫滑出奔衞。衞人爲之伐鄭，取廩延。鄭人以王師、虢師伐衞南鄙。請師於邾。邾子使私於公子豫，豫請往，公弗許，遂行。及邾人、鄭人盟于翼。不書，非公命也。新作南門，不書，亦非公命也。衞，衞國，在汲郡朝歌縣。孔疏：衞國，侯爵，姬姓。文王子康叔封之後也。虢，西虢國也，弘農陝縣東南有虢城。翼，邾地。

【公】孰及之？內之微者也。

【穀】及者何？內卑者也。宋人，外卑者也。卑者之盟不日。宿，邑名也。

胡傳曰：內稱及，外稱人，皆微者。其地以國，宿亦與焉。微者盟會，不志於春秋，此其志者，有宿國之君也。劉氏敞曰：孰及之？卑者之盟不志，及之者公也。公則曷爲不言公？恥與宋人盟也。曷爲恥與宋人盟？大國之卿可以會小國之君，小國之卿不可以會大國之君。卑者孰謂？謂下士也。

【案】左氏云：公立而求成，似謂八月盟。趙氏匡、劉氏敞以下皆主焉。胡傳謂內外皆微者，以有宿國之君，故志之，亦通。若穀梁以宿爲邑，則非矣。穀梁又謂卑者之盟不日，夫凡盟皆日，不日，闕也。莊九年，書公及齊大夫盟，不日，二十二年，書及高傒盟，乃日，何耶。

冬十有二月祭伯來

祭，側界反。此王臣私交之始。祭，祭國。伯爵。路史：周圻內管城東北有古祭城。

【左】祭伯來，非王命也。

【公】祭伯者何？天子之大夫也。何以不稱使？奔也。奔則曷爲不言奔？王者無外，言奔則有外之辭也。

【穀】來者，來朝也。其弗謂朝，何也？寰內諸侯，非有天子之命，不得出會諸侯，不正其外交，故弗與朝也。聘弓鍭矢，不出竟場；束脩之肉，不行竟中。有至尊者，不貳之也。

程子曰：祭伯，畿內諸侯，爲王卿士，來朝魯，不言朝，不與其朝也。當時諸侯不修朝覲之禮，失人臣之義，王所當治也。祭伯爲王臣，不能輔王正典刑，而反與之交，又來朝之，故不與其朝，以明其罪。先儒有王臣無外交之說，甚非也。若天下有道，諸侯順軌，豈有內外之限，其相交好，乃常禮也。然委官守而遠相朝，無是道也。周禮所謂世相朝，謂鄰國耳。

【案】祭伯書來，諸傳皆以爲朝，公羊獨以爲奔。祭伯書伯，諸傳皆以爲爵，公羊獨以爲字。當以左注爲是。不書來朝，穀梁謂不正其外交，諸儒多因之。程子謂諸侯不行覲禮，王不能治，而祭伯反與之交，其持議尤正。

公子益師卒

左 衆父卒。公不與小斂。故不書日。

公 何以不日。遠也。所見異辭。所聞異辭。所傳聞異辭

穀 大夫日卒。正也。不日卒。惡也。

劉氏敞曰。公子曰公子。公子之子曰公孫。公孫之子。以王父字爲氏。公子之尊視大夫。大夫三命然後氏。死則卒之。公子益師卒。正也。左氏曰。公不與小斂。故不書日。非也。公孫敖。叔孫婼。公孫嬰齊。皆爲公與小斂乎。何以得書日。大凡春秋所據者史也。史之所記。有日不日。有月不月。其事可以考核。其日月不可必知也。穀梁曰。日卒。正也。不日卒。惡也。非也。公孫敖。仲遂。季孫意如。豈正者乎。而皆日。叔孫得臣。不聞有罪。而反不日。皆妄也。程子曰。諸侯之卿。必受命於天子。當時不復請命。故諸侯之卿。皆不書官。不與其爲卿也。稱公子。以公子故使爲卿也。惟宋王者後。得命官。故獨宋卿書官。卿者佐君以治國。其卒。國之大事。故書。於此見君臣之義矣。或日或不日。因舊史也。古之史記事簡畧。日月或不備。春秋因舊史。有可損而不能益也。家氏鉉翁曰。春秋之義。內大夫卒。或日或不日。舊史記載之。有詳畧。而非褒貶。惟公羊之說近之。謂愈遠則不得其詳。故有所見所聞所傳聞之異。

庚申 平王五十年

二年

齊僖十年。晉鄂三年。衛桓十四年。蔡宣二十九年。鄭莊二十三年。曹桓三十六年。陳桓二十四年。杞武三十年。宋穆八年。秦文四十五年。楚武二十年。

春公會戎于潛

此書會之始。戎。陳留濟陽縣東南有戎城。潛。魯地。蓋近戎之地。

左 二年春。公會戎于潛。修惠公之好也。戎請盟。公辭。

穀 會者。外爲主焉爾。知者慮。義者行。仁者守。有此三者。然後可以出會。會戎。危公也。

何氏休曰。書會者。惡其虛內務。恃外好也。古者諸侯。非朝時不得踰竟。 范氏甯曰。凡年首月承於時。時承於年。文體相接。春秋因書王以配之。所以見上奉時承天而下統正萬國之義。然春秋記事有例時者。若事在時例。則時而不月。月繼事末。則月而不書王。書王必皆上承春而下屬於月。文表年始。事莫之先。所以致恭而不黷也。他皆放此。惟桓有月無王。以見不奉王法爾。 孫氏復曰。諸侯非有天子之事。不得出會諸侯。凡書會。皆惡之也。

夏五月莒人入向

向。舒亮反。 此入國之始。莒國。城陽莒縣。向。譙國。龍亢縣東南有向城。孔疏 世本。莒。紀姓。向。姜姓。此傳云。莒人入向。以姜氏還。文八年傳稱穆伯奔莒。從己氏。是莒己姓。見於傳也。譜云。莒。嬴姓。少昊之後。世本自紀公以下爲己姓。不知誰賜之姓者。

左 莒子娶於向。向姜不安莒而歸。夏。莒人入向。以姜氏還。

公 入者何。得而不居也。

穀 入者。內弗受也。向。我邑也。

陸氏淳曰。經中一字。徧施諸例。而義不同者。惟人字爾。國而稱人。衆詞也。師稱人。則寡詞也。名爵不貴而稱人。則微詞也。黜其名爵而稱人。則貶詞也。今莒稱人。當是寡詞。與無駭帥師相反 程子曰。天下有道。禮樂征伐自天子出。春秋之時。諸侯擅相侵伐。興兵以侵伐人。其罪著矣。書莒人。微者也。書入。入其國也。侵人之境且爲暴。況入人之國乎。 陳氏傅良曰。入。君大夫將皆稱人。君將書君。自楚莊入陳始。大夫將書大夫。自郤缺入蔡始。惟

內大夫則書之。 家氏鉉翁曰。此諸侯擅相侵伐之始也。曰伐。曰侵。曰圍。曰取。曰入。曰滅。
皆貶也。所以異其名者。以其用師有小大淺深奇正之不同耳。凡伐人之國。入其國都。毀
其廟祏。遷其重器。是之謂入。春秋之所甚惡。其罪下滅國一等。莒子入向。志在於復其去
妻。未必遂滅其國。故春秋書入而不書滅。 汪氏克寬曰。穀梁以向為我邑。然不書伐我。
則非我邑也。據後書公伐莒取向。則向為小國而莒滅之耳。

無駭帥師入極 此大夫專兵之始。駭。穀作侅。後同。帥。朔律反。後放此。極。附庸小國。

左 司空無駭入極。費庈父勝之。
公 無駭者何。展無駭也。何以不氏。貶。曷為貶。疾始滅也。始滅昉於此乎。前此矣。前此則
曷為始乎此。託始焉爾。曷為託始焉爾。春秋之始也。此滅也。其言入何。內大惡諱也。
穀 入者。內弗受也。極。國也。苟焉以入人為志者。人亦入之矣。不稱氏者。滅同姓貶也。
胡傳曰。非王命而入人國邑。逞其私意。見諸侯之不臣也。擅興而征討不加焉。見天王之
不君也。據事直書。義自見矣。 杜氏預曰。無駭。魯卿。不書氏。未賜族。 劉氏敞曰。公羊以
謂入者滅也。無駭不氏者。疾始滅也。非也。春秋雖為國諱。然皆使其文不害實。今更滅為
入。則是文害實也。且無駭不氏。亦非疾始滅也。案春秋之初。接近西周。先王餘法猶存。諸
侯僭佚猶鮮。故魯卿執政多再命。翬挾無駭柔是也。公羊見無駭不氏。因謂貶也。又惡貶
之過例。因謂入者滅也。此求其義不得而強為之詞也。穀梁曰。入者。內弗受也。又曰。不稱
氏者。滅同姓貶也。案入則不得謂之滅。而穀梁先既以入解之。末又以滅通之。此似穀梁
作傳時。自以入為義。後竊見公羊之書。以入為滅。又因注焉者也。

秋八月庚辰公及戎盟于唐 唐。魯地。高平方與縣有武唐亭。

左 戎請盟。秋。盟于唐。復修戎好也。
杜氏預曰。八月無庚辰。庚辰。七月九日也。日月必有誤。 家氏
鉉翁曰。胡氏曰。書日。謹之也。愚謂書日不書日。不皆褒貶所繫。

九月紀履緰來逆女冬十月伯姬歸于紀 緰音須。履緰。左作裂繻。

左 九月。紀裂繻來逆女。卿為君逆也。
公 紀履緰者何。紀大夫也。何以不稱使。婚禮不稱主人。然則曷稱。稱諸父兄師友。宋公使公
孫壽來納幣。則其稱主人何。辭窮也。辭窮者何。無母也。然則紀有母乎。曰有。有則何以不稱
母。母不通也。外逆女不書。此何以書。譏。何譏爾。譏始不親迎也。始不親迎昉於此乎。前此矣。
前此則曷為始乎此。託始焉爾。曷為託始焉爾。春秋之始也。女曷為或稱女。或稱婦。或稱夫
人。女在其國稱女。在塗稱婦。入國稱夫人。伯姬者何。內女也。其言歸何。婦人謂嫁曰歸。
穀 逆女。親者也。使大夫。非正也。以國氏者。為其來交接於我。故君子進之也。禮。婦人謂嫁曰
歸。反曰來歸。從人者也。婦人在家。制於父。既嫁。制於夫。夫死。從長子。婦人不專行。必有從也。
伯姬歸于紀。此其如專行之辭何也。曰。非專行也。吾伯姬
歸于紀。故志之也。其不言使何也。逆之道微。無足道焉爾。

劉氏敞曰。婦人謂嫁曰歸。歸於諸侯。則尊同。尊同則志。又曰。穀梁曰。以國氏者。爲其來交接於我。故進之也。非也。諸侯昏姻聘使相往來亦常耳。何妄得進之。且履緰國氏。何異鄭詹。而曰進之乎。程子曰。非命卿。皆書名。以君命來逆夫人也。在魯故稱女。內女嫁爲諸侯夫人。則書逆書歸。明重事也。來逆非卿則書歸而已。見其禮之薄也。先儒皆謂諸侯當親迎。親迎者迎於其所館。有親御授綏之禮。豈有委宗廟社稷而遠適他國以逆婦者乎。非惟諸侯。即卿大夫而下。莫不然也。詩稱文王親迎于渭。未嘗出疆也。又曰。周國自在渭傍。況文王親迎之時。乃爲公子。未爲君也。又曰。送之者雖公子公孫。非卿則不書。

紀子伯莒子盟于密 伯。左作帛。此外相盟之始。密。莒邑。城陽淳于縣東北有密鄉。

左 冬。紀子帛莒子盟于密。魯故也。

公 紀子伯者何。無聞焉爾。

穀 或曰。紀子伯莒子而與之盟。或曰年同爵同。故紀子以伯先也。

胡傳曰。凡闕文。有斷以大義削之而非闕者。有本據舊史因之而不能益者。亦有先儒傳授承誤而不敢增者。如賵葬成風。王不書天。吳楚之君。卒不書葬之類。皆斷以大義削之而非闕也。甲戌己丑。夏五。紀子伯莒子盟于密之類。或曰。本據舊史因之而不能益者也。或曰。先儒傳授承誤而不敢增者也。闕疑而慎言其餘可矣。必曲爲之說。則鑿矣。啖氏助曰。穀梁云。紀子伯莒子而與之盟。此闕文耳。云伯之。穿鑿甚矣。左氏云魯故也。以子帛爲履緰字。故附會耳。

十有二月乙卯夫人子氏薨

公 夫人子氏者何。隱公之母也。何以不書葬。成公意也。何成乎公之意。子將不終爲君。故母亦不終爲夫人也。

穀 夫人薨不地。夫人者。隱之妻也。卒而不書葬。夫人之義。從君者也。

胡傳曰。夫人子氏者。隱之妻也。卒而不書葬。夫人之義。從君者也。邦君之妻。國人稱之曰小君。卒則書薨。以明齊也。先卒則不書葬。以明順也。有夫婦然後有父子。有父子然後有君臣。夫婦人倫之本也。入春秋之始。於子氏書薨不書葬。明示大倫。苟知其義。則夫夫婦婦而家道正矣。劉氏敞曰。左氏曰桓母也。審如是。桓未君。其母稱夫人。是仲子稱夫人久矣。桓公爲太子必矣。杜氏何以云隱當嗣立。追成父志以立桓耶。明杜氏誤解傳。傳又誤解經也。又曰。公羊以謂隱之母。此公羊以妾母得稱夫人。故謂隱母爲夫人也。然妾母實不得稱夫人。當此之時。禮法尙少存。惠公仲子是也。而隱公又賢。豈其違禮私貴其母哉。程子曰。隱公夫人也。薨。上墜之聲。諸侯國內稱之。小君同。婦人從夫者也。公在故不書葬。於此見夫婦之義矣。

案 子氏薨。三傳互異。左氏以爲桓母。固非矣。公羊以爲隱母。先儒謂妾母不當稱夫人。春秋之初。禮法尙存。不得以成風敬嬴爲比。惟穀梁以爲隱妻。義爲長。故程子及胡傳皆從之。

鄭人伐衛 此諸侯專征伐之始。

【左】鄭人伐衛。討公孫滑之亂也。
朱子曰。書伐國。惡諸侯之擅興。趙氏鵬飛曰。左氏曰。討公孫滑之亂也。鄭有兄弟之隙衛因其餘孽。加兵於鄭。蓋亦交亂鄭國矣。然聖人書鄭人伐衛。若責鄭之深者何哉。鄭莊克其弟而不字其子。使栖栖然僑羈於衛。而又加兵於衛焉。不書君將。不書師。不書帥師。斥而人之。貶鄭之辭著矣。

三年

辛酉 平王五十一年。齊僖十一年。晉鄂四年。衛桓十五年。蔡宣三十年。鄭莊二十四年。曹桓三十七年。陳桓二十五年。杞武三十一年。宋穆九年。秦文四十六年。楚武二十一年。

春王二月

程子曰。月。王月也。事在二月。則書王二月。在三月。則書王三月。無事則書時。書首月。蓋有事則道在事。無事則存天時。正王朔。天時備則歲功成。王道存則人理立。春秋之大義也。

己巳日有食之

【公】何以書。記異也。日食則曷爲或日或不日。或言朔或不言朔。曰某月某日朔日有食之者。食正朔也。其或日或不日。或失之前。或失之後。失之前者。朔在前也。失之後者。朔在後也。

【穀】言日不言朔。食晦日也。其日有食之何也。吐者外壤。食者內壤。闕然不見其壤。有食之者也。有內辭也。或外辭也。有食之者。內於日也。其不言食之者何也。知其不可知。知也。

劉氏敞曰。公羊以謂或日或不日。或失之前。或失之後。非也。日月有詳畧。皆史文也。聖人不得改之。非不欲改也。無所據也。穀梁說晦朔之例。雖文與公羊異。而謬與公羊同。胡氏寧曰。春秋不書祥瑞。而災異則書。君子見物之有失常者。必恐懼修省而不敢忽。況日者衆陽之宗乎。春秋所以存而弗削也。然災與異不同。日有食之。常度也。故程氏以爲災。而先儒以爲異。春秋日食三十六。精歷算者得之幾盡。其有常度審矣。謂之異。非也。

【案】公羊以日食爲異。程子辨之以爲災。是也。先儒又謂德之休明。則當食不食。非也。乃治歷者測之未精也。

三月庚戌天王崩

【左】三月壬戌。平王崩。赴以庚戌。故書之。

【公】何以不書葬。天子記崩不記葬。必其時也。諸侯記卒記葬。有天子存。不得必其時也。曷爲或言崩。或言薨。天子曰崩。諸侯曰薨。大夫曰卒。士曰不祿。

【穀】高曰崩。厚曰崩。尊曰崩。天子之崩。以尊也。其崩之何也。以其在民上。故崩之。其不名何也。大上。故不名也。

劉氏敞曰。左氏曰。春秋書遠日者。卽傳其僞。以徵臣子之過也。非也。赴以庚戌。史自當書庚戌。聖人雖欲遷正。亦不可得。豈故傳其僞者乎。

夏四月辛卯尹氏卒 左尹作君。

【左】夏，君氏卒。聲子也。不赴於諸侯。不反哭於寢。不祔於姑。故不曰薨。不稱夫人。故不言葬。不書姓。為公故。曰君氏。

【附錄】【左】鄭武公、莊公為平王卿士。王貳於虢。鄭伯怨王。王曰。無之。故周鄭交質。王子狐為質於鄭。鄭公子忽為質於周。王崩。周人將畀虢公政。四月。鄭祭足帥師取溫之麥。秋。又取成周之禾。周鄭交惡。君子曰。信不由中。質無益也。明恕而行。要之以禮。雖無有質。誰能間之。苟有明信。澗溪沼沚之毛。蘋蘩蘊藻之菜。筐筥錡釜之器。潢汙行潦之水。可薦於鬼神。可羞於王公。而況君子結二國之信。行之以禮。又焉用質。風有采蘩采蘋。雅有行葦泂酌。昭忠信也。溫。河內溫縣。成周。洛陽縣。

【公】尹氏者何。天子之大夫也。其稱尹氏何。貶。曷為貶。譏世卿。世卿非禮也。外大夫不卒。此何以卒。天王崩。諸侯之主也。

【穀】尹氏者何也。天子之大夫也。外大夫不卒。此何以卒之也。於天子之崩為魯主。故隱而卒之。

【案】歐陽氏修曰。公羊穀梁以尹氏為正卿。左氏以君氏為隱母。一以為男子。一以為婦人。得於所傳者蓋如此。是可盡信乎。馬氏端臨曰。左傳經文君氏卒。則以為聲子。魯之夫人。公穀經文尹氏卒。則以為師尹。周之卿士。然則夫子所書夏四月辛卯卒者。竟為何人乎。是皆疑而不敢定也。故兩存之。

秋，武氏子來求賻。賻音附。此來求之始。

【左】武氏子來求賻。王未葬也。

【公】武氏子者何。天子之大夫也。其稱武氏子何。譏。何譏爾。父卒。子未命也。何以不稱使。當喪未君也。武氏子來求賻。何以書。譏。何譏爾。喪事無求。求賻。非禮也。蓋通于下。

【穀】武氏子者何也。天子之大夫也。天子之大夫。其稱武氏子何也。未畢喪。孤未爵。未爵使之。非正也。其不言使何也。無君也。歸死者曰賵。歸生者曰賻。曰歸之者。正也。求之者。非正也。周雖不求。魯不可以不歸。魯雖不歸。周不可以求之。求之為言。得不得未可知之辭也。交譏之。

家氏鉉翁曰。武氏子。仍叔子。銜命而出。必皆有位於朝。今乃以某氏子書。公穀於仍叔之子曰。父老子代從政。於武氏子。曰父卒子未命。蓋以仍叔為尚存之人。武氏為已卒之大夫也。王朝公卿大夫。莫非世官世祿之家。何獨於此二子而書法異乎。曰。某氏子云者。有父在焉故也。

八月庚辰，宋公和卒。

【左】宋穆公疾。召大司馬孔父而屬殤公焉。曰。先君舍與夷而立寡人。寡人弗敢忘。若以大夫之靈。得保首領以沒。先君若問與夷。其將何辭以對。請子奉之以主社稷。寡人雖死。亦無悔焉。對曰。羣臣願奉馮也。公曰。不可。先君以寡人為賢。使主社稷。若棄德不讓。是廢先君之舉也。豈曰能賢。光昭先君之令德。可不務乎。吾子其無廢先君之功。使公子馮出居於鄭。八月庚辰。宋穆公卒。殤公即位。君子曰。宋宣公可謂知人矣。立穆公。其子饗之。命以義夫。商頌曰。殷受命咸宜。百祿是荷。其是之謂乎。

穀 諸侯日卒。正也。
胡傳曰。外諸侯卒。國史承告而後書。聖人皆存而弗削。曷爲弗削。春秋。天子之事也。古者諸侯之邦交、問問殷聘而世相朝。蓋王事相從。則有和好之情。及告終易代。則有弔恤之禮。所以睦鄰國也。凡諸侯卒。皆存弗削。而交鄰國之義見矣。卒而或名或不名者。因舊史之而不革也。 趙氏匡曰。諸侯同盟。名於載書。朝會。名於要約。聘告。名於簡牘。故於卒赴。可知而紀也。左氏曰。同盟則赴以名。豈有臣子當創巨痛深之日。乃忍稱君之名。禮篇所錄。云寡君不祿而已。蓋會同盟。知其名。故於死時書之。以紀易代。 劉氏敞曰。穀梁云。諸侯日卒正也。非也。正者日。不正者不日。則其義可信而無疑。今正者日。簒者亦日。曹伯使世子射姑來朝。則曹伯之嫡也。莊二十三年曹伯射姑卒。有月無日。此復何耶。 孫氏覺曰。諸侯不生名。卒則名之。亦有卒而不名者。記卒記名者。即位之初。以名赴我。我因其卒。得以名之於冊也。卒而不名者。即位之初。不赴於我。或史失之。不得記其名也。案左氏記楚公子圍使赴於鄭。伍舉問應爲後之辭焉。更之曰共王之子圍爲長。是當君卒赴諸侯。已言嗣君之名矣。故凡往來之國皆得記其名也。然則不待於同盟朝會聘告。而嗣君之名。已見於常所往來之諸侯矣。故春秋記外諸侯之卒。一百三十有三。而無名者十。或即位之初。不以名赴。或史失之。未可知也。必若以盟會求之。則未嘗與者五十二。而不名者九耳。未可通也。
案 左氏云。同盟則赴以名。趙氏匡駁之。其說是矣。孫氏覺又謂即位之初。以名赴。似更有理。若卒而或名或不名。則胡傳得之。

冬十有二月。齊侯鄭伯盟于石門。 此外諸侯特相盟之始。齊。太公所封國都。孔疏。齊國。侯爵。譜云。姜姓。太公望之後。石門。齊地也。

左 冬。齊鄭盟于石門。尋盧之盟也。庚戌。鄭伯之車僨於濟。 盧。齊地。濟。禹貢導沇水東流爲濟。蔡沈書傳。濟水出河東郡垣曲縣王屋山。至青州博興縣入海。
程子曰。天下無王。諸侯不守信義。數相盟誓。所以長亂也。故外諸侯盟。來告者。則書之。
吳氏澂曰。盟非盛世事也。王政不行。諸侯放恣。欲以戰伐而敵讎。則不得不以盟會而固黨。會不足恃而重之以盟。人不自信而要之於神。故凡書盟者。春秋所惡也。 劉氏實曰。齊鄭之盟。春秋亦存而不削者。以志世變也。鄭莊挾齊以自強。而齊僖亦資鄭以糾合。自是齊鄭之黨合。天下始多故。而諸侯遂無王矣。

癸未。葬宋穆公。 穆。公穀作繆。後同。

附錄 左 衞莊公娶於齊東宮得臣之妹。曰莊姜。美而無子。衞人所爲賦碩人也。又娶於陳。曰厲嬀。生孝伯。早死。其娣戴嬀生桓公。莊姜以爲己子。公子州吁。嬖人之子也。有寵而好兵。公弗禁。莊姜惡之。石碏諫曰。臣聞愛子。敎之以義方。弗納於邪。驕奢淫佚。所自邪也。四者之來。寵祿過也。將立州吁。乃定之矣。若猶未也。階之爲禍。夫寵而不驕。驕而能降。降而不憾。憾而能眕者鮮矣。且夫賤妨貴。少陵長。遠間親。新間舊。小加大。淫破義。所謂六逆也。君義。臣行。父慈。子孝。兄愛。弟敬。所謂六順也。去順效逆。所以速禍也。君人者。將禍是務去。而速之。無乃不可乎。弗聽。其子厚與州吁游。禁之不可。桓公立。乃老。　陳。陳國陳縣。孔疏陳國侯爵。譜云媯姓。虞舜之後。當周之興。有虞遏父者。爲周陶正。武王以元女大姬配遏父之子滿。封於陳。賜姓曰媯。號曰胡公。

【公】葬者曷爲或日或不日。不及時而日。渴葬也。不及時而不日。慢葬也。過時而日。隱之也。過時而不日。謂之不能葬也。當時而不日。正也。當時而日。危不得葬也。此當時。何危爾。宣公謂繆公曰。以吾愛與夷。則不若愛女。以爲社稷宗廟主。則與夷不若女。盍終爲君矣。宣公死。繆公立。繆公逐其二子莊公馮與左師勃。曰。爾爲吾子。生毋相見。死毋相哭。與夷復曰。先君之所爲不與臣國而納國乎君者。以君可以爲社稷宗廟主也。今君逐君之二子。而將致國乎與夷。此非先君之意也。且使子而可逐。則先君其逐臣矣。繆公曰。先君之不爾逐可知矣。吾立乎此。攝也。終致國乎與夷。莊公馮弑與夷。故君子大居正。宋之禍。宣公爲之也。

【穀】日葬。故也。危不得葬也。

胡傳曰。傳稱諸侯五月而葬。同盟至。同盟謂同方嶽之盟者。其生講會同之好。其沒有葬送之禮。是諸侯所以睦鄰國也。卒而或葬或不葬者何。有怠於禮而不葬者。有弱其君而不葬者。有討其賊而不葬者。有諱其辱而不葬者。有治其罪而不葬者。有避其號而不葬者。宋殤齊昭告亂書弑矣。而經不書葬。是討其賊而不葬者也。晉主夏盟。在景公時告喪書日。而經不書葬。是諱其辱而不葬者也。魯宋盟會未嘗不同。而三世不葬。是治其罪而不葬者也。吳楚之君書卒者十。亦有親送於西門之外者矣。而經不書葬。是避其號而不葬者也。怠於禮而不往。弱其君而不會。無其事。闕其文。魯史之舊也。討其賊而不葬。諱其辱而不葬。治其罪而不葬。避其號而不葬。聖人所削。春秋之法也。　黃氏震曰。初宣公舍其子與夷。而立穆公。穆公亦舍其子馮而立與夷。其後馮遂弑與夷。左氏美宣公知人。公羊則謂宋之禍宣公爲之也。愚案公羊之說。爲萬世垂戒。而左氏之說亦不可全廢也。蓋宣公遜穆公。穆公終以遜宣公之子。是穆公不可謂非賢。宣公不可謂不知賢。其後馮之弑逆。罪在馮耳。雖春秋責賢者備。豈可盡沒其賢。而反加以始禍之惡名哉。且謂宣穆再遜而再亂。亦未當其實。宣之遜穆。初未嘗亂。穆遜殤公。而馮始爲亂耳。

【壬戌】桓王元年　**四年**　齊僖十二年。晉鄂五年。衛桓十六年。蔡宣三十一年。鄭莊二十五年。曹桓三十八年。陳桓二十六年。杞武三十二年。宋殤公與夷元年。秦文四十七年。楚武二十二年。

春王二月。莒人伐杞。取牟婁。此伐國取邑之始。杞。本都陳留雍丘縣。孔疏譜云。杞。姒氏。夏禹之苗裔。武王克殷。求禹之後。得東婁公。封之於杞。牟婁。杞邑。

【公】牟婁者何。杞之邑也。外取邑不書。此何以書。疾始取邑也。

【穀】傳曰。言伐言取。所惡也。諸侯相伐取地。於是始。故謹而志之也。

胡傳曰。取者。收奪之名。聲罪伐人而彊奪其土。故特書曰取。以著其惡。

氏甯曰。既伐其國。又取其土。明伐不以罪而貪其利。兩書取伐。以彰其

戊申。衛州吁弑其君完。完。音丸。州。穀作祝。後同。此書弑之始。

【左】衛州吁弑桓公而立。

【公】曷爲以國氏。當國也。

穀 大夫弒其君以國氏
者。嫌也。弒而代之也。
孔氏穎達曰。州吁實公子。而不稱公子者。傳文更無褒貶。直是告辭不同。史有詳畧爾。自莊
公以上諸弒君者。皆不書氏。閔公以下皆書氏。亦足明時史之異同。非仲尼所皆刊也。劉
氏敞曰。公羊以謂不稱公子。當國也。非也。諸弒君而稱公子。公子而爲大夫者也。公子而不
稱公子。公子而未爲大夫者也。當國與不當國。何足辨乎。穀梁曰。大夫弒其君以國氏者嫌
也。弒而代之也。非也。宋督宋萬亦可云弒而代之乎。公子商人豈非弒而代之乎。而督萬氏
國。商人不氏國。何也。程子曰。自古篡弒多公族。蓋自謂先君子孫。可以爲君。國人亦以爲
然而奉之。春秋於此明大義以示萬世。故春秋之初。弒君者。多不稱公子公孫。蓋身爲大惡
自絕於先君矣。豈復得爲先君子孫哉。古者公族刑死則無服。況弒君乎。大義既明於初矣
其後弒立者。則皆以屬稱。或見其以親而寵之太過。任之太重。以至於亂。或見其天屬之親
而爲寇讐。立義各不同也。春秋所書大率事同則辭同。後
人因謂之例。然有事同而辭異者。蓋各有義。非可例拘也。
案 州吁不稱公子。削之也。弒君之賊。例應從同。而獨於衞州吁。齊無知。宋督萬削之。其後或氏族
之。或世子公子之。何也。不削之則無以著其弒逆之罪。不氏族之。不世子公子之。則安知非盜與
微者。而無以著其弒之實。程子所謂大義既明於初。其後皆以屬通。立義各不同也。胡傳謂莊公
不以公子之道待州吁。則追咎莊公。家氏鉉翁駁之矣。穀梁謂萬爲卑者。則萬
已爲大夫。其說亦不可通也。孔氏穎達以爲史有詳畧。亦似有理。故並存之。

夏。公及宋公遇于清。

此書遇之始。清。衞邑。濟北東阿縣有清亭。

左 公與宋公爲會。將尋宿之盟。未及期。衞人來告亂。夏。公及宋公遇于清。
公 遇者何。不期也。一君出。一君要之也。
穀 及者。內爲志焉爾。遇者。志相得也。
胡傳曰。遇者。草次之期。古有遇禮。不期而會。以明造次亦有恭肅之心。春秋書遇。私爲之
約。自此於不期而遇者。直欲簡其禮爾。簡畧慢易。無國君之禮。則莫適主矣。故志內之遇
者四。而皆書及。若曰。以此及彼然也。志外之遇者三。而皆以爵。若曰。以尊及卑然也。其
意以爲莫適主者。異於古之不期而會矣。故凡書遇者。皆惡其無人君相見之禮也。

宋公陳侯蔡人衞人伐鄭

此諸侯會伐之始。亦東諸侯分黨之始。蔡。汝南上蔡縣。孔疏。蔡國。侯爵。譜云。姬姓。文王子叔度。武王封之於汝南上蔡。爲蔡侯。

左 宋殤公之卽位也。公子馮出奔鄭。鄭人欲納之。及衞州吁立。將修先君之怨於鄭。而求寵
於諸侯。以和其民。使告於宋曰。君若伐鄭。以除君害。君爲主。敝邑以賦與陳蔡從。則衞國之
願也。宋人許之。於是陳蔡方睦於衞。故宋公陳侯蔡人衞人伐鄭。圍其東門。五日而還。公問
於衆仲曰。衞州吁其成乎。對曰。臣聞以德和民。不聞以亂。以亂。猶治絲而棼之也。夫州吁阻
兵而安忍。阻兵無衆。安忍無親。衆叛親離。難以濟矣。夫兵猶火也。弗戢。將自焚也。夫州吁弒
其君而虐用其民。於是乎不務
令德。而欲以亂成。必不免矣。

程子曰。宋以公子馮在鄭。故與諸侯伐之也。摟諸侯以伐諸侯。固爲罪矣。而衞弑其君。天下所當誅也。乃與修好而同伐人。其惡甚矣。

秋翬帥師 翬。許歸反。此大夫會伐之始。

【左】秋。諸侯復伐鄭。宋公使來乞師。公辭之。羽父請以師會之。公弗許。固請而行。故書曰翬帥師。疾之也。

【公】翬者何。公子翬也。何以不稱公子。貶。曷爲貶。與弑公也。其與弑公奈何。公子翬諂乎隱公。謂隱公曰。百姓安子。諸侯說子。盍終爲君矣。隱公曰。否。吾使修塗裘。吾將老焉。公子翬恐若其言聞乎桓。於是謂桓曰。吾爲子口隱矣。隱曰。吾不反也。桓曰。然則奈何。曰。請作難。弑隱公。於鍾巫之祭焉。弑隱公也。

【穀】翬者何也。公子翬也。其不稱公子何也。貶之也。何爲貶之也。與于弑公。故貶也。

杜氏預曰。公子翬。魯大夫。不稱公子。疾其固請强君以不義也。諸外大夫。貶皆稱人。至於內大夫。貶則皆去族稱名。於紀事之體。他國可言某人而已。魯之卿佐。不得言魯人。此所以爲異也。劉氏敞曰。公羊以謂翬不氏者。與弑公。貶也。非也。當此之時。翬未弑君。可得貶乎。穀梁曰。不稱公子。貶之也。非也。欲貶翬者。宜於此稱公子。旣弑君而除之。無爲先事而貶也。又曰。曷爲或會言伐。或及言伐。會者。聚辭也。及者。繼辭也。

會宋公陳侯蔡人衞人伐鄭

【左】諸侯之師。敗鄭徒兵。取其禾而還。

程子曰。再序四國。重言其罪。左氏以爲再伐。妄也。

九月衞人殺州吁于濮 濮音卜。濮。陳地。水名。

【左】州吁未能和其民。厚問定君於石子。石子曰。王覲爲可。曰。何以得覲。曰。陳桓公方有寵於王。陳衞方睦。若朝陳使請。必可得也。厚從州吁如陳。石碏使告於陳曰。衞國褊小。老夫耄矣。無能爲也。此二人者。實弑寡君。敢卽圖之。陳人執之。而請涖於衞。九月衞人使右宰醜涖殺州吁于濮。石碏使其宰獳羊肩涖殺石厚於陳。君子曰。石碏純臣也。惡州吁而厚與焉。大義滅親。其是之謂乎。

【公】其稱人何。討賊之辭也。

【穀】稱人以殺。殺有罪也。祝吁之挈。失嫌也。其月。謹之也。于濮者。譏失賊也。

冬十有二月衞人立晉

【左】衞人逆公子晉於邢。冬十二月。宣公卽位。書曰衞人立晉。衆也。邢。國名。

【公】晉者何。公子晉也。立者何。立者。不宜立也。其稱人何。衆立之之辭也。然則孰立之。石碏立之。石碏立之。則其稱人何。衆之所欲立也。衆雖欲立之。其立之非也。

【穀】衞人者。衆辭也。立者。不宜立者也。晉之名。惡也。其稱人以立之。何也。得衆也。得衆則也。賢則其日不宜立何也。春秋之義。諸侯與正而不與賢也。

范氏甯曰。嗣子有常位。故不言立。立。納。入。皆非正也。

【表】桓王二年 **五年** 齊僖十三年。晉鄂六年。衛宣晉元年。蔡宣三十二年。鄭莊二十六年。曹桓三十九年。陳桓二十七年。杞武三十三年。宋殤二年。秦文四十八年。楚武二十三年。

春公觀魚于棠 觀。左作矢。棠。高平方與縣北。有武唐亭。即魯侯觀魚臺。

【左】公將如棠觀魚者。臧僖伯諫曰。凡物不足以講大事。其材不足以備器用。則君不舉焉。君將納民於軌物者也。故講事以度軌量謂之軌。取材以章物采謂之物。不軌不物。謂之亂政。亂政亟行。所以敗也。故春蒐。夏苗。秋獮。冬狩。皆於農隙以講事也。三年而治兵。入而振旅。歸而飲至。以數軍實。昭文章。明貴賤。辨等列。順少長。習威儀也。鳥獸之肉。不登於俎。皮革齒牙。骨角毛羽。不登於器。則公不射。古之制也。若夫山林川澤之實。器用之資。皁隸之事。官司之守。非君所及也。公曰。吾將略地焉。遂往。陳魚而觀之。僖伯稱疾不從。書曰公矢魚于棠。非禮也。且言遠地也。

【附錄左】曲沃莊伯以鄭人邢人伐翼。王使尹氏武氏助之。翼侯奔隨。 曲沃。在河東聞喜縣。翼。在平陽絳邑縣東。隨。晉地。

【公】何以書。譏。何譏爾。遠也。公曷為遠而觀魚。登來之也。百金之魚。公張之。登來之者何。美大之之辭也。棠者何。濟上之邑也。

【穀】傳曰。常事曰視。非常曰觀。禮。尊不親小事。卑不尸大功。魚。卑者之事也。公觀之。非正也。

夏四月葬衛桓公

【左】衛亂。是以緩。

【附錄左】四月。鄭人侵衛牧。以報東門之役。衛人以燕師伐鄭。鄭祭足原繁洩駕。以三軍軍其前。使曼伯與子元潛軍軍其後。燕人畏鄭三軍。而不虞制人。六月。鄭二公子以制人敗燕師於北制。君子曰。不備不虞。不可以師。 曲沃叛王。秋。王命虢公伐曲沃。而立哀侯於翼。 牧。衛邑。燕。南燕國。東郡燕縣。孔疏。燕有二國。一稱北燕。故此注南燕以別之。地理志南燕國姞姓。黃帝之後。制。北制。鄭邑。

【攷】月葬故也。汪氏克寬曰。先王之制。諸侯初立。喪畢。則以士服見天子而賜之命。及其歿。則臣子請於王。而賜之謚。今衛桓公謚不當其行。號不同其爵。春秋據事直書。而罪自見矣。穀梁云。月葬故也。非也。後此蔡宣曹桓鄭莊皆非弒。何以月葬也。

【案】春秋於列國諸侯書葬者五十一。而月葬者三十三。豈皆有故乎。汪氏克寬駁之是也。後凡以月葬為故者。皆刪。

秋衛師入郕 郕音成。公作盛。 郕。郕國也。東平剛父縣西南。有郕鄉。孔疏。史記郕叔武。文王子。武王之母弟。後世無所見。不知其君號謚。惟文十二年書郕伯來奔。則郕國伯爵也。

【左】衛之亂也。郕人侵衛。故衛師入郕。

【公】曷爲或言率師。或不言率師。將尊師衆稱某率師。將尊師少稱將。將卑師衆稱師。將卑師少稱人。君將不言率師。書其重者也。

【穀】入者。內弗受也。郕。國也。將卑師衆曰師。

程子曰。衞晉乘亂得立。不思安國保民之道。以尊王爲先。居喪爲重。乃興戎修怨。入人國。書其失道也。　張氏溥曰。桓公方葬。師即入郕。送終何其緩。用兵何其急。憂亂者爲宣懼乎。

九月考仲子之宮左見下句。

【公】考宮者何。考。猶入室也。始祭仲子也。桓未君。則曷爲祭仲子。隱爲桓立。故爲桓祭其母也。然則何言爾。成公意也。

【穀】考者何也。考者。成之也。成之爲夫人也。禮。庶子爲君。爲其母築宮。使公子主其祭也。於子祭。於孫止。仲子者。惠公之母。隱孫而修之。非隱也。

杜氏預曰。成宮。安其主而祭之。諸侯無二嫡。惠公欲以仲子爲夫人。隱公成父之志。爲別立宮也。　李氏廉曰。存不稱號。歿不稱氏。單擧姓字者妾也。仲子之例是矣。

【案】仲子實桓母。說見歸賵。

初獻六羽

【左】九月。考仲子之宮。將萬焉。公問羽數於衆仲。對曰。天子用八。諸侯用六。大夫四。士二。夫舞所以節八音。而行八風。故自八以下。公從之。於是初獻六羽。始用六佾也。

【公】初者何。始也。六羽者何。舞也。初獻六羽何以書。譏。何譏爾。譏始僭諸公也。六羽之爲僭奈何。天子八佾。諸公六。諸侯四。諸公者何。諸侯者何。天子三公稱公。王者之後稱公。其餘大國稱侯。小國稱伯子男。天子三公者何。天子之相也。天子之相則何以三。自陝而東者。周公主之。自陝而西者。召公主之。一相處乎內。始僭諸公。昉於此乎。前此矣。前此則曷爲始乎此。僭諸公猶可言也。僭天子不可言也。

【穀】初。始也。穀梁子曰。舞夏。天子八佾。諸公六佾。諸侯四佾。初獻六羽。始僭樂矣。尸子曰。舞夏自天子至諸侯。皆用八佾。初獻六羽。始厲樂矣。

呂氏祖謙曰。孟子古王制皆以公侯爲大國。伯爲次國。子男爲小國。計其土地大小是也。其禮數高下皆稱。公穀又以爲天子八佾。諸公六。諸侯四。亦異於王制孟子古書所記。當時禮文。公侯多爲一等。未嘗有以侯爲一等。伯子男同爲一等者。然則公穀之出。去孔子之世遠甚。

【案】妾不可僭嫡。猶臣不可僭君。以用六爲善。蓋本孔穎達善其復正之說。不知書初獻。所以明八佾之僭。書六羽。所以明妾母之僭而已。無所謂善也。

邾人鄭人伐宋

【左】宋人取邾田。邾人告於鄭曰。請君釋憾於宋。敝邑爲道。鄭人以王師會之。伐宋。入其郛。以報東門之役。宋人使來告命。公聞其入郛也。將救之。問於使者曰。師何及。對曰。未及國。公怒乃止。辭使者曰。君命寡人同恤社稷之難。今問諸使者曰。師未及國。非寡人之所敢知也。

孔氏穎達曰。雖小國主兵。即序於大國之上。欲見伐由其國。善惡所歸故也。雖大夫爲主。國君從之。亦序主兵於上。僖二十七年。楚人陳侯蔡侯鄭伯許男圍宋。注云。傳言楚子使子玉去宋。經書人者。恥不得志。以微者告。猶序諸侯之上。楚主兵故。是爲人主兵。亦序國君之上。史策之常法也。

螟 音冥。蟲災始此。

【公】何以書。記災也。

【穀】螟蟲災也。甚則月。不甚則時。

杜氏預曰。蟲食苗心者爲災。故書。

【案】春秋記災。或月或時。皆據實書之。非有義例也。若計其久暫。則時甚於月。乃謂甚則月。不甚則時。何耶。穀梁之說非也。

冬十有二月辛巳公子彄卒 彄。苦侯反。

【左】臧僖伯卒。公曰。叔父有憾於寡人。寡人不敢忘。葬之加一等。

【穀】隱不爵命大夫。其曰公子彄何也。先君之大夫也。

呂氏大圭曰。穀梁云。隱不爵命大夫。蓋謂隱攝而非君也。然其生也稱公。其歿也稱薨。魯之臣子皆以君待之矣。非攝也。豈有不爵命大夫乎。彼見無駭之不稱公子。求其說而不得。故云爾。

宋人伐鄭圍長葛 此書圍之始。長葛。穎川長社縣北有長葛城。

【左】宋人伐鄭。圍長葛。以報入郛之役也。

【公】邑不言圍。此其言圍何。彊也。

【穀】伐國不言圍邑。此其言圍何也。久之也。伐不踰時。戰不逐奔。誅不填服。苞人民。毆牛馬。曰侵。斬樹木。壞宮室。曰伐。

劉氏敞曰。公羊以謂邑不言圍。非也。圍之爲義。施於塹守而已。無擇於國與邑也。苟有告者。則書之。何爲不言乎。且春秋之所以不擇於國與邑而悉書之者。爲害民傷財也。何謂邑不言圍。

甲子 桓王三年 **六年** 齊僖十四年。晉哀侯光元年。衛宣二年。蔡宣三十三年。鄭莊二十七年。曹桓四十年。陳桓二十八年。杞武三十四年。宋殤三年。秦文四十九年。楚武二十四年。

春鄭人來輸平 輸。左作渝。

【左】更成也。

附錄左 翼九宗五正頃父之子嘉父逆晉侯於隨。納諸鄂。晉人謂之鄂侯。鄂。晉別邑。

公 輸平者何。輸平猶墮成也。何言乎墮成。敗其成也。曰吾成敗矣。吾與鄭人未有成也。吾與鄭人則曷爲未有成。狐壤之戰。隱公獲焉。然則何以不言戰。諱獲也。

穀 輸者。墮也。平之爲言以道成也。來輸平者。不果成也。

案 輸平渝平。三傳互異。左氏以渝平爲更成。公穀以輸平爲墮成。考前年公子翬伐鄭。有憾而未平。則更成之說。於義爲近。但左氏謂變前惡而爲和好。則渝與平爲二意。葉氏胡氏諸儒。多主公穀作輸。而訓輸爲納。言其納平於我。而變更前惡之意。亦在其中矣。艾從公穀。義從左氏。似爲得之。故三傳並存焉。

夏五月辛酉。公會齊侯盟于艾 艾。五蓋反。此齊魯交好之始。衍艾泰山縣東南有艾山。

左 夏。盟于艾。始平於齊也。

附錄左 五月。庚申。鄭伯侵陳。大獲。往歲。鄭伯請成於陳。陳侯不許。五父諫曰。親仁善鄰。國之寶也。君其許鄭。陳侯曰。宋衛實難。鄭何能爲。遂不許。君子曰。善不可失。惡不可長。其陳桓公之謂乎。長惡不悛。從自及也。雖欲救之。其將能乎。商書曰。惡之易也。如火之燎于原。不可鄉邇。其猶可撲滅。周任有言曰。爲國家者。見惡如農夫之務去草焉。芟夷蘊崇之。絕其本根。勿使能殖。則善者信矣。

秋七月

公 此無事、何以書。春秋雖無事。首時過則書首時。過則何以書。春秋編年。四時具然後爲年。

冬宋人取長葛 左傳作秋。

左 秋。宋人取長葛。

附錄左 冬。京師來告饑。公爲之請糴於宋衛齊鄭。禮也。　鄭伯如周。始朝桓王也。王不禮焉。周桓公言於王曰。我周之東遷。晉鄭焉依。善鄭以勸來者。猶懼不蔇。況不禮焉。鄭不來矣。周。采邑。扶風雍縣東北有周城。

公 外取邑不書。此何以書。久也。

穀 外取邑不志。此其志何也。久之也。

案 經書冬。左傳作秋。杜氏預謂秋取冬告。引八年齊侯告成爲證。其義甚明。劉氏敞以爲左傳雜取諸侯史策。有用夏正者。有用周正者。故經所云冬。傳謂之秋也。似亦有理。

[乙丑] 桓王四年十五年。**七年** 齊僖十五年。晉哀二年。曲沃武公稱元年。衛宣三年。蔡宣三十四年。鄭莊二十八年。曹桓四十一年。陳桓二十九年。杞武三十五年。宋殤四年。秦文五十年。楚武二十一

春王三月。叔姬歸于紀

穀 其不言逆何也。逆之道微。無足道焉爾。

何氏休曰。叔姬者。伯姬之媵也。至是乃歸者。待年父母國也。婦人八歲備數。十五從嫡。二十承事君子。媵賤書者。後爲嫡。終有賢行。紀侯爲齊所滅。紀季以酅入于齊。叔姬歸之。能處隱約。全竟婦道。故重錄之。

滕侯卒 滕姬姓。文王子錯叔繡之後。武王封之。居滕。

〔左〕七年春。滕侯卒。不書名。未同盟也。凡諸侯同盟。於是稱名。故薨則赴以名。告終稱嗣也。以繼好息民。謂之禮經。

〔公〕何以不名。微國也。微國則其稱侯何。不嫌也。春秋貴賤不嫌同號。美惡不嫌同辭。

〔穀〕滕侯無名。少曰世子。長曰君。狄道也。其不正者名也。

劉氏敞曰。左氏云。不書名。未同盟也。非也。嘗同盟者卒。未必皆名。未嘗同盟者卒。未必皆不名。家氏鉉翁曰。不名不葬。諸說不同。愚謂不名。史失其名也。不葬。魯不往會。史佚其謚。是以失書。不容鑿爲之說。

夏城中丘 此書土功之始。中丘在琅琊臨沂縣東北。

〔左〕書不時也。

〔公〕中丘者何。內之邑也。城中丘何以書。以重書也。

〔穀〕城爲保民爲之也。民衆城小則益城。益城無極。凡城之志皆譏也。

汪氏克寬曰。內城二十三。春城四。夏城七。冬城十二。左傳於此年。幷城郎。祝丘。及新延廄。新作南門。築鹿囿。皆曰不時。凡城於冬者。皆曰書時。或曰周之冬十月十一月。乃夏之秋。周之春正月二月。乃夏之冬。而左氏於城向。諸防。諸鄆。平陽。中城。城防。郎囿。皆曰書時。延廄南門。亦曰不時。何哉。今考左傳言龍見而戒事。則夏之九月。而周之十一月也。水昏正而栽。則周之十二月。正當役民之時也。日至而畢。則夏之十一月。而周之正月也。謂日至而畢。則周之春。不宜興土功矣。經於他事。書春夏秋冬。而繼書次月。則凡書時。皆指四時之首月。如成十七年。書冬會伐鄭。十一月公至。十二月日食是也。若城築蒐狩之事。乃以時感通歷三月。事畢而言之。非獨指首月也。詳考經文。則可見矣。

齊侯使其弟年來聘 此列國來聘之始。

〔左〕齊侯使夷仲年來聘。結艾之盟也。

〔公〕其稱弟何。母弟稱弟。母兄稱兄。

〔穀〕諸侯之尊。兄弟不得以屬通。其弟云者。以其來接於我。舉其貴者也。

秋公伐邾 此伐邾之始。

〔左〕秋宋及鄭平。七月庚申。盟於宿。公伐邾。爲宋討也。

冬天王使凡伯來聘 此王聘之始多。凡國。伯爵。

戎伐凡伯于楚丘以歸此戎患之始。楚邱。衞地。

【左】初。戎朝於周。發幣於公卿。凡伯弗賓。冬。王使凡伯來聘。還。戎伐之於楚邱以歸。

【附錄左】陳及鄭平。十二月。陳五父如鄭涖盟。壬申。及鄭伯盟。歃如忘。洩伯曰。五父必不免。不賴盟矣。鄭良佐如陳涖盟。辛巳。及陳侯盟。亦知陳之將亂也。　鄭公子忽在王所。故陳侯請妻之。鄭伯許之。乃成昏。

【公】凡伯者何。天子之大夫也。此聘也。其言伐之何。執之也。執之則其言伐之何。大之也。曷爲大之。不與夷狄之執中國也。其地何。大之也。

【穀】凡伯者何也。天子之大夫也。國而曰伐。此一人而曰伐。何也。大天子之命也。戎者衞也。戎衞者。爲其伐天子之使。貶而戎之也。楚邱。衞之邑也。以歸。猶愈乎執也。

杜氏預曰。戎鳴鐘鼓以伐天子之使。不書凡伯敗者。單使無衆。非戰陣也。但言以歸。非執也。

【案】穀梁謂以歸猶愈於執。杜氏預因以爲非執。其義勝公羊多矣。古者君行師從。卿行旅從。諸家謂一人而曰伐。似亦未合。但相沿已久。今姑仍之。

【丙寅】桓王五年 **八年** 齊僖十六年。晉哀三年。蔡宣三十五年。衞宣四年。鄭莊二十九年。曹桓四十二年。陳桓三十年。杞武三十六年。宋殤五年。秦寧公元年。楚武二十六年。

春宋公衞侯遇于垂垂。衞地。

【左】齊侯將平宋衞。有會期。宋公以幣請於衞。請先相見。衞侯許之。故遇於犬邱。犬邱。垂也。地有兩名。

【穀】不期而會曰遇。遇者。志相得也。

程子曰。宋忌鄭之深。故與鄭卒不成好。無諸侯相見之禮。故書曰遇。

三月鄭伯使宛來歸祊祊。必彭反。公穀作邴。祊。在琅琊費縣東南。

【左】鄭伯請釋泰山之祀而祀周公。以泰山之祊易許田。三月。鄭伯使宛來歸祊。不祀泰山也。許田。近許之田。

【公】宛者何。鄭之微者也。邴者何。鄭湯沐之邑也。天子有事於泰山。諸侯皆從。泰山之下。諸侯皆有湯沐之邑焉。

【穀】名宛。所以貶鄭伯。惡與地也。

杜氏預曰。宛。鄭大夫。不書氏。未賜族。　劉氏敞曰。穀梁曰。名宛。所以貶鄭伯。非也。魯爲大國。猶有未命大夫。獨稱其名者。况如鄭小國乎。

庚寅我入祊

【附錄左】夏。虢公忌父始作卿士於周。　四月甲辰。鄭公子忽如陳逆婦媯。辛亥。以媯氏歸。甲寅。入於鄭。陳鍼子送女。先配而後祖。鍼子曰。是不爲夫婦。誣其祖矣。非禮也。何以能育。

【公】其言入何。難也。其曰何。難也。其言我何。言我者。非獨我也。齊亦欲之。

【穀】入者，內弗受也。日入，惡入者也。邴者，鄭伯所受命於天子，而祭泰山之邑。
【案】公羊以日爲難，穀梁以日爲惡者也。二說皆以日爲例。朱子謂解春秋者，專以日月爲褒貶，穿鑿得全無義理，故刪之。

夏六月己亥蔡侯考父卒

【穀】諸侯日卒，正也。
孫氏覺曰：穀梁云，日卒，正也。孔子因舊史作春秋，詳畧不得加之也。此云日爲正，則無日而非正者，孔子如何書之也。

辛亥宿男卒

【穀】宿，微國也。未能同盟，故男卒也。
俞氏臯曰：同盟故來赴，不名，闕文也。元年及宋人盟，而穀梁以爲未能同盟，誤矣。
【案】宿男不名，諸儒皆以爲史失之，是也。胡傳謂赴不以名，而經書其名，是聖人筆之，恐無可據。

秋七月庚午宋公齊侯衞侯盟于瓦屋 此參盟之始。瓦屋，周地。

【左】齊人卒平宋衞于鄭。秋，會于溫，盟于瓦屋，以釋東門之役，禮也。
【穀】外盟不日，此其日何也？諸侯之參盟於是始，故謹而日之也。誥誓不及五帝。盟詛交質不及三王。子不及二伯。
孫氏覺曰：此三國之盟，係諸侯之安危，故春秋書之。穀梁曰，參盟於是始，故謹而日之。案春秋褒貶之法，本無義例，罪同同誅，惡同同罰，不以終始爲輕重也。謂之謹始則非也。

八月葬蔡宣公

【附錄左】八月丙戌，鄭伯以齊人朝王，禮也。
【公】卒何以名而葬不名？卒從正，而葬從主人。卒何以日而葬不日？卒赴而葬不告。
【穀】月葬，故也。

九月辛卯公及莒人盟于浮來 浮，公穀作包。此好莒之始，亦魯君特會外大夫之始。　浮來，紀邑。

【左】以成紀好也。
【公】公曷爲與微者盟？稱人則從不疑也。
【穀】可言公及人，不可言公及大夫。
李氏廉曰：春秋書公及人盟二，浮來及蜀是也。穀梁曰，可言公及人，不可言公及大夫。然則公及齊大夫盟蔇，何得云不可？杜氏例以爲微者不嫌敵公侯，故直稱公。然高傒處父大國貴卿，猶以伉尊爲諱，今乃直書不諱乎？趙子曰：莒小國，若不書公，則嫌乎非公。此說是矣。故胡氏從之。若蜀之盟，則上書公子下書楚人，其貶明甚，不可與此例論也。

螟

【附錄】【左】冬。齊侯使來告成三國。公使衆仲對曰。君釋三國之圖。以鳩其民。君之惠也。寡君聞命矣。敢不承受君之明德。

高氏閌曰。書螟者三。隱二。莊一。螽十有一。桓一。餘皆僖公之後。螟食苗心。螽無所不食。其為災。螟輕而螽重。春秋之初。災之輕者亦書之。及其久也。輕者不勝書。書其重者耳。不然。豈莊公之後。二百年皆無螟耶。

冬十有二月無駭卒

駭。穀作侅。

【左】羽父請謚與族。公問族於衆仲。衆仲對曰。天子建德。因生以賜姓。胙之土而命之氏。諸侯以字為謚。因以為族。官有世功。則有官族。邑亦如之。公命以字為展氏。

【公】此展無駭也。何以不氏。疾始滅也。故終其身不氏。

【穀】無侅之名。未有聞焉。或曰。隱不爵大夫也。或說曰。故貶之也。

丁卯 九年

桓王六年。齊僖十七年。晉哀四年。衛宣五年。蔡桓侯封人元年。鄭莊三十年。曹桓四十三年。陳桓三十一年。杞武三十七年。宋殤六年。秦寧二年。楚武二十七年。

春天王使南季來聘

【穀】南。氏姓也。季。字也。聘。問也。聘諸侯。非正也。

程子曰。周禮大行人。時聘以結諸侯之好。王法之行。時加聘問以懷撫諸侯。乃常禮也。春秋之時。諸侯不修臣職。朝覲之禮廢絕。王法所當治也。不能正典刑而反聘之。又不見荅。失道甚矣。

張氏洽曰。隱公十年之間。宰咺凡伯南季三至魯庭。以魯為周公之胄而欲親之也。公不明尊王之義。而朝聘之禮不行於王室。春秋詳王使之來魯。則知隱公之罪大矣。

【案】胡傳本程子之說。以為天王失威福之柄。張氏洽主罪魯。似當兼用二說。經意乃足。

三月癸酉大雨震電庚辰大雨雪

【左】九年。春王三月癸酉。大雨霖以震。書始也。庚辰。大雨雪。亦如之。書時失也。凡雨自三日以往為霖。平地尺為大雪。

【公】三月癸酉。大雨震電。何以書。記異也。何異爾。不時也。庚辰。大雨雪。何以書。記異也。何異爾。俶甚也。

【穀】三月癸酉。大雨震電。震。雷也。電。霆也。庚辰。大雨雪。志疏數也。八日之間。再有大變。陰陽錯行。故謹而日之也。雨月。志正也。

胡傳曰。震電者。陽精之發。雨雪者。陰氣之凝。周三月。夏之正月也。雷未可以出。電未可以見。而大震電。此陽失節也。雷已出。電已見。則雪不當復降。而大雨雪。此陰氣縱也。春秋災異必書。雖不言其事應。而事應具存。惟明於天人相感之際。響應之理。則見聖人所書之意矣。

挾卒

挾。公穀作俠。

[公]俠者何。吾大夫之未命者也。
[穀]俠者。所俠也。弗大夫者。隱不爵大夫也。隱之不爵大夫何也。曰不成爲君也。
卓氏爾康曰。公羊氏吾大夫之未命者也。是也。不賜族者。春秋之始尚朴也。穀梁氏隱不爵大夫。不成爲君也。非也。郝氏敬曰。謂挾不書族。隱攝不主爵。不賜也。夫隱攝政十有一年矣。盟會侵伐不絕書。何以獨不主爵。無駭之賜展氏。非隱賜歟。

夏城郎

[左]書不時也。
許氏翰曰。七年城中邱而後伐邾。今城郎而後伐宋。于時動衆恃城保國。亦已末矣。

秋七月

[穀]無事焉。何以書。不遺時也。

冬公會齊侯于防　防。公作邴。防。魯地。

[左]宋公不王。鄭伯爲王左卿士。以王命討之。伐宋。宋以入郛之役怨公。不告命。公怒。絶宋使。秋。鄭人以王命來告伐宋。冬。公會齊侯于防。謀伐宋也。
[附錄左]北戎侵鄭。鄭伯禦之。患戎師。曰。彼徒我車。懼其侵軼我也。公子突曰。使勇而無剛者嘗寇而速去之。君爲三覆以代之。戎輕而不整。貪而無親。勝不相讓。敗不相救。先者見獲。必務進。進而遇覆。必速奔。後者不救。則無繼矣。乃可以逞。從之。戎人之前遇覆者奔。祝聃逐之。衷戎師。前後擊之。盡殪。戎師大奔。十二月甲寅。鄭人大敗戎師。
[穀]會者。外爲主焉爾。

[戊辰]桓王七年。**十年**　齊僖十八年。晉哀五年。衛宣六年。蔡桓二年。鄭莊三十一年。曹桓四十四年。陳桓三十二年。杞武三十八年。宋殤七年。秦寧三年。楚武二十八年。

春王二月公會齊侯鄭伯于中丘

[左]十年。春。王正月。公會齊侯鄭伯于中邱。癸丑。盟於鄧。爲師期。　鄧。魯地。
杜氏預曰。傳言正月會。癸丑盟。釋例推經傳日月。癸丑是正月二十六日。知經二月誤。
又曰。尋九年會于防。謀伐宋也。公既會而盟。盟不書。非後也。蓋公還。告會而不告盟。

夏翬帥師會齊人鄭人伐宋

[左]夏五月。羽父先會齊侯鄭伯伐宋。
[公]此公子翬也。何以不稱公子。貶。曷爲貶。隱之罪人也。故終隱之篇貶也。
胡傳曰。翬不氏。先期也。始而會宋以伐鄭。固請而行。今而會鄭以伐宋。先期而往。不待鍾巫之變。知其有無君之心矣。夫亂臣賊子。積其强惡。非一朝一夕之故。及權勢已成。威行中外。雖欲制之。其將能乎。故去其公子。以戒兵柄下移。制之於未亂也。

六月壬戌公敗宋師于菅菅古顏反。菅宋地。

左　六月戊申。公會齊侯鄭伯於老桃。壬戌。公敗宋師于菅。老桃宋地。

穀　內不言戰。舉其大者也。

辛未取郜辛巳取防郜古報反。郜濟陰城武縣有郜城。防高平昌邑縣西南有西防城。

左　庚午。鄭師入郜。辛未。歸於我。庚辰。鄭師入防。辛巳。歸于我。君子謂鄭莊公於是乎可謂正矣。以王命討不庭。不貪其土。以勞王爵。正之體也。

公　取邑不日。此何以日。一月而再取也。何言乎一月而再取。甚之也。內大惡諱。此其言甚之何。春秋錄內而畧外。於外大惡書。小惡不書。於內大惡諱。小惡書。

穀　取邑不日。此其日何也。不正其乘敗人而深爲利。取二邑。故謹而日之也。

陸氏淳曰。趙子曰。諸侯專取他國之邑而以與人。罪之大者。而云合正何其妄乎。　孫氏覺曰。案取邑不在書日。若無日。則是同日取之。此但記實爾。凡取邑皆有罪。何論一月再取乎。假如異月再取。則爲無罪乎。又曰。內大惡不書。小惡書。夫人姜氏會齊侯于禚。亦大惡不可謂不書也。穀梁曰。不正其乘人之敗而深爲利取二邑。故謹而日之。案經書敗人師而取二邑。自已不正。何須日以謹之哉。

秋宋人衛人入鄭

程子曰。鄭勞民以務外。而不知守其國。故二國入之。

宋人蔡人衛人伐戴鄭伯伐取之戴公穀作載。戴戴國。

左　秋七月庚寅。鄭師入郊。猶在郊。宋人衛人入鄭。蔡人從之伐戴。八月壬戌。鄭伯圍戴。癸亥。克之。取三師焉。宋衛既入鄭。而以伐戴召蔡人。蔡人怒。故不和而敗。

附錄左　九月戊寅。鄭伯入宋。

公　其言伐取之何。易也。其易奈何。因其力也。因誰之力。因宋人蔡人衛人之力也。

穀　不正其因人之力而易取之。故主其事也。

程子曰。宋人衛人入鄭。蔡人從之伐戴。鄭伯圍戴克之。取三師焉。戴鄭所與也。故三國伐之。鄭戴合攻。取三國之衆。其殘民也甚矣。　趙氏鵬飛曰。春秋無義戰。聖人於不義之中。必誅其兵首。宋鄭交惡久矣。兵端則起於宋。隱四年。宋人助州吁爲虐。以稱兵於鄭。秋又伐之。故五年連郛兵伐宋。宋繼取長葛。於是有前日之伐。取郜取防。以報長葛之失。則勝負相當。得失相償。未可以已矣。今鄭師還未及國。而宋以兵入之。又連蔡衛以伐其附庸。亦已酷矣。鄭伯出兵乘之。戴闘其前。鄭扼其後。一舉而取三師焉。三國之敗。非不幸也。或者疑鄭之孤兵不能取三國之衆。更以爲鄭伯乘危取戴。戴鄭之附庸。既屬於鄭矣。何必取哉。何以知戴之爲鄭附庸。戴今之外黃是也。居鄭北鄙。三國入鄭。不克。故移兵以脅其附庸。不然。三國伐戴。何損於鄭哉。以是知其非取戴也。取三師矣。　李氏廉曰。程子以爲鄭戴合攻。盡取三國之衆。此說爲當。胡氏以爲一舉而兼四國。恐過。　汪氏克寬曰。公穀皆謂鄭因三國之力而取戴。然鄭方與宋鬬。未可資其力以取戴。宋衛方入鄭。而連蔡以伐鄭之與國。必不肯資鄭之力而使之取戴也。

【宋】公穀謂鄭因三國之力以取戴。胡傳謂四國已鬬。鄭乘其敝。一舉而兼取之。俱於情事似未盡合。獨程子用左氏取三師之說。以爲鄭戴合攻。盡取三國之衆。而趙氏鵬飛。李氏廉。汪氏克寬。互相發明。於經旨爲近。

冬十月壬午齊人鄭人入郕郕。公作盛。

【左】蔡人衛人郕人不會王命。冬。齊人鄭人入郕。討違王命也。

【穀】入者。內弗受也。日入。惡入者也。郕。國也。

程子曰。討不會伐宋也。宋以公子馮在鄭。故二國交惡。左氏傳云宋公不王。鄭伯以王命討之。於春秋不見其爲王討也。王臣不行。王師不出。矯假以逞私忿耳。

己巳 桓王八年 **十有一年** 齊僖十九年。晉哀六年。衛宣七年。蔡桓三年。鄭莊三十二年。曹桓四十五年。陳桓三十三年。杞武三十九年。宋殤八年。秦寧四年。楚武二十九年。

春滕侯薛侯來朝 此諸侯朝魯之始。亦旅見之始。薛。魯國薛縣。孔疏譜云。薛。任姓。黃帝之苗裔奚仲。封爲薛侯。仲虺居薛。以爲湯左相。武王復以其胄爲薛侯。小國無記。世不可知。亦不知爲誰所滅。

【左】春。滕侯薛侯來朝。爭長。薛侯曰。我先封。滕侯曰。我。周之卜正也。薛。庶姓也。我不可以後之。公使羽父請於薛侯曰。君與滕君。辱在寡人。周諺有之曰。山有木。工則度之。賓有禮。主則擇之。周之宗盟。異姓爲後。寡人若朝於薛。不敢與諸任齒。君若辱貺寡人。則願以滕君爲請。薛侯許之。乃長滕侯。

【公】其言朝何。諸侯來曰朝。大夫來曰聘。其兼言之何。微國也。

【穀】天子無事。諸侯相朝。正也。考禮修德。所以尊天子也。諸侯來朝。時正也。犆言。同時也。累數。皆至也。

胡傳曰。周衰。典禮大壞。諸侯放恣。無禮義之交。惟强弱之視。以魯事觀焉。或來朝而不報其禮。或屢往而不納。以歸無合於中。聘世朝之制矣。且列國於天子。述所職者。蓋闕如也。而自相朝聘。可乎。凡大國來聘。小國來朝。一切書而不削。皆所以示譏。滕薛二君。不特言者。又譏旅見也。非天子不旅見諸侯。偃然受之而不辭。亦以見隱公之志荒矣。　張氏洽曰。凡諸侯期。各書之。若穀鄧偕至。而朝禮不同日也。累數之。若郳牟葛及今滕薛同日行禮。同日行禮惟天子可受之。諸侯不當然也。非禮甚矣。

夏公會鄭伯于時來 公穀夏字下有五月字。時來。公作祁黎。左文作郲。　時來。郲也。

【左】夏。公會鄭伯于郲。謀伐許也。鄭伯將伐許。五月甲辰。授兵於大宮。公孫閼與潁考叔爭車。潁考叔挾輈以走。子都拔棘以逐之。及大逵。弗及。子都怒。

孫氏覺曰。隱之出十二。皆不致。隱志讓乎桓。不欲當正君之禮。聖人本其意而畧之也。

秋七月壬午公及齊侯鄭伯入許 許。潁川許昌縣。孔疏譜云。許。姜姓。與齊同祖。堯四岳伯夷之後也。周武王封其苗裔文叔於許

【左】秋七月。公會齊侯鄭伯伐許。庚辰。傅于許。穎考叔取鄭伯之旗蝥弧以先登。子都自下射之。顚。瑕叔盈又以蝥弧登。周麾而呼曰。君登矣。鄭師畢登。壬午。遂入許。許莊公奔衛。齊侯以許讓公。公曰。君謂許不共。故從君討之。許旣伏其罪矣。雖君有命。寡人弗敢與聞。乃與鄭人。鄭伯使許大夫百里奉許叔以居許東偏。曰。天禍許國。鬼神實不逞於許君。而假手於我寡人。寡人唯是一二父兄不能共億。其敢以許自爲功乎。寡人有弟。不能和協。而使餬其口於四方。其況能久有許乎。吾子其奉許叔以撫柔此民也。吾將使獲也佐吾子。若寡人得沒於地。天其以禮悔禍於許。無寧茲許公復奉其社稷。唯我鄭國之有請謁焉。如舊昏媾。其能降以相從也。無滋他族實偪處此。以與我鄭國爭此土也。吾子孫其覆亡之不暇。而況能禋祀許乎。寡人之使吾子處此。不唯許國之爲。亦聊以固吾圉也。乃使公孫獲處許西偏。曰。凡而器用財賄。無寘於許。我死。乃亟去之。吾先君新邑於此。王室而旣卑矣。周之子孫日失其序。夫許。大岳之胤也。天而旣厭周德矣。吾其能與許爭乎。君子謂鄭莊公於是乎有禮。禮。經國家。定社稷。序民人。利後嗣者也。許無刑而伐之。服而舍之。度德而處之。量力而行之。相時而動。無累後人。可謂知禮矣。　鄭伯使卒出豭。行出犬雞。以詛射潁考叔者。君子謂鄭莊公失政刑矣。政以治民。刑以正邪。旣無德政。又無威刑。是以及邪。邪而詛之。將何益矣。

附錄【左】王取鄔劉蔿邘之田於鄭。而與鄭人蘇忿生之田。溫。原。絺。樊。隰郕。欑茅。向。盟。州。陘。隤。懷。君子是以知桓王之失鄭也。恕而行之。德之則也。禮之經也。已弗能有。而以與人。人之不至。不亦宜乎。　鄭息有違言。息侯伐鄭。鄭伯與戰於竟。息師大敗而還。君子是以知息之將亡也。不度德。不量力。不親親。不徵辭。不察有罪。犯五不韙。而以伐人。其喪師也。不亦宜乎。冬十月。鄭伯以虢師伐宋。壬戌。大敗宋師。以報其入鄭也。宋不告命。故不書。凡諸侯有命。告則書。不然則否。師出臧否。亦如之。雖及滅國。滅不告敗。勝不告克。不書於策。　鄔。緱氏縣西南有鄔聚。劉。緱氏縣西北有劉亭。蔿。邘。俱鄭邑。溫見前。原。在沁水縣西。絺在野王。樊一名陽樊。野王縣西南有陽城。隰郕。在懷縣西南。欑茅。在修武縣北。向。軹縣西有地名向上。盟。盟津。州。州縣。陘。與地太行陘。在懷慶府西北三十里。一名丹陘。隤。在修武縣北。懷。懷縣。息。息國。

趙氏匡曰。諸侯無王命。入人之國。罪已大矣。又使大夫守之。不容誅矣。而左氏以爲有禮。是長亂階也。

冬十有一月壬辰公薨

【左】羽父請殺桓公。將以求大宰。公曰。爲其少故也。吾將授之矣。使營菟裘。吾將老焉。羽父懼。反譖公于桓公而請弒之。公之爲公子也。與鄭人戰於狐壤。止焉。鄭人囚諸尹氏。賂尹氏而禱於其主鍾巫。遂與尹氏歸而立其主。十一月。公祭鍾巫。齊於社圃。館於寪氏。壬辰。羽父使賊弒公於寪氏。立桓公而討寪氏。有死者。不書葬。不成喪也。　菟裘。魯邑。在泰山梁父縣南。狐壤。鄭地。

【公】何以不書葬。隱之也。何隱爾。弒也。弒則何以不書葬。春秋君弒。賊不討。不書葬。以爲無臣子也。子沈子曰。君弒。臣不討賊。非臣也。不復讎。非子也。葬。生者之事也。春秋君弒。賊不討。不書葬。以爲不繫乎臣子也。公薨。何以不地。不忍言也。隱何以無正月。隱將讓乎桓。故不有其正月也。

【穀】公薨不地故也。隱之。不忍地也。其不言葬何也。君弒。賊不討。不書葬。以罪下也。隱十年無正。隱不自正也。元年有正。所以正隱也。

【案】隱元年書正月。餘皆不書正月。公羊謂隱不有其正。穀梁亦謂隱不自正。皆非也。隱在位十一年。王命凡五至。身既不朝。又無一介之使。報禮於京師。是列公之不奉正朔。自隱始。故不書正以示義焉。非居攝之謂也。

春秋卷之一

隱公十一年

春秋卷之二

桓公

楊氏士勛曰。魯世家桓公。名允。惠公之子。隱公之弟。以桓王九年。卽位。世本作軌。諡法。辟土服遠曰桓。

〔庚午〕桓王九年 **元年** 齊僖二十年。晉哀七年。衛宣八年。蔡桓四年。鄭莊三十三年。曹桓四十六年。陳桓三十四年。杞武四十年。宋殤九年。秦寧五年。楚武三十年。

春王正月公卽位

公 繼弒君不言卽位。此其言卽位何。如其意也。

穀 桓無王。其曰王。何也。謹始也。其曰無王。何也。桓弟弒兄。臣弒君。天子不能定。諸侯不能救。百姓不能去。以爲無王之道。遂可以至焉爾。元年有王。所以治桓也。繼故不言卽位。正也。繼故不言卽位之爲正。何也。曰。先君不以其道終。則子弟不忍卽位也。繼故而言卽位。則是與聞乎弒也。繼故而言卽位。是爲與聞乎弒。何也。曰。先君不以其道終。已正卽位之道而卽位。是無恩於先君也。

孔氏穎達曰。諸侯每歲首。必有禮於廟。今遭喪繼立者。每新年。正月。亦改元正位。百官以序。故國史因書卽位於策。以表之。此新君之常禮也。今桓雖實簒立。歸罪寪氏。諱言不與賊謀。而用常禮。自同於遭喪繼位者。亦旣實卽其位。國史依實書之。仲尼因而不改。反明公實簒立而自同於常。亦足見桓之簒也。

三月公會鄭伯于垂

穀 會者何。外爲主焉爾。

葉氏夢得曰。亂臣賊子之所懼者。天子與侯伯爾。天子而與之覲。諸侯而與之會。是旣許之爲君矣。後雖有欲討者。無所加兵焉。此周之末造也。

鄭伯以璧假許田

左 公卽位。修好於鄭。鄭人請復祀周公。卒易祊田。公許之。三月。鄭伯以璧假許田。爲周公祊故也。

公 其言以璧假之何。易之也。易之則其言假之何。爲恭也。曷爲爲恭。有天子存。則諸侯不得專地也。許田者何。魯朝宿之邑也。諸侯時朝乎天子。天子之郊。諸侯皆有朝宿之邑焉。此魯朝宿之邑也。則曷爲謂之許田。諱取周田也。諱取周田。則曷爲謂之許田。繫之許也。曷爲繫之許。近許也。此邑也。其稱田何。田多邑少稱田。邑多田少稱邑。

穀 假不言以。言以。非假也。非假而曰假。諱易地也。禮。天子在上。諸侯不得以地相與也。無田則無許可知矣。不言許。不與許也。許田者。魯朝宿之邑也。邴者。鄭伯之所受命而祭泰山之邑也。用見魯之不朝於周。而鄭之不祭泰山也。

胡傳曰。許田。所以易祊也。鄭旣歸祊矣。又加璧者。祊薄於許故也。魯。山東之國。與祊爲鄰。鄭。畿內之邦。許田。近地也。以此易彼。各利於國。而聖人乃以爲惡而隱之。獨何歟。曰。利者。

人欲之私，放於利，必至奪攘而後厭。義者，天理之公，正其義則推之天下國家而可行。湯沐之邑，朝宿之地，先王所錫，先祖所受，私相貿易而莫之顧，是有無君之心，而廢朝覲之禮矣。是有無親之心，而棄先祖之地矣。故聖人以是爲國惡而隱之也。其不曰以璧易田而謂之假者，夫易則已矣，言假則有歸道焉，又以見許人改過遷善自新之意，非止隱國惡而已也。其垂訓之意大矣。孔氏穎達曰：祊薄於許，加之以璧，易取許田，非假借之。不言以祊假而言以璧假者，此璧實入於魯，諸侯相又有執圭璧致信命之理，故璧猶可言，祊則不可言也。祊許俱地，以地借地，易理已章，非復得爲隱諱故也。劉氏敞曰：易之者，我也，使其辭若自鄭出然，是亦爲之諱也。又曰：公羊謂許田者，魯朝宿之邑也，謂之許者，繫之許也，非也。詩云：居常與許，復周公之宇。然則周公受封，本有此許邑，非孔子作春秋故繫之許也。且地邑各自有名，或曰許田，或曰龜陰田，據實而書，豈擅改易哉。蘇氏轍曰：許田所以易祊也，以祊爲未足，而益之以璧耳。陳氏傅良曰：取許田曷爲謂之以璧假，鄭伯之辭也。公羊氏曰：爲恭也。春秋之初，諸侯之爲惡必有辭焉，以自文。鄭伯以璧假許田，齊侯、鄭伯如紀，單伯送王姬，築王姬之館于外，皆善辭也。夫子傷周之敝，曰：利而巧文而不慙，於春秋著其事，以見王化衰，風俗日趨於變，且以發明鄭莊之欺也。黃氏震曰：許田鄰於鄭，鄭莊久欲得之，故以祊歸之，取宋之郜防以予之，得許而讓，凡皆以投隱公之欲，而冀許田之得也。隱公雖受祊，取防郜而辭許，鄭無得而強之。隱沒而桓以簒立，急於結援自固，故許田卒爲鄭所得。黃氏澤曰：歸防後復書我入祊，重取地，假許後不書以許歸鄭，重失地，爲內諱也。

【案】加璧易許田，孔氏穎達以爲祊薄於許，蘇氏轍、胡氏安國皆從之。陳氏傅良獨以爲鄭伯自文之辭，於當時情事亦合，故竝存其說。

夏四月丁未，公及鄭伯盟于越。

越，近垂，地名。

【左】結祊成也。盟曰：渝盟無享國。

【穀】及者，內爲志焉爾。越，盟地之名也。

【案】越之盟，左氏謂結祊成，循其迹也。穀梁謂內爲志，誅其心也。鄭借易田之迹，以行要求之心；桓諱求盟之心，而附結成之迹。二傳似相異，而意實相足也。

秋大水。

書水災之始。

【左】凡平原出水爲大水。

【公】何以書？記災也。

【穀】高下有水災曰大水。

程子曰：君德修則和氣應，而雨暘若。桓行逆德而致陰沴，乃其宜也。

冬十月。

【附錄左】冬，鄭伯拜盟。

【穀】無事焉，何以書？不遺時也。春秋編年，四時具而後爲年。

辛未　桓王十年　**二年**　齊僖二十一年。晉哀八年。衞宣九年。蔡桓五年。鄭莊三十四年。曹桓四十七年。陳桓三十五年。杞武四十一年。宋殤十年。秦寧六年。楚武三十一年。

春王正月戊申宋督弑其君與夷及其大夫孔父

【左】宋華父督見孔父之妻於路。目逆而送之。曰。美而艷。二年春。宋督攻孔氏。殺孔父而取其妻。公怒。督懼。遂弑殤公。君子以督為有無君之心。而後動於惡。故先書弑其君。

【公】及者何。累也。弑君多矣。舍此無累者乎。曰有。仇牧荀息皆累也。舍仇牧荀息無累者乎。曰有。有則此何以書。賢也。何賢乎孔父。孔父可謂義形於色矣。其義形於色奈何。督將弑殤公。孔父生而存。則殤公不可得而弑也。故於是先攻孔父之家。殤公知孔父死。已必死。趨而救之。皆死焉。孔父正色而立於朝。則人莫敢過而致難於其君者。孔父可謂義形於色矣。

【穀】桓無王。其曰王何也。正與夷之卒也。孔父先死。其曰及何也。書尊及卑。春秋之義也。孔父之先死何也。督欲弑君而恐不立。於是乎先殺孔父。孔父閑也。何以知其先殺孔父也。曰子既死。父不忍稱其名。臣既死。君不忍稱其名。以是知君之累之也。孔氏父字謚也。或曰。其不稱名。蓋為祖諱也。孔子故宋也。

胡傳曰。桓無王而元年書春王正月。以天道王法正桓公之罪也。桓無王而二年書春王正月。以天道王法正宋督之罪也。陸氏淳曰。穀梁曰。何以知其先殺孔父也。臣既死君不忍稱其名。案趙子曰。孔父之事。自是史冊載之。非殤公自書也。何關君之不忍乎。又曰。何不稱名蓋為祖諱也。案春秋魯史。非孔子家傳。安得祖諱乎。劉氏敞曰。及者何。累也。何以書。賢也。何賢乎孔父。孔父之智則衆。孔父之忠則盡矣。託六尺之孤。寄百里之命。知必死而不避。孔父可謂處命不渝矣。春秋賢者不名。孔父者所賢也。則其名之何。父前子名。君前臣名。杜氏云。孔父稱名。內不能治其閨門。外取怨於民。身死而禍及君。故貶之。非也。春秋雖以名字為褒貶。然已名其君於上。不得字其臣於下。此所謂君前臣名。禮之大節也。用杜氏之意者。乃當名君字大夫。顛倒人倫乎。其不通經亦已甚矣。汪氏克寬曰。或謂孔父不當蒙弑文。夫苟書曰宋督弑其君與夷。遂殺其大夫孔父。則不見孔父為君而死。而大臣扞君之節不著矣。故特書及。以褒其死君難。此聖筆之精意也。

【案】穀梁以孔父為字。趙氏匡駁之。是矣。左氏以父為名。杜氏預因為罪孔父之說。亦非也。惟劉氏敞君前臣名之說最為精當。故程子及蘇氏轍胡氏安國皆用之。啖氏助則云孔字父美稱也。孔氏之先皆以字連父。故有弗父金父。若孔為氏。豈世世改乎。又春秋時名嘉者多字孔。是其證也。此說甚詳核。然名君而字臣。於義終未安。故主劉傳。而啖氏之說附存於此。

滕子來朝

杜氏預曰。隱十一年稱侯。今稱子者。蓋時王所黜。

【案】滕降稱子。趙氏匡以為當喪未君。程子以為後臣屬於楚。胡氏安國以為貶其朝桓。朱子皆駁之。獨取程氏迥自貶以省貢賦之說。於情事為近。而援諸春秋之義例。亦有不可通者。五等之列。周有定制。春秋不聽諸侯之自尊。而獨聽其自貶耶。故惟杜氏預。楊氏士勛為時王所貶之說為得其實。胡氏安國曰。時王能黜諸侯。則春秋不作。夫東周之替也。齊晉之霸。實王命之。

儀父黎來。實王爵之。卽其威不行於吳楚之遠。且大若滕薛杞小邾。以爲時王所黜。夫豈不可。春秋之後。又將百年。周益卑矣。三晉爲侯。猶請命焉。況乎桓之世東遷之初乎。

三月公會齊侯陳侯鄭伯于稷以成宋亂 稷。宋地。

【左】會于稷。以成宋亂。爲賂故。立華氏也。宋殤公立。十年十一戰。民不堪命。孔父嘉爲司馬。督爲大宰。故因民之不堪命。先宣言曰司馬則然。已殺孔父而弒殤公。召莊公於鄭而立之。以親鄭。以郜大鼎賂公。齊陳鄭皆有賂。故遂相宋公。郜。國名。

【公】內大惡諱。此其目言之何。遠也。所見異辭。所聞異辭。所傳聞異辭。隱亦遠矣。曷爲爲隱諱。隱賢而桓賊也。

【穀】以者。內爲志焉爾。公爲志乎成是亂也。此成矣。取不成事之辭而加之焉。於內之惡。而君子無遺焉爾。

劉氏敞曰。保人之賊。私人之賂。制人之上下。謂之成亂則可。謂之平亂則不可。杜氏云。成平也。非也。春秋有輸平。又有暨齊平。又有公及齊侯平。莒及郯。皆直稱平。若春秋欲諱受賂之惡。言其平宋亂乃是矣。今不曰平而曰成。此豈平之謂乎。且案傳曰會于稷以成宋亂。爲賂故。立華氏也。此則傳以受賂立華氏。解經之成宋亂也。豈不明哉。

夏四月取郜大鼎于宋戊申納于大廟

【左】夏四月。取郜大鼎于宋。戊申。納于大廟。非禮也。臧哀伯諫曰。君人者。將昭德塞違。以臨照百官。猶懼或失之。故昭令德以示子孫。是以清廟茅屋。大路越席。大羹不致。粢食不鑿。昭其儉也。袞冕黻珽。帶裳幅舄。衡紞紘綖。昭其度也。藻率鞞鞛。鞶厲游纓。昭其數也。火龍黼黻。昭其文也。五色比象。昭其物也。鍚鸞和鈴。昭其聲也。三辰旂旗。昭其明也。夫德。儉而有度。登降有數。文物以紀之。聲明以發之。以照臨百官。百官於是乎戒懼。而不敢易紀律。今滅德立違。而寘其賂器於大廟。以明示百官。百官象之。其又何誅焉。國家之敗。由官邪也。官之失德。寵賂章也。郜鼎在廟。章孰甚焉。武王克商。遷九鼎於雒邑。義士猶或非之。而況將昭違亂之賂器於大廟。其若之何。公不聽。周內史聞之曰。臧孫達其有後於魯乎。君違。不忘諫之以德。

雒邑。武王但營雒邑。未有都城。周公乃卒營雒邑。謂之王城。卽河南城也。

【公】此取之宋。其謂之郜鼎何。器從名。地從主人。器何以從名。地何以從主人。器之與人。非有卽爾。宋始以不義取之。故謂之郜鼎。至乎地之與人則不然。俄而可以爲其有矣。然則爲取可以爲其有乎。曰否。何者。若楚王之妻媦。無時焉可也。戊申。納于大廟。何以書。譏。何譏爾。遂亂受賂。納于大廟。非禮也。

【穀】桓內弒其君。外成人之亂。受賂而退。以事其祖。非禮也。其道以周公爲弗受也。郜鼎者。郜之所爲也。曰宋。取之宋也。以是爲討之鼎也。孔子曰。名從主人。物從中國。故曰。郜大鼎也。

杜氏預曰。戊申。五月十日。　孔氏穎達曰。長歷此年四月庚午朔。其月無戊申。五月己亥朔。十日得戊申。是有日而無月也。

秋七月杞侯來朝公穀作紀侯。

【左】秋七月杞侯來朝不敬杞侯歸乃謀伐之。【穀】朝時此其月何也桓內弒其君外成人之亂于是爲齊侯陳侯鄭伯討數日以賂已即是事而朝之惡之故謹而月之也。

劉氏敞曰杞侯朝魯有少不敬未宜便入其國也左氏誤紀爲杞遂生不敬之說穀梁曰朝時此其月何也桓內弒其君外成人之亂於是爲齊侯陳侯鄭伯討數日以賂已即是事而朝之惡之故謹而月之也六年冬紀侯來朝猶是前紀侯耳猶是此桓公耳行不加進惡不差減而紀侯過而不改其責宜深深則宜日反書時何哉是豈春秋不惡之乎

程子曰凡杞稱侯者皆當爲紀杞爵非侯文誤也及紀侯大去其國之後杞不復稱侯矣。

李氏廉曰紀稱侯公羊注以隱二年考之紀本非侯爵此稱侯者天子將娶於紀故封之百里後恒稱侯而穀注亦以爲蓋時王所進是皆不知紀子伯爲闕文之故爾。

汪氏克寬曰成七年曹伯朝六年十八年定十五年邾子朝皆書月不可以書月爲貶。

蔡侯鄭伯會于鄧鄧潁川召陵縣西南有鄧城公羊以鄧爲國則五年鄧侯來朝即其君也。

【左】始懼楚也。楚楚國南郡江陵縣北紀南城也孔疏譜云楚芊姓顓頊之後其後鬻熊事周文王早卒成王封其曾孫熊繹於楚以子男之田居丹陽南郡枝江是也熊通始稱武王武王居郢江陵是也。

【公】離不言會此其言會何蓋鄧與會爾。

【纂】公羊以爲鄧與會胡氏安國及湛氏若水季氏本皆因之隱元年盟宿之例正與此合釋例以鄧爲蔡地孔氏穎達遂謂鄧國去蔡甚遠蔡鄭不宜遠會其國都其說亦通。

九月入杞

【左】九月入杞討不敬也。【穀】我入之也。

汪氏克寬曰或以爲蔡鄭入杞然滅偪陽滅賴皆書遂此不書遂則入者魯也左傳謂討其來朝之不敬蓋因僖二十七年春杞子來朝秋公子遂帥師入杞而傳會其說耳。

公及戎盟于唐

【左】修舊好也。

冬公至自唐此書至之始。

【左】告於廟也凡公行告於宗廟反行飲至舍爵策勳焉禮也特相會往來稱地讓事也自參以上則往稱地來稱會成事也。

【附錄】【左】初晉穆侯之夫人姜氏以條之役生大子命之曰仇其弟以千畝之戰生命之曰成師師服曰異哉君之名子也夫名以制義義以出禮禮以體政政以正名是以政成而民聽

易則生亂。嘉耦曰妃，怨耦曰仇，古之命也。今君命大子曰仇，弟曰成師，始兆亂矣。兄其替乎。惠之二十四年，晉始亂，故封桓叔於曲沃。靖侯之孫欒賓傅之。師服曰：吾聞國家之立也，本大而末小，是以能固。故天子建國，諸侯立家，卿置側室，大夫有貳宗，士有隸子弟，庶人工商各有分親，皆有等衰。是以民服事其上，而下無覬覦。今晉甸侯也，而建國。本既弱矣，其能久乎。惠之三十年，晉潘父弑昭侯而納桓叔，不克。晉人立孝侯。惠四十五年，曲沃莊伯伐翼，弑孝侯。翼人立其弟鄂侯。鄂侯生哀侯。哀侯侵陘庭之田。陘庭南鄙啟曲沃伐翼。條，晉地。千畝，西河界休縣。有地名千畝。陘庭，翼南鄙邑。

【穀】桓無會，而其致何也？遠之也。

【案】反行必告，則史書其至；不告則不書。孔疏甚明。諸家紛紛，或以爲遠，或以爲久，或以爲危，或以爲幸，失之鑿矣。

【壬申】桓王十一年

三年

齊僖二十二年。晉哀九年。衛宣十年。蔡桓六年。鄭莊三十五年。曹桓四十八年。陳桓三十六年。杞武四十二年。宋莊公馮元年。秦寧七年。楚武三十二年。

春正月

【附錄左】春，曲沃武公伐翼，次於陘庭。韓萬御戎，梁宏爲右。逐翼侯於汾隰，驂絓而止。夜獲之，及欒共叔。汾隰，汾水邊。釋例：汾水出太原，故汾陽縣，至河東汾陰入河。欒，晉地。晉大夫欒氏封邑。

李氏廉曰：案桓公惟元年、二年、十年、十八年有王。趙氏以爲後人誤加。其說已非，而注穀梁者見二年書王，以爲正與夷之卒；遂附會以爲十年書王，正終生之卒。是又不知正弑逆之義矣。注公羊者於十年、十八年書王得之，而元年書王，以爲桓公此時未敢無王，至三年始著其無王之罪。是又穿鑿之甚也。故胡氏獨取程子。又案范氏例：春秋上下無王者凡一百有八。桓無王，見不奉王法。餘公無王者，爲不書正月，不得書王也。宣亦簒位而不去者，罪之輕重異也。

公會齊侯于嬴。

嬴，齊邑。

【左】會于嬴，成昏於齊也。

【案】會者外爲志。書會不書及，當以張氏洽責齊之說爲正。蓋畏討者魯之情，黨惡者齊之罪。經意尤惡齊，故獨書會。

夏，齊侯、衛侯胥命于蒲。

蒲，衛地。

【左】不盟也。

【公】胥命者何？相命也。何言乎相命？近正也。此其爲近正柰何？古者不盟，結言而退。

【穀】胥之爲言猶相也。相命而信諭，謹言而退，以是爲近古也。是必一人先，其以相言之何也？不以齊侯命衛侯也。

朱子語類：問張洽曰：尋常如何理會是胥命？曰：嘗考之矣。當從劉侍讀之說。自王命不行，則諸侯上僭之事由階而升，然必與勢力之不相上下者共爲之，所以布於衆而成其僭也。齊衛當時勢敵，故齊僖自以爲小伯，而彼此以伯事相命，以成其私也。及其久也，則力之能爲者專之矣。故桓公遂自稱伯。以至戰國諸侯。各有稱王之意。不敢獨稱於國。必與勢力之相侔者其約而爲之。號齊會於濁澤。以相王是也。其後七國皆王。秦人思有以勝之。於是使人致帝於齊。約其稱帝。自相命而至於相王。自相王而至於相帝。僭竊之漸。勢必至此。豈非其明證乎。曰然則左傳所謂胥命於蒲何也。曰此以納王之事相遜相先也。曰說亦有理。

【案】公穀皆以胥命爲善。程子因之。而胡傳亦主其說。蓋比之屢盟長亂者爲近古也。張氏洽從劉氏敞之說。謂彼此相命以成其私。而極言其僭竊之所至。朱子以爲有理。故竝存之。

六月公會杞侯于郕　郕。公作盛。杞。公作紀。

【左】公會杞侯于郕。杞求成也。

【案】左穀俱作杞。公羊獨作紀。程子以爲杞稱侯。皆爲紀。當以公羊爲是。蓋齊魯方睦。紀與郕皆畏齊。故會魯而求庇也。高氏閌之說得之。

秋七月壬辰朔日有食之既

【公】既者何。盡也。

【穀】言日言朔。食正朔也。既者盡也。有繼之辭也。

【案】胡傳引穀梁不書朔不書日爲夜食。謂因朝日而知之者非也。既日見其虧傷矣。則晦刻可稽。書朔書日無不可。且使日食於亥子之交。未出地而復明。則雖朝日。何從見其虧傷之處耶。蓋日食不占夜。猶月食不占晝。是以唐一行作歷。上溯往古千有餘年。日食長在晝。月食長在夜也。

公子翬如齊逆女

【左】秋。公子翬如齊逆女。修先君之好。故曰公子。

【穀】逆女。親者也。使大夫。非正也。

范氏甯曰。翬稱公子者。桓不以爲罪人也。　劉氏敞曰。左氏曰修先君之好。故曰公子。非也。春秋非修先君之好而稱公子者多矣。若修先君之好乃稱公子者。翬帥師適其宜乎。無謂疾之去氏也。

【案】紀履緰來逆女。程子謂親迎於其所館。豈有遠適他國以逆婦者。張氏洽主其說。尙爲有理。故此年公子翬如齊逆女。凡以不親迎爲譏者。皆删之。

九月齊侯送姜氏于讙　讙。魯地。

【左】齊侯送姜氏。非禮也。凡公女嫁於敵國。姊妹則上卿送之。以禮於先君。公子則下卿送之。於大國。雖公子亦上卿送之。於天子。則諸卿皆行。公不自送。於小國。則上大夫送之。

【公】何以書。譏。何譏爾。諸侯越境送女。非禮也。此入國矣。何以不稱夫人。自我言齊。父母之於子。雖爲鄰國夫人。猶曰吾姜氏。

【穀】禮送女。父不下堂。母不出祭門。諸母兄弟不出闕門。父戒之曰。謹愼從爾舅之言。母戒之曰。謹愼從爾姑之言。諸母般申之曰。謹愼從爾父母之言。送女踰竟。非禮也。

劉氏敞曰。此入國矣。何以不稱夫人。未見廟。猶未入國也。

公會齊侯于讙

穀 無譏乎。曰。為禮也。齊侯來也。公之逆而會之可也。

程子曰。齊侯出疆送女。公遠會之。皆非義也。胡氏銓曰。公果親逆。自當書逆女。必不曰會齊侯也。此直曰會。見公因會齊侯而受姜氏耳。

夫人姜氏至自齊

公 翬何以不致。得見乎公矣。

穀 其不言翬之以來何也。公親受之於齊侯也。子貢曰。冕而親迎。不已重乎。孔子曰。合二姓之好。以繼萬世之後。何謂已重乎。

冬齊侯使其弟年來聘

左 冬。齊仲年來聘。致夫人也。

孔氏穎達曰。經書來聘。傳言致夫人。是行聘禮而致之也。

有年

附錄左 芮伯萬之母芮姜惡芮伯之多寵人也。故逐之。出居於魏。芮。芮國。在馮翊臨晉縣。魏。魏國。在河東河北縣。

公 有年何以書。以喜書也。大有年何以書。亦以喜書也。此其曰有年何。僅有年也。彼其曰大有年何。大豐年也。僅有年。亦足當喜乎。恃有年也。

穀 五穀皆熟。為有年也。

胡傳曰。舊史災異與慶祥並記。故有年大有年得見於經。若舊史不記。聖人亦不能附益之也。然十二公多歷年所。有務農重穀。閔雨而書雨者。豈無豐年。而不見於經。是仲尼於他公皆削之矣。獨桓有年。宣大有年。則存而不削者。緣此二公獲罪於天。宜得水旱凶災之譴。今乃有年。則是反常也。故以為異特存爾。然則天道亦僭乎。桓宣享國十有八年。獨此二年書有年。他年之歉可知也。而天理不差信矣。此一事也。在不修春秋則為慶祥。君子修之則為變異。是聖人因魯史舊文能立興王之新法也。故史文如畫筆。經文如化工。嘗以是觀。非聖人莫能修之審矣。有年大有年。先儒說經者多列於慶瑞之門。至程子發明奧旨。然後以為記異。此得於言意之表者也。何氏休曰。桓公之行。諸侯所當誅。民人將去。賴得五穀皆有。使百姓安土樂業。故喜而書之。明為國家者不可不有年。程子曰。書有年。記異也。人事順於下。則天氣和於上。桓弒君而立。逆天理。亂人倫。天地之氣為之謬戾。水旱凶災乃其宜也。今乃有年。故書其異。宣公為弒君者所立。其惡有間。故大有年則書之。

案 賈氏逵曰。言有。非其所宜有。程子因之。而胡傳暢言之。其持議甚正。或疑以君之故而惡其民。非聖人書法本意。其實程胡二傳。亦謂君惡召災而病民。惟此有年爲可異爾。與公羊以喜書之意正同。觀何氏休之說。則兩不相悖矣。

【癸酉】桓王十二年。

四年　齊僖二十三年。晉小子侯元年。衛宣十一年。蔡桓七年。鄭莊三十六年。曹桓四十九年。陳桓三十七年。杞武四十三年。宋莊二年。秦寧八年。楚武三十三年。

春正月公狩于郎

【左】書時。禮也。

【公】狩者何。田狩也。春曰苗。秋曰蒐。冬曰狩。常事不書。此何以書。譏。何譏爾。遠也。諸侯曷爲必田狩。一曰乾豆。二曰賓客。三曰充君之庖。

【穀】四時之田。皆爲宗廟之事也。春曰田。夏曰苗。秋曰蒐。冬曰狩。四時之田用三焉。唯其所先得。一爲乾豆。二爲賓客。三爲充君之庖。

杜氏預曰。冬獵曰狩。行三驅之禮。得田狩之時。故曰書時禮也。周之春。夏之冬也。田狩從夏時。郎非國內之狩地。故書地。李氏廉曰。四時之田。春蒐夏苗秋獮冬狩。見於周禮爾雅。而左氏記臧僖伯之言亦同。獨公穀所言皆不合。穀疏曰。左氏之文。是周公制禮之名。二傳之文。或春秋取異代之法。或當時天子諸侯別法。經典散亡。無以取正。觀此則胡氏取周禮之說是矣。又曰。春秋書狩四。于郎譏遠。于禚譏親讐。河陽本非狩。特以避召王之名。西狩本常事。特以志非常之瑞。各有義耳。卓氏爾康曰。四時之田。止書蒐狩。蒐狩經不多書。其書者必有故也。文公以後四公俱不書。以大夫專國。公不復知軍政。時田得失無足議也。昭公八年以後。又復頻書。是時三家分魯。假春蒐之禮。以耀武示強。又與非時非地之蒐不同。故頻書以示變耳。

夏天王使宰渠伯糾來聘

【左】夏。周宰渠伯糾來聘。父在。故名。

【附錄左】秋。秦師侵芮。敗焉。小之也。冬。王師秦師圍魏。執芮伯以歸。

秦詩譜曰。秦。隴西谷名。徐廣曰。天水隴西縣有秦亭。在鞏昌府秦州清水縣。故秦城是也。史記秦之先伯翳。佐禹平水土。賜姓嬴氏。後有大駱生非子。爲周孝王主馬汧渭間。分土爲附庸。邑之秦。

【公】宰渠伯糾者何。天子之大夫也。其稱宰渠伯糾何。下大夫也。

杜氏預曰。國史之記。必書年以集此公之事。書首時以成此年之歲。故春秋有空時而無事者。今不書秋冬首月。史闕文也。他皆放此。劉氏敞曰。宰者何。官也。天子之宰也。天子之宰通乎天下。渠伯者何。爵也。糾者何。名也。天子大夫不名。其曰宰渠伯糾何。譏。何譏爾。桓內弒君。外成人之亂。又不受命。王弗能討也。而聘之。是崇亂也。參譏之。又曰。左氏曰。父在故名。非也。武氏子來求。以言世武氏也。仍叔之子來聘。言幼弱也。糾擅攝父位。自取冢宰。其貶猶應甚。彼不得但以父在名之而已。捨大責小。非春秋也。又曰。公羊以爲下大夫也。繫官氏名且字。非也。理不可書名而又書字。仲尼之筆。一何繁且迂至此哉。又何氏休曰。下去二時者。爲貶天子下聘也。亦非也。史有遺闕日月者。仲尼皆不私益之。日月無足見義。而益之似不信。故不爲也。

〔案〕不書秋冬。程子以爲天王失刑。其說本於何氏休。不若杜注以爲史闕文。於義爲正。故劉氏敞及朱子皆從之。汪氏克寬歷舉全經闕文相校。以申明程子之說。終無確據。

〔甲戌〕桓王十三年

五年

齊僖二十四年。晉小子二年。衛宣十二年。蔡桓八年。鄭莊三十七年。曹桓五十年。陳桓三十八年。杞武四十四年。宋莊三年。秦寧九年。楚武三十四年。

春正月甲戌己丑陳侯鮑卒

〔左〕五年春正月。甲戌己丑。陳侯鮑卒。再赴也。於是陳亂。文公子佗殺大子免而代之。公疾病而亂作。國人分散。故再赴。

〔公〕曷爲以二日卒之。悈也。甲戌之日亡。己丑之日死而得。君子疑焉。故以二日卒之也。

〔穀〕鮑卒。何爲以二日卒之。春秋之義。信以傳信。疑以傳疑。陳侯以甲戌之日出。己丑之日得。不知死之日。故舉二日以包也。

程子曰。甲戌下文闕。李氏廉曰。三傳不究闕文之義。公羊則曰。曷爲以二日卒之。悈也。甲戌之日亡。己丑之日死而得。君子疑焉。穀梁則曰。陳侯以甲戌之日出。己丑之日得。不知死之日。故舉二日以包之。左氏則以爲再赴。其謬戾甚矣。

夏齊侯鄭伯如紀

〔左〕齊侯鄭伯朝於紀。欲以襲之。紀人知之。

〔公〕外相如不書。此何以書。離不言會也。

劉氏敞曰。公羊以爲離不言會。故言如也。非也。春秋之記盟會者。所以刺譏諸侯。非善羣聚而惡離會也。離會何爲不可書。而改會爲如。以亂事實哉。李氏廉曰。外相如例二。州公如曹。爲來魯書也。齊鄭如紀。爲紀人來告也。此皆非常例。公羊直以爲離不言會。穀梁又以爲過我而書。不及左氏遠矣。

天王使仍叔之子來聘 仍穀作任。

〔左〕仍叔之子。弱也。

〔公〕仍叔之子者何。天子之大夫也。其稱仍叔之子何。譏。何譏爾。譏父老子代從政也。

〔穀〕任叔之子者。錄父以使子也。故微其君臣而著其父子。不正父在子代仕之辭也。

胡傳曰。仍叔之子云者。譏世官。非公選也。帝王不以私愛害公選。故仕者世祿而不世官。任之不以其賢也。使之不以其能也。卿大夫子弟以父兄故而見使。則非公選。而政不由是敗矣。上世有自耕野釣渭擢居輔相。而人莫不以爲宜。伊陟象賢。復相太戊。丁公世美。人掌兵權。不以世故疑之也。崇伯殛死。禹作司空。蔡叔既囚。仲爲卿士。亦不以其父故廢之也。惟其公而已矣。及周之衰。小人得政。視朝廷官爵爲己私。援引親黨。分據要途。施及童稚。賢者退處於華門。老身而不用。公道不行。然後國家傾覆。雖有智者。不能善其後矣。春秋書武氏仍叔之子云者。戒後世人主徇大臣私意。而用其子弟之弱者。居公選之地。以敗亂其國家。欲其深省之也。汪氏克寬曰。詩雲漢序云。仍叔美宣王。則仍叔世大夫。可知。又曰。公穀皆云父老子代從政。程子則云。父受命而使子代行。今案非有天子之命則亦不敢使子代聘也。

【案】左氏以爲弱。公穀以爲父老子代從政。胡傳以爲譏世官。其義蓋相因也。程子謂仍叔承命而使子代行。則是仍叔自使其子。何以稱天王使耶。汪氏克寬駁之。是矣。

葬陳桓公

城祝丘祝邱。魯地。

杜氏預曰。齊鄭將襲紀故。

秋蔡人衛人陳人從王伐鄭

【左】王奪鄭伯政。鄭伯不朝。秋。王以諸侯伐鄭。鄭伯禦之。王爲中軍。虢公林父將右軍。蔡人衛人屬焉。周公黑肩將左軍。陳人屬焉。鄭子元請爲左拒。以當蔡人衛人。爲右拒。以當陳人。曰。陳亂。民莫有鬬心。若先犯之。必奔。王卒顧之。必亂。蔡衛不枝。固將先奔。既而萃於王卒。可以集事。從之。曼伯爲右拒。祭仲足爲左拒。原繁高渠彌以中軍奉公。爲魚麗之陳。先偏後伍。伍承彌縫。戰於繻葛。命二拒曰。旝動而鼓。蔡衛陳皆奔。王卒亂。鄭師合以攻之。王卒大敗。祝聃射王中肩。王亦能軍。祝聃請從之。公曰。君子不欲多上人。況敢陵天子乎。苟自救也。社稷無隕多矣。夜。鄭伯使祭足勞王。且問左右。　繻葛。鄭地。或云。郎長葛也。

【公】其言從王伐鄭何。從王。正也。

【穀】舉從者之辭也。其舉從者之辭何也。爲天王諱伐鄭也。鄭。同姓之國也。在乎冀州。於是不服。爲天子病矣。

劉氏敞曰。直言從王伐鄭。文順事明。可不煩解矣。又妄云舉從者之辭。何益哉。且安見諱伐鄭之義哉。

大雩此書雩之始。

【左】秋。大雩。書不時也。凡祀。啟蟄而郊。龍見而雩。始殺而嘗。閉蟄而烝。過則書。

【公】大雩者何。旱祭也。然則何以不言旱。言雩則旱見。言旱則雩不見。何以書。記災也。

程子曰。成王尊周公。故賜魯重祭。得郊禘大雩。大雩。雩於上帝。用盛樂也。諸侯雩於境內之山川耳。成王之賜。魯公之受。皆失道也。故夫子曰。魯之郊禘。非禮也。周公其衰矣。大雩。歲之常祀。不能皆書也。故因其非時則書之。遇旱災則非時而雩。書之所以見其非禮。且志旱也。郊禘亦因事而書之。又曰。古者一年之間。祭天甚多。春則因播種而祈穀。夏則恐旱暵而大雩。　李氏廉曰。經書雩二十一。止書秋者七。此年及成三。襄五。十六。昭八。定七。十二是也。書八月者四。僖十一。襄二十八。昭三。二十四。是也。書七月者二。昭二十五。是也。書九月者七。僖十三。襄八。十七。昭六。十六。定元。七年是也。書冬者一。成七年是也。蓋左氏但知龍見而雩爲正。故以爲不時。而不知因旱而雩。乃記災也。公羊以大雩爲大旱。趙子以稱大爲偏雩。舊說又以爲大者禮物有加也。是皆不知大雩之爲僭矣。一年而二雩者。昭二十五。定七年也。皆旱甚而無格天之誠。季辛又雩。不言大者。啖子曰。承上文也。

[彙]以遠釋雩。本孔疏耳。賈服皆無此義。杜注謂萬物待雨。又曰。遠爲百穀祈膏雨。似以雨釋雩。遠字非其所立意也。爾雅謂雩爲號祭。則穀梁吁義近之。古人釋文。或從類。或諧聲。雩文從雨而聲近吁。若遠則雩無取焉。

螽 公作蠑。

[公]蠑。何以書。記災也。

[穀]螽。蟲災也。甚則月。不甚則時。

程子曰。蝗也。既旱又蝗。饑不待書也。　朱子曰。螽蝗屬。長而青。長角長股。一生九十九子。

[彙]此與隱五年。書螟同。蓋以久暫計之。則時甚於月矣。穀梁之說非也。故不錄。

冬州公如曹 州國名。青州府安邱縣淳于城。州所都也。曹。曹國。濟陰定陶縣西北四里。有定陶故城。卽曹國也。孔疏世本州國姜姓。曹國。伯爵。譜云曹。姬姓。文王子叔振鐸之後。

[左]淳于公如曹。度其國危。遂不復。淳于。州國所都。城陽淳于縣也。在青州府安邱縣東北三十里。有淳于故城。

[公]外相如不書。此何以書。過我也。

[穀]外相如不書。此其書何也。過我也。

張氏洽曰。州稱公。與祭公同。則州必畿內之地。河內州縣也。左氏乃云淳于公。杜注淳于縣。州國所都。昭元年傳云城淳于。或云因州公不反國。爲杞所并。遂以淳于爲都。未詳孰是。

[彙]左氏以州公爲淳于公。張氏洽趙氏鵬飛皆以州爲畿內之國。與祭公同。二說各有所見。今並存之。

乙亥 桓王十四年 **六年** 齊僖二十五年。晉小子三年。衞宣十三年。蔡桓九年。鄭莊三十八年。曹桓五十一年。陳厲公躍元年。杞武四十五年。宋莊四年。秦寧十年。楚武三十五年。

春正月寔來

[左]六年春。自曹來朝。書曰寔來。不復其國也。

[附錄左]楚武王侵隨。使薳章求成焉。軍於瑕以待之。隨人使少師董成。鬭伯比言於楚子曰。吾不得志於漢東也。我則使然。我張吾三軍。而被吾甲兵。以武臨之。彼則懼而協以謀我。故難間也。漢東之國。隨爲大。隨張。必棄小國。小國離。楚之利也。少師侈。請羸師以張之。熊率且比曰。季梁在。何益。鬭伯比曰。以爲後圖。少師得其君。王毀軍而納少師。少師歸。請追楚師。隨侯將許之。季梁止之曰。天方授楚。楚之羸。其誘我也。君何急焉。臣聞小之能敵大也。小道大淫。所謂道。忠於民而信於神也。上思利民。忠也。祝史正辭。信也。今民餒而君逞欲。祝史矯舉以祭。臣不知其可也。公曰。吾牲牷肥腯。粢盛豐備。何則不信。對曰。夫民。神之主也。是以聖王先成民而後致力於神。故奉牲以告曰。博碩肥腯。謂民力之普存也。謂其畜之碩大蕃滋也。謂其不疾瘯蠡也。謂其備腯咸有也。奉盛以告曰。絜粢豐盛。謂其三時不害。而民和年豐也。奉酒醴以告曰。嘉栗旨酒。謂其上下皆有嘉德。而無違心也。所謂馨香。無讒慝也。故務其三時。修其五教。親其九族。以致其禋祀。於是乎民和而神降之福。故動則有成。今民各有心。而鬼神之主。君雖獨豐。其何福之有。君姑修政。而親兄弟之國。庶免於難。隨侯懼而修政。楚不敢伐。

隨。義陽隨縣。西魏置隨

州。孔疏世本隨國，姬姓，不知始封爲誰。瑕，隨地。漢，水名。

【公】寔來者何。猶曰是人來也。孰謂。謂州公也。曷爲謂之寔來。慢之也。曷爲慢之。化我也。

【穀】寔來者，是來也。何謂是來。謂州公也。其謂之是來何也。以其畫我，故簡言之也。諸侯不以過相朝也。

張氏洽曰：淳于公自曹來朝。記禮者曰：天子曰非佗，伯父寔來。成二年傳，王曰所使來撫予一人，而鞏伯寔來。今案書州公曰寔來，以其不復國而略之也。

【案】三傳皆以寔來爲州公來。程子及胡傳亦同。惟三傳以寔來爲承上文，而程胡以寔爲州公之名。蓋諸侯不生名，失地則名也。張氏洽主三傳之說，引證寔來甚爲詳核，則二說當並存。

夏四月，公會紀侯于郕。郕，左公作成。成，魯地，泰山鉅平縣東南。

【左】夏，會于成，紀來諮謀齊難也。

【附錄左】北戎伐齊，齊侯使乞師於鄭。鄭大子忽帥師救齊。六月，大敗戎師，獲其二帥大良、少良，甲首三百，以獻於齊。於是諸侯之大夫戍齊，齊人饋之餼，使魯爲其班，後鄭。鄭忽以其有功也，怒，故有郎之師。公之未昏於齊也，齊侯欲以文姜妻鄭大子忽。大子忽辭。人問其故，大子曰：人各有耦，齊大，非吾耦也。詩云：自求多福。在我而已，大國何爲。君子曰：善自爲謀。及其敗戎師也，齊侯又請妻之，固辭。人問其故，大子曰：無事於齊，吾猶不敢。今以君命奔齊之急，而受室以歸，是以師昏也。民其謂我何。遂辭諸鄭伯。

秋八月壬午，大閱。

【左】簡車馬也。

【公】大閱者何。簡車徒也。何以書。蓋以罕書也。

【穀】大閱者何。閱兵車也。修教明諭，國道也。平而修戎事，非正也。其日，以爲崇武，故謹而日之。蓋以觀婦人也。

胡傳曰：大閱，簡車馬也。周制大司馬中冬大閱，教衆庶，修戰法，獨詳於三時者，爲農隙故也。書八月，不時矣。以鼓，則王執路鼓，諸侯執賁鼓；以旗，則王載太常，諸侯載旂；以殺，則王下大綏，諸侯下小綏。其禮固亦不同也。書大閱，非禮矣。先王寓軍政於四時之田，訓民禦暴，其備豫也。懼鄭忽，畏齊人，不因田狩而閱兵車，厲農失政甚矣。何以保其國乎。春秋非特以不時非禮書也，乃天未陰雨，徹彼桑土，綢繆牖戶之意。　陸氏淳曰：公羊蓋以罕書也。案以其非常，故書耳，非爲少也。穀梁蓋以觀婦人也。案經無異文，傳自穿鑿。　程子曰：爲國之道，武備不可廢，必於農隙講肄，保民守國之道也。盛夏大閱，妨農害人，失政之甚。無事而爲之，妄動也；有警而爲之，教之不素。何以保其國乎。

蔡人殺陳佗

【公】陳佗者何。陳君也。陳君則曷爲謂之陳佗。絕也。曷爲絕之。賤也。其賤奈何。外淫也。惡乎淫。淫乎蔡，蔡人殺之。

【穀】陳佗者，陳君也。其曰陳佗何也。匹夫行，故匹夫稱之也。其匹夫行奈何。陳侯憙獵，淫獵于蔡與蔡人爭禽，蔡人不知其是陳君也，而殺之。何以知其是陳君也？兩下相殺不道，其不地於蔡也。

趙氏匡曰：佗殺太子之賊，公穀不達此意，妄云淫于蔡、淫獵於蔡，不近人情。陸

啖氏云：佗踰年之君也，不曰陳侯，以賊誅也。又曰：淳聞於師曰：臣弒其君，子弒其官者，殺無赦。陳佗殺太子之賊也，蔡雖他國，以義殺之，亦變之正也。故書曰蔡人。

九月丁卯子同生

左 以大子生之禮舉之，接以大牢，卜士負之，士妻食之，公與文姜宗婦命之。公問名於申繻。對曰：名有五，有信，有義，有象，有假，有類。以名生為信，以德命為義，以類命為象，取於物為假，取於父為類。不以國，不以官，不以山川，不以隱疾，不以畜牲，不以器幣。周人以諱事神，名終將諱之。故以國則廢名，以官則廢職，以山川則廢主，以畜牲則廢祀，以器幣則廢禮。晉以僖侯廢司徒，宋以武公廢司空，先君獻武廢二山，是以大物不可以命。公曰：是其生也，與吾同物，命之曰同。

公 子同生者孰謂？謂莊公也。何言乎子同生？喜有正也。未有言喜有正者，此其言喜有正何？久無正也。子公羊子曰：其諸以病桓與。

穀 疑故志之，時曰同乎人也。

劉氏敞曰：穀梁曰疑故志之，非也。聖人豈至此乎？若聖人疑之，誰復不疑之乎？且詩云展我甥兮，展者信也。詩人賢者，信魯莊公為齊侯之甥，何有仲尼反疑其先君為齊侯之子乎？就令當時國人有疑之者，是國惡無大於此矣，聖人曷為明明揭之乎。

冬紀侯來朝

左 冬，紀侯來朝，請王命以求成於齊，公告不能。

杜氏預曰：紀微弱，不能自通於天子，欲因公以請王命，公無寵於王，故告不能。

丙子 桓王十五年

七年 齊僖二十六年，晉小子四年，衛宣十四年，蔡桓十年，鄭莊三十九年，曹桓五十二年，陳厲二年，杞武四十六年，宋莊五年，秦寧十一年，楚武三十六年。

春二月己亥焚咸丘 咸邱。魯地。

公 焚之者何？樵之也。樵之者何？以火攻也。何言乎以火攻？疾始以火攻也。咸邱者何？邾婁之邑也。曷為不繫乎邾婁？國之也。曷為國之？君存焉爾。

穀 其不言邾咸邱何也？疾其以火攻也。

杜氏預曰：焚，火田也。譏盡物，故書。

劉氏敞曰：公羊謂咸邱者，邾婁之邑，其君在焉，故不繫國，焚之者樵之也，非也。案公羊凡春秋所書內取也，苟不繫國，悉歸之邾婁。今此亦其比也。又案邾人執鄫子用之，蔡人衛人伐戴，鄭伯伐取之，諸若此類，不仁之甚者，春秋明書之，不使文亂實。若誠火攻人君，應書曰伐咸邱焚之，與伐戴之文相符矣。今但曰焚咸邱，而無兵戈之意，安知不以火田乎？又曰：穀梁曰其不言邾咸邱，疾其以火攻，與公羊說相近，吾既言之矣。

程子曰：古者昆蟲蟄而後火田，去莽翳以逐禽獸，非竭山林而焚之

也。咸邱。地名。云焚咸邱。如盡焚其地。見其廣之甚也。

夏。穀伯綏來朝。鄧侯吾離來朝。穀。穀國。在南鄉筑陽縣北。鄧。釋例曰。鄧國。義陽鄧縣。孔疏世本鄧為曼姓。楚文王滅之。穀則不知何姓。是誰滅之。

左 七年。春。穀伯鄧侯來朝。名。賤之也。

附錄左 盟向求成於鄭。既而背之。秋。鄭人齊人衛人伐盟向。王遷盟向之民於郟。冬。曲沃伯誘晉小子侯殺之。郟。王城也。

公 皆何以名。失地之君也。其稱侯朝何。貴者無後。待之以初也。

穀 其名何也。失國也。失國則其以朝言之何也。嘗以諸侯與之接矣。雖失國。弗損吾異日也。

杜氏預曰。不總稱朝者。各自行朝禮也。　劉氏敞曰。左氏曰。名。賤之也。非也。侯伯之爵。豈小哉。且上杞侯來朝。雖不敬。猶不書名。計杞之國。又非大於鄧穀也。彼何故不名。此非春秋之意也。又經書夏朝。傳云春朝。此傳所據者。以夏正記事也。杜云。以春來。夏乃行朝禮。為之蔽短。非實矣。　葉氏夢得曰。穀伯鄧侯。失地之君也。諸侯以奔來者書以奔。以朝來者書以朝。失地則何以能朝。猶不失其為君者也。古者謂是為寄公。或曰寓公。諸侯分地處之而不臣。　趙氏鵬飛曰。春秋諸侯以小朝大。勢之常也。滕薛紀杞牟葛。皆小國也。來者未有書名者。諸侯不名。惟失地名。薨則赴以名。穀鄧生名。失地也。穀鄧皆在南陽。迫於楚。距京師八百里。京師至魯又六百里。合千四百里之遙。其間越蔡越許越陳越曹越宿及邾。而朝於魯。何益哉。蓋為楚所逼。失地而奔。越大小七國而不見容者。懼楚也。至魯遠於楚而容之。故朝於魯。以朝禮見。故書朝。以失地。故書名。

案 曲禮曰。諸侯失地名。故公穀以穀鄧書名為失國之君。而葉氏夢得趙氏鵬飛皆從之。於義為正。孫氏復胡氏安國陳氏傳良謂貶其朝桓。似亦有理。今並存之。不書秋冬。史闕文也。四年杜注甚明。朱子亟取焉。故程胡二傳及何氏休之說俱不錄。

丁丑 桓王十六年 **八年** 齊僖二十七年。晉侯緡元年。衛宣十五年。蔡桓十一年。鄭莊四十年。曹桓五十三年。陳厲三年。杞武四十七年。宋莊六年。秦寧十二年。楚武三十七年。

春正月己卯。烝。

公 烝者何。冬祭也。春曰祠。夏曰礿。秋曰嘗。冬曰烝。常事不書。此何以書。譏。何譏爾。譏亟也。亟則黷。黷則不敬。君子之祭也。敬而不黷。疏則怠。怠則忘。士不及茲四者。則冬不裘。夏不葛。

穀 烝。冬事也。春興之。志不時也。

胡傳曰。周官大司馬烝以中冬。今魯烝以春正月。其不同何也。周書有周月以紀政。而其言曰。夏數得天。百王所同。其在商周。革命改正。示不相沿。至於敬授民時。巡狩烝享。猶自夏焉。然則司馬中冬教大閱。獻禽以享烝。所謂自夏。而魯之烝祭在正月。見春秋用周正紀魯事也。而穀梁子乃曰烝。冬事也。春興之。志不時也。是以閉蟄而烝為是。與周制異矣。春秋非以不時志也。為再烝見瀆書也。　何氏休曰。烝。衆也。氣盛貌。冬萬物畢成。所薦衆多。芬芳備具。故曰烝。　杜氏預曰。此夏之仲月。非為過而書者。為下五月復烝見瀆也。　程子曰。冬。烝。非過也。書之以見五月又烝。為非禮之甚也。

天王使家父來聘

附錄左 春。滅翼。

杜氏預曰。家父天子大夫。家氏父字。程子曰。魯桓公弒立。未嘗朝覲。而王屢聘之。失道之甚也。

夏五月丁丑烝

附錄左 隨少師有寵。楚鬬伯比曰。可矣。讎有釁。不可失也。夏。楚子合諸侯於沈鹿。黃隨不會。使薳章讓黃。楚子伐隨。軍於漢淮之間。季梁請下之。弗許而後戰。所以怒我而怠寇也。少師謂隨侯曰。必速戰。不然。將失楚師。隨侯禦之。望楚師。季梁曰。楚人上左。君必左。無與王遇。且攻其右。右無良焉。必敗。偏敗。衆乃攜矣。少師曰。不當王。非敵也。弗從。戰於速杞。隨師敗績。隨侯逸。鬬丹獲其戎車。與其戎右少師。秋。隨及楚平。楚子將不許。鬬伯比曰。天去其疾矣。隨未可克也。乃盟而還。沈鹿。楚地。黃。黃國。弋陽縣。淮漢志。南陽郡平氏縣。禹貢桐柏大復山在東南。淮水所出。速杞。隨地。

公 何以書。譏亟也。

穀 烝。冬事也。春夏興之。黷祀也。志不敬也。

程子曰。正月既烝矣。而非時復烝者。必以前烝爲不備也。其黷亂甚矣。

秋伐邾

孫氏覺曰。不言帥師。微者伐之也。

冬十月雨雪

附錄左 冬。王命虢仲立晉哀侯之弟緡於晉。

公 何以書。記異也。何異爾。不時也。

何氏休曰。周之十月。夏之八月。未當雨雪。此陰太盛。兵象也。

祭公來遂逆王后于紀 書遂始此。

左 禮也。

公 祭公者何。天子之三公也。何以不稱使。昏禮不稱主人。遂者何。生事也。大夫無遂事。此其言遂何。成使乎我也。其成使乎我奈何。使我爲媒。可則因用是往逆矣。女在其國稱女。此其稱王后何。王者無外。其辭成矣。

穀 其不言使焉何也。不正其以宗廟之大事。即謀於我。故弗與使也。遂。繼事之辭也。其曰遂逆王后。故略之也。或曰。天子無外。王命之則成矣。

胡傳曰。劉敞曰。祭公。王之三公也。曷爲不稱使。不與王之使祭公也。師傅之官。坐而論道。其任重矣。今其來魯。乃命魯侯以昏姻之事者也。若是則大夫可矣。何必三公。任之重。使之輕。故祭公緣此義。得專命不報。遂行如紀。而王以輕使爲失。祭公以遂行爲罪矣。此說是也。爲之節者。宜使卿往逆。公監之。則於禮得矣。使祭公命魯主昏姻之事。則曰不可。卿往而公監之。何以可乎。命魯輕矣。卿往公監之重矣。官師從單靖公逆王后於齊。劉夏非卿而書。靖公合禮則不書。故先儒以爲使卿逆。公監之禮也。 蘇氏轍曰。穀梁曰不言使不正其以宗廟大事即謀於我也。非也。若不正其即謀於我者。言遂逆足矣。不言使何哉。言使登妨於即謀於我乎。王將逆后于紀。而使魯主之。故祭公自魯如紀不稱使。謀昏也。遂繼事之辭也。大夫出疆。有以二事出者。有以一事出而專繼事者。其書皆曰遂。得失則視其實而已。祭公自魯遂王后。公子遂如周及晉。皆以二事出者也。公子結媵而及齊宋盟。專繼事者也。 家氏鉉翁曰。昏禮不稱主人。稱主人者。謂天子雖尊。不自爲主。人也。左氏莊十八年。虢公晉侯鄭伯使原莊公逆王后于陳。陳媯歸于京師。不言王使。而曰虢晉鄭使之逆。此不稱主人之明證也。祭公何以來乎。周制。天子與諸侯爲昏。則使同姓之國爲之主。魯以周公之後爲王主禮。其來舊矣。穀乃云。不正其以宗廟之大事即謀於我。其未然歟。是時紀困於齊。請昏於王室。以爲圖存之計。魯實主之。王使祭公下詢於魯。亦以是故爾。祭公爲逆后而來。無譏也。祭公以遂事而往。則有譏也。劉原父謂三公方師傅之官。與天子坐而論道。其任重矣。今其來魯。乃命魯以昏姻之事。以爲任之重使之輕。愚謂周之三公。即宰相也。天子不行親逆之禮。而使其宰往逆。所以重大昏之始。其未爲失與。當是時。賵妾聘逆。皆以命其宰。宗廟重事而使三公。於禮不爲過。

案劉氏敞曰。三公逆女。非正也。胡傳暢發其義。謂當使卿逆而公監之。其說是矣。孫氏復以爲天子不親逆。娶后則使三公逆之。家氏鉉翁謂宗廟重事而使三公。於禮不爲過。似亦有理。故竝存焉。程子謂王姬下嫁。則同姓諸侯爲主。逆王后。無使諸侯爲主之禮。然據家氏鉉翁所引莊十八年。虢晉鄭使原莊公逆后。則同姓諸侯爲主。確有可據。

戊寅桓王十七年

九年 齊僖二十八年。晉緡二年。衞宣十六年。蔡桓十二年。鄭莊四十一年。曹桓五十四年。陳厲四年。杞靖公元年。宋莊七年。秦出子元年。楚武三十八年。

春紀季姜歸于京師

左 凡諸侯之女行。唯王后書。

公 紀季姜歸于京師。其辭成矣。則其稱紀季姜何。自我言紀。父母之於子。雖爲天王后。猶曰吾季姜。京師者何。天子之居也。京者何。大也。師者何。衆也。天子之居。必以衆大之辭言之。

穀 爲之中者。歸之也。

杜氏預曰。季姜。桓王后也。季字。姜。紀姓也。書字者。申父母之尊。又曰。爲書婦人行例也。適諸侯。雖告魯。猶不書。

夏四月

秋七月

附錄左 巴子使韓服告於楚。請與鄧爲好。楚子使道朔將巴客以聘於鄧。鄧南鄙鄾人攻而奪之幣。殺道朔及巴行人。楚子使薳章讓於鄧。鄧人弗受。夏。楚使鬬廉帥師及巴師圍鄾。鄧養甥、聃甥、鄾師救鄾。三逐巴師，不克。鬬廉衡陳其師於巴師之中，以戰而北。鄧人逐之，背巴師而夾攻之。鄧師大敗，鄾人宵潰。秋，虢仲、芮伯、梁伯、荀侯、賈伯伐曲沃。，巴，巴國，在巴郡江州縣，隋改江州爲巴縣。巴國姬姓。鄾，鄧地。鄧縣南沔水之北。梁，梁國，馮翊夏陽縣。荀國名。賈，國名。唐書年表云：唐叔虞少子公明，康王封爲賈伯，郎其地。孔疏：僖十七年，梁嬴孕過期，則梁爲嬴姓。世本荀賈皆姬姓。

冬曹伯使其世子射姑來朝

左 冬，曹大子來朝，賓之以上卿，禮也。享曹大子，初獻，樂奏而嘆。施父曰：曹大子其有憂乎，非嘆所也。

公 諸侯來曰朝，此世子也，其言朝何？春秋有譏父老子代從政者，則未知其在齊與，在曹與。

穀 朝不言使，言使非正也。使世子伉諸侯之禮而來朝，曹伯失正矣。諸侯相見曰朝，以待人父之道待人之子，以內爲失正矣。內失正，曹伯失正，世子可以已矣，則是故命也。尸子曰：夫已，多乎道。

己巳 桓王十八年。 **十年** 齊僖二十九年。晉緡三年。衛宣十七年。蔡桓十三年。鄭莊四十二年。曹桓五十五年。陳厲五年。杞靖二年。宋莊八年。秦出子二年。楚武三十九年。

春王正月

胡傳曰：桓無王，今復書王，何也？十者，盈數也。天道十年則亦周矣，人事十年則亦變矣，故易稱守貞者十年而必反，傳論遠惡者十年而必棄。桓公至是，其數已盈，宜見誅於天人矣。十年書王，紀常理也。有習於穀梁子而不得其傳者，見二年書王以爲正與夷之卒，此年書王而曹伯適薨，遂附益之以爲正終生之卒，誤矣。果正諸侯之卒，不緣簒弑者，陳侯鮑在五年之正月，曷不書王以正其卒乎。 何氏休曰：十年有王者，數之終也。

庚申曹伯終生卒

左 春，曹桓公卒。

穀 桓無王，其日王何也？正終生之卒也。

案 穀梁以是年書王爲正曹伯之卒，非春秋之旨也。胡傳甚明。

夏五月葬曹桓公

附錄左 虢仲譖其大夫詹父於王。詹父有辭，以王師伐虢。夏，虢公出奔虞。虞，國名，在河東大陽縣。姬姓。武王克商，封虞仲之庶孫，以爲虞仲之後。

秋公會衛侯于桃丘弗遇 桃丘，衛地。

附錄左 秋，秦人納芮伯萬於芮。 初，虞叔有玉，虞公求旃，弗獻。既而悔之曰：周諺有之：匹夫無罪，懷璧其罪。吾焉用此，其以賈害也。乃獻。又求其寶劍。叔曰：是無厭也。無厭，將及我。遂伐虞公。故虞公出奔共池。　共池，地名，闕。案山西平陽府平陸縣西有共池，志云虞公出奔地，去縣四十里許，與讓畔城相近。

【公】會者何？期辭也。其言弗遇何？公不見要也。

【穀】弗遇者，志不相得也。弗，內辭也。

季氏本曰：衛與齊黨，而齊以紀故與魯爲讐，桃丘之會，必魯聞衛侯適齊期戰，故往會之，以間齊也。而衛由他道過矣，故曰弗遇。若期而背約，則當言弗至，安得以弗遇言哉。

【案】季氏本解遇字，與衆說小異，亦似有理，附存以備參考。

冬十有二月丙午，齊侯、衛侯、鄭伯來戰于郎

【左】冬，齊、衛、鄭來戰于郎，我有辭也。初，北戎病齊，諸侯救之，鄭公子忽有功焉。齊人餽諸侯，使魯次之。魯以周班後鄭。鄭人怒，請師於齊。齊人以衛師助之，故不稱侵伐。先書齊、衛，王爵也。

【公】郎者何？吾近邑也。吾近邑則其言來戰于郎何？近也。惡乎近？近乎圍也。此偏戰也，何以不言師敗績？內不言戰，言戰乃敗矣。

【穀】來戰者，前定之戰也。內不言戰，言戰則敗也。不言其人，以吾敗也。不言及者，爲內諱也。

季氏本曰：齊欲吞紀，與鄭、衛合，魯則專意援紀者也。三國來戰，蓋爲此爾。考魯以援紀之故，與齊不親。自齊、鄭如紀之後，與魯不相通，已六年矣。何由至齊爲班耶。　王氏樵曰：齊僖、鄭莊皆喜亂之人也，又濟之以衛宣，是時齊方圖紀，其嗛魯必以紀故與。　卓氏爾康曰：齊惡魯爲紀謀難，則主兵者齊也。鄭國與齊同如紀者，衛又與齊胥命于蒲者，故三國來戰。

【案】季氏本據經駁傳，謂直以謀紀之故，不爲無見。然經無明文，則事據左氏，故仍主左傳，而季氏本、王氏樵、卓氏爾康之說附焉。

庚辰　桓王十九年　**十有一年**　齊僖三十年。晉緡四年。衛宣十八年。蔡桓十四年。鄭莊四十三年。曹莊公射姑元年。陳厲六年。杞靖三年。宋莊九年。秦出子三年。楚武四十年。

春正月，齊人、衛人、鄭人盟于惡曹　惡曹，地闕。

【左】齊、衛、鄭、宋盟于惡曹。

【附錄左】楚屈瑕將盟貳、軫。鄖人軍於蒲騷，將與隨、絞、州、蓼伐楚師。莫敖患之。鬭廉曰：鄖人軍其郊，必不誡，且日虞四邑之至也。君次於郊郢，以禦四邑。我以銳師宵加於鄖。鄖有虞心而恃其城，莫有鬭志。若敗鄖師，四邑必離。莫敖曰：盍請濟師於王？對曰：師克在和，不在衆。商、周之不敵，君之所聞也。成軍以出，又何濟焉？莫敖曰：卜之。對曰：卜以決疑，不疑何卜？遂敗鄖師於蒲騷，卒盟而還。　鄭昭公之敗北戎也，齊人將妻之，昭公辭。祭仲曰：必取之。君多內寵，子無大援，將不立。三公子皆君也。弗從。　貳、軫、鄖、絞、州、蓼，皆國名。蒲騷，鄖邑。郊郢，楚地。

胡傳曰：盟會，皆君臣之禮，故微者之盟會不志於春秋。凡春秋所志，必有君與貴大夫居其間者也。惡曹之盟，卽三國之君矣。旣不以道與師爲郎之戰，又結怨固黨爲惡曹之盟，故前書其爵，而以來戰著罪；後書此盟，而以奪爵示貶。　孫氏覺曰：去年之冬，三國之君嘗伐魯而勝矣，於此復爲惡曹之盟，但以新勝魯而結好耳。謂之宋與盟於此，九月必不執鄭祭仲與折之盟有夫鍾之會也左氏之說謬矣又曰前書齊人伐山戎後書齊侯來獻戎捷則知伐戎者齊侯也上書會楚公子嬰齊于蜀下書及楚人盟于蜀則知盟蜀者楚公子嬰齊也十二月書齊侯衛侯鄭伯戰郎正月書齊人衛人鄭人盟惡曹以比事之法求之則三國之貶稱人可知也

案 三國稱人以為微者固非矣或以為大夫亦無確據觀孫氏覺比事之法斷以經文則信乎為三國之君故獨主胡傳

夏五月癸未鄭伯寤生卒

左 夏鄭莊公卒初祭封人仲足有寵於莊公莊公使為卿為公娶鄧曼生昭公故祭仲立之

秋七月葬鄭莊公

九月宋人執鄭祭仲 此書執之始

左 宋雍氏女於鄭莊公曰雍姞生厲公雍氏宗有寵於宋莊公故誘祭仲而執之曰不立突將死亦執厲公而求賂焉祭仲與宋人盟以厲公歸而立之

公 祭仲者何鄭相也何以不名賢也何賢乎祭仲以為知權也其為知權奈何古者鄭國處于留先鄭伯有善於鄶公者通乎夫人以取其國而遷鄭焉而野留莊公死已葬祭仲將往省于留塗出于宋宋人執之謂之曰為我出忽而立突祭仲不從其言則君必死國必亡從其言則君可以生易死國可以存易亡少遼緩之則突可故出而忽可故反是不可得則病然後有鄭國古人之有權者祭仲之權是也權者何權者反于經然後有善者也權之所設舍死亡無所設行權有道自貶損以行權不害人以行權殺人以自生亡人以自存君子不為也

穀 宋人者宋公也其曰人何也貶之也

劉氏敞曰何為或稱人以執或稱侯以執稱侯以執者伯討也稱人以執者非伯討也又曰公羊以謂知權非也若祭仲知權者宜效死勿聽使宋人知雖殺祭仲猶不得鄭國乃可矣且祭仲謂宋誠能以力殺鄭忽而滅鄭國則必不待執祭仲而刦之矣如力不能而夸為大言何故聽之且祭仲死焉足矣何故黜正而立不正以為行權乎 王氏元杰曰鄭忽以世嫡而嗣位突歸以庶孽而亂倫嫡既弱而無能庶則强而有援宋莊私愛而黨突祭仲被執以要盟仲既受付託於先公不能守死以輔君反忍奪嫡以立庶春秋稱人貶宋者惡其暴以正專執之誅書祭仲者貴命卿以大祭仲之罪突不書氏明其不能有國書忽繫鄭示其正而不君輕重權衡見矣

突歸于鄭

左 秋九月丁亥昭公奔衛己亥厲公立

公 突何以名挈乎祭仲也其言歸何順祭仲也

穀 曰突賤之也曰歸易辭也祭仲易其事權在祭仲也死君難臣道也今立惡而黜正惡祭仲也

劉氏敞曰。此鄭突也。曷爲不繫之鄭。貶。曷爲貶。鄭非突之所可號。歸非突之所可名。歸非突之所可名。則其曰突歸于鄭何。病祭仲也。祭仲之爲人臣也。處則不能守。出則不能權。貪生而好勢。廢正以立亂。曰突歸于鄭者。見突之挈乎祭仲者也。歸者。順辭也。有易辭焉。非所順而書歸。易也。入者。逆辭也。有難辭焉。非所逆而書入。難也。突之易見。祭仲之挈也。交惡之。文曰。公羊曰。其言歸何。順祭仲也。非也。若仲之爲者。春秋之亂臣也。如何順之乎。　程子曰。突不稱公子。不可以有國也。

鄭忽出奔衞　此書奔之始。

【公】忽何以名。春秋伯子男一也。辭無所貶。

【穀】鄭忽者。世子忽也。其名。失國也。

胡傳曰。忽以國氏。正也。出奔而名。不能君也。

柔會宋公陳侯蔡叔盟于折　折。地闕。

【公】柔者何。吾大夫之未命者也。

【穀】柔者何。吾大夫之未命者也。

呂氏大圭曰。以大夫與諸侯盟。此不待貶絕而自見者也。故內大夫帥師。自無駭始。內大夫與諸侯盟。自柔始。

公會宋公于夫鍾　鍾。公作童。夫鍾。郕地。

冬十有二月公會宋公于闞　闞。魯地。

胡傳曰。臣與宋公盟于折。君與宋公會于夫鍾于闞于虛于龜。皆存而不削。何其辭費也。曰。盟者春秋所惡。而屢盟以長亂。會者諸侯所不得。而數會以厚疑。聖人皆存而不削。於以見屢盟而卒叛。數會而卒離。其事可謂著明矣。是故春秋之志。在於天下爲公。講信修睦。不以會盟爲可恃也。

〔辛巳〕桓王二十年　**十有二年**　齊僖三十一年。晉緡五年。衛宣十九年。蔡桓十五年。鄭厲公突元年。曹莊二年。陳厲七年。杞靖四年。宋莊十年。秦出子四年。楚武四十一年。

春正月

夏六月壬寅公會杞侯莒子盟于曲池　杞。公穀作紀。曲池。公作毆蛇。　曲池。魯地。魯國汶陽縣北有曲水亭。源出石門山。

【左】十二年夏。盟于曲池。平杞莒也。

家氏鉉翁曰。公穀以杞爲紀是也。隱公二年。盟于密。左氏注。莒魯有怨。紀侯既昏於魯。使大夫盟莒以和解之。紀莒以魯故而爲盟。有自來矣。　吳氏澂曰。紀爲齊難。危急甚矣。魯桓切切爲紀謀。故屢會焉。而大國無與同心者。此會也。僅能與小弱之莒偕。其不能爲助而無救於紀之亡也。蓋可知矣。　湛氏若水曰。紀謀齊難。不能自達於天子。爲魯桓者當爲之請於天子，明下禁令，各守封疆，而齊不服從王命，則當告於天子，會於適師而伐之。何爲會之紛紛而無益於救紀也。故春秋書之以著其非。

秋七月丁亥，公會宋公燕人盟于穀丘。穀丘，宋地。

左 公欲平宋鄭。秋，公及宋公盟于句瀆之丘。句瀆之丘，卽穀丘也。漢濟陰郡有句陽縣，應劭曰：卽句瀆之丘。今其地名句陽店。

孫氏覺曰：入春秋來，燕未嘗見於經，惟此與十三年始見，而稱燕人。昭三年書北燕伯款出奔齊，言北燕，則亦有南燕也。北燕限於山戎，自莊二十八年，齊桓伐山戎之後，始爲燕開路，得通中國。是於此穀丘之盟，北燕猶爲山戎所隔。杜預解之曰：南燕大夫，是也。吳氏澂曰：左氏以爲魯欲平宋鄭，然此盟必是魯宋燕三國別有他事相要約，非爲鄭賂之事盟也。因是盟與宋公相見，而爲鄭致請焉耳。黃氏正憲曰：去年宋與魯陳蔡爲盟，今又與燕盟，將以斷齊鄭之道也。左氏乃云公欲平宋鄭，何也。蓋是時齊鄭爲黨，齊謀吞紀，桓公欲援之而不可得，其欲平鄭於宋者，意欲圖鄭背齊合魯，而陰援紀也。計亦巧矣。

八月壬辰，陳侯躍卒。

公會宋公于虛。虛，去魚反。公作郯。虛，宋地。

冬十有一月，公會宋公于龜。龜，宋地。

左 宋成未可知也，故又會于虛。冬，又會于龜。

黃氏正憲曰：案折闕夫鍾之會，是宋欲親魯伐鄭，故數會於魯地，宋爲主也。此龜虛之會，是魯欲平宋鄭，宋不受平，故數會於宋地，魯爲主也。

案 自折以下，魯與宋四會二盟，有以爲魯志者，左氏所謂欲平宋鄭也。有以爲宋志者，穀梁所謂會者外爲志也。二說不同。惟黃氏正憲謂始則宋欲親魯，繼則魯欲爲宋平鄭，引宋魯地名以爲證，於情事爲近。

丙戌，公會鄭伯盟于武父。武父，鄭地。陳留濟陽縣東北有武父城。水經注：濟陽縣故武父城也。

左 宋公辭平，故與鄭伯盟于武父。

丙戌，衛侯晉卒。

穀 再稱日，決日義也。

孫氏覺曰：穀梁以爲決日義也。案春秋不以日月爲例，有書之者，但因舊史而詳略之耳。穀梁謂之決日，非也。

十有二月，及鄭師伐宋。丁未，戰于宋。

左 遂帥師而伐宋，戰焉，宋無信也。君子曰：苟信不繼，盟無益也。詩云：君子屢盟，亂是用長。無信也。

附錄左 楚伐絞。軍其南門。莫敖屈瑕曰。絞小而輕。輕則寡謀。請無扞采樵者以誘之。從之。絞人獲三十人。明日絞人爭出。驅楚役徒於山中。楚人坐其北門。而覆諸山下。大敗之。爲城下之盟而還。伐絞之役。楚師分涉於彭。羅人欲伐之。使伯嘉諜之。三巡數之。　彭。彭水。在新城昌魏縣。羅。熊姓國。

公 戰不言伐。此其言伐。何。辟嫌也。惡乎嫌。嫌與鄭人戰也。此偏戰也。何以不言師敗績。內不言戰。言戰乃敗矣。

穀 非與所與伐戰也。不言與鄭戰。恥不和也。於伐與戰敗也。內諱敗。舉其可道者也。

胡傳曰。既書伐宋。又書戰于宋者。責賂於鄭而無厭。屢盟於魯而無信者。宋也。二國聲其罪以致討。故書曰伐。夫宋人之罪。則固可伐矣。然取其賂以立督者。魯桓也。貪其力以篡國者。鄭突也。無諸己。然後可以非諸人。春秋之義。用賢治不肖。不以亂易亂也。故又書曰戰于宋。來戰者罪在彼。戰于郎是也。往戰者罪在內。戰于宋是也。

案 宋之戰。左傳以爲宋無信。蓋宋馮責賂無厭。魯鄭可以聲罪而致討也。然魯桓鄭突。皆篡弒之賊。王法所當誅。何得稱兵以擅伐人國乎。胡氏安國曰。往戰者。罪在內也。一說相兼。其義始備。

壬午 桓王二十一年。

十有三年 齊僖三十二年。晉緡六年。衛惠公朔元年。蔡桓十六年。鄭厲二年。曹莊三年。陳莊公林元年。杞靖五年。宋莊十一年。秦出子五年。楚武四十二年。

春

附錄左 春。楚屈瑕伐羅。鬬伯比送之。還。謂其御曰。莫敖必敗。舉趾高。心不固矣。遂見楚子曰。必濟師。楚子辭焉。入告夫人鄧曼。鄧曼曰。大夫其非衆之謂。其謂君撫小民以信。訓諸司以德。而威莫敖以刑也。莫敖狃於蒲騷之役。將自用也。必小羅。君若不鎮撫。其不設備乎。夫固謂君訓衆而好鎮撫之。召諸司而勸之以令德。見莫敖而告諸天之不假易也。不然。夫豈不知楚師之盡行也。楚子使賴人追之。不及。莫敖使徇於師曰。諫者有刑。及鄢亂次以濟。遂無次。且不設備。及羅。羅與盧戎兩軍之。大敗之。莫敖縊於荒谷。羣帥囚於冶父以聽刑。楚子曰。孤之罪也。皆免之。　賴。後漢志。褒信侯國有賴亭。故賴國。文獻通考。賴國在褒信縣。鄢。鄢水。在襄陽宜城縣入漢。孔穎達曰。鄢水出新城沶鄉縣。盧戎。南蠻。即今中盧故城。荒谷。楚地。荊州記。州東三里有三湖。東有水名荒谷。冶父。楚地。水經注。荒谷東岸有冶父城。

二月公會紀侯鄭伯己巳及齊侯宋公衛侯燕人戰齊師宋師衛師燕師敗績

左 宋多責賂於鄭。鄭不堪命。故以紀魯及齊與宋衛燕戰。不書所戰。後也。

公 曷爲後日。恃外也。其恃外奈何。得紀侯鄭伯。然後能爲日也。內不言戰。此其言戰何。從外也。曷爲從外。恃外。故從外也。何以不地。近也。惡乎近。近乎圍。郎亦近矣。郎何以地。郎猶可以地也。

穀 其言及者。由內及之也。其曰戰者。由外言之也。戰稱人。敗稱師。重衆也。其不地。於紀也。

胡傳曰。左氏以爲鄭與宋戰。公羊以爲宋與魯戰。穀梁以爲紀與齊戰。趙匡考據經文。內兵則以紀爲主。而先於鄭。外兵則以齊爲主。而先於宋。獨取穀梁之說。蓋齊紀者世讐也。

齊人合三國以攻紀。魯鄭援紀而與戰。戰而不地。於紀也。不然。紀懼滅亡不暇。何敢將兵越國昄魯鄭以增怨乎。齊爲無道。恃强凌弱。此以紀爲主。何也。彼爲無道。加兵於己。必有引咎責躬之事。禮義辨喻之文。猶不得免焉。則亦固其封疆。效死以守。上訴天子。下告諸方伯連率。與鄰國之諸侯。其必有伸之者矣。不如是而憤然與戰。豈已亂之道乎。力同度德。動則相時。小國讐大國而幸勝焉。禍之始也。息伐鄭而亡。鄭勝蔡而懼。蔡大敗楚而滅。今紀人不度德。不量力。不徵詞。輕與齊戰。而爲之援者。弑君之賊。簒國之人也。不能保其國。自此戰始矣。春秋以紀爲主。省德相時。自治之意也。 趙氏匡曰。左云宋責賂於鄭責賂小事。止當二國自不和。無容諸侯爲戰也。公羊曰曷爲後日。恃外也。案先會而後日。成會而後戰也。恃外有何義乎。又曰。凡諸侯在喪而有境外之事。以喪行者稱子。以吉行者稱爵。志惡之淺深也。 孫氏覺曰。春秋戰必書地。此不書地者。戰於紀也。紀爲齊之侵削。志欲滅之。舉宋衛燕三國之師往伐之。紀於是要魯鄭之君以爲之敵。然經不書所戰之地者。以紀侯主兵而與之戰。則是其戰在紀也。 吳氏澂曰。昔鄭莊助齊謀紀者也。魯桓數爲鄭會宋。繼又同鄭伐宋。鄭厲德魯。故助魯救紀。而反其父之所爲。

案是戰也。三傳互異。趙氏匡獨取穀梁。而胡氏安國。孫氏覺。吳氏澂皆因之。其說是也。鄭康成謂紀當爲己。范氏甯引之以駁穀梁。則鑿矣。

三月葬衛宣公

劉氏敞曰。君子怨不棄義。怒不廢禮。惡不忘親。

夏大水

秋七月

冬十月

附錄左 鄭人來請修好。

[癸未] 桓王二十二年 **十有四年** 齊僖三十三年。晉緡七年。衛惠二年。蔡桓十七年。鄭厲三年。曹莊四年。陳莊二年。杞靖六年。宋莊十二年。秦出子六年。楚武四十三年。

春正月公會鄭伯于曹

左 春。會于曹。曹人致餼。禮也。

杜氏預曰。以曹地。曹與會。 高氏閌曰。公與鄭伯皆有簒逆之大惡。天下所不容。今相會于曹。曹之容惡可知也。 吳氏澂曰。前年魯鄭同救紀。而攻齊衛之師。蓋虞齊衛之報怨也。故爲會以謀之。曹素與魯協。故會鄭於其地。

無冰

公 何以書。記異也。

【穀】時燠也。
胡傳曰。春秋所載者。皆經邦大訓。而書法若此。其察於四時寒暑之變詳矣。

夏五 穀連下句後傳在前

【公】夏五者何。無聞焉爾。
【穀】孔子曰。聽遠音者。聞其疾而不聞其舒。望遠者。察其貌而不察其形。立乎定哀以指隱桓。隱桓之日遠矣。夏五傳疑也。
【案】夏五。或以爲闕月字。或以五爲羡文。或以爲聖人因史闕文。或以爲後人傳寫脫漏。皆傳疑之意也。

鄭伯使其弟語來盟 語穀作禦。

【左】鄭子人來尋盟。且修曹之會。
【穀】諸侯之尊。弟兄不得以屬通。其弟云者。以其來我。舉其貴者也。來盟。前定也。不日。前定之盟不日。
趙氏鵬飛曰。突之立於鄭。內恃祭仲而已。國人不欲也。外恃魯而已。鄰國不與也。春秋書來盟者凡六。皆屈已而求盟於我也。鄭非無大夫。而必使其弟。則知諸大夫有所不心乎突也。
【案】穀梁謂前定之盟不日。非也。春秋不以日月爲例。二百四十二年之閒。盟不書日者多矣。前定不日。豈書日者。皆非前定乎。來盟有書使者。有不書使者。鄭語。衞良夫。奉使而來。意主於盟。以爲前定可也。齊高子。楚屈完。宋華孫。皆臨事制宜。安得以爲前定乎。故凡以不日爲前定者。皆不錄。而來盟不書使者。俱刪前定之說。

秋八月壬申御廩災

【左】秋八月壬申。御廩災。乙亥。嘗。書不害也。
【公】御廩者何。粢盛委之所藏也。御廩災何以書。記災也。

乙亥嘗

【公】常事不書。此何以書。譏。何譏爾。譏嘗也。曰。猶嘗乎。御廩災。不如勿嘗而已矣。
【穀】御廩之災不志。此其志何也。以爲唯未易災之餘而嘗可也。志不敬也。天子親耕。以共粢盛。王后親蠶。以共祭服。國非無良農工女也。以爲人之所盡事其祖禰。不若以已所自親者也。何用見其未易災之餘而嘗也。曰。甸粟而內之三宮。三宮米而藏之御廩。夫嘗必有兼甸之事焉。壬申。御廩災。乙亥。嘗。以爲未易災之餘而嘗也。
胡傳曰。嘗祭。時事之常。則何以書。志不時與不敬也。春秋紀事用周月。而以八月嘗。則不時也。御廩災於壬申。而嘗以乙亥。是不改卜而供未易災之餘。則不敬也。禮以時爲大。施於事則不時。禮以敬爲本。發於心則不敬。故書。
【案】公羊不如勿嘗。乃甚言其嘗之不敬。豈眞以嘗爲可廢乎。趙氏匡。劉氏敞。蘇氏轍。竝駮之。恐并公羊立言之旨也。穀梁所謂未易災之餘者。以御廩所藏爲奉祭時旣春之米。故曰甸粟而納之三宮。三宮米而藏之御廩。劉權衡駁云。壬申之日災。乙亥之日嘗。嘗之粟出廩久矣。乃其未災者。何謂災之餘乎。此則以御廩所藏爲未舂之粟也。考周禮廩人之職曰。大祭祀則共其接盛。鄭康成云。扱以授舂人。是御廩所藏固未舂也。權衡之說。似較穀梁爲勝。然遇災後不改卜而遽嘗。則無誠敬之心。故不時不敬二義。先儒多兼用之。

冬十有二月丁巳。齊侯祿父卒

宋人以齊人蔡人衞人陳人伐鄭公蔡人在衞人下。

左 冬。宋人以諸侯伐鄭。報宋之戰也。焚渠門。入及大逵。伐東郊。取牛首。以大宮之椽歸。爲盧門之椽。牛首鄭邑。

公 以者何。行其意也。

穀 以者。不以者也。民者。君之本也。使人以其死。非正也。

杜氏預曰。凡師能左右之曰以。大宮。鄭祖廟。盧門。宋城門。告伐而不告入取。故不書。

范氏甯曰。不以者。謂本非所得制。今得以之也。刺四國使宋專用其師。輕民命也。

甲申 桓王二十三年 **十有五年** 齊襄諸兒元年。晉緡八年。衞惠三年。蔡桓十八年。鄭厲四年。曹莊五年。陳莊三年。杞靖七年。宋莊十三年。秦武公元年。楚武四十四年。

春二月。天王使家父來求車

左 非禮也。諸侯不貢車服。天子不私求財。

公 何以書。譏。何譏爾。王者無求。求車。非禮也。

穀 古者諸侯時獻於天子。以其國之所有。故有辭讓而無徵求。求車。非禮也。求金甚矣。

何氏休曰。王者千里畿內租稅。足以供費。四方各以其職來貢。足以尊榮。當以至廉無爲率先天下。不當求。求則諸侯貪。大夫鄙。士庶盜竊。

劉氏絢曰。世之治也。天子命貢賦於天下。而無不從。無有求也。諸侯奉貢賦於天子。而無敢不共。不至於來求也。世亂反此。書此以見王室之微。而著諸侯之辜也。

三月乙未。天王崩

趙氏匡曰。此後莊王僖王不書崩。見王室不告。魯之不赴。著諸侯之不臣也。

夏四月己巳。葬齊僖公

王氏葆曰。桓負大惡。王非惟不討。而八年之間。三遣使來聘。恩禮厚矣。今王崩來赴。魯無奔喪會葬之事。齊僖之存。干戈歲尋。卒則會葬如禮。比事以觀。不貶而惡自見。

五月。鄭伯突出奔蔡

左 祭仲專。鄭伯患之。使其壻雍糾殺之。將享諸郊。雍姬知之。謂其母曰。父與夫孰親。其母曰。人盡夫也。父一而已。胡可比也。遂告祭仲曰。雍氏舍其室。而將享子於郊。吾惑之。以告。祭仲殺雍糾。尸諸周氏之汪。公載以出。曰。謀及婦人。宜其死也。夏。厲公出奔蔡。

【公】突何以名。奪正也。

【穀】譏奪正也。

孔氏穎達曰。凡諸侯出奔。皆被逐而出。非自出也。舊史書臣以逐君。仲尼修春秋。責其不能自固。皆以自奔爲文。衛獻公出奔不名。鄭伯突及北燕伯款蔡侯朱等皆書名者。從彼告詞。釋例曰。衛赴不以名。而燕赴以名。隨赴而書之。　張氏洽曰。凡爲國君而失位出奔者。春秋皆以自出書之。其書爵不名者。罪輕惡淺。雖曰失道。而其位爲未絕。若突以庶孽奪嫡。固不可以有國。又爲反覆盜賊之計。以自取亡。蓋王法之所當誅。故特書其名。以絕之也。

【家】逐突者祭仲也。不書仲逐其君。而書鄭突出奔者。春秋誅討亂賊。嚴君臣之大分。不使賊臣得以逞志於其君。故以自奔爲文也。胡傳本陸氏淳。謂所以警乎人君。豈逐君者其罪尚可貸乎。於義頗有未安。然相沿已久。今仍存之。鄭突書名。或以爲絕之。或以爲從赴。二說俱通。

鄭世子忽復歸于鄭

【左】六月乙亥。昭公入。

【公】其稱世子何。復正也。曷爲或言歸。或言復歸。復歸者。出惡歸無惡。復入者。出無惡。入有惡。入者。出入惡。歸者。出入無惡。

【穀】反正也。

劉氏敞曰。公羊以謂復歸者。出惡歸無惡。歸者出入無惡。非也。如忽之奔。蓋有不得已。亦何惡乎。若以爲惡。猶有可諉。未知突之篡國。亦何故出入無惡乎。　蘇氏轍曰。忽嘗爲君矣。其出也。稱鄭忽。其復歸也。稱鄭世子忽。何也。於其出。言其不能君也。於其復歸。言其所恃以反國者。惟世子也。舍是無足以歸者矣。突既出。則忽之歸無難矣。

許叔入于許

【穀】許叔。許之貴者也。莫宜乎許叔。其曰入。何也。其歸之道。非所以歸也。

胡傳曰。許。太岳之裔。先王建國。迫於齊鄭。不得奉其社稷。未聞可滅之罪也。則當伸大義。以直詞上告諸天王。下赴諸方伯。求復其國。冀除宗廟。孰能與之爭。今乃因亂竊入。則非復國之義。故書入于許。入云者。難詞也。

【家】許叔有興復之美。故書字。乘人之亂。無王命而復國。故書入。或以爲不必俟王命。而疑胡傳爲迂。非春秋尊王之義也。

公會齊侯于艾　艾。公作鄗。穀作蒿。

【左】謀定許也。

高氏閌曰。魯嘗與齊絕矣。自僖公卒。襄新立。至是復通好焉。　鄭氏玉曰。隱十一年。入許之役。齊魯鄭也。今許叔乘鄭之亂。以復其國。齊魯不興師以問之則已矣。安得反爲之會以立其位乎。高氏謂魯嘗與齊絕。至是復通好。彭生之禍兆於此矣。故春秋志之。以齊侯為主。理或然也。

案 會艾之後。魯再伐鄭。而齊不與焉。安見其為謀定許耶。孫氏覺鄭氏玉所以駁左氏也。高氏閌以為魯與齊復通好。揆諸當日情事。似為近之。故定許之說皆不錄。

邾人牟人葛人來朝 牟。牟國。泰山牟縣。葛。梁國寧陵縣東北。僖十七年傳。齊桓公夫人葛嬴。則葛國嬴姓。

公 皆何以稱人。夷狄之也。

董氏仲舒曰。為天王崩而相朝。故貶。 孔氏穎達曰。三國俱稱人。合行禮。知其尊卑同也。劉氏敞曰。滕薛之旅見。與邾牟葛無異。滕薛之貶輕。而邾牟葛之貶重。何也。曰古之諸侯朝者。固曰聞於天子之事。考禮正刑一德。以尊天子焉耳。滕薛是也。今天王崩。魯與三國未嘗奔問弔贍。修臣子之職。而方沛然以朝禮自處。其義上僭。是所以責之重也。

秋九月鄭伯突入于櫟 櫟。鄭別都也。

左 鄭伯因櫟人殺檀伯。而遂居櫟。

公 櫟者何。鄭之邑也。曷為不言入於鄭。末言爾。曷為末言爾。祭仲亡矣。然則曷為不言忽之出奔。言忽為君之微也。祭仲存。則存矣。祭仲亡。則亡矣。

胡傳曰。經於厲公復國。削而不書。獨書入于櫟。何也。夫制邑之死虢君。共城之叛大叔。皆莊公所親戒也。今又城櫟而寘子元焉。使昭公不立。何謀國之誤也。衛有蒲戚而出獻公。楚有陳蔡不羹而叛棄疾。末大必折。有國之害也。故夫子行乎季孫。曰。古者家不藏甲。邑無百雉之城。遂墮三都。以張公室。於厲復國。削而不書者。若曰。既入于櫟。則其國已復矣。於以明居重馭輕。強幹弱枝。以身使臂之義。為天下與來世之鑒也。為國者可不謹於禮乎。孫氏復曰。鄭世子忽復歸于鄭。故鄭伯突入于櫟以逼之。 程子曰。突非正也。忽既恣行。故國人君之。諸侯助之。書爵。所以戒居正者已不能保。則人取之矣。書人。以見義不容也。

冬十有一月公會宋公衛侯陳侯于袲伐鄭 宋公上。公有齊侯。袲。昌氏反。公作侈。 袲。宋地。

左 會于袲。謀伐鄭。將納厲公也。弗克而還。

穀 地而後伐。疑辭也。非其疑也。

杜氏預曰。先行會禮而後伐也。 蘇氏轍曰。地而後伐。既會而後伐也。穀梁曰。疑詞也。非其疑也。蓋以為伐突。以正忽也。夫突在櫟不在鄭。伐鄭。非伐突也。乃所以救突也。穀梁之妄。若是者衆矣。

案 公會諸侯兩伐鄭。左氏以為納厲公是也。注公羊者。謂善諸侯征突。不知忽方在鄭。突尚居櫟。安得以伐鄭為征突乎。穀梁曰。疑辭也。夫會而後伐。則謀已定矣。亦何疑乎。胡傳雖引用穀梁。而亦主納突之說。與左傳同。

〔乙酉〕莊王元年　**十有六年**　齊襄二年。晉緡九年。衛惠四年。蔡桓十九年。鄭厲五年。昭公忽元年。曹莊六年。陳莊四年。杞靖八年。宋莊十四年。秦武二年。楚武四十五年。

春正月公會宋公蔡侯衛侯于曹

【左】會于曹。謀伐鄭也。

孫氏覺曰。曹之會。二傳無說。惟左氏以爲謀伐鄭。案左氏事迹。凡此二年之間。會盟侵伐。皆爲納厲公突。蓋突猶居櫟。忽未出奔。故諸侯謀伐忽而納之爾。

夏四月公會宋公衛侯陳侯蔡侯伐鄭

【左】夏伐鄭。

胡傳曰。春正月會于曹。蔡先於衛。夏四月伐鄭。衛先於蔡。王制諸侯之爵。次其後先。固有序矣。在周官大司馬設儀辨位。以等邦國。猶天建地設。不可亂也。及春秋時。禮制既亡。霸者以意之向背爲升降。諸國以勢之强弱相上下。蔡嘗先衛。今序陳下者。先儒以爲後至也。以至之先後易其序。是以利率人。而不要諸禮也。豈所以定民志乎。春秋防微杜漸。尤嚴於名分。考其所書。意自見矣。程子曰。突善結諸侯。故皆爲之致力。屢伐鄭也。

秋七月公至自伐鄭　此致伐之始。

【左】秋七月。公至自伐鄭。以飲至之禮也。

【穀】桓無會。其致何也。危之也。

孫氏覺曰。案書至義。與二年公至自唐同說。皆告廟則書也。

冬城向　向失亮反

【左】書時也。

孔氏穎達曰。十一月。水星昏猶未正。故復推校歷數。此年月却節前。水星可在十一月而正。又方者。未至之辭。故以定之方中爲方欲向中。而實未正中。十一月可以興土功。書時非傳誤也。啖氏助曰。下有十一月。則此乃十月也。縱是同月。亦今之九月。農功未畢。不可興役。

【案】劉氏炫歷引周語之文。謂火見土功。必在建亥之月。則建戌之中。必無土功之理。故啖氏助張氏洽皆以爲不時。其說是也。杜氏預謂此年閏在六月。則月却節前。孔氏穎達暢發其義。以明非傳之誤。似亦有理。

十有一月衛侯朔出奔齊

【左】初衛宣公烝於夷姜。生急子。屬諸右公子。爲之娶於齊而美。公取之。生壽及朔。屬壽於左公子。夷姜縊。宣姜與公子朔構急子。公使諸齊。使盜待諸莘。將殺之。壽子告之。使之行。不可。曰。棄父之命。惡用子矣。有無父之國則可也。及行。飲以酒。壽子載其旌以先。盜殺之。急子至。曰。我之求也。此何罪。請殺我乎。又殺之。二公子故怨惠公。十一月。左公子洩右公子職。立公予黔牟。惠公奔齊。　莘。衛地。東昌莘縣北莘亭故城是也。

【公】衛侯朔何以名。絕。曷爲絕之。得罪於天子也。其得罪於天子柰何。見使守衛朔。而不能使衛小衆。越在岱陰齊。屬負茲。舍不卽罪爾。

【穀】朔之名。惡也。天子召而不往也。

張氏洽曰。朔立巳五年。二公子不能獨逐之。必因其陵蔑天子。周室欲討。而後二子得以行其志。所以莊六年。王人子突救衛。公羊氏之說。其必有所傳矣。朔殺兄奪國。王命絕之。故名。

【案】衛朔之奔。左氏以爲二公子所逐。公穀以爲得罪天子。張氏洽兼而用之。謂王室欲討。而後二子得行其志。於情事甚合。當主其說。

丙戌　莊王二年　**十有七年**　齊襄三年。晉緡十年。衛惠五年。黔牟元年。蔡桓二十年。鄭厲六年。昭二年。曹莊七年。陳莊五年。杞靖九年。宋莊十五年。秦武三年。楚武四十六年。

春正月丙辰公會齊侯紀侯盟于黃　黃。齊地。路史登之黃縣東南有古黃城。本紀邑。後入齊。

【左】平齊紀。且謀衛故也。

高氏閌曰。紀懼齊之見圖。每爲之備。而齊人多詐。故爲此盟。示之以不疑。俾之弛怠而不我慮。是以尋盟既退。魯遂與齊戰于奚。二年齊遂遷紀之三邑。足以知盟之無益。而攻伐隨之矣。

二月丙午公會邾儀父盟于趡　會。公穀作及。趡。翠軌反。趡。魯地。

【左】及邾儀父盟于趡。尋蔑之盟也。

吳氏澂曰。隱公元年。及邾盟蔑。七年而隱公命盟伐邾。桓公八年又伐邾。魯邾不通好十有餘年。至桓十五年。邾同牟葛朝魯。既朝之後。二國欲尋蔑盟。而平其再伐之怨。故邾來魯地受盟。而公與之盟也。汪氏克寬曰。下書伐邾。則趡盟不待貶而惡自見矣。

夏五月丙午及齊師戰于奚　公闕夏字。奚。穀作郎。此齊魯交兵之始。奚。魯地。水經注。夏正奚。奚仲之國也。山上有奚仲冢。

【左】夏。及齊師戰于奚。疆事也。於是齊人侵魯疆。疆吏來告。公曰。疆場之事。慎守其一。而備其不虞。姑盡所備焉。事至而戰。又何謁焉。

【穀】內諱敗。舉其可道者也。不言其人。以吾敗也。不言及之者。爲內諱也。

家氏鉉翁曰。今年春。魯及齊紀會盟于黃。曾幾何日。遽戰於此。齊無信也。魯桓自齊僖存時。爲紀有求。及襄之立。繼申前請。遂爲黃之會盟。襄不惟不從。乃遽以兵加於魯。襄之慢魯甚矣。

六月丁丑蔡侯封人卒

【左】蔡桓侯卒。

秋八月蔡季自陳歸于蔡

【左】蔡人召蔡季於陳。秋。蔡季自陳歸于蔡。蔡人嘉之也。

【穀】蔡季。蔡之貴者也。自陳。陳有奉焉爾。

何氏休曰。稱字者。蔡侯封人無子。季文當立。封人欲立獻舞而疾害季。季辟之陳。封人死。歸反奔喪。思慕三年。卒無怨心。故賢而字之。　家氏鉉翁曰。諸儒多從公羊之說。謂字而歸之。褒之也。獻舞失國之君。蔡季讓國之賢。春秋二人賢否。具見書法。而左氏乃謂季獻舞爲一人。愚竊惑焉。

【案】蔡季非獻舞。杜氏預誤合爲一人耳。左氏止曰召蔡季於陳。蔡季自陳歸于蔡而已。未嘗謂立以爲君也。先儒竝主何氏之說。而家氏鉉翁斷以書法。尤爲可信。

癸巳。葬蔡桓侯

啖氏助曰。其稱侯。蓋蔡季之賢。請謚於王也。此言凡諸侯請謚於王。王之策書則云謚曰某侯。諸國史因而紀之。故西周諸侯記傳。皆依本爵。春秋之時則皆稱公。夫子因而書之。以明其不請於王也。

及宋人衛人伐郳

【左】伐郳。宋志也。

孫氏覺曰。郳前年來朝。又此年盟于趡。今遽帥二國之人伐親附者。所以見會盟無信。強大縱橫。而弱小見陵也。　陳氏深曰。案左氏。雖魯從宋志。此書及。則亦魯之志也。　湛氏若水曰。及者我及之也。書及宋人衛人伐郳。著魯桓反覆之罪。

冬十月朔。日有食之

【左】冬。十月朔。日有食之。不書日。官失之也。天子有日官。諸侯有日御。日官居卿以底日。禮也。日御不失日。以授百官于朝。

【附錄左】初。鄭伯將以高渠彌爲卿。昭公惡之。固諫不聽。昭公立。懼其殺己也。辛卯。弑昭公而立公子亹。君子謂昭公知所惡矣。公子達曰。高伯其爲戮乎。復惡已甚矣。

【穀】言朔不言日。食既朔也。

趙氏匡曰。左氏曰。不書日。官失之。非也。或史官闕之。或年深寫誤。何關日官日御乎。　陳氏傅良曰。自文以上。日食有不書日者。自文以下。皆書日。故曰桓莊之世多闕文。　湛氏若水曰。紀異也。不書日。史逸其傳耳。

【案】書朔不書日。趙氏匡。陳氏傅良。湛氏若水。皆以爲闕。蓋晦朔甲乙。或書或不書者。舊史有詳略。而夫子因之也。劉氏敞。楊氏時。於隱三年辨之精矣。再考歷家論朔。有平朔。有定朔。以日平行月平行。推算某日某時某刻合朔。是爲平朔。日有盈縮。月有遲疾。取均度。或加或減於平行。爲某日某時某刻日月相會。是爲定朔。自劉洪乾象歷。始用定朔。於是非朔不食。漢初以前。皆用平朔。故有食於朔之前後者。公羊所謂失之前。失之後。穀梁所謂食晦日。食既朔也。但朔前朔後。聖人何難據實以書之。而必各立義例乎。日食於朔二日。則不得爲朔矣。而可仍以朔書之乎。故當以闕文爲正。

丁亥　莊王三年　**十有八年**　齊襄四年。晉緡十一年。衛惠六年。黔牟二年。蔡哀侯獻舞元年。鄭厲七年。子亹元年。曹莊八年。陳莊六年。杞靖十年。宋莊十六年。秦武四年。楚武四十七年。

春王正月

孫氏覺曰。正月有王。桓公之終也。弒君之賊。無可赦之理。不見誅於一時。當見誅於歲月。不見誅於其生。當見誅於其死。不見誅於終身。當見誅於萬世。家氏鉉翁曰。魯桓弒兄以簒國。十有八年。天王不能討。因而善之。彼亦忘其爲簒久矣。孰知亂自內作。送死强鄰。以迄天誅。春秋於是年復書王正月。以正簒賊之罪。而垂法於後世。趙氏汸曰。桓無王。其曰王。何也。既謹其始。必正其終也。

公會齊侯于濼

濼盧篤反。又音洛。濼水。在濟南府歷城縣西北。入濟。趵突泉卽濼水之源也。蓋濟水伏流重發處。

公與夫人姜氏遂如齊

公無與字。

【左】公將有行。遂與姜氏如齊。申繻曰。女有家。男有室。無相瀆也。謂之有禮。易此必敗。公會齊侯于濼。遂及文姜如齊。齊侯通焉。公謫之。以告。

【公】公何以不言及夫人。夫人外也。夫人外者何。內辭也。其實夫人外公也。

【穀】濼之會不言及夫人。何也。以夫人之伉。弗稱數也。

劉氏敞曰。不言及而言與。猶匹夫匹婦之相與云爾。自禍之道也。　趙氏鵬飛曰。如齊者。文姜志也。非公意也。故不書及而書與。若曰公不得已而與姜氏如齊也。

夏四月丙子公薨于齊丁酉公之喪至自齊

【左】夏四月丙子。享公。使公子彭生乘公。公薨於車。魯人告於齊曰。寡君畏君之威。不敢寧居。來修舊好。禮成而不反。無所歸咎。惡於諸侯。請以彭生除之。齊人殺彭生。

【穀】其地於外也。薨稱公。舉上也。

朱子曰。孔子直書。義在其中。云公會齊侯于某。公與夫人姜氏如齊。公薨于齊。公之喪至自齊。夫人孫于齊。此等顯然在目。雖無傳亦可曉。　張氏洽曰。魯君見弒有二。在內則不書地。以存其實。在外則不容不書其地。而以上下文見之。此先書公與夫人姜氏如齊。而明年書夫人孫于齊。又莊公不書卽位。雖不明書齊人戕公。而桓公之不得其死。已昭然矣。蓋本國之事。書之而與他國同。則非所以見尊君親上之意。是以桓公見殺。不得不諱。又當不沒其實。以示後世之傳信。故曰婉而成章也。

秋七月

【附錄左】秋。齊侯師於首止。子亹會之。高渠彌相。七月戊戌。齊人殺子亹。而轘高渠彌。祭仲逆鄭子於陳而立之。是行也。祭仲知之。故稱疾不往。人曰。祭仲以知免。仲曰。信也。　周公欲弒莊王而立王子克。辛伯告王。遂與王殺周公黑肩。王子克奔燕。初。子儀有寵於桓王。桓王屬諸周公。辛伯諫曰。並后。匹嫡。兩政。耦國。亂之本也。周公弗從。故及。　首止。衞地。陳留襄邑縣東南有首鄉。

冬十有二月巳丑葬我君桓公

【公】賊未討何以書葬讐在外也讐在外則何以書葬君子辭也

【穀】葬我君接上下也君弒賊不討不書葬此其言葬何也不責踰國而討於是也桓公葬而後舉諡諡所以成德也於卒事乎加之矣知者慮義者行仁者守有此三者備然後可以會矣

汪氏克寬曰春秋君弒而書葬者有九衞桓齊襄陳靈則賊已討者也鄭僖齊悼則經不書弒者也蔡景之葬徧刺天下之諸侯也許悼之葬不使止爲弒父也蔡靈讐在外而亦弒逆之賊與魯桓同楚虔之殞於比亦猶齊諸兒之殞於無知也蔡昭讐在內賊已討而賊微不書且以蔡昭背楚誑吳應受斃於盜賊也聖人之書法如化工生物無不適於天理之當然也 王氏樵曰朱子發明君弒賊不書葬之義諸家所不及然則在內不書葬者示臣子急於討賊之意讐在外書葬者勢或未可以遂討難於久暴露其親耳葬者權也必討者義也不討則義猶不葬也非許其可緩也

【案】劉氏敞曰君弒臣不討賊非臣子不復讐非子奈何以讐在外則勿復乎若以齊强魯弱量力不討君子不責是復讐者行於柔弱而困於强禦也與公穀不同而揆以不共戴天之義則其說未可廢故附見於此

春秋卷之二

春秋卷之三

莊公

以楊氏士勛曰。魯世家。莊公名同。桓公之子。莊王四年即位。謚法。勝敵克壯曰莊。

（戊子）莊王四年。

元年

齊襄五年。晉緡十二年。衞惠七年。黔牟三年。蔡哀二年。鄭厲八年。子儀元年。曹莊九年。陳莊七年。杞靖十一年。宋莊十七年。秦武五年。楚武四十八年。

春王正月

【左】元年春。不稱即位。文姜出故也。

【公】公何以不言即位。春秋君弒子不言即位。君弒則子何以不言即位。隱之也。孰隱。隱子也。

【穀】繼弒君不言即位。正也。繼弒君不言即位之爲正何也。曰。先君不以其道終。則子不忍即位也。

陸氏淳曰。左氏云。莊公不言即位。文姜出故也。且母以得罪去國。猶曰不忍。父爲他國所弒。其情若何。不舉其大而舉其細。非通論也。且三月文姜方孫。何妨正月即位乎。劉氏敞曰。原左傳此意。當爲文姜與桓俱行。未有至文。故云出爾。不知夫人行不以正者。至皆不書也。且文姜弒君自絕於魯。莊公何故不忍即位乎。莊公不忍即位。文姜感之而還。則莊公已忘文姜弒其父矣。何以文姜又孫于齊乎。

【案】莊公不書即位。左氏以爲文姜出。陸氏淳。劉氏敞駁之是矣。胡傳謂內無所承。上不請命。故春秋絀之。亦非也。隱莊閔僖外。俱書即位。豈皆稟命於王。若桓若宣若定。豈皆內有所受。自當從公穀。

三月夫人孫于齊

【左】不稱姜氏。絕不爲親。禮也。

【公】孫者何。孫猶孫也。內諱奔。謂之孫。夫人固在齊矣。其言孫於齊何。念母也。正月以存君。念母以首事。夫人何以不稱姜氏。貶。曷爲貶。與弒公也。其與弒公奈何。夫人譖公於齊侯。公曰。同非吾子。齊侯之子也。齊侯怒。與之飲酒。於其出焉。使公子彭生送之。於其乘焉。搚幹而殺之。念母者所善也。則曷爲於其念母焉貶。不與念母也。

【穀】孫之爲言猶孫也。諱奔也。接練時。錄母之變。始人之也。不言氏姓。貶之也。人之於天也。以道受命。於人也。以言受命。不若於道者。天絕之也。不若于言者。人絕之也。臣子大受命。

杜氏預曰。姜氏。齊姓。於文姜之義。宜與齊絕。而復奔齊。故於其奔。去姜氏以示義。啖氏助曰。公羊云。夫人固在齊矣。其言孫于齊。念母也。豈有先在齊而今書孫乎。蓋見無夫人至文。故云爾。不知夫人隨喪而歸矣。穀梁曰。接練時錄母之變。始人之也。亦言夫人先在齊。至練時始錄之。亦非也。李氏廉曰。左注以爲文姜宜與齊絕。公穀以爲魯臣子宜絕文姜。二說不同。然考之左氏本文。絕不爲親。安知非謂魯之臣子當絕文姜而不以爲親乎。但其文意不明。致杜氏誤釋爾。故胡氏引孔季彥之言。而左氏之傳始明。要之此條。公穀皆通。而穀梁尤精。

【案】文姜之罪。莫大乎與聞乎弒。故尤於出奔時貶之。李氏廉所謂一貶而罪惡自見也。故二年如齊。復書姜氏。

夏單伯逆王姬（單。音善。逆。左作送。後同。）

【公】單伯者何。吾大夫之命乎天子者也。何以不稱使。天子召而使之也。逆之者何。使我主之也。曷為使我主之。天子嫁女於諸侯。必使諸侯同姓者主之。諸侯嫁女於大夫。必使大夫同姓者主之。

【穀】單伯者何。吾大夫之命乎天子者也。命大夫。故不名也。其不言如何也。其義不可受於京師也。其義不可受於京師。何也。曰。躬君弒於齊。使之主昏姻。與齊為禮。其義固不可受也。

【案】三傳互異者。折衷於經。左氏以單伯為周大夫。故以逆為送。然以書會書至例考之。則單伯實為魯臣。故主公穀之說。

秋築王姬之館于外

【左】秋。築王姬之館于外。為外。禮也。

【公】何以書。譏。何譏爾。築之禮也。于外非禮也。于外何以非禮。築于外非禮也。其築之何以禮。主王姬者。必為之改築。主王姬者。則何為必為之改築。於路寢則不可。小寢則嫌。羣公子之舍則以卑矣。其道必為之改築者也。

【穀】築。禮也。于外。非禮也。築之為禮。何也。主王姬者。必自公門出。於廟則已尊。於寢則已卑。為之築。節矣。築之外。變之正也。築之外。變之為正。何也。仇讎之人。非所以接昏姻也。衰麻非所以接弁冕也。其不言齊侯之來逆。何也。不使齊侯得與吾為禮也。

趙氏匡曰。左氏云。于外。禮也。與讎主昏。縱在城外。豈為禮乎。

冬十月乙亥陳侯林卒

【穀】諸侯日卒。正也。

王使榮叔來錫桓公命（此書錫命之始。）

【公】錫者何。賜也。命者何。加我服也。其言桓公何。追命也。

【穀】禮有受命。無來錫命。錫命。非正也。生服之。死行之。禮也。生不服。死追錫之。不正甚矣。

胡傳曰。啖助曰。不稱天王。寵篡弒以瀆三綱也。春秋書王必稱天。所履者天位也。所行者天道也。所賞者天命也。所刑者天討也。今桓公弒君篡國。而王不能誅。反追命之。無天甚矣。與葬成風。引為夫人。使妾並嫡。無以異。故其文一施之。范甯乃以出居于鄭。來聘求車。三事為證。而謂非義之所存。誤矣。

王姬歸于齊

【公】何以書。我主之也。

【穀】為之中者。歸之也。

孫氏覺曰。不書來逆者。蓋齊侯自來。得禮。親迎常事不書。齊與魯為世讎。而魯主其昏。又在衰絰之中也。不書王姬之歸。無以見魯之失禮。而天王失命也。

齊師遷紀郱鄑郚 郱蒲丁反。鄑子斯反。郚音吾。此書遷之始。郱在東莞臨朐縣東南。鄑都昌縣西。郚在朱虛縣東南。

【公】遷之者何。取之也。取之則曷為不言取之也。為襄公諱也。外取邑不書。此何以書。大之也。何大爾。自是始滅也。

【穀】紀國也。郱鄑郚國也。或曰。遷紀於郱鄑郚。

啖氏助曰。公羊云。曷為不言取。為襄公諱也。案取人邑。非善事。若為之諱。是掩惡也。穀梁曰。紀國也。郱鄑郚國也。或曰。遷紀於郱鄑郚。案下有紀侯大去其國。明此時未遷。故知是紀之三邑。劉氏敞曰。郱鄑郚者何。紀之邑也。又曰。穀梁曰。紀國也。郱鄑郚國也。非也。許齊一師必不能並遷兩國。又春秋自當分別。以見滅兩國之惡。不當合之也。

己丑 莊王五年 二年 齊襄六年。晉緡十三年。衛惠八年。黔牟四年。蔡哀三年。鄭厲九年。子儀二年。曹莊十年。陳宣公杵臼元年。杞靖十二年。宋莊十八年。秦武六年。楚武四十九年。

春王二月葬陳莊公

夏公子慶父帥師伐於餘丘 於餘邱。國名。孔疏。公穀皆以於餘邱為邾之別邑。左氏無傳。正以春秋之旨。未有伐人之邑而不繫國者。此無所繫。故知是國。釋例注闕。不知其處。蓋近魯小國也。

【公】於餘邱者何。邾婁之邑也。曷為不繫乎邾婁。國之也。曷為國之。君存焉爾。

【穀】國而曰伐。於餘邱。邾之邑也。其曰伐何也。公子貴矣。師重矣。而敵人之邑。公子病矣。病公子。所以譏乎公也。其一曰。君在而重之也。

張氏溥曰。於餘邱。杜云近魯小國。公穀則云邾別邑。實不可考。抑春秋所惡者。不在於餘邱之被伐。而在慶父之帥師。魯弒君三賊。皆由主兵而成。故憂慶父者。比之公子翬與仲遂也。慶父。杜云莊公庶兄。公羊則云母弟。母弟。猶幼少也。庶兄。則其年能制莊矣。國君新立。公子將兵。或兄或弟。寧有一可哉。

【案】於餘邱。左氏無傳。公穀皆以為邾邑。杜氏預獨以為國。詳考經文。伐人之邑。未有不繫國者。亦未有邑而書伐者。則杜注為勝也。公羊以慶父為莊公母弟。杜氏以為庶兄。然為弟則不當稱孟。為兄則不當稱仲。惟劉氏炫謂慶父欲同正適。故以莊公為伯。而自稱仲。理或然也。要之經意所重者。惡慶父之得兵權爾。或國或邑。或弟或兄。皆非義所急。故諸家並存。而以張氏溥之說為正。

秋七月齊王姬卒

【公】外夫人不卒。此何以卒。錄焉爾。曷為錄焉爾。我主之也。

【穀】為之主者。卒之也。

孔氏穎達曰。他國夫人之卒。例皆不書。惟魯女為諸侯之妻。書其卒爾。王姬非是內女。亦書其卒。為比之內女故也。孫氏覺曰。魯與天王同姓。天王之女。下嫁諸侯者。多魯主之。然而十二公。二百四十二年之久。王姬之歸。書之最備者。齊王姬也。書之備者。所以見莊公之盡禮於仇讎。而無恩於先君也。罪之大。則書之備。惡之積不可掩也。

冬十有二月夫人姜氏會齊侯于禚 禚。諸若反。公作郜。禚。齊地。左傳定九年。齊侯致禚媢杏於衞。三邑皆齊西界。據此當爲齊魯衞分界之地。

【左】書姦也。

【穀】婦人既嫁不踰竟。踰竟非正也。婦人不言會。言會。非正也。饗甚矣。

胡傳曰。婦人無外事。送迎不出門。見兄弟不踰閾。在家從父。既嫁從夫。夫死從子。今會齊侯于禚。是莊公不能防閑其母。失子道也。故趙匡曰。姜氏齊侯之惡著矣。亦所以病公也。曰。子可以制母乎。夫死從子。通乎其下。況於國君。君者。人神之主。風教之本也。不能正家。如正國何。若莊公者。哀痛以思父。誠敬以事母。威刑以督下。車馬僕從。莫不俟命。夫人徒往乎。夫人之往也。則公威命之不行。哀戚之不至爾。家氏鉉翁曰。姜氏身負弑君未討之誅。甫除喪而往會其兄。齊襄方有王姬伉儷之戚。未踰時而出淫其妹。此天下之大惡。覆載之所不容。聖人爲是。故於春秋聯書之。比而誅之也。

乙酉宋公馮卒 馮。皮冰反。

高氏閌曰。觀宋莊伎求敗類。則穆公之不以國與子。有以知之矣。

庚寅 莊王六年

三年 齊襄七年。晉緡十四年。衞惠九年。黔牟五年。蔡哀四年。鄭厲十年。子儀三年。曹莊十一年。陳宣二年。杞靖十三年。宋閔公捷元年。秦武七年。楚武五十年。

春王正月溺會齊師伐衞

【左】疾之也。

【公】溺者何。吾大夫之未命者也。

【穀】溺者何也。公子溺也。其不稱公子。何也。惡其會仇讎而伐同姓。故貶而名之也。

李氏廉曰。考之三傳。左傳則曰衞朔出奔。二公子立黔牟。何休據世本史記。以爲衞朔背叛出奔。天子新立公子留。范氏則以爲齊受天子罪人。爲之興師。而魯同之。然則黔牟與留。雖未知孰是。而此時衞朔在齊。齊欲納之明矣。齊黨罪人。固不足責。而莊公新立。寢苫枕戈。莫先於率國人以同讎。舍是不顧。而二年伐於餘邱。三年伐衞。又且同齊師以往。此何心哉。左氏疾之之說得之。

夏四月葬宋莊公

【穀】月葬。故也。

五月葬桓王

【左】緩也。

【公】此未有言崩者。何以書葬。蓋改葬也。

【穀】傳曰。改葬也。改葬之禮。緦。舉下緬也。或曰。卻尸以求諸侯。天子志崩不志葬。必其時也。何必焉。舉天下而葬一人。其義不疑也。志葬。故也。危不得葬也。曰。近不失崩。不志崩。失天下也。獨陰不生。獨陽不生。獨天不生。三合然後生。故曰母之子也可。天之子也可。尊者取尊稱焉。卑者取卑稱焉。其曰王者。民之所歸往也。

杜氏預曰。以桓十五年崩。七年乃葬。　劉氏敞曰。崩久矣。曷爲於此而葬。慢也。又曰。公羊穀梁以爲改葬。非也。若誠改葬。應曰改葬。如改卜之類矣。今不言改。非改葬也。夫世衰禮廢。何事不有。豈能必桓王前已葬哉。固當據經文。

秋紀季以酅入于齊酅戶圭反。酅紀邑。在齊國東安平縣。

左 紀於是乎始判。

公 紀季者何。紀侯之弟也。何以不名。賢也。何賢乎紀季。服罪也。其服罪奈何。魯子曰。請後五廟以存姑姊妹。

穀 酅紀之邑也。入于齊者。以酅事齊也。入者內弗受也。

胡傳曰。大夫不得用地。公子不當去國。盜地以下敵。棄君以避患。非人臣也。故春秋之義。私逃者必書奔。有罪者必加貶。今季不書奔。則非竊地也。不書名。則非貶也。諸侯兄弟。貶則書名。宋辰秦鍼之類是也。不貶則書字。蔡季許叔之類是也。紀季所以不書奔者。有紀侯之命矣。所以不書名者。天下無道。強衆相陵。天子不能正。方伯不能伐。屈已事齊。請後五廟。其亦不得已而爲之者。非其罪也。所以無貶乎。入云者。難辭也。　李氏廉曰。春秋書以地出奔者。邾庶其。莒牟夷。邾黑肱是也。書名書地。而竊邑叛君之罪著矣。書大夫入于某者。宋魚石。晉欒盈是也。書地書復入。而據邑叛君之罪見矣。今季不書奔。不書名。所以別於二例也。不書弟。明非紀侯之薄也。書入。所以罪齊而閔季也。原季之情。免季之罪。不使與其他公子去國者比耳。故紀季之事。謂之不貶則可。謂之知權亦可。如以賢而褒之。則恐未可與微子適周例論也。

案 以酅人齊。紀季降志以存先祀也。諸侯兄弟例稱字。紀季書季。未嘗褒也。恕詞焉耳。恕季所以罪齊也。當以胡傳及李氏廉之說爲正。

冬公次于滑滑。公穀作郎。滑鄭地。在陳留襄邑縣北。

左 將會鄭伯謀紀故也。鄭伯辭以難。凡師。一宿爲舍。再宿爲信。過信爲次。

公 其言次于郎何。刺欲救紀而後不能也。

穀 次。止也。有畏也。欲救紀而不能也。

胡傳曰。春秋紀兵。伐而書次。以次爲善。救而書次。以次爲譏。次于滑。譏之也。魯紀有昏姻之好。當恤其患。於齊有父之讎。不共戴天。苟能救紀抑齊。一舉而兩善并矣。見義不爲。而有畏也。春秋之所惡。故書公次于滑以譏之也。

〔辛卯〕莊王七年 **四年** 齊襄八年。晉緡十五年。衞惠十年。黔牟六年。蔡哀五年。鄭厲十一年。子儀四年。曹莊十二年。陳宣三年。杞靖十四年。宋閔二年。秦武八年。楚武五十一年。

春王二月夫人姜氏享齊侯于祝丘享。公穀作饗。

穀 饗甚矣。饗齊侯。所以病齊侯也。

高氏閌曰。禮。姑姊妹已嫁而反。兄弟不與同席而坐。況用兩君相見之禮乎。　張氏洽曰。假先王之禮爲禽獸之行。大亂之道也。漢人有云。淫亂之漸。其變爲篡。文姜之行。瀆亂周公之禮。魯人習之。三十餘年。卒至子般閔公薦弑而後止。聖人作易以閑有家。爲家人之始。垂訓遠矣。

三月紀伯姬卒

附錄左 四年春王三月。楚武王荆尸。授師子焉。以伐隨。將齊。入告夫人鄧曼曰。余心蕩。鄧曼歎曰。王祿盡矣。盈而蕩。天之道也。先君其知之矣。故臨武事。將發大命。而蕩王心焉。若師徒無虧。王薨於行。國之福也。王遂行。卒於樠木之下。令尹鬬祁莫敖屈重。除道梁溠。營軍臨隨。隨人懼行成。莫敖以王命入盟隨侯。且請爲會於漢汭而還。濟漢而後發喪。　溠。溠水。在義陽厥縣西。東南入鄖水。釋例云。鄖涢水。源出縣北。

穀 外夫人不卒。此其言卒何也。吾女也。適諸侯則尊同。以吾爲之變。卒之也。

何氏休曰。禮。天子諸侯絕期。大夫絕緦。天子惟女之適二王後者。諸侯惟女之爲諸侯夫人者。恩得申。故卒之。

夏齊侯陳侯鄭伯遇于垂

高氏閌曰。或以此鄭伯爲子儀非也。忽世子出奔。猶不得稱子。其復歸。猶不得稱爵。子儀乘間得立。其爲君微矣。豈敢輕去國都。而與諸侯會乎。故知此鄭伯即突也。高渠彌弑忽立子亹。齊人殺子亹立子儀。春秋皆沒而不書。以突爲鄭伯故也。

案 高氏閌謂亹儀之立。經沒而不書。斷以鄭伯爲突。依經立義。持論甚正。或以爲子儀者非也。

紀侯大去其國

左 紀侯不能下齊。以與紀季。夏。紀侯大去其國。違齊難也。

公 大去者何。滅也。孰滅之。齊滅之。曷爲不言齊滅之。爲襄公諱也。春秋爲賢者諱。何賢乎襄公。復讎也。何讎爾。遠祖也。哀公亨乎周。紀侯譖之。以襄公之爲於此焉者。事祖禰之心盡矣。盡者何。襄公將復讎乎紀。卜之曰。師喪分焉。寡人死之。不爲不吉也。遠祖者幾世乎。九世矣。九世猶可以復讎乎。雖百世可也。家亦可乎。曰不可。國何以可。國君一體也。先君之恥。猶今君之恥也。今君之恥。猶先君之恥也。國君何以爲一體。國君以國爲體。諸侯世。故國君爲一體也。今紀無罪。此非怒與。曰非也。古者有明天子。則紀侯必誅。必無紀者。紀侯之不誅。至今有紀者。猶無明天子也。古者諸侯必有會聚之事。相朝聘之道。號辭必稱先君以相接。然則齊紀無說焉。不可以並立乎天下。故將去紀侯者。不得不去紀也。有明天子。則襄公得爲若行乎。曰不得也。不得則襄公曷爲爲之。上無天子。下無方伯。緣恩疾者可也。

穀 大去者。不遺一人之辭也。言民之從者四年而後畢也。紀侯賢而齊侯滅之。不言滅而曰大去其國者。不使小人加乎君子。

范氏甯曰。不曰滅而曰大去其國。蓋抑無道之强。以優有道之弱。若進止在已。非齊所得滅也。　陸氏淳曰。趙氏云失國而曰大去。何也。紀侯賢而無罪。恃力者幷之。故力不足者。君子不咎之也。不曰出奔。所以護紀惡齊也。不書滅。不絕其祀也。

【案】紀侯失國。書爵書去。說者以爲憫紀而罪齊。其義甚正。公羊謂齊襄復讎。故諱之而不書滅。非春秋之旨也。齊襄志在併紀。肆行侵逼。雖以王命臨之。悍然不顧。此王法之所必誅者。而何以爲之諱乎。

六月乙丑齊侯葬紀伯姬

【公】外夫人不書葬。此何以書。隱之也。何隱爾。其國亡矣。徒葬於齊爾。此復讎也。曷爲葬之。滅其可滅。葬其可葬。此其爲可葬奈何。復讎者非將殺之。逐之也。以爲雖遇紀侯之殯。亦將葬之也。

【穀】外夫人不書葬。此其書葬何也。吾女也。失國。故隱而葬之。

劉氏敞曰。滅國不葬。紀巳滅矣。其言葬紀伯姬何。以齊侯之葬之著焉也。齊侯滅紀。則曷爲葬其夫人。爲說也。葬。臣子之事也。斥言齊侯而葬伯姬。甚賤之也。然則其爲說奈何。曰。逐人之君。而取其國。爲非所爲。以求媚說者也。又曰。穀梁曰。吾女也。失國故隱而葬之。非也。若但云葬紀伯姬者。如穀梁說可矣。今曰齊侯葬紀伯姬。此非常文也。此其重在齊侯。不在吾女甚明。

秋七月

冬公及齊人狩于禚禚。公穀作郜。

【公】公曷爲與微者狩。齊侯也。齊侯則其稱人何。諱與讎狩也。前此者有事矣。後此者有事矣。則曷爲獨於此焉譏。於讎者將壹譏而已。故擇其重者而譏焉。莫重乎其與讎狩也。於讎者則曷爲將壹譏而已。讎者無時焉可與通。通則爲大譏。不可勝譏。故將壹譏而已。其餘從同同。

【穀】齊人者。齊侯也。其曰人何也。卑公之敵。所以卑公也。何爲卑公也。不復讎而怨不釋。刺釋怨也。

胡傳曰。穀梁子曰。刺釋怨也。父母之讎。不共戴天。兄弟之讎。不與同國。九族之讎。不同鄉黨。朋友之讎。不同市朝。今莊公與齊侯。不共戴天。則無時焉可通也。而與之狩。是忘親釋怨。非人子矣。夫狩者馳騁田獵。其爲樂下主乎已。一爲乾豆。其事上主乎宗廟。以爲有人心者。宜於此焉變矣。故齊侯稱人。而魯公書及以著其罪。

【壬辰】莊王八年

五年齊襄九年。晉緡十六年。衛惠十一年。黔牟七年。蔡哀六年。鄭厲十二年。子儀五年。曹莊十三年。陳宣四年。杞靖十五年。宋閔三年。秦武九年。楚文王熊貲元年。

春王正月

夏夫人姜氏如齊師

【穀】師而曰如。衆也。婦人既嫁不踰竟。踰竟非禮也。

孔氏穎達曰。於時齊無征伐之事。不知師在何處。蓋齊侯彊理紀地。有師在紀。杜云書姦。姦發夫人。當向紀地從之。不言會者。往其軍內就齊侯耳。不行會禮。

秋郳黎來來朝郳。公作倪。黎。左作犂。郳。附庸國也。東海昌慮縣東北有郳城。

【左】名。未王命也。

【公】倪者何。小邾婁也。小邾婁則曷爲謂之倪。未能以其名通也。黎來者何。名也。其名何。微國也。

【穀】郳。國也。黎來。微國之君。未爵命者也。

【案】郳黎來書名。三傳說同。胡傳別自立義。比於介葛盧。揆以宋仲幾語不合。故從刪節。

冬公會齊人宋人陳人蔡人伐衛

【左】冬。伐衛。納惠公也。

【公】此伐衛何。納朔也。曷爲不言納衛侯朔。辟王也。

【穀】是齊侯宋公也。其曰人何也。人諸侯所以人公也。其人公何也。逆天王之命也。

【案】衛朔得罪於王。而齊襄會諸侯以納之。無王甚矣。故春秋皆書人以貶之。或以爲諸侯非自行。實是微者。恐未足據。蓋齊襄志在納朔。桓十六年。爲黃之會。莊三年。又與魯會伐。今則興師大舉。糾集五國。以抗拒王命。必欲納朔而後已也。安見其不自行乎。

癸巳莊王九年**六年**齊襄十年。晉緡十七年。衛惠十二年。黜牟八年。蔡哀七年。鄭厲十三年。子儀六年。曹莊十四年。陳宣五年。杞靖十六年。宋閔四年。秦武十年。楚文二年。

春王正月王人子突救衛正月。公穀作三月。書救始此。

【左】六年春。王人救衛。

【公】王人者何。微者也。子突者何。貴也。貴則其稱人何。繫諸人也。曷爲繫諸人。王人爾。

【穀】王人。卑者也。稱名。貴之也。善救衛也。救者善。則伐者不正矣。

杜氏預曰。王人。王之微官也。雖官卑而見授以大事。故稱人而又稱字。

孔氏穎達曰。昭十二年傳稱叔孫昭子三命踰父兄。則昭子之父叔孫豹再命也。再命而名見於經。知諸侯之卿再命三命皆書名。一命乃稱人。諸侯之臣既然。則王朝之臣亦然。周禮王之上士三命中士再命下士一命。故杜以爲劉夏石尚稱名氏者。上士中士也。稱王人者。下士也。僖八年。公羊傳曰。王人微者。知此王人亦微者。故云王人王之微官也。春秋之世。二字而子在上者皆是字。故知子突是字。救衛必以師救而文不稱師。於例爲將卑師少。以卑官而帥少師救衛。不能使衛侯不入。是無功也。無功而稱字者。以朔既讒構取國。而又不能於民。王意卽定。黜牟。不欲使朔得入。故遺師救之。子突雖則官卑。蒙王授以大事。故稱人而又稱字。貴王人。所以責諸侯也。

程子曰。王人微者。例不書字。子突救衛而字之。善之也。善子突。則善上命也。

【案】左氏以子突爲字。徐乾本穀梁。以子突爲名。名字雖殊。其以爲褒救衛則一也。孔氏穎達謂二字而子在上者皆是字。於理爲近。先儒多從之。故當主左氏。而穀梁及徐乾之說亦附見焉。或以名字非褒貶所在。則恐非經意。程子固亦以書字爲褒也。

夏六月衛侯朔入于衛

【左】夏，衛侯入，放公子黔牟于周，放甯跪于秦，殺左公子洩、右公子職，乃即位。君子以二公子之立黔牟爲不度矣。夫能固位者，必度其本末而後立衷焉。不知其本，不謀；知本之不枝，弗强。詩云：本枝百世。

【公】衛侯朔何以名？絕。曷爲絕之？犯命也。其言入何？篡辭也。

【穀】其不言伐衛納朔，何也？不逆天王之命也。入者，內弗受也。何用弗受也？爲以王命絕之也。朔之名，惡也。朔入逆，則出順矣。朔出入名，以王命絕之也。

孫氏復曰：衛侯朔得入于衛，天子之威命盡矣。公與諸侯之罪，不容誅矣。故言伐，言救，言入，以著其惡。劉氏敞曰：何以名？絕。曷爲絕？殺世子伋，篡公子黔牟。入者何？逆辭也。又曰：傳曰：君子以二公子之立黔牟爲不度，非也。王人子突救衛，春秋貴之，則是黔牟王所欲立也。篡王所立，朔則有罪。今朔不見貶，而黔牟顧先蒙惡，豈春秋意哉？又曰：朔故嘗有國矣，入而不言復者，不與復之意也。爲諸侯受之君，君所不命而自取之，雖有鄰國之助，大亂之道也。爲此乃非所以復也。

秋，公至自伐衛。

【公】曷爲或言致會，或言致伐？得意致會，不得意致伐。衛侯朔入于衛，何以致伐？不敢勝天子也。

【穀】惡事不致，此其致，何也？不致，則無用見公之惡事之成也。

蘇氏轍曰：朔入而公至，雖不言納，而公之罪亦明矣。

螟。

冬，齊人來歸衛俘。俘，公穀作寶。

【左】齊人來歸衛寶，文姜請之也。

【附錄】【左】楚文王伐申，過鄧。鄧祁侯曰：吾甥也。止而享之。騅甥、聃甥、養甥請殺楚子，鄧侯弗許。三甥曰：亡鄧國者，必此人也。若不早圖，後君噬齊，其及圖之乎？圖之，此爲時矣。鄧侯曰：人將不食吾餘。對曰：若不從三臣，抑社稷實不血食，而君焉取餘？弗從。還年，楚子伐鄧。十六年，楚復伐鄧，滅之。

【公】此衛寶也，則齊人曷爲來歸之？衛人歸之也。衛人歸之，則其稱齊人何？讓乎我也。其讓乎我奈何？齊侯曰：此非寡人之力，魯侯之力也。

【穀】以齊首之，分惡於齊也。使之如下齊而來我然，惡戰則殺矣。

胡傳曰：俘者，二傳以爲寶。案商書稱遂伐三朡，俘厥寶玉，則俘者正文也，寶者釋辭也。言齊歸衛寶，則知四國皆受朔之賂矣。春秋特書此事，結正諸侯之罪也。夫以弟弒兄，臣弒君，篡居其位，上逆天王之命，人理所不容矣。彼諸侯者，豈其弗察而援之甚力，則未有以驗其喪心失志迷惑之端也。及書齊人歸寶，然後知其有欲貨之心而後動於惡也。世衰道微，暴行交作，徇於貨寶，賄賂公行，使君臣父子兄弟，終去仁義，懷利以相與，不至於篡弒奪攘則不厭也。春秋書此，結正諸侯之罪，垂戒明矣。

【甲午】莊王十年 **七年** 齊襄十一年。晉緡十八年。衛惠十三年。蔡哀八年。鄭厲十四年。子儀七年 曹莊十五年。陳宣六年。杞靖十七年。宋閔五年。秦武十一年。楚文三年。

春夫人姜氏會齊侯于防

【左】文姜會齊侯于防。齊志也。

【穀】婦人不會。會非正也。

杜氏預曰。文姜數與齊侯會。至齊地。則姦發夫人。至魯地。則齊侯之志。

夏四月辛卯夜恒星不見夜中星隕如雨 辛卯夜。穀夜作昔。見音現。隕。于閔反。公作霣。凡霣字後同。

【左】夏。恒星不見。夜明也。星隕如雨。與雨偕也。

【公】恒星者何。列星也。列星不見。何以知夜之中。星反也。如雨者何。如雨者非雨也。非雨則曷為謂之如雨。不修春秋。曰雨星不及地尺而復。君子修之。曰星霣如雨。何以書。記異也。

【穀】恒星者經星也。日入至於星出謂之昔。不見者何以見也。夜中星隕如雨。其隕也如雨。是夜中與。春秋著以傳著。疑以傳疑。中之幾也。而曰夜中。著焉爾。何以見其中也。失變而錄其時。則夜中矣。其不日恒星之隕何也。我知恒星之不見。而不知其隕也。我見其隕而接于地者。則是雨說也。著於上。見於下。謂之雨。著於下。不見於上。謂之隕。豈雨說哉。

劉氏敞曰。如雨者。言衆多不可為數也。左氏云。與雨偕也。非也。穀梁注以如猶而也。言星隕且雨也。亦非也。春秋記星隕為異耳。夜中而雨。何足記乎。穀梁云。著於上。見於下。謂之雨。以言雨螽可也。以言雨雪。則何著於上之有。又曰著於下。不見於上。謂之隕。以言隕石可也。以言星隕則何不見於上之有。公羊說。不修春秋。曰雨星不及地尺而復。君子修之。曰星隕如雨。此妄語也。若實尺而復。無為不書。 朱子曰。日見於晝。星明於夜。天道常理。今夜有日光。常星不見。此陰不陰。陽不陽。君不君。臣不臣之應也。

【案】星隕如雨。言其隕之多也。三傳之說。俱有未協。劉氏敞皆駁之。其義甚精。

秋大水無麥苗

【左】秋。無麥苗。不害嘉穀也。

【公】無苗。則曷為先言無麥而後言無苗。一災不書。待無麥然後書無苗。何以書。記災也。

【穀】高下有水災。曰大水。麥苗同時也。

胡傳曰。書大水。畏天災也。無麥苗。重民命也。畏天災。重民命。見王者之心矣。忽天災而不懼。輕民命而不圖。國之亡無日矣。春秋所以謹之也。 劉氏敞曰。曷為先言麥而後言苗。麥苗同時。麥成而先敗也。何以書。紀災也。又曰。左氏曰。不害嘉穀也。非也。大水無麥苗。此聖人為記災而書耳。言其不害嘉穀。何益於教乎。且隱元年例曰。凡物不為災不書。今不害嘉穀。是水不為災也。水不為災。不應書大水也。大水矣。無麥苗矣。而猶謂不害嘉穀。罔也。又曰。公羊云。一災不書。待無麥然後書無苗。非也。若春秋一災不書。豈愛民之謂乎。

冬夫人姜氏會齊侯于穀 穀。齊地。濟北穀城縣。

穀婦人不會。會非正也。

胡傳曰。防。魯地也。穀。齊地也。初會于禚。次享于祝丘。又次于齊師。又一歲而再會焉。其爲惡益遠矣。明年無知弒諸兒。其禍淫之明驗也。

【乙未】莊王十一年　**八年**　齊襄十二年。晉緡十九年。衛惠十四年。蔡哀九年。鄭厲十五年。子儀八年。曹莊十六年。陳宣七年。杞靖十八年。宋閔六年。秦武十二年。楚文四年。

春王正月。師次于郎。以俟陳人蔡人。

公次不言俟。此其言俟何。託不得已也。

穀次。止也。俟。待也。

胡傳曰。用大衆曰師。次。止也。伐而次者。有整兵愼戰之意。其次。善之也。遂伐楚次于陘是也。救而次者。有緩師畏敵之意。其次。譏之也。次于匡于聶北于雍榆是也。俟而次者。有無名妄動之意。次于郎以俟陳人蔡人是也。何俟乎陳蔡。或曰。陳蔡將過我。俟而邀之也。或曰。魯將與陳蔡有事於鄰國。而陳蔡不至。故次于郎以待之也。若是皆非義矣。其曰次。曰以俟者。深貶之也。孔氏穎達曰。唯言以俟陳蔡。不知何故待之。下有師及齊師圍郕。或與陳蔡同討。故云期共伐郕。陳蔡不至。故待之。賈逵及說穀梁者。皆云陳蔡欲伐魯。故待之。陳蔡於魯。竟絕路遙。春秋以來。未嘗構怨。何因輒伐魯也。又俟者相須同行之辭。非防寇拒敵之稱。若是畏其來伐。當謂之禦。不得稱俟。故知期共伐郕耳。何休服虔亦言欲共伐郕。

甲午治兵　治公作祠。

左八年春治兵于廟禮也。

公祠兵者何。出曰祠兵。入曰振旅。其禮一也。皆習戰也。何言乎祠兵。爲久也。曷爲爲久。吾將以甲午之日。然後祠兵於是。

穀出曰治兵。習戰也。入曰振旅。習戰也。治兵而陳蔡不至矣。兵事以嚴終。故曰。善陳者不戰。此之謂也。善爲國者不師。善師者不陳。善陳者不戰。善戰者不死。善死者不亡。

劉氏敞曰。治兵者何。習戰也。常事不書。此何以書。譏。何譏爾。春而治兵。不時也。治兵以俟陳蔡也。何以不言地。國中則不言地。何以不言公。國中則不言公。又曰。左氏曰。治兵於廟禮也。非也。凡出曰治兵。入曰振旅。是以秋治兵。春振旅。今魯以春治兵。治兵非其時。何以爲禮乎。且若中禮。是則常事耳。亦何足書乎。又言於廟。夫廟中嚴矣。非治兵之地也。

夏師及齊師圍郕。郕降于齊師。　郕公作成。降戶江反。

左夏師及齊師圍郕。郕降于齊師。仲慶父請伐齊師。公曰。不可。我實不德。齊師何罪。罪我之由。夏書曰。皐陶邁種德。德乃降。姑務修德以待時乎。秋師還。君子是以善魯莊公。

公成者何。盛也。盛則曷爲謂之成。諱滅同姓也。曷爲不言降吾師。辟之也。

穀其曰降于齊師何。不使齊師加威於郕也。

范氏甯曰。郕同姓之國。而與齊伐之。是用師之過也。　劉氏敞曰。郕者何國也。降者何降之者何降者未失其國家者也降之者失其國家者也未失其國家者復見失其國家者不復見猶遷也又曰公羊以為成者盛也諱滅同姓也不言降吾師辟之也非也實共圖盛改謂之成實滅其國改謂之降實降於魯又獨言齊皆非聖人之文也凡聖人諱國惡亦在可諱之域不在不可諱之域如改白為黑日已為人豈獨非道亦不可傳世矣又曰穀梁曰不使齊師加威於郕故使若齊無武功而郕自降審如此春秋為縱失齊師之志也其意雖欲貶齊存郕其實乃為齊文過　湛氏若水曰莊公舍復讎之義而反同之以伐郕宜郕人之不服而降齊也

秋師還　還音旋後同左見前句

【公】還者何善辭也此滅同姓何善爾病之也曰師病矣曷為病之非師之罪也

【穀】還者事未畢也遯也

劉氏敞曰公羊曰病之也曰師病矣非師之罪也然則理實貶之何言善之乎　劉氏絢曰春秋之世用師多矣未有所書如此之詳者何則莊公此師尤為非義上既不用天王之命無故而興師自正月次于郎以俟陳蔡而陳蔡不至可謂無名矣甲午治兵可謂黷武矣夏師及齊師圍郕郕又降于齊可謂無義矣歷三時而師還可謂害民矣夫逆天道親仇讎圍同姓勤民力與國不信伐國不服故聖人備書之

冬十有一月癸未齊無知弒其君諸兒

【左】齊侯使連稱管至父戍葵丘瓜時而往曰及瓜而代期戍公問不至請代弗許故謀作亂連稱有從妹在公宮無寵使間公曰捷吾以女為夫人冬十一月齊侯游於姑棼遂田於貝丘見大豕從者曰公子彭生也公怒曰彭生敢見射之豕人立而啼公懼隊於車傷足喪屨反誅屨於徒人費弗得鞭之見血走出遇賊於門劫而束之費曰我奚御哉袒而示之背信之費請先入伏公而出鬭死於門中石之紛如死於階下遂入殺孟陽於牀曰非君也不類見公之足於戶下遂弒之而立無知初襄公立無常鮑叔牙曰君使民慢亂將作矣奉公子小白出奔莒亂作管夷吾召忽奉公子糾來奔初公孫無知虐於雍廩　葵丘齊地臨淄縣西有地名葵丘後漢志西安縣有蘧丘亭亦名渠丘郎古葵丘也姑棼齊地郎薄姑也貝丘齊地樂安博昌縣南有地名貝丘

【穀】大夫弒其君以國氏者嫌也弒而代之也

劉氏敞曰穀梁曰大夫弒君以國氏者嫌也弒而代之也非也宋萬豈亦弒而代之者乎公子商人豈非弒而代之者乎

【案】無知不稱公孫絕其屬籍也胡傳罪僖公恐非篤論故刪之

【丙申】莊王十二年

九年　齊桓公小白元年晉緡二十年衛惠十五年蔡哀十年鄭厲十六年子儀九年曹莊十七年陳宣八年杞靖十九年宋閔七年秦武十三年楚文五年

春齊人殺無知

左 九年春。雍廩殺無知。

穀 無知之挈。失嫌也。稱人以殺大夫。殺有罪也。

劉氏敞曰。傳曰。雍廩殺之。雍廩殺之。則其稱人以殺之何。討賊之辭也。又曰。穀梁曰。無知之挈。失嫌也。稱人以殺大夫。殺有罪也。非也。無知殺君以代其位。不可復氏公子。又上有齊人。下有無知。明無知者。齊人之賊。亦不煩再氏國爾。非謂失嫌故挈之也。無知又非大夫。而以大夫例解之。似仍失指。

公及齊大夫盟于蔇

蔇其器反。蔇。公穀作暨。蔇。琅邪繒縣北有蔇亭。

左 齊無君也。

公 公曷為與大夫盟。齊無君也。然則何以不名。為其諱與大夫盟也。使若衆然。

穀 公不及大夫。大夫不名。無君也。盟納子糾也。不日。其盟渝也。當齊無君。制在公矣。當可納而不納。故惡內也。

范氏甯曰。春秋之義。內大夫可以會外諸侯。公不可以盟外大夫。所以明尊卑。定內外也。今齊國無君。要當有任其盟者。故不得不以權通禮。君前臣名。齊無君。故大夫不名。李氏廉曰。春秋於蔇之盟書齊大夫。扈之盟書晉大夫。其詞雖同。然齊無君而書大夫。非貶詞。又書公及。則大夫無伉公之嫌。而罪公之及齊明矣。晉靈初即位。而趙盾書大夫。則趙盾之專可知。其書公會。雖譏公之後至。然乃所以見趙盾之強。諸侯爲此盟也。又曰。子糾三傳皆以爲當納。趙子程子胡氏以爲不當納。所以然者。杜氏以子糾小白並齊僖之子。而糾長。故當立。穀梁曰。齊無知弒襄公。公子糾公子小白出亡。似若以爲襄公子矣。而終以糾爲兄。故亦以爲當立。獨程子用史記證之。而定以糾爲襄公子。於是魯納讎之罪明。定以糾爲小白弟。於是糾不當立之義著。然後糾不書子。小白之繫齊。管仲之不死。魯之忿親釋怨。皆得其說矣。

夏公伐齊納糾齊小白入于齊

左作納子糾。

左 夏。公伐齊。納子糾。桓公自莒先入。

公 納者何。入辭也。其言伐之何。伐而言納者。猶不能納也。糾者何。公子糾也。何以不稱公子。君前臣名也。曷爲以國氏。當國也。其言入何。篡辭也。

穀 當可納而不納。齊變而後伐。故乾時之戰不諱敗。惡內也。大夫出奔反。以好曰歸。以惡曰入。齊公孫無知弒襄公。公子糾公子小白不能存。出亡。齊人殺無知而迎公子糾于魯。公子小白不讓公子糾先入。又殺之于魯。故曰齊小白入于齊。惡之也。

胡傳曰。左氏書子糾。二傳曰伐齊納糾。君子以公穀爲正。納者。不受而強致之稱。入者。難詞。糾不書子者。明糾不當立也。以小白繫齊者。明小白宜有齊也。所以然者。襄公見殺。糾與小白。皆以庶子出奔。而糾弟也。又未嘗爲世子。案史稱周公誅管蔡以安周。齊桓殺其弟以反國。是糾幼而小白長。其有齊宜矣。宜則何以不稱公子。內無所承。上不稟命。故以王法絕之也。劉氏敞曰。公羊云納者入辭也。非也。納者納辭耳。得入不得入。未可知也。又曰。伐而言納者。猶不能納也。亦非也。有伐而納者。有圍而納者。有未嘗伐未

嘗盟而納者。各據實書之耳。糾不稱公子。君前臣名也。非也。糾失國在魯。本非魯臣。何以責
以君前臣名乎。且若稱公子。糾則可謂非君前臣名乎。又云。以國氏者。當國也。非也。凡言當
國之說。皆無通例。不可條貫。程子曰。桓公子糾襄公之二子也。桓公兄而子糾弟。襄公死。
則桓公當立。春秋書桓公。則曰齊小白。言當有齊國也。於子糾則止曰糾。不言齊。以不當有
齊也。不言子。非君之嗣子也。公穀幷注四家。皆書納糾。左傳獨言子糾。誤也。然書齊人取子
糾殺之者。齊大夫嘗與魯盟于蔇。旣納糾以爲君。又殺之。故書子。是二罪也。朱子曰。程子
以薄昭之言。證桓公之爲兄。則荀卿嘗謂桓公殺兄以爭國。而其言固在薄昭之前矣。蓋未
可以此證其必然。但以公穀春秋所書之文爲據。而參以夫子答子路子貢之言斷之可也。
蓋聖人之於人。不以罪掩其功。亦不以功掩其罪。今於管仲但稱其功。不言其罪。則可見不
死之無害於義。而桓公子糾之長少。亦從以明矣。又曰。仲之所以不死者。正以其小白兄而子
糾弟耳。若使糾兄而當立。則齊國之士。君臣之義。無所逃矣。

【案】左氏經文。公伐齊納子糾。繫子於糾。而不繫於小白。是以子糾爲兄也。公穀經文雖稱糾。不繫
子。而公羊謂糾宜君。穀梁謂糾可立。亦以子糾爲兄也。三傳注疏。並無異說。其見於他書者。荀卿
謂桓公殺兄。史記序糾於小白之上。蓋皆以子糾爲兄也。獨薄昭與淮南王書。謂齊桓殺弟。韋昭
注曰。子糾兄也。言弟者。諱也。趙氏汸曰。時漢文於淮南爲兄。故避兄而言弟。是則薄昭所云。乃一
時還就之語。而非不易之論也。程子及胡傳據公穀經文稱糾。不繫子。遂直以糾爲弟。而諸家多
因之。夫公穀之傳。所以釋經也。取其經而背其傳。不幾進退兩無據乎。朱子論語或問引用程子
說。而其答潘友恭書。又因荀卿殺兄之語。而以薄昭所云爲未必然。蓋兩存之。而未嘗有所偏主
也。今故從朱子而兩存之。再考叔向謂齊桓爲衛姬之子。有寵於僖。史記謂襄公次弟糾。次弟小
白。又謂小白母。衛女也。其說與叔向同。杜氏預謂小白。僖公庶子。子糾小白庶兄。是俱以糾與小
白爲僖公子也。獨穀梁謂無知弑襄公。公子糾公子小白出亡。啖氏助。趙氏匡。主穀梁之說。謂襄
被弑。二公子乃出奔。以二公子爲襄公之子。程子及胡傳皆主之。二說未詳孰是。亦並存焉。

秋七月丁酉葬齊襄公

杜氏預曰。九月乃葬。亂故。

八月庚申及齊師戰于乾時我師敗績乾音干。乾時。齊地。時水在樂安縣界。支流旱則竭涸。故曰乾時。

【左】師及齊師戰于乾時。我師敗績。公喪戎路。傳乘而歸。秦子梁子。以公旗辟於下道。是以告止。

【公】內不言敗。此其言敗何。伐敗也。曷爲伐敗。復讎也。此復讎乎大國。曷爲使微者。公也。公則曷爲不言公。不與公復讎也。曷爲不與公復讎。復讎者在下也。

胡傳曰。案左氏。戰于乾時。公喪戎路。傳乘而歸。則敗績者公也。能與讎戰。雖敗亦榮。何以不
言公。貶之也。公本忘親釋怨。欲納讎人之子。謀定其國家。不爲復讎與之戰也。是故沒公以
見貶。若以復讎舉事。則此戰爲義戰。當書公冠於敗績之上。與沙隨之不得見。平邱之不與
盟。爲比以示榮矣。惟不以復讎戰也。是故諱公。以重貶其忘親釋怨之罪。其義深切著明矣。
劉氏敞曰。此言敗何。公佚獲也。戰而大敗。蓋佚然後免爾。師敗。恥也。佚獲。辱也。恥可言。辱

不可言也。公羊曰。內不言敗。此言敗者。伐敗也。非也。若魯實以復讎而戰者。春秋不宜不言公。若以復讎者在下。故不言公。春秋豈奪人臣子意哉。臣有善言。君行之。則君善也。奈何以復讎者在下。則不以其美歸公哉。

九月齊人取子糾殺之

【左】鮑叔帥師來言曰。子糾。親也。請君討之。管召。讎也。請受而甘心焉。乃殺子糾於生竇。召忽死之。管仲請囚。鮑叔受之。及堂阜而稅之。歸而以告曰。管夷吾治於高傒。使相可也。公從之。生竇。魯地。史記作笙瀆。賈逵曰。句瀆也。堂阜。齊地。東莞蒙陰縣西北。有夷吾亭。鮑叔解夷吾縛於此。

【公】其取之何。內辭也。脅我。使我殺之也。其稱子糾何。貴也。其貴奈何。宜為君者也。

【穀】外不言取。言取病內也。取。易辭也。猶曰取其子糾而殺之云爾。十室之邑。可以逃難。百室之邑。可以隱死。以千乘之魯。而不能存子糾。以公為病矣。

胡傳曰。取者。不義之詞。前書納糾不稱子者。明不當立也。此書殺糾復稱子者。明不當殺也。或奪或予。於義各安。春秋精意也。仁人之於兄弟。不藏怒焉。不宿怨焉。親愛之而已。糾雖爭立。越在他國。置而勿問可也。必請於魯殺之。然後快於心。其不仁亦甚矣。後世以傳讓為名。而取國者。必殺其主。以為一人心。防後患。意與此同。流毒豈不遠哉。故孟子曰。五伯三王之罪人也。仲尼之徒。無道桓文之事者。蘇氏轍曰。子糾之死。魯殺之也。其曰齊人取子糾殺之何也。不予齊人之使魯殺其親也。故使齊其尸之。且曰有國而不能庇一人。亦所以病魯也。公羊曰。稱子糾。宜為君也。或以公羊而益之曰。此殺未踰年之君也。夫子糾小白爭國。未知孰宜為君也。未知孰宜為君。納而未得入。而以為未踰年之君也。可乎。

冬浚洙 洙音殊。

【公】洙者何。水也。浚之者何。深之也。曷為深之。畏齊也。曷為畏齊也。辭殺子糾也。

【穀】浚洙者。深洙也。著力不足也。

胡傳曰。固國以保民為本。輕用民力。妄興大作。邦本一搖。雖有長江巨川。限帶封域。洞庭彭蠡河漢之險。猶不足憑。而況洙乎。書浚洙。見勞民於守國之末務。而不知本。為後戒也。

【丁酉】莊王十三年 **十年** 年。齊桓二年。晉緡二十一年。衞惠十六年。蔡京十一年。鄭厲十七年。子儀十年。曹莊十八年。陳宣九年。杞靖二十年。宋閔八年。秦武十四年。楚文六年。

春王正月公敗齊師于長勺 勺上酌反。長勺。魯地。路氏曰。成王以商民六族錫魯公。有長勺氏。尾勺氏。此商民所居也。

【左】十年春。齊師伐我。公將戰。曹劌請見。其鄉人曰。肉食者謀之。又何間焉。劌曰。肉食者鄙。未能遠謀。乃入見。問何以戰。公曰。衣食所安。弗敢專也。必以分人。對曰。小惠未徧。民弗從也。公曰。犧牲玉帛。弗敢加也。必以信。對曰。小信未孚。神弗福也。公曰。小大之獄。雖不能察。必以情。對曰。忠之屬也。可以一戰。戰則請從。公與之乘。戰于長勺。公將鼓之。劌曰。未可。齊人三鼓。劌曰。可矣。齊師敗績。公將馳之。劌曰。未可。下視其轍。登軾而望之。曰。可矣。遂逐齊師。既克。公問其故。對曰。夫戰勇氣也。一鼓作氣。再而衰。三而竭。彼竭我盈。故克之。夫大國難測也。懼有伏焉。吾視其轍亂。望其旗靡。故逐之。

【穀】不日。疑戰也。疑戰而曰敗。勝內也。

【案】外兵加魯。以主客爲予奪。意責外。則書來戰。意責內。則勝書敗某師。敗書及某師戰。此定法也。魯莊於齊。旣忘仇讎。而修甥舅之禮。一旦乘齊之喪。納讎子而伐之。及齊師來伐。又憤然而與戰。故經以魯爲主。而不書齊伐。胡傳以爲意責魯不可易矣。或謂閔魯積弱。又謂齊爲讎國。故幸其勝而喜之。然則乘邱及鄑。公先侵宋。旣無强弱之嫌。宋非讎國。復何所喜。乃亦不言宋伐。止書敗宋師也邪。故諸爲異論者。悉擯不取。

二月。公侵宋。此書侵之始。

【公】曷爲或言侵。或言伐。觕者曰侵。精者曰伐。戰不言伐。圍不言戰。入不言圍。滅不言入。書其重者也。

【穀】侵時。此其月何也。乃深其怨于齊。又退侵宋。以衆其敵。惡之。故謹而月之。

張氏洽曰。莊公以僥倖得志於齊。遂舉無名之師。以掠宋境。此所以致郎之師也。

三月。宋人遷宿。此遷國之始。

【公】遷之者何。不通也。以地還之也。子沈子曰。不通者。蓋因而臣之也。

【穀】遷。亡辭也。其不地。宿不復見也。遷者。猶未失其國家以往者也。

陸氏淳曰。啖子曰。凡言遷者有二義。如宋人遷宿。齊人遷陽。是移其國於國中而爲附庸也。如邢遷于夷儀。衞遷于帝邱之類。或自請遷。或見彊遷。皆猶爲列國。故不言某人遷之。言所遷之地。但言移國都而已。非爲附庸也。趙子曰。凡非所遷而遷之。其惡著矣。　孫氏復曰。宿。微國。天子封之。宋人遷之。其惡可知。蘇氏轍曰。凡諸侯遷國。自遷曰某遷於某。人遷而有之。曰某人遷某。猶以爲附庸也。故不言滅。

夏六月。齊師宋師次于郎。公敗宋師于乘丘。乘。繩證反。乘邱。魯地。西漢泰山郡。有乘邱縣。顏師古曰。卽春秋乘邱也。括地志。乘邱在瑕邱縣西北三十五里。

【左】夏六月。齊師宋師次于郎。公子偃曰。宋師不整。可敗也。宋敗。齊必還。請擊之。公弗許。自雩門竊出。蒙皐比而先犯之。公從之。大敗宋師于乘邱。齊師乃還。

【公】其言次于郎何。伐也。伐則其言次何。齊與伐而不與戰。故言伐也。我能敗之。故言次也。

【穀】次。止也。畏我也。不日。疑戰也。疑戰而曰敗。勝內也。

胡傳曰。齊宋輕舉大衆。深入他境。肆其報復之心。誠有罪也。魯人若能不用詐謀。奉其辭令。一國去矣。偸得一時之捷。而積四鄰之忿。此小人之道。故次者不以其事。勝者不以其理。交議之。趙氏匡曰。公羊云。齊與伐而不與戰。故言伐也。案經文實未伐而敗。故不言伐爾。又曰我能敗之。故言次。若然。則但書敗。義不明乎。何假言次。　李氏廉曰。齊之忿魯。始於子糾之納。宋之忿魯。始於公之侵。而其實則齊桓挾宋以圖伯也。故胡氏發明於次敗之旨。而陳氏深察於齊宋之心。二說兼用乃備。

秋九月荊敗蔡師于莘以蔡侯獻舞歸

莘。所巾反。舞。穀作武。莘。蔡地。

左 蔡哀侯娶於陳。息侯亦娶焉。息媯將歸。過蔡。蔡侯曰。吾姨也。止而見之。弗賓。息侯聞之。怒。使謂楚文王曰。伐我。吾求救於蔡。而伐之。楚子從之。秋九月楚敗蔡師于莘。以蔡侯獻舞歸。

公 荊者何。州名也。州不若國。國不若氏。氏不若人。人不若名。名不若字。字不若子。蔡侯獻舞何以名。絕。曷爲絕之。獲也。曷爲不言其獲。不與夷狄之獲中國也。

穀 荊者。楚也。何爲謂之荊。狄之也。何爲狄之。聖人立。必後至。天子弱。必先叛。故曰荊。狄之也。蔡侯何以名也。絕之也。何爲絕之。獲也。中國不言敗。此其言敗何也。中國不言敗。蔡侯其見獲乎。其言敗何也。釋蔡侯之獲也。以歸。猶愈乎執也。

胡傳曰。蔡侯何以名。絕之也。凡書敗。書滅。書入。而以其君歸皆名者。爲其服爲臣虜。故絕之也。若蔡獻舞。潞嬰兒。沈嘉。許斯。頓牂。胡豹。曹陽。邾益之類是矣。楚人滅夔。以夔子歸。獨不名者。夔子以無罪見討。雖國滅身爲臣虜。其義直。其辭初不服也。是以獨假之爵而不名也。春秋之法。諸侯不生名。失地則生而名之。比於賤者。欲使有國之君戰戰兢兢長守富貴。無危溢之行也。

冬十月齊師滅譚譚子奔莒

此滅國之始。譚。國名。

左 齊侯之出也。過譚。譚不禮焉。及其入也。諸侯皆賀。譚又不至。冬。齊師滅譚。譚無禮也。譚子奔莒。同盟故也。

公 何以不言出。國已滅矣。無所出也。

胡傳曰。案左氏齊侯之出也。過譚。譚不禮焉。及其入也。諸侯皆賀。譚又不至。責其失事大之禮可矣。坐此見滅。可乎。齊師滅譚。譚子奔莒。楚人滅弦。弦子奔黃。狄滅溫。溫子奔衛。三國所以皆存其爵。不比於失地之君而名之也。然則吳滅徐。徐子章羽奔楚。何以獨名。案左氏吳伐徐。徐子斷其髮。攜其夫人。以逆吳子。既已屈服而後奔。豈有興復之志乎。獨書名。所以絕之也。春秋之義。雖在於抑强扶弱。又責弱者不自强於爲善也。故其書法如此。

(戊戌) 莊王十四年

十有一年

齊桓三年。晉緡二十二年。衛惠二十七年。蔡哀十二年。鄭厲十八年。子儀十一年。曹莊十九年。陳宣十二年。杞靖二十一年。宋閔九年。秦武十五年。楚文七年。

春王正月

夏五月戊寅公敗宋師于鄑

鄑。子斯反。鄑。魯地。

左 十一年夏。宋爲乘丘之役。故侵我。公禦之。宋師未陳而薄之。敗諸鄑。凡師敵未陳。曰敗某師。皆陳曰戰。大崩曰敗績。得儁曰克。覆而敗之。曰取某師。京師敗。曰王師敗績于某。

穀 內事不言戰。舉其大者。其日。成敗之也。宋萬之獲也。

秋宋大水

左 秋。宋大水。公使弔焉。曰。天作淫雨。害於粢盛。若之何不弔。對曰。孤實不敬。天降之災。又以爲君憂拜命之辱。臧文仲曰。宋其興乎。禹湯罪己。其興也悖焉。桀紂罪人。其亡也忽焉。且列國有凶。稱孤。禮也。言懼而名禮。其庶乎。既而聞之曰。公子御說之辭也。臧孫達曰。是宜爲君。有恤民之心。

【公穀】何以書。記災也。外災不書。此何以書。及我也。外災不書。此何以書。王者之後也。高下有水災曰大水。

胡傳曰。凡志災。見春秋有謹天戒。恤民隱之心。王者之事也。　劉氏敞曰。此宋大水也。何以書弔焉爾。主人告災不告異。諸侯弔災不弔異。告異則書之。弔災則書之。又曰。公羊云外災不書。此書者。及我也。案春秋。內其國而外諸夏。若水災及魯。自可記魯災而已。無爲詳宋而略我也。穀梁曰。外災不書。此何以書。王者之後也。非也。杞亦王者之後。未嘗記其災何與。又曰。異者。天所以譴人君使修德也。故異至則內自省而已耳。非所待於外也。不當告。告爲失禮。失禮則書災者。害之及民物者也。諸侯於四鄰。固有恤病救急之義。是所待於外也。不可不弔。弔爲得禮。得禮則書。

冬王姬歸于齊

【左】冬。齊侯來逆共姬。

【附錄左】乘邱之役。公以金僕姑射南宮長萬。公右歂孫生搏之。宋人請之。宋公靳之。曰。始吾敬子。今子。魯囚也。吾弗敬子矣。病之。

【公穀】何以書。過我也。

其志過我也。

陸氏淳曰。公穀皆云。志其過我也。案書其歸。爲魯主婚爾。穀梁他處。即云爲之中者歸之。與此自相反矣。劉氏敞曰。何以書。我主之也。我主之。則曷爲不言我主之。常事不書。必非常然後書。又曰。杜氏曰。不書齊侯逆不見公。非也。魯爲王主婚。若齊侯來逆女。而公輒不見。何謂主婚矣。乃常事自不書者也。

【案】王姬歸齊。春秋兩書之。皆以魯主婚也。左氏稱齊侯來逆共姬。則魯之主婚明矣。公穀以此年爲過我。恐無可據。當從陸氏淳劉氏敞所駁爲是。

己亥　莊王十五年。文八年。

十有二年　齊桓四年。晉緡二十三年。衛惠十八年。蔡哀十三年。鄭厲十九年。子儀十二年。曹莊二十年。陳宣十一年。杞靖二十二年。宋閔十年。秦武十六年。楚

春王三月紀叔姬歸于酅

【公】其言歸于酅何。隱之也。何隱爾。其國亡矣。徒歸於叔爾也。

【穀】國而曰歸。此邑也。其曰歸何也。吾女也。失國。喜得其所。故言歸焉爾。

胡傳曰。莊公四年。紀侯去國。叔姬至此始歸于酅者。紀侯方卒。故叔姬至此。然後歸爾。歸者順詞。以宗廟在酅。歸奉其祀也。魯爲宗國。婦人有來歸之義。紀既亡矣。不歸於魯。所謂全節守義。不以亡故而虧婦道者也。魯人高其節義。恩禮有加焉。是故其歸于酅。其卒。其葬。史冊悉書。夫子修經。存而弗削。使與衛之共姜。同垂不朽。爲後世勸。若夏侯令女。曹爽之弟婦也。

寡居守志。父母欲奪而嫁之。誓而弗許。而曰曹氏全盛之時。尚欲保終。況今衰亡。何忍棄之。聞者爲之感動。其聞叔姬之風而興起者乎。劉氏敞曰。紀君奔國滅。紀侯之沒尚不書。叔姬何以得書。春秋欲因叔姬之行。以明紀季之義。言季之以酅入齊。非利之也。凡欲存國耳。此其效也。

〔案〕紀侯失國而薨。叔姬歸魯。至是始歸于酅。杜氏預。劉氏敞。蘇氏轍皆同。江氏熙亦曰。叔姬來歸不書。非歸寧。亦非大歸也。然叔姬之志在於歸酅以奉祀。不終居魯。故胡傳有不歸於魯之說。

夏四月

秋八月甲午宋萬弒其君捷及其大夫仇牧捷。公作接。

〔左〕十二年秋。宋萬弒閔公於蒙澤。遇仇牧於門。批而殺之。遇大宰督於東宮之西。又殺之。立子游。羣公子奔蕭。公子御說奔亳。南宮牛。猛獲。帥師圍亳。蒙澤。宋地。梁國有蒙縣。蕭。宋邑。沛國蕭縣。亳。宋邑。蒙縣西北有亳城。

〔公〕及者何。累也。弒君多矣。舍此無累者乎。孔父。荀息。皆累也。舍孔父荀息無累者乎。曰有。有則此何以書。賢也。何賢乎仇牧。仇牧可謂不畏彊禦矣。其不畏彊禦奈何。萬嘗與莊公戰。獲乎莊公。莊公歸。散舍諸宮中。數月然後歸之。歸反爲大夫於宋。與閔公博。婦人皆在側。萬曰。甚矣。魯侯之淑。魯侯之美也。天下諸侯宜爲君者。唯魯侯爾。閔公矜此婦人。妬其言。顧曰。此虜也。爾虜焉故。魯侯之美惡乎至。萬怒。搏閔公。絕其脰。仇牧聞君弒。趨而至。遇之於門。手劍而叱之。萬臂摋仇牧。碎其首。齒著乎門闔。仇牧可謂不畏彊禦矣。

〔穀〕宋萬。宋之卑者也。卑者以國氏。及其大夫仇牧。以卑及尊也。仇牧。閑也。

冬十月宋萬出奔陳

〔左〕冬十月。蕭叔大心。及戴武宣穆莊之族。以曹師伐之。殺南宮牛於師。殺子游於宋。立桓公。猛獲奔衛。南宮萬奔陳。以乘車輦其母。一日而至。宋人請猛獲於衛。衛人欲勿與。石祁子曰。不可。天下之惡一也。惡於宋。而保於我。保之何補。得一夫而失一國。與惡而棄好。非謀也。衛人歸之。亦請南宮萬於陳。以賂。陳人使婦人飲之酒。而以犀革裹之。比及宋。手足皆見。宋人皆醢之。

汪氏克寬曰。陳人既受賊。及貪賄而後以狙詐戮之。則非天討矣。慶父弒閔公。奔莒。莒人亦受賂而後歸之。及境而縊。事與此同。蓋亦不能正天討。故閔公亦不書葬也。里克甯喜皆已殺。而卓剽不書葬。蓋晉衛討亂臣。不以其罪。而又不以君禮葬卓剽也。蔡般未討。而蔡景書葬。乃變例而責諸侯之不能討賊也。考經之上下文。與經之前後事。而其義見矣。屬辭比事。春秋教也。此之謂也。

〔案〕宋萬既討。不書宋人殺萬。而止書宋萬奔陳者。責陳人受賊。且取賂也。或併罪宋人緩討逸賊。則未察當日情事。而無以服宋臣子之心矣。萬勇而多力。又執大權。弒君殺太臣。立子游。而遣師圍亳。勢彊若此。蕭叔與五公之子孫。以曹師伐之。搆兵兩月。然後殺子游。而立桓公。豈能禁萬之逸也。乃用賂請萬於陳。得而醢之。宋可謂有臣子矣。何得與陳並譏乎。然以視衛石碏討州吁之義。則終爲有間。故宋閔不書葬。與魯閔同。汪氏克寬之說得之。

〔庚子〕僖王元年。**十有三年**齊桓五年。晉緡二十四年。衛惠十九年。蔡哀十四年。鄭厲二十年。子儀十三年。曹莊二十一年。陳宣十二年。杞靖二十三年。宋桓公御說元年。秦武十七年。楚文九年。

春齊侯宋人陳人蔡人邾人會于北杏齊侯。穀作齊人。北杏。齊地。

【左】十三年春。會于北杏。以平宋亂。遂人不至。

【穀】是齊侯宋公也。其曰人。何也。始疑之。何疑焉。桓非受命之伯也。將以事授之者也。曰可矣乎。未乎。舉人。衆之辭也。

胡傳曰。桓何以及四國之微者會。是宋公邾子也。然則何以稱人。春秋之世。以諸侯而主天下會盟之政。自北杏始。其後宋襄晉文楚莊秦穆交主夏盟。跡此而爲之者也。桓非受命之伯。諸侯自相推戴。以爲盟主。是無君矣。故四國稱人。以誅始亂。正王法也。或曰。桓公始平宋亂。遂得諸侯。故四國稱人。言衆與之也。

【案】齊侯。穀梁作齊人。據李氏廉始伯之辭例。以曹南城濮。則當作齊侯爲是。四國稱人。何氏休謂爲微者。劉氏敞謂爲大夫。皆非也。春秋之時。諸侯列於會而位乃定。左氏謂平宋亂。則宋人爲宋公無疑。餘可知矣。或以稱人爲貶辭。或以爲衆辭。以爲貶者。天子錫命之法也。以爲衆者。諸侯推戴之情也。二說相兼。始爲得之。

夏六月齊人滅遂遂。遂國。陳氏深曰。遂國。舜之後。

【左】夏。齊人滅遂而戍之。

【穀】遂。國也。其不日。微國也。

家氏鉉翁曰。遂人不會北杏。固爲有罪。然亦至於可滅也。伯者假公義以濟私欲。滅譚矣。又滅遂。不過爲拓土開疆之計。春秋於三年之間。聯書二滅。以著齊桓之罪。

【案】穀梁云。不日。微國也。非也。經書滅而不書日者多矣。亦有書時而不書月者矣。蓋皆因史舊文也。

秋七月

冬公會齊侯盟于柯柯。濟北東阿。齊之阿邑。

【左】冬。盟于柯。始及齊平也。

【公】何以不日。易也。其易奈何。桓之盟不日。其會不致。信之也。其不日何以始乎此。莊公將會乎桓。曹子進曰。君之意何如。莊公曰。寡人之生。則不若死矣。曹子曰。然則君請當其君。臣請當其臣。莊公曰。諾。於是會乎桓。莊公升壇。曹子手劍而從之。管子進曰。君何求乎。曹子曰。城壞壓竟。君不圖與。管子曰。然則君將何求。曹子曰。願請汶陽之田。管子顧曰。君許諾。桓公曰。諾。曹子請盟。桓公下與之盟。已盟。曹子摽劍而去之。要盟可犯。而桓公不欺。曹子可讎。而桓公不怨。桓公之信著乎天下。自柯之盟始焉。

【穀】曹劌之盟也。信齊侯也。桓盟雖內與。不日。信也。

張氏洽曰。魯莊自齊桓入國。屢與之戰。雖一再勝。而齊方修軍政以圖伯。魯有見伐之虞。至此始及齊平。公穀所載曹子之事。齊桓不捐一小利以收魯。容或有之。皆伯術也。但公羊言之過其實耳。李氏廉曰。曹子之說。趙子不取。胡氏亦未及之。然考之當時。桓公修伯。非得魯則不足爲重。故捐小利以收之。魯亦知齊不欲以信求諸侯。故因盟以求地。而公羊遂誇大之也。蓋魯自長勺乘丘之勝。國勢稍振。齊不敢以待譚遂之術待魯。而多方以求之。屈己於歸田之請。遷延於姻好之成。示威於三國之伐。耀武於戎捷之獻。而魯自是不敢有從違之心矣。九合之盛。亦原於此。公羊之說。不可謂無。

纂 汶陽歸田。不見於經。先儒多疑之者。然經以公會爲文。則此會乃齊桓之志。桓欲親魯以圖伯。不借小會以結之。是以屢戰之怨。一旦而平也。張氏洽。李氏廉。俱不廢公羊之說。今從之。隱三年盟蔑。莊八年盟蔇。經不書日。穀梁曰。其盟渝也。此年盟柯。公穀皆以不日爲信。豈蔑與蔇。俱不可信。而柯獨不渝乎。盟柯之後。鄄再會而魯不從。則亦未可爲信也。况扈與葵丘。桓盟亦有書日者。則又遷就其說。或以爲危之。或以爲美之。何前後之互異乎。朱子謂以日月爲褒貶。穿鑿無義理者。此類是也。夫日與不日。皆因舊史。假使舊史所無。則聖人安得而強加之乎。故凡以日月爲例者。皆不錄。

十有四年

辛丑 僖王二年。齊桓六年。晉緡二十五年。衞惠二十年。蔡哀十五年。鄭厲二十一年。子儀十四年。曹莊二十二年。陳宣十三年。杞共公元年。宋桓二年。秦武十八年。楚文十年。

春齊人陳人曹人伐宋

左 宋人背北杏之會。十四年春。諸侯伐宋。齊請師于周。

程子曰。春秋之法。將尊師衆曰某帥師。將卑師衆曰某師。將尊師少曰某人。將卑師少曰某伐某。齊自管仲爲政。莊十一年而後。未嘗興大衆也。其賦於諸侯亦寡矣。終管仲之身四十年。息養天下厚矣。惟救邢稱師。譏其久也。至於秦晉使之不競而已。不強致也。是以其功卑而易成。

纂 胡傳以稱人爲將卑師少。撰之經文所書。亦不盡合。至謂二十年間未嘗遣大夫爲主將。則非也。夫不遣大夫爲將。則以何人爲將耶。此說之不可通者矣。然相沿已久。姑存其說。

夏單伯會伐宋

單音善。

左 夏。單伯會之。取成於宋而還。

附錄 左 鄭厲公自櫟侵鄭。及大陵。獲傅瑕。傅瑕曰。苟舍我。吾請納君。與之盟而赦之。六月甲子。傅瑕殺鄭子。及其二子。而納厲公。初。內蛇與外蛇鬬於鄭南門中。內蛇死。六年而厲公入。公聞之。問於申繻曰。猶有妖乎。對曰。人之所忌。其氣燄以取之。妖由人興也。人無釁焉。妖不自作。人棄常。則妖興。故有妖。厲公入。遂殺傅瑕。使謂原繁曰。傅瑕貳。周有常刑。既伏其罪矣。納我而無貳心者。吾皆許之上大夫之事。吾願與伯父圖之。且寡人出。伯父無裏言。入。又不念寡人。寡人憾焉。對曰。先君桓公命我先人。典司宗祏。社稷有主。而外其心。其何貳如之。苟主社稷。國內之民。其誰不爲臣。臣無貳心。天之制也。子儀在位十四年矣。而謀召君者。庸非貳乎。莊公之子。猶有八人。若皆以官爵行賂勸貳而可以濟事。君其若之何。臣聞命矣。乃縊而死。

大陵。鄭地。

【公】其言會伐宋。何。後會也。
【穀】會。事之成也。

秋七月荊入蔡

【左】蔡哀侯爲莘故。繩息嬀以語楚子。楚子如息。以食入享。遂滅息。以息嬀歸。生堵敖及成王焉。未言。楚子問之。對曰。吾一婦人。而事二夫。縱弗能死。其又奚言。楚子以蔡侯滅息。遂伐蔡。秋七月楚入蔡。君子曰。商書所謂惡之易也。如火之燎于原。不可鄉邇。其猶可撲滅者。其如蔡哀侯乎。

【穀】荊者。楚也。其曰荊何。州舉之也。州不如國。國不如名。名不如字。

【案】蔡以女子啟戎。荊以彊暴虐小。誠有罪也。蔡從齊爲北杏之會。而荊人入之。齊桓坐視不恤。不亦病乎。經書荊人蔡。參譏之也。然則齊桓不知蔡之當救邪。非也。是時桓之力尚未足以制楚。故不欲自挫其銳。而姑以蔡委之。況宋人甫會而遽畔。桓專力以謀宋。則勢難相顧矣。豈不知蔡之當救也哉。

冬單伯會齊侯宋公衛侯鄭伯于鄄鄄音絹。衛地。東郡鄄城。

【左】冬。會于鄄。宋服故也。
【穀】復同會也。

李氏廉曰。經書內大夫會外諸侯者六。惟單伯于鄄。季孫宿于邢丘。會伯主及列國。其餘若公孫敖會晉侯。公孫歸父會楚子。季孫行父。公孫歸父之會齊侯。皆特相會也。大夫會諸侯。伉尊出位。左氏例以爲內大夫可會外公侯。非也。雖齊桓初伯。得魯爲重。不以單伯爲嫌。魯人顧望。未專從齊。不以單伯爲卑。然他日開權臣之專。未必不始於此。

〔壬寅〕僖王三年　**十有五年**莊二十三年。齊桓七年。晉緡二十六年。衛惠二十一年。蔡哀十六年。鄭厲二十二年。曹陳宣十四年。杞共二年。宋桓三年。秦武十九年。楚文十一年。

春齊侯宋公陳侯衛侯鄭伯會于鄄

【左】春。復會焉。齊始伯也。
【穀】復同會也。

張氏洽曰。傳以爲齊桓始伯。蓋指諸侯始定而言。然魯未信服。而自是之後。宋人猶或主兵。衛鄭未免復叛。蓋齊之伯業駸駸向定。而諸侯之心猶未一也。

【案】齊先於宋。左氏謂齊始伯也。劉氏敞駁之。以爲齊桓之伯。當自十六年盟幽始。不如鄄之會。伯之始也。幽之盟。伯之成也。張氏洽之說。於情事爲近。

夏夫人姜氏如齊

【穀】婦人既嫁不踰竟。踰竟非正也。

秋宋人齊人邾人伐郳郳。公作兒。

左　諸侯爲宋伐郳。郳之役。宋實主兵。故齊序宋下。伐鄭伐徐亦同。胡傳謂二十七年盟幽。然後成伯。則三十二年梁邱之遇。宋先於齊。亦將疑齊未成伯耶。

鄭人侵宋

左　鄭人間之而侵宋。

胡傳曰。侵伐之義。三傳不同。左氏曰。有鐘鼓曰伐。無鐘鼓曰侵。先儒或非其說。以爲聲罪致討曰伐。無名行師曰侵。未有以易之者也。然考五經。皆稱侵伐。在易謙之六五。曰利用侵伐。征不服也。書之泰誓。曰我武維揚。侵于之疆。詩之皇矣。曰依其在京。侵自阮疆。周官大司馬以九伐之法正邦國。而曰賊賢害民則伐之。負固不服則侵之。而以爲無名行師。可乎。然則或曰侵。或曰伐。何也。聲罪致討曰伐。潛師掠境曰侵。聲罪者鳴鐘擊鼓。整衆而行。兵法所謂正也。潛師者。銜枚臥鼓。出人不意。兵法所謂奇也。　汪氏克寬曰。侵伐二字必皆當時行師之名。其義之是非。繫乎事之得失。不以是爲褒貶也。然有當書伐而書侵。當書侵而書伐者。春秋之變例也。

冬十月

癸卯　周僖王四年　楚文十二年。

十有六年　齊桓八年。晉緡二十七年。武公稱三十八年。衛惠二十二年。蔡哀十七年。鄭厲二十三年。曹莊二十四年。陳宣十五年。杞共三年。宋桓四年。秦武二十年。

春王正月

夏宋人齊人衛人伐鄭　南北爭鄭於是始。

左　諸侯伐鄭。宋故也。

張氏洽曰。伐鄭不止爲宋而已。蓋鄭不服。則諸侯之心未一也。

秋荆伐鄭

左　鄭伯自櫟入。緩告於楚。秋。楚伐鄭。及櫟。爲不禮故也。

附錄左　鄭伯治與於雍糾之亂者。九月。殺公子閼。刖强鉏。公父定叔出奔衛。三年而復之曰。不可使共叔無後於鄭。使以十月入。曰。良月也。就盈數焉。君子謂强鉏不能衛其足。

冬十有二月會齊侯宋公陳侯衛侯鄭伯許男滑伯滕子同盟于幽　公作公會許男下。公穀有曹伯。滑。滑國。河南緱氏縣。幽。宋地。

左　冬。同盟于幽。鄭成也。

公　同盟者何。同欲也。

穀　同者。有同也。同尊周也。不言公。外內寮一疑之也。

汪氏克寬曰。同盟之義。論者不同。然皆不出於公羊之說。杜預言服異。蓋以左氏于幽之盟一則曰鄭成。一則曰陳鄭服。于新城。曰從于左者服。于蟲牢。于戲。曰鄭服也。于馬陵。曰且莒服故也。于雞澤。曰晉為鄭服故。合諸侯。于重邱。平邱。曰齊成。曰齊服也。推是論之。則清邱斷道之討貳。于蒲。以諸侯之貳。皆所以服異。于戚。則鄭伯聽成。而鄭已服。柯陵。亳北。伐鄭而同盟。則鄭服可知。虛朾。則悼公初立。而諸侯新服也。是則因服異而言同盟也。穀梁於二幽之盟。皆曰同尊周。于新城。斷道。雞澤。平邱。皆曰同外楚。齊桓初霸。直取同尊周而已。晉伯十有四盟。皆為外楚。新城發傳著其始。平邱發傳著其終。斷道。雞澤。舉上下以包其餘也。文定以諸侯同欲而書同。又以惡其反覆而書同。二幽。新城。清邱。斷道。皆云同欲。馬陵云同病楚。柯陵。雞澤。平邱。云同懼楚。皆同欲也。以例推之。于戚。同欲討曹。虛朾。同欲救宋也。于蒲。罪其失信而卒盟。亳北。惡其既同而又叛。皆惡其反覆而書同者也。以例推之。于戲。亦既同而又叛也。蟲牢。惡其皆不臣。重邱。惡其受賂而不討賊。何休所謂同心為惡。惡必成者也。穀梁云。尊周外楚。即所謂同心為善。善必成者也。惡其反覆而書同。謂其既同而復異也。杜預言服異。謂其昔異而今同也。愚故謂論者不同。皆不出於公羊同欲之說也。若夫劉原父引殷見曰同。謂設方明如方岳之盟。故書同。然襄九年。楚公子罷戎。與鄭人同盟于中分。昭十九年。邾人。郳人。徐人。會宋公同盟于蟲。豈亦能設方明而用殷同之禮乎。

【案】同盟例。三傳及胡傳各異。汪氏克寬融會諸傳。謂皆本於公羊同欲之義。尤能得其要領。

邾子克卒

【附錄】【左】王使虢公命曲沃伯以一軍為晉侯。　初。晉武公伐夷。執夷詭諸。蔿國請而免之。既而弗報。故子國作亂。謂晉人曰。與我伐夷而取其地。遂以晉師伐夷。殺夷詭諸。周公忌父出奔虢。惠王立而復之。　夷。采地名。

【穀】其曰子。進之也。

甲辰　僖王五年　十有七年

齊桓九年。晉武三十九年。衛惠二十三年。蔡哀十八年。鄭厲二十四年。曹莊二十五年。陳宣十六年。杞共四年。宋桓五年。秦德公元年。楚文十三年。

春齊人執鄭詹

詹。公作瞻。下同。

【左】鄭不朝也。

【公】鄭瞻者何。鄭之微者也。此鄭之微者。何言乎齊人執之。書甚佞也。

【穀】人者眾辭也。以人執。與之辭也。鄭詹。鄭之卑者。卑者不志。此其志何也。以其逃來。志之也。逃來則何志焉。將有其末。不得不錄其本也。鄭詹。鄭之佞人也。

孫氏復曰。稱人以執。惡桓也。詹不氏。未命也。桓十二月。與鄭伯同盟于幽。而春執鄭詹。安用同盟。不稱行人者。會未歸而見執也。不言以歸者。秋。鄭詹自齊逃來。以歸可知也。

【案】鄭詹之執。公穀據緯書以為佞人。固不可用矣。左氏以為不朝。杜氏注。謂詣齊見執。夫同盟未逾月。又使大臣如齊。乃遽責其不朝。無乃苛乎。孫氏復謂盟未歸而見執。以陳轅濤塗例之。情事亦合。故主左傳。而孫氏亦附見焉。

夏齊人殲于遂 殲子廉反。

【左】夏。遂因氏。頜氏。工婁氏。須遂氏。饗齊戍。醉而殺之。齊人殲焉。

【公】殲者何。殲積也。衆殺戍者也。

【穀】殲者。盡也。然則何爲不言遂人盡齊人也。無遂之辭也。無遂則何爲言遂。其猶存遂也。存遂奈何。曰。齊人滅遂。使人戍之。遂之因氏。飲戍者酒而殺之。齊人殲焉。此謂狎敵也。

劉氏敞曰。穀梁曰。此謂狎敵也。非也。滅人之國。使兵戍之。齊則無道矣。令齊不滅人國。不戍人地。安取此禍乎。穀梁譏其狎敵。似惡齊人滅遂未盡。戍遂未密。不顧遂不可滅。地不可戍也。

【案】左穀作殲。蓋盡殺之也。公羊作瀐。何氏休以爲積死非一。徐氏彥謂相瀐汙而死。皆言其死之多也。字雖異而義實相近。

秋鄭詹自齊逃來

【公】何以書。書甚佞也。曰。佞人來矣。佞人來矣。

【穀】逃義曰逃。

杜氏預曰。詹不能伏節守死。以解國患。而遁逃苟免。書逃以賤之。言與匹夫逃竄無異。

冬多麋

【公】何以書。記異也。

劉氏敞曰。記異也。何異爾。爲災也。

【案】經書多麋。或以爲記災。或以爲記異。劉氏敞兼用之。陸氏佃謂陰盛所感。惡氣之應。則當以記異爲尤正。

[乙巳] 惠王元年 **十有八年** 齊桓十年。晉獻公詭諸元年。衛惠二十四年。蔡哀十九年。鄭厲二十五年。曹莊二十六年。陳宣十七年。杞共五年。宋桓六年。秦德二年。楚文十四年。

春王三月日有食之

【附錄左】春。虢公晉侯朝王。王饗醴。命之宥。皆賜玉五瑴。馬三匹。非禮也。王命諸侯。名位不同。禮亦異數。不以禮假人。 虢公。晉侯。鄭伯。使原莊公逆王后于陳。陳嬀歸于京師。實惠后。

【穀】不言日。不言朔。夜食也。何以知其夜食也。曰。王者朝日。故雖爲天子。必有尊也。貴爲諸侯。必有長也。故天子朝日。諸侯朝朔。

劉氏敞曰。穀梁曰。不言朔。夜食也。非也。春秋闕疑。據見而錄。何以知其夜食而書乎。假令日始出。其虧傷之處未復者。是即朔日食矣。如不見其虧傷。云夜食可也。見其虧傷。是驗其食。非朔日食何也。又云。王者朝日。諸侯朝朔。尋穀梁此意。以云王者朝日。故日之始出而有食者。得見之也。案禮記。天子朝日于東門之外。聽朔于南門之外。南門之外者。謂明堂位也。然則天子每朔先朝日而後聽朔。諸侯每月先視朔而後朝廟乎。穀梁之言。以述朔日則是以解夜食則非。

案合朔在夜則日食地中。故有夜食之說。然必謂朝日而知其食。則未可據也。蓋既見其虧傷之處。則時刻可稽。其爲朔日無疑。若或食於亥子之交。則日未出而明復。何從見其虧傷之處。故專取劉氏敞說。而穀梁不錄。

夏公追戎于濟西

左 不言其來。諱之也。

公 此未有言伐者。其言追何。大其爲中國追也。此未有伐中國者。則其言爲中國追何。大其未至而豫禦之也。其言于濟西何。大之也。

穀 其不言戎之伐我何也。以公之追之。不使戎邇於我也。于濟西者。大之也。何大焉。爲公之追之也。

胡傳曰。此未有言侵伐者。而書追戎。是不覺其來。已去而追之也。爲國無武備。啟戎心。而不知警。危道也。　劉氏敞曰。公羊以爲大其未至而豫禦之也。非也。若未至而禦。何得謂之追乎。此不待攻而自破者。又曰。穀梁曰。其不言戎之伐我何也。以公之追之。不使戎邇於我也。非也。戎若不來。公則無追。今以戎來。故得追之。先言戎伐。後言追戎。何害乎。又曰。于濟西者。大之也。亦非也。既不言戎之來。又不言濟西。則但當云公追戎矣。未知追之於何所邪。

案左氏以爲諱之。蓋諱其無備也。意與胡傳同。若公穀大之之說。則非矣。劉氏敞駁之甚明。

秋有蜮蜮。又作蜮。音或。

左 爲災也。

公 何以書。記異也。

穀 一有一亡曰有。蜮。射人者也。

杜氏預曰。蜮。短狐也。含沙射人。本草謂之射工。　孔氏穎達曰。穀梁傳曰。蜮。射人者也。洪範五行傳曰。蜮如鼈。三足。生於南越。淫女惑亂之氣所生也。陸璣毛詩義疏云。蜮。短狐也。一名射景。如鼈。三足。在江淮水中。人在岸上。景見水中。投人景則殺之。故曰射景。或謂含沙射人。入皮肌。其瘡如疥。　徐氏彥曰。謂魯先無蜮。今乃有之。案昭二十五年。經書有鸜鵒來巢。今此不書來者。亂氣所生。不從外來故也。

冬十月

附錄左 初。楚武王克權。使鬭緡尹之。以叛。圍而殺之。遷權於那處。使閻敖尹之。及文王即位。與巴人伐申。而驚其師。巴人叛楚而伐那處。取之。遂門於楚。閻敖游涌而逸。楚子殺之。其族爲亂。冬。巴人因之以伐楚。　權。國名。南郡當陽縣東南有權城。水經注。沔水東會權口。南流逕權城北。古之權國也。那處。楚地。南郡編縣東南有那口城。

丙午 惠王二年 十有九年 齊桓十一年。晉獻二年。衛惠二十五年。蔡哀二十年。鄭厲二十六年。曹莊二十七年。陳宣十八年。杞共六年。宋桓七年。秦宣公元年。楚文十五年。

春王正月

附錄左 春。楚子禦之。大敗於津。還。鬻拳弗納。遂伐黃。敗黃師於踖陵。還。及湫。有疾。夏六月庚申卒。鬻拳葬諸夕室。亦自殺也。而葬於經皇。初。鬻拳強諫楚子。楚子弗從。臨之以兵。懼而從之。鬻拳曰。吾懼君以兵。罪莫大焉。遂自刖也。楚人以爲大閽。謂之大伯。使其後掌之。君子曰。鬻拳可謂愛君矣。諫以自納於刑。刑猶不忘納君於善。 津。楚地。踖陵。黃地。湫。南郡鄀縣東南有湫城。夕室。地名。

夏四月

秋公子結媵陳人之婦于鄄遂及齊侯宋公盟

公 媵者何。諸侯娶一國。則二國往媵之。以姪娣從。姪者何。兄之子也。娣者何。弟也。諸侯一聘九女。諸侯不再娶。媵不書。此何以書。爲其有遂事書。大夫無遂事。此其言遂何。聘禮。大夫受命不受辭。出竟有可以安社稷利國家者。則專之可也。

穀 媵淺事也。不志此其志何也。辟要盟也。何以見其辟要盟也。媵。禮之輕者也。盟。國之重也。以輕事遂乎國重。無說。其曰陳人之婦。略之也。其不日。數渝。惡之也。

劉氏敞曰。公羊以謂媵者。諸侯娶一國。則二國往媵之。陳人者。陳侯也。非也。云公子結以妾媵歸陳。陳侯之婦。則文理不成。又無故貶損陳侯。使從人稱。非正名之義。蓋媵者。送女也。陳人者。陳大夫也。不煩說矣。又曰。穀梁曰。媵淺事也。不志。此其志何也。辟要盟也。非也。魯誠欲人自託於大國者。豈敢以媵婦之名而遣使者以取戾於霸主哉。使者銜媵婦之命而遂要大國之盟。是乃要盟矣。何謂辟要盟乎。 程子曰。鄄之巨室。嫁女於陳人。結以其庶女媵之。因與齊宋盟。挈之以往結好。大國所以安國息民。乃以私事之小。取怒大國。故深罪之。書其爲媵而往盟。爲遂事。

案 公穀皆以爲魯女媵陳侯之婦。胡傳以爲微者。程子則謂鄄之巨室。嫁女於陳人。結以其庶女媵之。據孔疏謂爲人媵者。皆送至嫁女之國。使之從嫡而行。今經書于鄄。則程子之說信矣。孔疏傳會公穀之說。謂鄄爲衛地。陳娶衛女。結送媵向衛。至鄄停女會盟。果爾則當書至鄄。不書于鄄矣。于鄄者。媵于鄄也。

夫人姜氏如莒

附錄左 初。王姚嬖於莊王。生子頹。子頹有寵。蔿國爲之師。及惠王卽位。取蔿國之圃以爲囿。邊伯之宮近於王宮。王取之。王奪子禽祝跪與詹父田。而收膳夫之秩。故蔿國邊伯石速詹父子禽祝跪作亂。因蘇氏。秋。五大夫奉子頹以伐王。不克。出奔溫。蘇子奉子頹以奔衛。衛師燕師伐周。冬。立子頹。

穀 婦人既嫁不踰竟。踰竟非正也。

吳氏澂曰。夫人自齊襄弑後。八年不出。因十五年又一至齊。蓋假託國事以愚其昏懦之子。莊公不能制。故於今如莒也。父母沒不得歸寧。雖兄弟之國。且不可往。況往他國乎。

冬齊人宋人陳人伐我西鄙 此見伐之始。

穀 其曰鄙。遠之也。其遠之何也。不以難邇我國也。

〔丁未〕惠王三年 二十年 齊桓十二年。晉獻三年。衛惠二十六年。蔡穆侯肸元年。鄭厲二十七年。曹莊二十八年。陳宣十九年。杞共七年。宋桓八年。秦宣二年。楚堵敖熊囏元年。

春王二月夫人姜氏如莒

附錄 左 春。鄭伯和王室。不克。執燕仲父。夏。鄭伯遂以王歸。王處於櫟。秋。王及鄭伯入於鄔。遂入成周。取其寶器而還。冬。王子頽享五大夫。樂及徧舞。鄭伯聞之。見虢叔曰。寡人聞之。哀樂失時。殃咎必至。今王子頽歌舞不倦。樂禍也。夫司寇行戮。君爲之不舉。而況敢樂禍乎。奸王之位。禍孰大焉。臨禍忘憂。憂必及之。盍納王乎。虢公曰。寡人之願也。

穀 婦人既嫁不踰竟。踰竟。非正也。

高氏閌曰。春秋迹其淫亂。不可勝書。故於將薨。復三見之。要其由惡以終。爲萬世婦人之戒。

夏齊大災

公 大災者何。大瘠也。大瘠者何。痢也。何以書。記災也。外災不書。此何以書。及我也。

穀 其志。以甚也。

劉氏敞曰。其言大何。大非一也。宗廟殿庫盡矣。此齊火災也。何以書。弔焉爾。弔人者。哀其禍而救其乏。又曰。公羊曰。何以書及我也。非也。春秋豈其詳外而畧內哉。

秋七月

冬齊人伐戎 戎。穀作我。

家氏鉉翁曰。是時周有子頽之亂。惠王出居於鄭之櫟。齊桓身爲盟主。坐視而不救。去年伐魯。今年伐戎。大率皆逐利而自私。於王室何有。

案 戎近齊而爲魯患。齊桓伐之。所以親魯也。家氏鉉翁謂周有子頽之亂。而坐視不救。洵爲正論。若程氏端學責其不告王而專伐。則諸侯專伐者多矣。何以獨責桓乎。

〔戊申〕惠王四年 二十有一年 齊桓十三年。晉獻四年。衛惠二十七年。蔡穆二年。鄭厲二十八年。曹莊二十九年。陳宣二十年。杞共八年。宋桓九年。秦宣三年。楚堵敖二年。

春王正月

夏五月辛酉鄭伯突卒

左 二十一年春。胥命於弭。夏。同伐王城。鄭伯將王自圉門入。虢叔自北門入。殺王子頽及五大夫。鄭伯享王於闕西辟。樂備。王與之武公之略。自虎牢以東。原伯曰。鄭伯效尤。其亦將有谷。五月。鄭厲公卒。 弭。鄭地。虎牢。河南城皋縣也。
家氏鉉翁曰。自鄭突之入于櫟。春秋蓋絕之矣。及周惠王以子頹之亂。出居于櫟。諸侯勤王者。獨鄭與虢爾。厲公雖有篡國之罪。亦有勤王之功。是以春秋於其卒與葬。而復錄之。

秋七月戊戌。夫人姜氏薨

附錄左 王巡虢守。虢公爲王宮於玤。王與之酒泉。鄭伯之享王也。王以后之鞶鑑予之。虢公請器。王予之爵。鄭伯由是始惡於王。冬。王歸自虢。 玤。虢地。酒泉。周邑。

穀 婦人弗目也。

案 穀梁弗目之說。鄭嗣與江熙各不同。而其實一也。蓋夫人薨。例不書地。今文姜不書地。亦與常例無異。則不目其地。即不目其罪也。

冬十有二月。葬鄭厲公

配 惠王五年 二十有二年

齊桓十四年。晉獻五年。衛惠二十八年。蔡穆三年。鄭文公捷元年。曹莊三十年。陳宣二十一年。杞惠公元年。宋桓十年。秦宣四年。楚堵敖三年。

春王正月。肆大眚

眚。所景反。公作省。

公 肆者何。跌也。大省者何。災省也。肆大省何以書。譏。何譏爾。譏始忌省也。

穀 肆。失也。眚。災也。災紀也。失故也。爲嫌天子之葬也。

孔氏穎達曰。肆大眚者。肆緩也。眚過也。緩縱大過。是赦有罪也。大罪猶赦。則小罪亦赦之。猶今赦書大辟罪以下。悉皆原免也。 劉氏敞曰。肆者何。赦也。眚者何。罪也。肆大眚何以書。譏。何譏爾。肆大眚。非禮也。又曰。公羊以謂譏始忌省也。非也。經云肆大眚。而傳謂之忌者。其文與其理不可訓解。蓋不足難也。穀梁曰。爲嫌天子之葬也。非也。文姜之存。猶莫之討也。今死矣。反待天子而葬乎。此皆不然者。 程子曰。大眚而肆之。其失可知。凡赦何嘗及得善人。諸葛亮在蜀。十年不赦。審此弊。

癸丑。葬我小君文姜

公 文姜者何。莊公之母也。

穀 小君非君也。其曰君何也。以其爲公配。可以言小君也。

陳人殺其公子御寇

御。音禦。公穀作禦。 此書專殺之始。

左 春。陳人殺其大子御寇。陳公子完與顓孫奔齊。顓孫自齊來奔。齊侯使敬仲爲卿。辭曰。羇旅之臣。幸若獲宥。及於寬政。赦其不閑於教訓。而免於罪戾。弛於負擔。君之惠也。所獲多矣。敢辱高位。以速官謗。請以死告。詩云。翹翹車乘。招我以弓。豈不欲往。畏我友朋。使爲工正。飲桓公酒。樂。公曰。以火繼之。辭曰。臣卜其晝。未卜其夜。不敢。君子曰。酒以成禮。不繼以淫。義也。以君成禮。弗納於淫。仁也。初。懿氏卜妻敬仲。其妻占之。曰。吉。是謂鳳凰于飛。和鳴鏘鏘。有嬀之後。將育于姜。五世其昌。並於正卿。八世之後。莫之與京。陳厲公。蔡出也。故蔡人殺五父而立之。生敬仲。其少也。周史有以周易見陳侯者。陳侯使筮之。遇觀之否。曰。是謂觀國之光。利用賓于王。此其代陳有國乎。不在此。其在異國。非此其身。在其子孫。光遠而自他有耀者也。坤土也。巽風也。乾天也。風爲天於土上。山也。有山之材。而照之以天光。於是乎居土上。故曰。觀國之光。利用賓于王。庭實旅百。奉之以玉帛。天地之美具焉。故曰。利用賓于王。猶有觀焉。故曰。其在後乎。風行而著于土。故曰其在異國乎。若在異國。必姜姓也。姜。大嶽之後也。山嶽則配天。物莫能兩大。陳衰。此其昌乎。及陳之初亡也。陳桓子始大於齊。其後亡也。成子得政。

穀 言公子而不言太夫。公子未命爲大夫也。其曰公子何也。公子之重視大夫。命以執公子。

夏五月

何氏休曰。以五月首時者。譏莊公取讎國女。不可以事先祖。奉四時祭祀。猶五月不宜以首時。杜氏預曰。年之四時。雖或無事。必空書首月。以紀時變。以明歷數。莊公獨稱夏五月。及經有四時不具者。邱明無文。皆闕繆也。

案 經書夏五月。諸家所見不同。觀孫氏復劉氏敞之說。則杜氏以爲闕繆者。於義爲長也。或者謂周之四月。乃夏之二月。周官以是月會男女。詩曰。士如歸妻。迨冰未泮。言其禮之宜豫。則是月者。昏姻之月也。莊公居喪而納幣。娶讎人女。則昏姻之禮廢。經不書四月。殆以是歟。故並存何氏注。以俟參考。

秋七月丙申及齊高傒盟于防（傒音奚。）

公 齊高傒者何。貴大夫也。曷爲就吾微者而盟。公也。公則曷爲不言公。諱與大夫盟也。

穀 不言公。高傒伉也。

程子曰。高傒上卿。魯無使微者與盟之理。蓋諱公盟。始與讎爲昏。惡之大也。

冬公如齊納幣

公 納幣不書。此何以書。譏。何譏爾。親納幣。非禮也。

穀 納幣。大夫之事也。禮。有納采。有問名。有納徵。有告期。四者備而後娶。禮也。公親納幣。非禮也。故譏之。

劉氏敞曰。譏喪取也。納徵。大夫之事也。親納幣。亦非禮也。交譏之。

程子曰。齊疑昏議。故公自行納幣。後二年方逆。齊難之也。

庚戌　惠王六年　二十有三年　齊桓十五年。晉獻六年。衛惠二十九年。蔡穆四年。鄭文二年。曹莊三十一年。陳宣二十二年。杞惠二年。宋桓十一年。秦宣五年。楚成王頵元年。

春公至自齊

公 桓之盟不日。其會不致。信之也。此之桓國。何以致。危之也。何危爾。公一陳佗也。

劉氏敞曰。公羊云。公一陳佗也。非也。妄說不可以通。王氏葆曰。公行二十有三。書至者五而已。公親往納幣。既忘桓公之世讎。復廢文姜之喪禮。自是而下。觀社逆女皆致焉。聖人之意。豈不深切著明哉。

祭叔來聘

【穀】其不言使何也。天子之內臣也。不正其外交。故不與使也。

胡傳曰。祭伯來朝。而不言朝。祭叔來聘。而不言使。尹氏。王子虎。劉卷。來訃而不書其爵秩。皆所以正人臣之義也。人君而明此。不容下比之臣。人臣而明此。不爲交私之計。黨錮之禍息矣。

【案】祭叔爲王朝大夫。假聘禮私行。故不稱使。此正義也。杜氏預本徐氏邈之說。謂祭叔爲祭公來聘。蘇氏亦謂祭叔爲祭公之屬。劉氏敞則謂祭叔自使人來聘。其臣不達於春秋。故不稱使。皆無確據。故不錄。

夏公如齊觀社

【左】二十三年夏。公如齊觀社。非禮也。曹劌諫曰不可。夫禮所以整民也。故會以訓上下之則。制財用之節。朝以正班爵之義。帥長幼之序。征伐以討其不然。諸侯有王。王有巡守。以大習之。非是。君不舉矣。君舉必書。書而不法。後嗣何觀。

【附錄左】晉桓莊之族偪。獻公患之。士蔿曰。去富子。則羣公子可謀也已。公曰。爾試其事。士蔿與羣公子謀。譖富子而去之。

【公】何以書。譏。何譏爾。諸侯越竟觀社。非禮也。

【穀】常事曰視。非常曰觀。觀。無事之辭也。以是爲尸女也。無事不出竟。

公至自齊

【穀】公如往時。正也。致月。故也。如往月。致月。有懼焉耳。

荆人來聘

楚交中國始此。

【公】荆何以稱人。始能聘也。

【穀】善累而後進之。其曰人何也。舉道不待再。

陳氏傅良曰。稱人於是始。蓋進之也。隱桓之春秋。舍王室若姻鄰。無聘魯者矣。而荆人先修聘於上國。進之也者。憂之也。　家氏鉉翁曰。書荆。書楚。書楚人。書楚子。每書輒異者。著其漸盛也。

公及齊侯遇于穀

【穀】及者。內爲志焉爾。遇者。志相得也。

張氏洽曰。爲昏姻而齊難之也。不可與爲昏姻。則當絕之。而數與之約。然後與之。書此。所以著莊公之不子。而齊桓待人之不以義也。

蕭叔朝公

【公】其言朝公何。公在外也。

穀　徵國之君。未爵命者。其不言來。於外也。朝於廟。正也。於外。非正也。劉氏敞曰。蕭叔朝公。杜云。叔者。蕭君名。非也。郲蕭同是附庸。郲與魯盟。得褒稱字。蕭來朝公。猶不免名。何哉。凡春秋褒貶自有輕重。聖人所以教後世賞罰也。若盟而蒙加等之賞。朝而無勞來之意。則賞罰已亂。於春秋何能教人。

秋丹桓宮楹

左　秋。丹桓宮之楹。

公　何以書。譏。何譏爾。丹桓宮楹。非禮也。

穀　禮。天子諸侯黝堊。大夫倉。士黈。丹楹。非禮也。

案　穀梁謂天子諸侯黝堊。諸家之說。黑柱。堊爲白壁者。徐氏邈也。以黝堊爲黑色者。范氏甯楊氏士勳也。以爲天子黝。諸侯堊者。劉氏敞也。說文訓堊爲白塗。爾雅牆謂之堊。郭璞曰。以白土飾牆也。山海經白堊黑青黃堊。注言雜色堊也。則非白土之謂矣。考周禮注云。素車以白土堊。藻車以蒼土堊。釋名云。堊者。亞之也。次也。先泥之。次以灰飾之也。是堊字貫下二句。猶云天子諸侯黝堊。大夫倉堊。士黈堊焉爾。

冬十有一月曹伯射姑卒

十有二月甲寅公會齊侯盟于扈　扈音戶　扈。鄭地。在滎陽卷縣西北。後漢志卷縣有扈城亭。

公　桓之盟不日。此何以日。危之也。何危爾。我貳也。魯子曰。我貳者。非彼然。我然也。

胡傳曰。程子曰。遇于穀。盟于扈。皆爲要結姻好也。傳稱男子二十而冠。冠而列丈夫。三十而不娶則非禮矣。然天子諸侯十五而冠者。以娶必先冠。而國不可久無儲貳。欲人君早有繼體也。今莊公生於桓公之六年。至是三十有六載矣。以世嫡之正。諸侯之貴。尚無內主同任社稷之事何也。蓋爲文姜所制。使必娶於母家。而齊女待年未及。故莊公越禮不顧如此其急。齊人有疑如此其緩。而遇于穀。盟于扈。要結之也。娶夫人奉祭祀。爲宗廟之主。而母言是聽。不以大義裁之。至於失時。不孝甚矣。春秋詳書於策。爲後戒也。　劉氏敞曰。公羊曰。危之也。妄說爾。

〔辛亥〕惠王七年　**二十有四年**　齊桓十六年。晉獻七年。衛惠三十年。蔡穆五年。鄭文三年。曹僖公赤元年。陳宣二十三年。杞惠三年。宋桓十二年。秦宣六年。楚成二年。

春王三月刻桓宮桷

左　春。刻其桷。皆非禮也。御孫諫曰。臣聞之。儉。德之共也。侈。惡之大也。先君有共德。而君納諸大惡。無乃不可乎。

公　何以書。譏。何譏爾。刻桓宮桷。非禮也。

穀　禮。天子之桷。斲之礱之。加密石焉。諸侯之桷。斲之礱之。大夫斲之。士斲本。刻桷。非正也。夫人所以崇宗廟也。取非禮與非正。而加之於宗廟。以飾夫人。非正也。刻桓宮桷。丹桓宮楹。斥言桓宮以惡莊也。

葬曹莊公

夏公如齊逆女

【公】何以書？親迎，禮也。

【穀】親迎，恒事也，不志。此其志，何也？不正其親迎於齊也。

陸氏淳曰：公羊云親迎禮也。案合禮則常事不書，故知穀梁譏逆女於齊是也。

秋公至自齊

【穀】迎者，行見諸，舍見諸，先至，非正也。

八月丁丑夫人姜氏入

【左】秋，哀姜至。

【公】其言入何？難也。其言日何？難也。其難奈何？夫人不僂，不可使入，與公有所約，然後入。

【穀】入者，內弗受也。日入，惡入者也。何用不受也？以宗廟弗受也。其以宗廟弗受，何也？娶讎人子弟，以薦舍於前，其義不可受也。

胡傳曰：何以不致？不可見乎宗廟也。姜氏，齊襄公之女。入者，不順之辭，以宗廟為弗受也。昏義以正始為先，而公不與夫人皆至，姜氏不從公而入，已失夫婦之正，弒閔孫邾之亂兆矣。莊公不勝其母，越禮踰時，俟讎人之女，薦舍於宗廟，以成好合，卒使宗嗣不立，弒逆相仍，幾至亡國，故春秋詳書其事，以著莊公不孝之罪，為後戒也。

戊寅大夫宗婦覿用幣

【左】公使宗婦覿用幣，非禮也。御孫曰：男贄大者玉帛，小者禽鳥，以章物也；女贄不過榛栗棗修，以告虔也。今男女同贄，是無別也。男女之別，國之大節也，而由夫人亂之，無乃不可乎？

【附錄左】晉士蔿又與羣公子謀，使殺游氏之二子。士蔿告晉侯曰：可矣。不過二年，君必無患。

【公】宗婦者何？大夫之妻也。覿者何？見也。用者何？用者不宜用也。見用幣，非禮也。然則曷用？棗栗云乎，腶修云乎。

【穀】覿，見也。禮，大夫不見夫人。不言及，不正其行婦道，故列數之也。男子之贄，羔鴈雉腒；婦人之贄，棗栗腶修。用幣，非禮也。用者，不宜用者也。大夫，國體也，而行婦道，惡之，故謹而日之也。

杜氏預曰：宗婦，同姓大夫之婦。禮，小君至，大夫執贄以見，明臣子之道。莊公欲奢夸夫人，故使大夫宗婦同贄俱見。　劉氏敞曰：穀梁曰禮大夫不見夫人，非也。君祭於廟，大夫夫人俱在其中，可得勿見乎？然則不見者，殆謂不常見爾。今夫人始至，而大夫見之，是禮然矣，何謂非禮乎？

【案】古者仕於其國，有見小君之禮，則夫人始至而大夫見之，固亦禮之所有矣。穀梁傳謂禮大夫不見夫人，與諸傳不合，疑劉氏敞之駁為是。再考公羊及胡傳，皆以宗婦為大夫之妻，蓋兼異姓者言之；杜氏預以為同姓大夫之婦，其說不同。孔氏穎達曰：襄二年葬齊姜傳稱齊侯使諸姜宗婦來送葬。諸姜是同姓之女。知宗婦是同姓大夫之婦。故應以杜氏爲正。

大水

汪氏克寬曰。莊公娶讎女。又奢僭以誇示之。故有陰沴之應。唐高宗立太宗才人武氏爲昭儀。而萬年宮夜大雨。水幾溺其身。天人相感之際。焉可誣也。

冬戎侵曹曹羈出奔陳赤歸于曹

【公】曹羈者何。曹大夫也。曹無大夫。此何以書。賢也。何賢乎曹羈。戎將侵曹。曹羈諫曰。戎衆以無義。君請勿自敵也。曹伯曰。不可。三諫不從。遂去之。故君子以爲得君臣之義也。赤者何。曹無赤者。蓋郭公也。郭公者何。失地之君也。

【穀】赤蓋郭公也。何爲名也。禮。諸侯無外歸之義。外歸。非正也。

劉氏敞曰。曹羈何以名。貶。曷爲貶。羈不子也。又曰。赤者何。曹之庶公子也。此曹之庶公子。曷爲不繫曹。貶。曷爲貶。曹非赤之所可號。歸非赤之所可名。則其曰赤歸于曹何。易也。何易爾。易乎戎也。又曰。曹羈出奔陳。赤歸于曹。赤之爲者。與鄭伯突無以異。突因宋。赤因戎。皆奪其君。然而春秋一貶之無上下之異者。春秋治治不治亂者也。使鄭忽曹羈事親而孝。爲上而禮。在喪而哀。臨事而恭。大夫順之。國人信之。雖有宋戎之衆。突赤之孽。何緣而起。然而君臣交爭。兄弟爲讎者。上有失。故下得也。

郭公

公郭遽〻赤歸于曹作一句。傳見前。左自冬以下分四句。俱無傳。

杜氏預曰。蓋經闕誤也。自曹羈以下。公羊穀梁之說既不了。又不可通之於左氏。故不采用。趙氏匡曰。公穀皆云。赤者。蓋郭公也。案郭公自是闕文。赤者。曹公子也。文義都不相關。傳誤甚矣。孫氏覺曰。春秋書梁亡。言梁之自亡也。管子載郭亡之跡。蓋亦曰郭自亡爾。公與亡字相近。疑經書郭公爲郭亡也。然疑誤之事。聖人闕之。善善惡惡之說。足以訓後世。且當存之。

〔壬子〕惠王八年 **二十有五年** 齊桓十七年。晉獻八年。衛惠三十一年。蔡穆六年。鄭文四年。曹僖二年。陳宣二十四年。杞惠四年。宋桓十三年。秦宣七年。楚成三年。

春陳侯使女叔來聘 女音汝。此諸侯交聘之始。

【左】陳女叔來聘。始結陳好也。嘉之。故不名。

【穀】其不名。何也。天子之命大夫也。

啖氏助曰。左氏云嘉之。故不名。案聘者常事爾。有何可嘉。穀梁云。天子之命大夫是也。

夏五月癸丑衛侯朔卒 范氏甯曰。惠公也。犯逆失德。故不書葬。

六月辛未朔日有食之鼓用牲于社

【左】非常也。惟正月之朔。慝未作。日有食之。於是乎用幣于社。伐鼓于朝。

公 日食則曷為鼓用牲于社求乎陰之道也以朱絲營社或曰脅之或曰為闇恐人犯之故營之

穀 言日言朔食正朔也鼓禮也用牲非禮也天子救日置五麾陳五兵五鼓諸侯置三麾陳三鼓三兵大夫擊門士擊柝言充其陽也

何氏休曰社者土地之主也月者土地之精也上繫於天而犯日故鳴鼓而攻之脅其本也先言鼓後言用牲者明先以尊命責之後以臣子禮接之所以為順也 范氏甯曰鼓有聲者陽事以歷陰氣 杜氏預曰非常鼓之月長歷推之辛未實七月朔置閏失所故致月錯又曰正月夏之四月周之六月謂正陽之月今書六月而傳云唯者明此月非正陽月也慝陰氣又曰日食歷之常也然食於正陽之月則諸侯用幣于社請救于上公伐鼓于朝退而自責以明陰不宜侵陽臣不宜掩君以示大義 趙氏匡曰公羊云以朱絲營社據書禮無此文 張氏洽曰日食陰盛陽微之徵事關天下固不止為一魯而諸侯亦有臣民則因天變以自省如洪範五事敬謹於視聽言動思之間一失其正則咎必應之古人應天以實而不以文故高宗形日洪範之言乃古人之所先務如亂征周禮所載乃禮文之末耳一時遭變禮文固不可廢然正其本而後末可理也今莊公於克陽之本蓋藐然矣鼓何益乎又用牲而欲以物求免書此以見本末之皆失也

伯姬歸于杞

穀 其不言逆何也逆之道微無足道焉爾

杜氏預曰伯姬莊公女 汪氏克寬曰或以為桓公女謂時君之女則加子字然莊二十七年書叔姬若皆桓公之女則伯姬蓋三十餘矣未應二女皆失時若是且伯姬以僖三十一年求婦則年踰七十而猶至魯似未可必其為桓女也

秋大水鼓用牲于社于門

左 亦非常也凡天災有幣無牲非日月之眚不鼓

附錄左 晉士蔿使羣公子盡殺游氏之族乃城聚而處之冬晉侯圍聚盡殺羣公子 聚晉地

公 其言于社于門何于社禮也于門非禮也

穀 高下有水災曰大水既戒鼓而駭衆用牲可以已矣救日以鼓兵救水以鼓衆

劉氏敞曰何以書譏何譏爾大水鼓用牲于社于門非禮也凡天災有幣無牲非日月之眚不鼓幣請之也鼓攻之也牲享之也鼓用牲于社于門非禮也又曰公羊曰于社禮也于門非禮也非也若于社為得禮春秋亦當不書矣 孫氏覺曰日食必鼓者為陰侵陽其為驗甚遠而為災未見大水則災及於物其驗已明其災已著其災未見則聖人為伐鼓之法以救陽且以警於人君也驗已著者則無取於鼓也穀梁曰救水以鼓衆非也

冬公子友如陳

何氏休曰如陳者聘也內朝聘言如者尊內也書者錄內所交接也 杜氏預曰報女叔之聘諸魯出朝聘皆書如公子友莊公之母弟稱公子者史策之通言母弟至親異於他臣其

相殺害。則稱弟以示義。至於嘉好之事。或稱弟。或稱公子。仍舊史之文也。

〔癸丑〕惠王九年 **二十有六年** 齊桓十八年。晉獻九年。衞懿公赤元年。蔡穆七年。鄭文五年。曹僖三年。陳宣二十八年。杞惠五年。宋桓十四年。秦宣八年。楚成四年。

春公伐戎 公無春字。

附錄左 春。晉士蔿爲大司空。夏。士蔿城絳。以深其宮。絳。晉所都。

許氏翰曰。隱桓世有戎盟。至於莊公。戎始變渝。是以有濟西之役。於此伐戎。義已勝矣。

夏公至自伐戎

曹殺其大夫 此專殺大夫之始。

公 何以不名。衆也。曷爲衆殺之。不死于曹君者也。君死乎位曰滅。曷爲不言其滅。爲曹羈諱也。此蓋戰也。何以不言戰。爲曹羈諱也。

穀 言大夫而不稱名姓。無命大夫也。無命大夫而曰大夫。賢也。爲曹羈崇也。

劉氏敞曰。稱國以殺者。罪累上也。稱人以殺者。殺有罪也。稱人而不名者。大夫無罪。衆殺之也。稱國而不名者。大夫無罪。君殺之也。大夫無罪。而君殺之。非也。雖有罪。不以歸於京師。亦非也。又曰。公羊曰。不名。衆也。然則殺三郤。何故名乎。又云不死於曹君者也。宋殺其大夫。又何以辨哉。凡公羊以大夫相殺稱人。而君殺大夫稱國。而不論大夫有罪無罪。故使曹宋同文異義。是非應斷也。又曰。此蓋戰也。滅也。亦非也。曹羈雖賢。何能掩君滅之禍乎。以曹羈之賢。遂諱曹伯之滅。又何義乎。又曰。穀梁曰。大夫而不稱名姓。無命大夫也。非也。天子建國。諸侯立家。雖尊卑不同。而豈無命哉。諸侯大國三卿。皆命於天子。次國三卿。二卿命於天子。小國三卿。一卿命於天子。大國之卿三命。次國之卿再命。小國之卿一命。其於王朝。皆士也。三命以名氏通。再命名之。一命略稱人。周衰禮廢。強弱相併。卿大夫之制。雖不能盡如古。見於經者。亦當時之實錄也。故隱桓之間。其去西周未久。制度頗有存者。是以魯有無駭柔俠。鄭有宛詹。秦楚多稱人。至其晚節。無不名氏通矣。而邾莒滕薛之等。日已益削。轉從小國之例。稱人而已。說者不知其故。因謂曹秦以下。悉無大夫。彼固不知王者諸侯之制度班爵云爾。其又足辨乎。

秋公會宋人齊人伐徐 徐。徐國。在下邳僮縣東南。韓氏愈曰。徐與秦俱出伯翳。爲嬴姓。昭五年。楚人執徐子。則徐蓋子爵也。

附錄左 秋。虢人侵晉。冬。虢人又侵晉。

胡傳曰。案書伯禽嘗征徐戎。則戎在徐州之域。爲魯患舊矣。是年春。公伐戎。秋。又伐徐者。必戎與徐合兵。表裏爲魯國之患也。故雖宋齊將卑師少。而公獨親行。其不致者。役不淹時。而齊人同會。則無危殆之憂矣。杜氏預曰。宋主兵。故序齊上。汪氏克寬曰。宋先於齊。而公書會。則宋主兵明矣。蓋桓公伯業未盛。亦若伐郳伐鄭之先宋也。

冬十有二月癸亥朔日有食之

甲寅 惠王十年 **二十有七年** 齊桓十九年。晉獻十年。衛懿二年。蔡穆八年。鄭文六年。曹僖四年。陳宣二十六年。杞惠六年。宋桓十五年。秦宣九年。楚成五年。

春公會杞伯姬于洮 洮。徒刀反。洮。魯地。

【左】非事也。天子非展義不巡守。諸侯非民事不舉。卿非君命不越竟。

胡傳曰。伯姬。莊公之女。非事而特會于洮。愛其女之過。而不能節之以禮。此春秋之所禁也。孔氏穎達曰。上二十五年始歸于杞。莊公無母。而此來寧。知是莊公女也。會女非常。故於此言女以辨之。

夏六月公會齊侯宋公陳侯鄭伯同盟于幽

【左】夏。同盟于幽。陳鄭服也。

【穀】同者。有同也。同尊周也。於是而後授之諸侯也。其授之諸侯何也。齊侯得衆也。桓會不致。安之也。桓盟不日。信之也。信其信。仁其仁。衣裳之會十有一。未嘗有歃血之盟也。信厚也。兵車之會四。未嘗有大戰也。愛民也。

楊氏士勛曰。前同盟于幽。諸侯尚有疑者。今外內同心。推桓爲伯。得專征伐之任。成九合之功。故傳詳其事也。

【案】穀梁謂桓會不致。桓盟不日者。非也。牡邱于淮。皆書致矣。葵邱于扈。皆書致矣。何得爲安之信之耶。

秋公子友如陳葬原仲

【左】非禮也。原仲。季友之舊也。

【公】原仲者何。陳大夫也。大夫不書葬。此何以書。通乎季子之私行也。何通乎季子之私行。辟內難也。君子辟內難而不辟外難。內難者何。公子慶父。公子牙。公子友。皆莊公之母弟也。公子慶父。公子牙。通乎夫人以脅公。季子起而治之。則不得與於國政。坐而視之。則親親。因不忍見也。故於是復請至于陳而葬原仲也。

【穀】言葬不言卒。不葬者也。不葬而曰葬。諱出奔也。

張氏洽曰。公子友如陳葬原仲。無以異於葬諸侯之使。則友之行。莊公使之。非私行也。

吳氏澂曰。無會葬鄰國大夫之禮。季友與原仲有舊。欲往會其葬。以大夫不可私行出境。請於公。而公命之行。故書。

汪氏克寬曰。僖五年。公孫茲如牟娶焉。文六年。季孫行父如陳聘。且娶。文七年。公孫敖如莒涖盟。且逆女。成八年。公孫嬰齊如莒。自爲逆。昭二十五年。叔孫婼如宋。爲季平子逆。經皆不書逆。此書如陳葬原仲。無異於葬諸侯之使。是季友請於公矣。文定但言私行。而不云莊公使之者。以其非禮。雖請於公。是亦私行耳。聖人特書公子友葬原仲。以示戒者。防微杜漸之意也。

【案】人臣無境外之交。季友越國會葬。春秋直書以示貶。其意甚明。公羊以爲通私行。穀梁以爲諱出奔。胡傳以爲王臣始亂。而諸國大夫無譏。皆非也。左氏謂季友以舊交私行。劉氏敞謂原仲與莊公交。而季友從公命往會葬。意亦稍異。惟張氏洽。吳氏澂。汪氏克寬。本左氏舊交之說。

而又以劉氏君命之義。以爲請命而後行。似得當時情事。蓋大夫與大夫交。於理爲近。而非奉君命出境。則不書於策。卽書亦不言如也。

冬杞伯姬來

【左】歸寧也。凡諸侯之女歸寧曰來。出曰來歸。夫人歸寧曰如某。出曰歸於某。

【附錄左】晉侯將伐虢。士蔿曰。不可。虢公驕。若驟得勝於我。必棄其民。無衆而後伐之。欲禦我。誰與。夫禮樂慈愛。戰所畜也。夫民讓事。樂和。愛親。哀喪。而後可用也。虢弗畜也。亟戰將饑。

【公】其言來何。直來曰來。大歸曰來歸。

高氏閌曰。伯姬春方出與公會。而冬又來。何其不安於杞也。杞伯不能制其妻。如其國何。

汪氏克寬曰。春秋內女之適諸侯。惟杞伯姬四書來。一書會。則伯姬之越禮可知矣。伯姬之後。惟書齊高固及子叔姬來。亦非禮也。

莒慶來逆叔姬

【公】莒慶者何。莒大夫也。莒無大夫。此何以書。譏。何譏爾。大夫越竟逆女。非禮也。

【穀】諸侯之嫁子于大夫。主大夫以與之。來者。接內也。不正其接內。故不與夫婦之稱也。

劉氏敞曰。穀梁曰。不正其接內。故不與夫婦之稱也。非也。莒慶之來。不得曰逆女。亂於逆君夫人者也。然則書叔姬。自其理然。而以謂不與夫婦之稱。不亦繆乎。又曰莒慶非有君命也。叔姬非適諸侯也。何以得書乎。以公之自主之。公之自主之。則敵。敵則書矣。

杞伯來朝

【附錄左】王使召伯廖賜齊侯命。且請伐衛。以其立子頹也。

范氏甯曰。杞稱伯。蓋時王所絀。何氏濟川曰。杞。先代子孫也。方東樓公始封。與微子啟無異。得郊祭而用天子禮樂。入春秋已失公爵。降而曰侯。後或稱伯。或稱子。都無定限。足知其微弱僻陋。程氏端學曰。杞伯不朝王而朝魯。已失禮矣。況爲伯姬之來而來朝。夫既不能閑有家。而復以身徇之。宜其失禮之中。又失禮也。

公會齊侯于城濮

張氏洽曰。城濮。衛地。齊欲討衛而會魯於此。定其交而後加兵於人。所以見其謀之審也。

【乙卯】惠王十一年　**二十有八年**　齊桓二十年。晉獻二十一年。衛懿三年。蔡穆九年。鄭文七年。曹僖五年。陳宣二十七年。杞惠七年。宋桓十六年。秦宣十年。楚成六年。

春王三月甲寅齊人伐衛衛人及齊人戰衛人敗績

【左】春。齊侯伐衛。戰。敗衛師。數之以王命。取賂而還。

【附錄左】晉獻公娶於賈。無子。烝於齊姜。生秦穆夫人及大子申生。又娶二女於戎。大戎狐姬生重耳。小戎子生夷吾。晉伐驪戎。驪戎男女以驪姬。歸。生奚齊。其娣生卓子。驪姬嬖。欲立其子。賂外嬖梁五。與東關嬖五。使言於公曰。曲沃。君之宗也。蒲與二屈。君之疆也。不可以無主。宗邑無主則民不威。疆埸無主。則啟戎心。戎之生心。民慢其政。國之患也。若使大子主曲沃。而重耳夷吾主蒲與屈。則可以威民而懼戎。且旌君伐。使俱曰。狄之廣莫。於晉爲都。晉之啟土。不亦宜乎。晉侯說之。夏。使大子居曲沃。重耳居蒲城。夷吾居屈。羣公子皆鄙。惟二姬之子在絳。二五卒與驪姬譖羣公子。而立奚齊。晉人爲之二五耦。　大戎唐叔子孫。　小戎允姓之戎。孔氏安國曰。此即瓜州之允姓戎也。驪戎在京兆新豐縣。蒲。平陽蒲子縣。二屈。平陽北屈縣。

公 伐不日。此何以日。至之日也。戰不言伐。此其言伐何。至之日也。春秋伐者爲客。伐者爲主。故使衛主之也。曷爲使衛主之。衛未有罪爾。敗者稱師。衛何以不稱師。未得乎師也。

穀 於伐與戰。安戰也。戰衛。戰則是師也。其曰人何也。微之也。何爲微之也。今授之諸侯而後有侵伐之事。故微之也。其人衛何也。以其人齊。不可不人衛也。衛小齊大。其以衛及之何也。以其徵之。可以言及也。其稱人以敗何也。不以師敗於人也。

胡傳曰。春秋紀兵。及者爲主。齊人舉兵而伐衛。衛人見伐而受兵。則其以衛及之。何也。案左氏衛嘗伐周立子頹。至是王使召伯廖賜齊侯命。且請伐衛。則齊人舉兵乃奉王命。聲衛立子頹之罪以討之也。爲衛計者。誠有是罪。則當請歸司寇服刑可也。若惠徼康叔。不泯其社稷。使得自新。亦唯命。則何以免矣。今不徵詞請罪。而上逆王命。下拒方伯之師。直與交戰。則是衛人爲志乎。此戰。故以衛主之也。戰不言伐。伐不言日。而書日者。戰之日也。見齊人奉辭伐罪。方以是日至。而衛人不請其故。直以是日與之戰。所以深疾之也。而聖人之情見矣。劉氏敞曰。此齊人伐衛也。其日衛人及齊人戰何。戰而言及者。主之者也。猶曰衛人爲志乎。爲此戰也。云爾。疾之也。何爲疾之。戰者凶事也。非所主也。殺一不辜而得天下。君子不爲也。又曰。公羊曰。曷爲使衛主之。衛未有罪爾。非也。荀林父帥師及楚子戰于邲。當此之時。公羊責晉師則何以不使楚子主之。豈晉師未有罪。楚子有罪乎。是何自相反也。又曰。穀梁曰。其人衛何也。以其人齊。不可不人衛也。亦非也。齊有罪則微齊。衛有罪則微衛。則可謂明矣。今欲微齊。因遂微衛。齊則有罪矣。衛則不知也。而曰不可不人衛。所謂不可者安在哉。又曰。衛小齊大。其以衛及之何也。以其微之。可以言及也。亦非也。衛欲戰。則衛及齊。齊欲戰。則齊及衛。春秋惡戰。故常分別禍之所從起耳。不爲國大小也。又曰。其稱人以敗何也。不以師敗於人也。亦非也。設令齊將尊師衆而敗。衛將卑師少而勝。豈得不書師敗於人哉。　黃氏仲炎曰。幽之再盟。衛侯不至。蓋奪於喪制之故。或可情恕也。而齊遽伐之。是齊之兵不度義而動也。衛之不可以敵齊明矣。不勝一朝之忿。而與齊人戰。卒賂喪師之禍。是衛之兵不量力而鬬也。二者皆罪也。

案 程子謂管仲以制用兵。未嘗輕用大衆。胡傳因之。故於齊桓征伐。皆主將卑師少之說。而以書人爲非貶。此年伐衛之役。以衛及齊戰。專責衛。洵爲定論。然左傳載齊桓受賂而還。則亦不得爲伯討矣。故先儒有兼罪齊衛者。今並存之。

夏四月丁未。邾子瑣卒。瑣。素果反。

汪氏克寬曰。瑣在位十二年。子蘧蒢嗣。是爲文公。

秋。荊伐鄭。

穀 荊者，楚也。其曰荊，州舉之也。

公會齊人宋人救鄭

宋人下，公有邾婁人。

左 楚令尹子元欲蠱文夫人，爲館於其宮側，而振萬焉。夫人聞之，泣曰：先君以是舞也，習戎備也。今令尹不尋諸仇讎，而於未亡人之側，不亦異乎。御人以告子元。子元曰：婦人不忘襲讎，我反忘之。秋，子元以車六百乘伐鄭，入於桔柣之門。子元、鬬御彊、鬬梧、耿之不比爲旆，鬬班、王孫游、王孫喜殿。衆車入自純門，及逵市。縣門不發，楚言而出。子元曰：鄭有人焉。諸侯救鄭，楚師夜遁。鄭人將奔桐丘，諜告曰：楚幕有烏。乃止。　桐丘，許昌縣東北有桐丘城。

穀 善救鄭也。

胡傳曰：案左氏，楚令尹子元無故以車六百乘伐鄭，入自純門，是陵弱暴寡之師也。故以州舉之也。鄭人將奔桐丘，諸侯救之，楚師夜遁，是得救急恤鄰之義也。故書救鄭，善之也。　程子曰：齊桓伯主，魯望國，宋王者之後，此救鄭制楚之始，蓋天下大勢所在。　朱子曰：齊桓晉文所以有功於王室者，當時楚最強大，時復加兵於鄭，鄭則在王畿之內，楚在春秋時，他國皆不及其強，向非桓文有以遏之，則周室爲其所併矣。

冬築郿

郿，芒悲反。公穀作微。郿，魯下邑。

左 非都也。凡邑有宗廟先君之主曰都，無曰邑。邑曰築，都曰城。

穀 山林藪澤之利，所以與民共也。虞之非正也。

范氏甯曰：築不志，凡志皆譏也。築例時。　啖氏助曰：穀梁云：山林川澤之利，所以與民共也。虞之非正也。此當施於築囿之下，不宜濫在此。　劉氏敞曰：郿者何？內之邑也。築之者何？始作邑也。何以書？非常也。

大無麥禾

公 冬，既見無麥禾矣，曷爲先言築微，而後言無麥禾？諱以凶年造邑也。

穀 大者，有顧之辭也。於無禾及無麥也。

孔氏穎達曰：麥熟於夏，禾成在秋，而書於冬者，討食不足，而後總書之。　啖氏助曰：公羊云：先言築微，而後書無麥禾，諱以凶年造邑也。案築微，冬之初也。無麥禾，歲終乃書，依先後記事耳，何關諱乎。穀梁云：大者，有顧之辭也。案大者，言其甚也，稱有顧，如何爲義也。　張氏洽曰：不言水旱，而言大無麥禾，天時人事，兩不足也。

臧孫辰告糴于齊

左 冬，饑。臧孫辰告糴于齊，禮也。

公 告糴者何？請糴也。何以不稱使？以爲臧孫辰之私行也。曷爲以臧孫辰之私行？君子之爲國也，必有三年之委。一年不熟，告糴，譏也。

穀 國無三年之畜，曰國非其國也。一年不升，告糴諸侯。告，請也。糴，糴也。不正，故舉臧孫辰以爲私行也。國無九年之畜曰不足，無六年之畜曰急，無三年之畜曰國非其國也。諸侯無粟，諸侯相歸粟。正也。臧孫辰告糴于齊。告然後與之。言內之無外交也。古者稅什一。豐年補敗。不外求而上下皆足也。雖累凶年。民弗病也。一年不艾而百姓饑。君子非之。不言如。爲內諱也。

胡傳曰。劉敞曰。不言如齊告糴。而曰告糴于齊者。言如齊。則其詞緩。告糴于齊。則其情急。所以譏大臣任國事。治名而不治實之蔽也。魯人悅其名。而以急病讓夷爲功。君子責其實。而以不能務農重穀節用愛人爲罪。 趙氏匡曰。譏臧孫爲政無蓄也。故以自行爲文。又曰。穀梁云諸侯無粟。諸侯相歸粟。正也。告然後與之。言內之無外交也。此若不告。彼何由知之。

丙辰 惠王十二年 **二十有九年** 齊桓二十一年。晉獻十二年。衛懿四年。蔡穆十年。鄭文八年。曹僖六年。陳宣二十八年。杞惠八年。宋桓十七年。秦宣十一年。楚成七年。

春新延廄

左 書不時也。凡馬日中而出。日中而入。

公 新延廄者何。修舊也。修舊不書。此何以書。譏。何譏爾。凶年不修。

穀 延廄者。法廄也。其言新。有故也。有故則何爲書也。古之君人者。必時視民之所勤。民勤于力。則功築罕。民勤於財。則貢賦少。民勤于食。則百事廢矣。冬築微。春新延廄。以其用民力已悉矣。

劉氏敞曰。春秋二百四十二年。所與作修舊多矣。不必書也。而延廄南門。蓋微耳。何故獨書哉。又新宮災。宣公之廟也。太室屋壞。魯公之廟也。災與壞不能不修。而經無修之文。雉門及兩觀災。記新作焉。以此數者參之。修舊不足書。其書者皆非禮之制。不務公室者也。又曰。昔僖公修泮宮。詩人誦之。而春秋不書。何哉。泮宮者諸侯之學也。僖公修之。得其時制。則諸侯之事也。不可勝書。故春秋不書也。春秋以制度弼其上爲法。而詩人以恩厚愛其君爲事。詩有過厚。而春秋無虛美。此其所以異也。然則其書延廄南門何哉。延廄者天子之廄。非諸侯之廄也。南門者。天子之門。非諸侯之門也。延廄之僭。非莊公也。過在可革。而不革。故曰新。南門之僭。自僖公始。罪在不可爲而爲。故曰新作。夫春秋之記略常事。簡小事。謹大事。所以經後世。非史官之任也。

夏鄭人侵許

左 夏。鄭人侵許。凡師有鐘鼓曰伐。無曰侵。輕曰襲。

張氏洽曰。許鄭世讎也。然許自盟幽之後。不與於齊桓之會。鄭人侵之。或齊之命歟。自後許始從中國。

秋有蜚 蜚。扶味反。

左 爲災也。凡物不爲災。不書。

公 何以書。記異也。

穀 一有一亡曰有。

劉氏向曰。蜚色青。非中國所有。南越盛暑。男女同川。淫氣所生。爲蟲臭惡。公取齊淫女。故蜚至。天戒以爲將生臭惡。聞於四方也。 劉氏敞曰。蜚之爲物。狀若牛而白首。一目虵尾。行水則竭。行草則死。見則其國大疫。

【案】春秋災異並書。蜚之爲物。魯本無。而今有之。則異也。能食稻花。使稻不蕃。則災也。若劉氏敞所謂一目而虵尾者。則山海經所載。姑並存之。

冬十有二月紀叔姬卒

家氏鉉翁曰。滅國不葬。此以賢叔姬。故特書葬。娣媵不葬此以賢叔姬。故與伯姬俱得葬。春秋以叔姬秉節守義。不爲國亡而變其所守。特錄之以垂訓後世。

【案】紀叔姬書卒。先儒皆以爲賢其守節。此不易之論也。胡傳獨以爲卒叔姬者。見紀侯之異於太王。則非春秋之旨矣。

城諸及防

【左】書時也。凡土功。龍見而畢務。戒事也。火見而致用。水昏正而栽。日至而畢。

【附錄左】樊皮叛王。

【穀】可城也。以大及小也。

啖氏助曰。穀梁云。以大及小也。此但依先後次第。何小大乎。

丁巳 惠王十三年

三十年 齊桓二十二年。晉獻十三年。衛懿五年。蔡穆十一年。鄭文九年。曹僖七年。陳宣二十九年。杞惠九年。宋桓十八年。秦宣十二年。楚成八年。

春王正月

【附錄左】春。王命虢公討樊皮。夏。四月。丙辰。虢公入樊。執樊仲皮。歸於京師。

夏師次于成 左無師字。

【附錄左】楚公子元歸自伐鄭。而處王宮。鬬射師諫。則執而梏之。秋。申公鬬班殺子元。鬬穀於菟爲令尹。自毀其家。以紓楚國之難

【穀】次。止也。有畏也。欲救鄣而不能也。不言公。恥不能救鄣也。

陳氏傅良曰。此其書次何以是爲不足書也。甚矣莊之不競於齊也。君父死讐不能討。謀紀而齊滅紀。及齊圍郕而郕降於齊。於是次成。齊人降鄣。雖罪齊桓也。詎莊公之身。不可以不貶也。

秋七月齊人降鄣 降。戶江反。鄣音章。鄣。紀附庸國。

【公】鄣者何。紀之遺邑也。降之者何。取之也。取之則曷爲不言取之。爲桓公諱也。外取邑不書。此何以書。盡也。

【穀】降猶下也。鄣。紀之遺邑也。

孔氏穎達曰。計紀侯去國。至此二十七年。則邑不得獨存。此蓋附庸小國。若邿鄟者也。不言使伐。蓋以兵威脅使降附。趙氏匡曰。凡服從內附曰降。不言鄣降。降由於齊。劉氏敞曰。公羊曰。降之者。取之也。不言取之。爲桓公諱也。非也。取之。固曰取之。降之。固曰降之。遷之。固曰遷之。非可相假借爲諱避也。多見其惑也。

八月癸亥葬紀叔姬

公 外夫人不書葬。此何以書。隱之也。何隱爾。其國亡矣。徒葬乎叔爾。

穀 不日卒。而日葬。閔紀之亡也。

案 叔姬書葬。既以見叔姬之賢。亦因魯之往葬也。公羊謂徒葬乎叔者。非也。

九月庚午朔日有食之鼓用牲于社

范氏甯曰。救日用牲。既失之矣。非正陽之月。而又伐鼓。亦非禮。

冬公及齊侯遇于魯濟

濟。子禮反。魯濟。濟水。歷齊魯界。在齊界。為齊濟。在魯界。為魯濟。

左 冬。遇于魯濟。謀山戎也。以其病燕故也。燕。燕國薊縣。

穀 及者。內為志焉爾。遇者。志相得也。

許氏翰曰。齊桓伐郳伐鄭伐徐。皆以宋人主兵。與公會城濮。而後伐衛。與公遇魯濟。而後伐戎。以是知桓公之霸。不自恃也。用人之能以為能。集人之功以為功。遂能力正天下。澤濟生民。　張氏洽曰。簡禮以議軍旅之事。所謂定其交而後求者歟。

齊人伐山戎

公 此齊侯也。其稱人何。貶。曷為貶。子司馬子曰。蓋以操之為已蹙矣。此蓋戰也。何以不言戰。春秋敵者言戰。桓公之與戎狄。驅之爾。

穀 齊人者。齊侯也。其曰人何也。愛齊侯乎山戎也。其愛之何也。桓內無因國。外無從諸侯。而越千里之險。北伐山戎。危之也。則非之乎。善之也。何善乎爾。燕。周之分子也。貢職不至。山戎為之伐矣。

案 齊人伐山戎。穀梁以為善齊桓救燕以通職貢。胡傳本公羊貶之之說。以為譏勤遠略。蓋皆謂之齊桓親行。而其實非也。僖十年伐北戎。又稱齊侯。善耶。貶耶。公穀與胡氏皆無傳何耶。以外傳考之。齊桓親伐山戎。在伐楚之後。蓋僖十年之役。桓乃親行。故書齊侯。是年不過遣將薄伐。故循將卑師少之例而稱人也。至於會魯濟。獻戎捷。齊魯鄰封。歲一相見。恒事爾。不足為伐戎之證也。經未嘗書戎伐燕。亦未嘗書齊救燕。則以書人為善救燕者。亦非也。救邢救許。皆書於冊。何獨於救燕則沒而不書耶。故公穀胡傳俱刪。而凡以書人為貶者。皆不錄。

戊午 惠王十四年

三十有一年

齊桓二十三年。晉獻十四年。衛懿六年。蔡穆十二年。鄭文十年。曹僖八年。陳宣三十年。杞惠十年。宋桓十九年。秦成公元年。楚成九年。

春築臺于郎

公 何以書。譏。何譏爾。臨民之所漱浣也。

杜氏預曰。書築臺。刺奢。且非土功之時。孫氏復曰。莊公比年興作。今又一歲而三築臺。妨農害民。莫甚於此。

夏四月薛伯卒

〔纂〕薛稱伯。時王所黜也。義見桓二年滕子來朝下。

築臺于薛薛魯地。

〔公〕何以書。譏。何譏爾。遠也。

何氏休曰。禮。諸侯之觀不過郊。

六月齊侯來獻戎捷

〔左〕三十一年。夏。六月。齊侯來獻戎捷。非禮也。凡諸侯有四夷之功。則獻于王。王以警于夷。中國則否。諸侯不相遺俘。

〔公〕齊。大國也。曷爲親來獻戎捷。威我也。其威我奈何。旗獲而過我也。

〔穀〕齊侯來獻捷者。內齊侯也。不言使。內與同。不言使也。獻戎捷。軍得曰捷。戎。菽也。

劉氏敞曰。穀梁曰。內齊侯也。不言使。內與同。不言使也。幷也。若都不稱齊。又不言來。則信可謂內與同矣。今旣稱齊。又曰來獻。齊非吾國也。來非不外也。雖匿其使名。猶是齊來獻捷也。安見內乎。又曰。軍得曰捷。戎。菽也。案菽者。豆爾。齊侯伐山戎。乃取其豆與諸侯。不近事理。

〔纂〕黃氏震謂捷獲而過我。李氏廉以爲道經魯而躬來。皆非也。齊在魯北。燕與戎又在齊北。伐戎而過魯。此說之不可通者。故不取。

秋築臺于秦秦。東平范縣西北有秦亭。

〔公〕何以書。譏。何譏爾。臨國也。

〔穀〕不正罷民三時。虞山林藪澤之利。且財盡則怨。力盡則懟。君子危之。故謹而志之也。或曰。倚諸桓也。桓外無諸侯之變。內無國事。越千里之險。北伐山戎。爲燕辟地。魯外無諸侯之變。內無國事。一年罷民三時。虞山林藪澤之利。惡內也。

冬不雨

〔公〕何以書。記異也。

程氏端學曰。冬不雨。不害禾稼。而亦書者。見聖人燮理陰陽。無所不至。不但爲害禾稼書也。蓋致中和。則天地自位。風雨以時。萬物生育。在其中矣。

〔己未〕惠王十五年

三十有二年齊桓二十四年。晉獻十五年。衛懿七年。蔡穆十三年。鄭文十一年。曹僖九年。陳宣三十一年。杞惠十一年。宋桓二十年。秦成二年。楚成十年。

春城小穀小穀。范氏甯曰。魯地。程氏迥曰。齊地。別有穀。在濟北。有管仲井。非小穀也。

〔左〕春。城小穀。爲管仲也。

趙氏鵬飛曰。左氏非國史。以其所聞。取經文之近者合之。昭十一年。楚申無宇曰。齊桓公城穀而寘管仲焉於今賴之而莊三十二年偶有城小穀之事左氏遂曰爲管仲也是左氏取申無宇之言而偶合之也杜氏因左氏而齊無小穀因以小穀爲穀城曰穀城齊地穀城固齊地而安可强改小穀爲穀城耶范甯曰小穀魯地爲得其正矣發微謂曲阜西北有小穀城則小穀魯城甚明左氏之說無足據矣

夏宋公齊侯遇于梁丘 梁邱高平昌邑縣西南有梁邱山山南有梁邱城

【左】齊侯爲楚伐鄭之故請會於諸侯宋公請先見於齊侯夏遇于梁邱

【附錄左】秋七月有神降於莘惠王問諸內史過曰是何故也對曰國之將興明神降之監其德也將亡神又降之觀其惡也故有得神以興亦有以亡虞夏商周皆有之王曰若之何對曰以其物享焉其至之日亦其物也王從之內史過往聞虢請命反曰虢必亡矣虐而聽於神神居莘六月虢公使祝應宗區史嚚享焉神賜之土田史嚚曰虢其亡乎吾聞之國將興聽於民將亡聽於神神聰明正直而壹者也依人而行虢多涼德其何土之能得

【穀】遇者志相得也梁邱在曹邾之間去齊八百里非不能從諸侯而往也辭所遇遇所不遇大齊桓也

秋七月癸巳公子牙卒

【左】初公築臺臨黨氏見孟任從之閟而以夫人言許之割臂盟公生子般焉雩講於梁氏女公子觀之圉人犖自牆外與之戲子般怒使鞭之公曰不如殺之是不可鞭犖有力焉能投蓋於稷門公疾問後於叔牙對曰慶父材問於季友對曰臣以死奉般公曰鄉者牙曰慶父材成季使以君命命僖叔待于鍼巫氏使鍼季酖之曰飲此則有後於魯國不然死且無後飲之歸及逵泉而卒立叔孫氏逵泉魯地

【公】何以不稱弟殺也殺則曷爲不言刺爲季子諱殺也曷爲爲季子諱殺季子之遏惡也不以爲國獄緣季子之心而爲之諱季子之遏惡奈何莊公病將死以病召季子季子至而授之以國政曰寡人即不起此病吾將焉致乎魯國季子曰般也存君何憂焉公曰庸得若是乎牙謂我曰魯一生一及君已知之矣慶父也存季子曰夫何敢是將爲亂乎夫何敢俄而牙弒械成季子和藥而飲之曰公子從吾言而飲此則必可以無爲天下戮笑必有後乎魯不從吾言而不飲此則必爲天下戮笑必無後乎魯國於是從其言而飲之飲之無傫氏至乎王堤而死公子牙今將爾辭曷爲與親弒者同君親無將將而誅焉然則善之與曰然殺世子母弟直稱君者甚之也季子殺母兄何善爾誅不得辟兄君臣之義也然則曷爲不直誅而酖之行誅乎兄隱而逃之使託若以疾死然親親之道也

八月癸亥公薨于路寢

【左】子般即位次于黨氏

【公】路寢者何正寢也

【穀】路寢正寢也寢疾居正寢正也男子不絕於婦人之手以齊終也

何氏休曰公之正居也天子諸侯皆有三寢一曰高寢二曰路寢三曰小寢父居高寢子

居路寢孫從王父母妻從夫寢夫人居小寢在寢地加錄內也夫人不地者外夫人不卒內書薨已錄之矣故出乃地李氏廉曰魯十二公得終於路寢者三公莊宣成而已又曰莊公在位三十二年乃無志不立之君也春秋自九年以前書逆王姬會伐衛次于滑狩于禚及圍郕盟葭納糾皆罪其忘復讎之義也自十年以後齊桓方興國事未立故長勺之役魯勢稍振而敗宋師劫齊歸地齊桓亦屈意結魯以成伯業故數年之間魯國無事正當明其政刑以貽後嗣而乃受制文姜娶讎女以續宗祀三年三至齊廷遇穀盟扈皆爲姻好而出未聞秉禮之君若是也故自二十四年以前書納幣觀社丹楹刻桷逆女用幣皆爲一經之特筆然多麋有蜮大水日食之迭見天意未忘乎魯荊人祭叔蕭叔杞伯之迭至人心尚歸乎魯幽之盟城濮之會魯齊之遇伯主亦有資乎魯宜可以有爲也而乃勤民縱欲築郿新廄城諸防城小穀一歲而三築臺焉坐置其國於宴安沈酣之域欲無危得乎至於亂本之成始於文姜成於哀姜而孟任之嬖女公子之侮家道泯然矣豈特慶父之得兵權而已哉

冬十月己未子般卒己未公穀作乙未般音班

〔左〕冬十月己未共仲使圉人犖賊子般于黨氏成季奔陳立閔公

〔公〕子卒云子卒此其稱子般卒何君存稱世子君薨稱子某既葬稱子踰年稱公子般卒何以不書葬未踰年之君也有子則廟廟則書葬無子不廟不廟則不書葬

〔穀〕子卒日正也不日故也有所見則日

劉氏敞曰穀梁曰日卒正也不日故也有所見則日非也若有所見又不日豈不益明乎何爲日之與正卒相亂哉用此觀之非聖人之意明矣

公子慶父如齊

〔穀〕此奔也其曰如何也諱莫如深深則隱苟有所見莫如深也

胡傳曰子般之卒慶父弒也宜書出奔其曰如齊見慶父主兵自恣國人不能制也莊公幼年即位專以兵權授之慶父歲月既久威行中外其流至此故於餘邱法不當書而聖人特書慶父帥師以志得兵之始而卒書公薨子般卒慶父如齊以見其出入自如無敢討之者以示後世其垂戒之義明且遠矣　劉氏敞曰杜云慶父殺子般懼而適齊欲以求緩時無君假赴告之禮而行非也傳云成季奔陳立閔公然則立閔公者必慶父也慶父雖殺子般未敢便取其國利閔公之幼而立焉其如齊者眞告立君也又何假矣若慶父自見無君假赴告而出欲以求援春秋當徵著其罪不當徇賊子之志書如齊也又若魯既無君慶父託事而出非公命審矣以左氏例考之非公命應不書書之應去其族不得一無所貶也又曰穀梁曰奔也其曰如何也諱莫如深深則隱苟有所見莫如深也非也閔公不書即位足以起子般之弒爾不足以見慶父之賊也春秋記諸侯大夫之奔甚多不必皆弒君也書慶父奔亦何不可哉且慶父親弒其君此魯國人人之讎奈何反掩匿蔽覆不明曰其奔使弒君之賊不見乎又文十八年十月子赤卒其下則季孫行父如齊子赤卒不日亦有所見也若以慶父之例推之則行父亦弒子赤者耶何謂書如齊　張

氏洽曰：慶父自莊公即位，已專兵柄。而莊公昏庸耽樂，不卹國事，致慶父肆行姦宄，陰爲他日取國之計。觀莊公與叔牙問荅之辭，使非季子應時誅之，則般不復得立矣。今般雖弑，而尚未能取國，非特季子之黨未順，亦見魯俗秉禮，人心未盡從也。故因閔公之立，告於伯主，以爲自託之計。齊桓以方伯自任，與魯爲鄰且親，豈不知慶父爲弑君之賊？容其來使，使之復歸，以遺魯國之後禍，即此以見其無討賊之實意，而有取魯之私心。春秋書慶父如齊，著莊公不君，養成其惡，使得以出入自如，而齊桓失方伯連率之職也。

【案】左傳稱十月己未，共仲使圉人犖賊子般於黨氏，成季奔陳，立閔公。先云成季奔而後云立閔公，明閔之立，慶父立之也。左傳稱閔公哀姜之娣叔姜之子，杜氏謂年始八歲。蓋慶父雖弑君，未敢遽自立，先取其黨之幼者立焉，而徐圖廢置，故以君命告即位於齊，因結齊援。經乃據實書之曰如齊爾。穀梁謂實奔而諱之，杜氏謂無君而假赴告以行，皆不足據，劉氏敞駁之，是也。胡傳謂莊公以兵權授慶父，以致威行中外，出入自如，其說亦通。惟以爲宜書出奔，則承訛襲舛，習而不察耳。張氏洽集注於情事甚合。

狄伐邢

杜氏預曰：邢，姬姓，周公之後。張氏洽曰：狄，北狄。前此雖未見於經，然自伐邢而滅衛，三年之間，塗炭兩國，首以伐書，著其強也。

春秋卷之四

閔公

楊氏士勛曰。魯世家閔公名開。莊公之子。惠王十六年卽位。諡法。在國逢難曰閔。世本作啓方。辟漢景帝諱。故爲開也。

【庚申】惠王十六年 **元年** 齊桓二十五年。晉獻十六年。衛懿八年。鄭文十二年。曹昭公班元年。陳宣三十二年。杞惠十二年。宋桓二十一年。秦成三年。楚成十一年。

春王正月

【左】元年春。不書卽位。亂故也。

【公】公何以不言卽位。繼弑君不言卽位。孰繼。繼子般也。孰弑子般。慶父也。殺公子牙。今將爾。季子不免。慶父弑君。何以不誅。將而不免。遏惡也。既而不可及。因獄有所歸。不探其情而誅焉。親親之道也。惡乎歸獄。歸獄僕人鄧扈樂。曷爲歸獄僕人鄧扈樂。莊公存之時。樂曾淫於宮中。子般執而鞭之。莊公死。慶父謂樂曰。般之辱爾。國人莫不知。盍弑之矣。使弑子般。然後誅鄧扈樂而歸獄焉。季子至而不變也。

【穀】繼弑君不言卽位。正也。親之非父也。尊之非君也。繼之如君父也者。受國焉爾。

啖氏助曰。凡先君遇弑。則嗣子廢卽位之禮。穀梁云。繼弑君不書卽位。正也。此說是也。凡繼弑君而行卽位禮。非也。左氏云。不書卽位。亂故也。國有危難。豈妨行禮。故知妄也。劉氏敞曰。公羊曰。誅鄧扈樂而歸獄焉。季子至而不變也。又曰。既而不可及。不探其情而誅焉。親親之道也。非也。慶父弑般。欲取其國。是明季子力不能誅。故遁逃他國爾。設令季子力能誅之。則慶父誅死矣。可謂不探其情乎。

【案】公穀謂繼弑君不言卽位。啖氏助釋之。以爲廢卽位之禮是也。朱子謂君不行卽位之禮。故不書卽位。其意與公穀互相發明。莊元年辨之詳矣。僖不書卽位亦同。

齊人救邢

【左】狄人伐邢。管敬仲言於齊侯曰。戎狄豺狼。不可厭也。諸夏親暱。不可棄也。宴安酖毒。不可懷也。詩云。豈不懷歸。畏此簡書。簡書。同惡相恤之謂也。請救邢。以從簡書。齊人救邢。

【穀】善救邢也。

夏六月辛酉葬我君莊公

【左】夏六月。葬莊公。亂故。是以緩。

【穀】莊公葬。而後舉諡。諡所以成德也。於卒事乎加之矣。

秋八月公及齊侯盟于落姑 落。公穀作洛。落姑。齊地。

【左】請復季友也。齊侯許之。使召諸陳。公次於郎以待之。

【穀】盟納季子也。

陳氏傅良曰。閔公盟齊桓于落姑。請復季友。未知孰爲之也。慶父爲之。則閔公不弑。以閔之見弒。則非慶父之意。而國人爲之也。　吳氏澂曰。子般卒後。慶父哀姜專國。故季友出以避禍。此時慶父秉外權。哀姜爲內主。蓋唯恐季友之歸。閔公九歲。爾孰能奉之出會伯主。而爲國計者。必魯之世臣。有不當權而忠於國。能如衞之石碏。深謀秘計。告於伯主。請復季友。故桓公以伯令召閔公。至齊地而與之盟。使若復季友之意。出於齊而不出於魯。故盟以要其信。而使魯復之。既盟之後。桓公使召諸陳。而閔公次於郎以待之。若不敢背伯主之盟。而使季友得以歸魯者。季友以伯主之重。則慶父不敢去之矣。春秋書之。所以著魯大臣之有謀也。　程氏端學曰。以事勢考之。此盟多季子倚齊爲歸魯計爾。故既盟而季子來歸。　卓氏爾康曰。趙子嘗謂落姑之盟。雖曰請復季友。若出公意。然是時閔公八歲耳。哀姜慶父專國。豈欲季友之歸者。故陳氏以爲國人爲之。臨川吳氏。因謂魯之世臣有如衞石碏者。告於伯主。請復季友。深得當時事情。但哀姜慶父事與州吁石厚不同。季友既出奔。豈有如石碏者。能自安於內。以經傳推之。時陳方爲齊所厚。且與魯交好。季友又嘗一再如陳。其出奔陳。蓋有所托。然則落姑之盟。亦季友援陳人以請於齊桓耳。

【案】落姑之盟。穀梁止曰盟納季子。而左氏以爲請復季子。孰請之耶。是時慶父當國。閔公方幼。慶父既不欲請。閔公又不能請。故陳氏傅良謂國人爲之。吳氏澂謂國之世臣爲之。卓氏爾康以爲陳方爲齊所厚。季友援陳人以請齊桓。於情事亦合。故並存之。

季子來歸

【左】季子來歸。嘉之也。

【公】其稱季子何。賢也。其言來歸何。喜之也。

【穀】其曰季子。貴之也。其曰來歸。喜之也。

程子曰。莊公既薨。子般被弒。國人方危。而慶父未討。公子友賢而在外。國人思得以安社稷。故公爲落姑之盟。以請復之。來歸書曰季子。而不名。異其文以嘉之也。　朱子語類曰。春秋書季子來歸。恐是因舊史之文書之。只是魯亂已甚。後來季友立得僖公。再整頓得箇社稷起。有此大功。故取之。與取管仲意同。又曰。季子來歸。如高子來盟。齊仲孫來之類。當魯國內亂。得一季子歸國。則國人皆有慰望之理。故魯史喜而書之。夫子直書史家之辭。其實一書季子來歸。而季氏得政。權去公室之漸。皆由此起矣。　陳氏傅良曰。此公子友也。其稱季子何。賢之。斯不名之。不名之。斯以美稱稱之也。何賢乎季子。微季子。則慶父之篡成。而莊公之統絶。慶父之篡不成。莊公之統不絶者。季子在也。是故奔陳不書。如郲不書。全季子也。

冬齊仲孫來

【左】冬。齊仲孫湫來省難。書曰仲孫。亦嘉之也。仲孫歸曰。不去慶父。魯難未已。公曰。若之何而去之。對曰。難不已。將自斃。君其待之。公曰。魯可取乎。對曰。不可。猶秉周禮。周禮。所以本也。臣聞之。國將亡。本必先顛。而後枝葉從之。魯不棄周禮。未可動也。君其務寧魯難而親之。親有禮。因重固。間攜貳。覆昏亂。霸王之器也。

【附錄左】晉侯作二軍。公將上軍。大子申生將下軍。趙夙御戎。畢萬爲右。以滅耿。滅霍。滅魏。還。

為大子城曲沃。賜趙夙耿。賜畢萬魏。以為大夫。士蔿曰。大子不得立矣。分之都城。而位以卿。先為之極。又焉得立。不如逃之。無使罪至。為吳大伯。不亦可乎。猶有令名。與其及也。且諺曰。心苟無瑕。何恤乎無家。天若祚大子。其無晉乎。卜偃曰。畢萬之後必大。萬。盈數也。魏。大名也。以是始賞。天啓之矣。天子曰兆民。諸侯曰萬民。今名之大。以從盈數。其必有衆。初。畢萬筮仕於晉。遇屯之比。辛廖占之。曰。吉。屯固比入。吉孰大焉。其必蕃昌。震為土。車從馬。足居之。兄長之。母覆之。衆歸之。六體不易。合而能固。安而能殺。公侯之卦也。公侯之子孫。必復其始。耿。平陽皮氏縣東南有耿鄉。霍。永安縣東北有霍大山。

【公】齊仲孫者何。公子慶父也。公子慶父則曷為謂之齊仲孫。繫之齊也。曷為繫之齊。外之也。曷為外之。春秋為尊者諱。為親者諱。為賢者諱。子女子曰。以春秋為春秋。齊無仲孫。其諸吾仲孫與。

【穀】其曰齊仲孫。外之也。其不目而曰仲孫。疏之也。其言齊。以累桓也。

啖氏助曰。公穀云是公子慶父。疏之故言齊仲孫。案齊之仲孫。謂是魯之公子。謬亦甚矣。

劉氏敞曰。仲孫者何。齊大夫也。此無事。其曰來何。齊侯使之也。齊侯使之。則何以不言使。譏。何譏爾。桓公知魯之可憂。而不知使仲孫之非也。誠苟憂之。何問焉。仲孫知魯之可親。而不知存慶父之非也。誠苟親之。何待焉。交譏之。又曰。公羊曰。公子慶父也。非也。孫以王父字為氏。此乃慶父之身也。未可以稱仲孫。且經實繫之齊。若之何謂魯仲孫哉。此不近人情之尤者。陳氏傅良曰。書來。譏也。仲孫之來。覘魯也。莊公薨。子般弒。閔公幼。落姑之盟。嘗請於齊。僅能復季子而已。而慶父夫人之志。未可知也。桓公不能正。憪然使人以覘魯曰。是可取乎。桓公伯諸侯。將因人之難以為利。書來不書事。所以病桓也。

[辛酉] 惠王十七年

二年

齊桓二十六年。晉獻十七年。衞懿九年。蔡穆十五年。鄭文十三年。曹昭二一年。陳宣三十三年。杞惠十三年。宋桓二十二年。秦成四年。楚成十二年。

春王正月。齊人遷陽。

陽。國名。

【附錄左】春。虢公敗犬戎於渭汭。舟之僑曰。無德而祿。殃也。殃將至矣。遂奔晉。

何氏休曰。不為桓公諱者。功未足以覆比滅人之惡也。　家氏鉉翁曰。齊桓遷邢。義也。為其有狄難。輔而遷之。別擇善地以為之國都。霸者之所得為也。遷陽事不見於傳。以書法而觀。亦宋人遷宿之類。蓋遷小國以為附庸。并兼之異名。春秋所惡。書以貶之。曰降曰遷。彊其所不欲之辭也。　汪氏克寬曰。齊人遷陽。以力逼而遷之也。不地者。自是不復見也。邢遷夷儀。非齊遷之。乃邢人自欲遷也。滅譚滅遂。桓公初年之事也。降鄣遷陽。則不絕其祭祀矣。存邢存衞存杞。則興滅繼絕之意也。伯者功過不相掩。此之謂也。

夏五月乙酉。吉禘于莊公。

【左】夏。吉禘于莊公。速也。

【公】其言吉何。言吉者。未可以吉也。曷為未可以吉。未三年也。三年矣。曷為謂之未三年。三年之喪。實以二十五月。其言于莊公何。未可以稱宮廟也。曷為未可以稱宮廟。在三年之中矣。吉禘于莊公。何以書。譏。何譏爾。譏始不三年也。

穀 吉禘者，不吉者也。喪事未畢而舉吉祭，故非之也。

胡傳曰：程氏曰：天子曰禘，諸侯曰祫，其禮皆合祭也。禘者，禘其所自出之帝，爲東向之尊，其餘皆合食於前，此之謂禘。諸侯無所出之帝，則止於大祖之廟，合羣廟之主以食，此之謂祫。天子禘，諸侯祫，大夫享，庶人薦，上下之殺也。魯諸侯爾，何以有禘？成王追念周公有大勳勞於天下，賜魯公以天子禮樂，使用諸大廟，以上祀周公，魯於是乎有禘祭。春秋之中，所以言禘不言祫也。然則可乎？孔子曰：魯之郊禘，非禮也。周公其衰矣。禘言吉者，喪未三年，行之太早也。于莊公者，方祀於寢，非宮廟也。一舉而三失禮焉，春秋之所謹也。四時之祭，有禘之名，蓋禮文交錯之失。 朱子論語集注：趙伯循曰：禘，王者之大祭也。王者既立始祖之廟，又推始祖所自出之帝，祀之於始祖之廟，而以始祖配之也。成王以周公有大勳勞，賜魯重祭，故得禘於周公之廟，以文王爲所自出之帝，而周公配之。然非禮矣。又曰：禘是祭之甚大甚遠者。若時祭及祫祭，止於大祖。禘又祭祖之所自出，如祭后稷，又推后稷上一代祭之，周人禘嚳是也。又曰：程先生說禘是禘其始祖之所自出，並羣廟之主皆祭之。祫則止自始祖以下，合羣廟之主皆升合食於太祖。所謂禘之說恐不然。 汪氏克寬曰：公羊文二祫祭，毀廟之主陳於太祖，未毀廟之主皆升合食於太祖。曾子問：祫祭於祖，則祝迎四廟之主。王制注：天子諸侯之喪畢，合先君之主於祖廟而祭之，謂之祫。後因以爲常。今案：公羊言大祫之禮，曾子問乃時祫之禮。

秋八月辛丑，公薨。

左 初，公傅奪卜齮田，公不禁。秋八月辛丑，共仲使卜齮賊公於武闈。

公 公薨何以不地？隱之也。何隱爾？弒也。孰弒之？慶父也。殺公子牙，今將爾，季子不免。慶父弒二君，何以不誅？將而不免，遏惡也。既而不可及，緩追逸賊，親親之道也。

穀 不地，故也。其不書葬，不以討母葬子也。

劉氏敞曰：二年公薨，公羊云云，說同元年。又曰：穀梁曰：不書葬，不以討母葬子也。非也。所謂君弒賊不討不書葬者，言比其葬時而賊未討，則不書葬也。既葬而後乃討賊，賊雖已討，葬猶不追書也。此閔公是已。討賊雖遲，而葬在討賊之後，則葬得書。此陳靈公是已。不以討母葬子，何足爲義乎。 陳氏傅良曰：魯之春秋，固書曰公子慶父弒公於武闈，聖人修之曰公薨，諱之也。遇弒，君父之大哀也，何忍言之。是故書薨而不地，且不葬。薨，十二公所同也。不地不葬，隱閔所獨也。然則雖諱，而亂臣賊子之獄具矣。

九月，夫人姜氏孫于邾。

孫音遜

穀 孫之爲言猶孫也，諱奔也。

何氏休曰：爲淫二叔，殺二嗣子，出奔。不如文姜於出奔貶之者，爲內臣子明其義，不得以子絕母。 汪氏克寬曰：莊公之娶哀姜，納幣觀社，逆女屢往，以致其勤，丹楹刻桷，用幣以示其侈，而哀姜不與公偕至，悍然驕狠之態已見於薦舍之時矣。蓋哀姜習聞文姜淫姣禍賊之行，而莊公不能防閑，則於莊公乎何有，是以通乎共仲，而無羞惡之心，與弒閔公，而無惻隱之心。實莊公不知防微謹始，有以致之也。然哀姜孫邾，不去姜氏者，文姜孫於宗國，不削姓氏。不足以見其罪。哀姜孫于邾。雖不去姓氏。而絕之之意已著矣。

公子慶父出奔莒

左 成季以僖公適邾。共仲奔莒。乃入。立之。以賂求共仲於莒。莒人歸之。及密。使公子魚請。不許。哭而往。共仲曰。奚斯之聲也。乃縊。閔公。哀姜之娣叔姜之子也。故齊人立之。共仲通於哀姜。哀姜欲立之。閔公之死也。哀姜與知之。故孫于邾。齊人取而殺之于夷。以其尸歸。僖公請而葬之。夷。魯地。

附錄左 成季之將生也。桓公使卜楚丘之父卜之。曰。男也。其名曰友。在公之右。間於兩社。為公室輔。季氏亡。則魯不昌。又筮之。遇大有之乾。曰。同復於父。敬如君所。及生。有文在其手曰友。遂以命之。

穀 其曰出。絕之也。慶父不復見矣。

胡傳曰。公子出奔。譏失賊也。 陸氏淳曰。穀梁云。其曰出。絕之也。案例。大夫奔。皆言出。不可別為義。 汪氏克寬曰。慶父繼弒兩君。勢傾魯國。顧不能寘君以自託。而避罪出奔者。蓋人人黨惡以為利。則亂賊肆行而無忌憚。人人知大惡之當討。則亂賊無所容其身。使無圉人舉卜齮之釁。則子般閔公之禍。未若是之亟也。使季友適邾。而竄蒙曲阜之衆。無石碏雍糜之謀。則共仲之奔。亦未若是之速也。然則慶父之奔。蓋自知罪大惡極。有所畏於魯人之討。與伯國之誅。而不得不奔爾。然魯人求慶父於莒。既至而縊。當書刺慶父以正討賊之法。今但書奔而不志其死。則見魯人之不能以賊討矣。慶父之立後。不異於叔牙。而公孫敖為卿。無以異於公孫茲。則魯人必納慶父之喪矣。不書喪歸與穆伯異者。豈非聖人以共仲弒逆。罪非敖比。而削其喪歸以絕之歟。

案 季友內執魯政。外有齊援。閔公被弒。既不能救。又視慶父之奔而不能討。胡傳以為譏失賊者是也。若以難易遲速之幾為季子解。則失討賊之義矣。恐非經旨。

冬齊高子來盟

公 高子者何。齊大夫也。何以不稱使。我無君也。然則何以不名。喜之也。何喜爾。正我也。其正我奈何。莊公死。子般弒。閔公弒。此三君死。曠年無君。設以齊取魯。曾不興師。徒以言而已矣。桓公使高子將南陽之甲。立僖公而城魯。或曰。自鹿門至於爭門者是也。或曰。自爭門至于吏門者是也。魯人至今以為美談。曰。猶望高子也。

穀 其曰來。喜之也。其曰高子。貴之也。盟立僖公也。不言使。何也。不以齊侯使高子也。

陸氏淳曰。淳聞於師曰。不言齊侯使高子。高子奉使合宜。受命不受辭也。義與楚屈完來盟于師。不言楚子使義同。 劉氏敞曰。公羊曰。不稱使。我無君也。非也。慶父出奔。則僖公已立也。高子稱來盟。則僖公之盟也。何謂我無君乎。公及齊大夫盟于蔇。當是時。齊無君。文不沒公。即魯無君。何故沒齊侯哉。又曰。齊桓公驚然有取魯之心。使高子將南陽之甲而至者。非伐之也。非正之也。非聘弔之也。高子能深執忠臣之義。勉其君於霸。因事制宜。立僖公而盟之。魯國遂安。以此見權在高子。高子之為人臣。忠也。從義不從命矣。

十有二月狄入衞

左 冬十二月。狄人伐衞。衞懿公好鶴。鶴有乘軒者。將戰。國人受甲者皆曰。使鶴。鶴實有祿位。余焉能戰。公與石祁子玦。與甯莊子矢。使守。曰。以此贊國。擇利而爲之。與夫人繡衣。曰。聽於二子。渠孔御戎。子伯爲右。黃夷前驅。孔嬰齊殿。及狄人戰於滎澤。衞師敗績。遂滅衞。衞侯不去其旗。是以甚敗。狄人囚史華龍滑與禮孔以逐衞人。二人曰。我大史也。實掌其祭。不先。國不可得也。乃先之。至則告守曰。不可待也。夜與國人出。狄入衞。遂從之。又敗諸河。初。惠公之卽位也少。齊人使昭伯烝於宣姜。不可。強之。生齊子。戴公。文公。宋桓夫人。許穆夫人。文公爲衞之多患也。先適齊。及敗。宋桓公逆諸河。宵濟。衞之遺民男女七百有三十人。益之以共滕之民。爲五千人。立戴公以廬於曹。許穆夫人賦載馳。齊侯使公子無虧帥車三百乘。甲士三千人以戍曹。歸公乘馬。祭服五稱。牛羊豕雞狗皆三百。與門材。歸夫人魚軒。重錦三十兩。

滎澤。當在河北。與鄭州之滎澤不同。共滕。衞別邑。曹。衞下邑。孔疏云。當在河東。近楚邱也。

汪氏克寬曰。衞書入而不言滅。或以桓公不能攘狄。故爲之諱。或以爲美桓公能存之。故不書滅。不以累桓公。蓋桓公始雖不能却狄於衞未滅之先。而猶能存衞於狄既滅之後。其於興滅繼絕。亦庶幾焉。然此乃言外之意。比事考之。春秋凡滅而書入者。或不有其地。或雖有其地而不絕其祭祀也。狄入衞。秦人入滑。楚子入陳。吳入郢。皆不有其地者也。公及齊鄭入許。雖有其地而不絕其祀也。宋滅曹而書入。則惡曹陽之自取滅亡。而不予之以亡國之善詞。又春秋之變例也。

案 狄入衞。范氏甯。陳氏傅良。與孫氏覺。各主一說。汪氏克寬兼採而折其中。情理俱合。甚得經旨。當爲正解。

鄭棄其師

左 鄭人惡高克。使帥師次於河上。久而弗召。師潰而歸。高克奔陳。鄭人爲之賦清人。

附錄 左 晉侯使大子申生伐東山皐落氏。里克諫曰。大子奉冢祀社稷之粢盛。以朝夕視君膳者也。故曰冢子。君行則守。有守則從。從曰撫軍。守曰監國。古之制也。夫帥師。專行謀。誓軍旅。君與國政之所圖也。非大子之事也。師在制命而已。稟命則不威。專命則不孝。故君之嗣適不可以帥師。君失其官。帥師不威。將焉用之。且臣聞皐落氏將戰。君其舍之。公曰。寡人有子。未知其誰立焉。不對而退。見大子。大子曰。吾其廢乎。對曰。告之以臨民。教之以軍旅。不共是懼。何故廢乎。且子懼不孝。無懼弗得立。修已而不責人。則免於難。大子帥師。公衣之偏衣。佩之金玦。狐突御戎。先友爲右。梁餘子養御罕夷。先丹木爲右。羊舌大夫爲尉。先友曰。衣身之偏。握兵之要。在此行也。子其勉之。偏躬無慝。兵要遠災。親以無災。又何患焉。狐突歎曰。時事之徵也。衣身之章也。佩衷之旗也。故敬其事則命以始。服其身則衣之純。用其衷則佩之度。今命以時卒。閟其事也。衣之尨服。遠其躬也。佩以金玦。棄其衷也。服以遠之。時以閟之。尨涼冬殺。金寒玦離。胡可恃也。雖欲勉之。狄可盡乎。梁餘子養曰。帥師者受命於廟。受脤於社。有常服矣。不獲而尨。命可知也。死而不孝。不如逃之。罕夷曰。尨奇無常。金玦不復。雖復何爲。君有心矣。先丹木曰。是服也。狂夫阻之。曰盡敵而反。敵可盡乎。雖盡敵。猶有內讒。不如違之。

狐突欲行。羊舌大夫曰。不可。違命不孝。棄事不忠。雖知其寒。惡不可取。子其死之。大子將戰。
狐突諫曰。不可。昔辛伯諗周桓公云。內寵竝后。外寵二政。嬖子配適。大都耦國。亂之本也。周
公弗從。故及於難。今亂本成矣。立可必乎。孝而安民。子其圖之。與其危身以速罪也。成風
聞成季之繇。乃事之。而屬僖公焉。故成季立之。僖之元年。齊桓公遷邢于夷儀。二年。封衛
於楚丘。邢遷如歸。衛國忘亡。衛文公大布之衣。大帛之冠。務財訓
農。通商。惠工。敬教。勸學。授方。任能。元年。革車三十乘。季年。乃三百乘。

【公】鄭棄其師者何。惡其將也。鄭伯惡高克。使之將。逐而不納。棄師之道也。

【穀】惡其長也。兼不反其衆。則是棄其師也。

陸氏淳曰。淳聞於師曰。夫人臣之義。可則竭節而進。否則奉身而退。高克進退違義。見惡
於君。罪亦大矣。不書其奔。其意何也。曰。高克見惡於君。其罪易知也。鄭伯惡其卿而不能
退之以禮。兼棄其人。失君道矣。故聖人異其文。而深譏之。

春秋卷之五

僖公

楊氏士勛曰。魯世家僖公名申。莊公之子。閔公庶兄。以惠王十八年即位。謚法。小心畏忌曰僖。

元年 壬戌 惠王十八年 齊桓二十七年。晉獻十八年。衛文公燬元年。蔡穆十六年。鄭文十四年。曹昭三年。陳宣三十四年。杞惠十四年。宋桓二十三年。秦穆公任好元年。楚成十三年。

春王正月

左 元年。春。不稱即位。公出故也。公出復入。不書。諱之也。諱國惡。禮也。

公 公何以不言即位。繼弒君。子不言即位。此非子也。其稱子何。臣子一例也。

穀 繼弒君不言即位。正也。

何氏休曰。僖公繼成君。閔公繼未踰年君。禮。諸侯臣諸父兄弟。以臣之繼君。猶子之繼父也。其服皆斬衰。故傳稱臣子一例。　劉氏敞曰。左傳曰。不稱公即位。公出故也。非也。去年八月。閔公遭弒。僖公自邾入為君。至此久矣。國內已靡定。不應猶以出奔之故。不行即位禮也。又曰。公出復入不書。諱之也。諱國惡。禮也。案御孫謂莊公曰。君舉必書。書而不法。後嗣何觀。以御孫之說論之。君之不法。無所不書也。既無所不書。則是諱國惡者。非史官之事。春秋之意也。

齊師宋師曹師次于聶北救邢 左作曹伯。聶北。邢地。

公 救邢。救不言次。此其言次何。不及事也。不及事者何。邢已亡矣。孰亡之。蓋狄滅之。曷為不言狄滅之。為桓公諱也。曷為為桓公諱。上無天子。下無方伯。天下諸侯有相滅亡者。桓公不能救。則桓公恥之。曷為先言次而後言救。君也。君則其稱師何。不與諸侯專封也。曷為不與。實與而文不與。文曷為不與。諸侯之義不得專封也。諸侯之義不得專封。則其曰實與之何。上無天子。下無方伯。天下諸侯有相滅亡者。力能救之。則救之可也。

穀 救不言次。言次。非救也。非救而曰救。何也。遂齊侯之意也。是齊侯與。齊侯也。何用見其是齊侯也。曹無師。曹師者。曹伯也。其不言曹伯何也。以其不言齊侯。不可言曹伯也。其不言齊侯何也。以其不足乎揚。不言齊侯也。

范氏甯曰。小國君將稱君。卿將稱人。不得稱師。言師。則是曹伯也。曹君不可在師下。故知是齊侯。　孔氏穎達曰。公羊稱不與諸侯專封。故變稱師。爾此時方始救邢。邢本不滅。何以言其封也。　劉氏敞曰。曷為先言次而後言救。譏。何譏爾。次于聶北救邢。言以為名而已矣。非救人之道也。又曰。穀梁曰。曹無師。曹師者。曹伯也。其不言曹伯。以其不言齊侯不可言曹伯也。非也。曰次于聶北救邢者。其刺桓公之意已見矣。何至又更齊侯曰齊師哉。先王之制。大國三軍。其次二軍。小國一軍。軍即師也。曹又次國。不宜獨無師。

案 春秋據事直書。釋經者因文考實。以見褒貶之意。若文既不與。何由知其實與乎。公羊謂實與而文不與者。非也。楚邱緣陵亦同。

夏六月邢遷于夷儀 公作陳儀。後同。夷儀。邢地。

【左】諸侯救邢。邢人潰，出奔師。師遂逐狄人，具邢器用而遷之，師無私焉。夏，邢遷于夷儀。
【公】遷者何？其意也。遷之者何？非其意也。
【穀】遷者，猶得其國家以往者也。其地，邢復見也。

齊師宋師曹師城邢

【左】諸侯城之，救患也。凡侯伯救患，分災，討罪，禮也。
【公】此一事也，曷為復言齊師宋師曹師？不復言師，則無以知其為一事也。
【穀】是向之師也，使之如改事然，美齊侯之功也。

秋七月戊辰，夫人姜氏薨于夷，齊人以歸　左見閔二年。

【公】夷者何？齊地也。齊地則其言齊人以歸何？夫人薨于夷，則齊人曷為以歸？桓公召而縊殺之。
【穀】夫人薨不地，地，故也。不言以喪歸，非以喪歸也。加喪焉，諱以夫人歸也。其以歸，薨之也。

汪氏克寬曰：以歸之義，文定及程沙隨皆謂齊以喪歸魯。竊詳以歸之後，越一百七十日始至，無是理也。經凡言以歸者，歸其國也，戎伐凡伯于楚丘以歸，杞伯逆叔姬之喪以歸是也。凡言歸者，歸於魯也，王使榮叔歸含且賵，齊人歸公孫敖之喪是也。當從左氏，謂齊以其喪歸也。公穀又謂以歸于夷，然于夷在以歸之上，則自夷而以歸，蓋殺之于夷，而以喪歸齊國，然後魯請而歸于魯爾。不然，何以曰夫人氏之喪至自齊，而不言至自夷，與至自乾侯同文乎。書齊人以歸，所以著齊人殺之也。不曰齊侯而曰齊人，討賊之詞也。左氏謂齊人殺哀姜為已甚，然先儒謂武后篡唐，唐之臣子猶當廢為庶人而殺之，況齊桓而不可殺哀姜乎。

楚人伐鄭　荊始書楚

【左】楚人伐鄭，鄭即齊故也。

八月，公會齊侯宋公鄭伯曹伯邾人于檉　檉，勅呈反。公作朾。檉，宋地。陳縣西北有檉。河南開封陳州境有犖城，即檉城也。

【左】盟于犖，謀救鄭也。

九月，公敗邾師于偃　敗，必邁反。偃，公作纓。偃，兗州費縣南。

【左】虛丘之戍將歸者也。虛邱，邾地。服虔以為魯地。
【穀】不日，疑戰也。疑戰而曰敗，勝內也。
高氏閌曰：邾受姜氏，公不請於會而討之，乃既會而敗其師，非禮也。

冬十月壬午，公子友帥師敗莒師于酈，獲莒挐　敗，必邁反。酈，力知反。公作犁。穀作麗。挐，女居女加二切。酈，魯地。

【左】冬，莒人來求賂。公子友敗諸酈，獲莒子之弟挐。非卿也，嘉獲之也。公賜季友汶陽之田及費。汶陽田，汶水北地。定十年齊人歸鄆讙龜陰田，三邑皆汶陽也。

【公】莒挐者何。莒大夫也。莒無大夫。此何以書。大季子之獲也。何大乎季子之獲。季子治內難以正。禦外難以正。其禦外難以正奈何。公子慶父弒閔公。走而之莒。莒人逐之。將由乎齊。齊人不以納。却反舍於汶水之上。使公子奚斯入請。季子曰。公子不可以入。入則殺矣。奚斯不忍。反命於慶父。自南涘北面而哭。慶父聞之曰。嘻。此奚斯之聲也。諾已。曰。吾不得入矣。於是抗輈經而死。莒人聞之曰。吾已得子之賊矣。以求賂乎魯。魯人不與。為是興師而伐魯。季子待之以偏戰。

【穀】莒無大夫。其曰莒挐。何也。以吾獲之目之也。內不言獲。此其言獲何也。惡公子之紿。紿者奈何。公子友謂莒挐曰。吾二人不相說。士卒何罪。屏左右而相搏。公子友處下。左右曰。孟勞。孟勞者。魯之寶刀也。公子友以殺之。然則何以惡乎紿也。曰。棄師之道也。

汪氏克寬曰。左氏公羊皆謂予季友之獲。今考經書鄭獲蔡公子燮。宋華元。吳獲陳夏齧。齊國書。未有以書獲為善者。此於公子友書敗書獲。則責在季友爾。若夫慶父奔莒。而不書莒人殺慶父。與宋萬奔陳。而不書陳人殺萬同義。其黨惡責賂之罪。蓋在其中矣。何必謂嘉季子之獲哉。 趙氏與權曰。季友有立僖之功。竊靖難之名。遂攘魯國之權。而專主其師。敗莒有功。季氏專制之形始兆。

十有二月丁巳夫人氏之喪至自齊

【左】夫人氏之喪至自齊。君子以齊人之殺哀姜也為已甚矣。女子從人者也。

【公】夫人何以不稱姜氏。貶。曷為貶。與弒公也。然則曷為不於弒焉貶。貶必於重者。莫重乎其以喪至也。

【穀】其不言姜。以其殺二子。貶之也。或曰。為齊桓諱殺同姓也。

劉氏敞曰。杜氏曰。不稱姜。闕文。非也。夫人孫于齊。不稱姜氏。亦闕文邪。穀梁曰。不言姜。為齊桓諱殺同姓也。亦非也。夫人挾小君之尊。而殺二子。魯人終不敢討也。桓公為伯主。疾禍亂之所生。豈得顧同姓哉。此非春秋所恥。則非春秋所諱矣。又曰。哀姜與乎亂。安可復配宗廟復臨羣臣哉。魯以臣子不得討。而齊以伯主得舉法。故臣子可緣伯主之命。以尊宗廟。伯主亦可緣天子之法。以絕魯私請。今齊以公義誅之。而魯以私意請之。是魯之不忍也。而不可通於春秋。故去姜氏以見焉。 李氏廉曰。齊殺哀姜。公穀劉氏胡氏皆以為義。獨左氏曰。君子以齊人之殺哀姜也為已甚矣。女子從人者也。是不察於春秋之公義矣。

【案】夫人書氏不稱姓。貶哀姜也。哀姜之貶。不於孫邾者。罪止於殺子。則子無讐母之文也。不於薨者。伯主之法既行。則義可以止也。不於葬者。既請其喪。不容以不葬。且一貶不再貶也。故獨於喪至焉貶之也。公羊謂莫重於喪至。則薨葬不得為輕。胡傳謂不稱姓者。殺於齊。則何不於薨去其姓。皆非經旨。再考仲子成風。不稱夫人。正其名分也。文姜哀姜不稱姓氏。絕其屬籍也。或則以王命之僭而正之焉。或則以伯令之行而正之焉。獨文姜之絕義無所麗。故惟於孫出之時而正之焉。文姜之罪浮。故竝去氏。

【癸亥】

二年

惠王十九年。齊桓二十八年。晉獻十九年。衛文二年。蔡穆十七年。鄭文十五年。曹昭四年。陳宣三十五年。杞惠十五年。宋桓二十四年。秦穆二年。楚成十四年。

春王正月城楚丘 楚邱。衛邑。

左 春。諸侯城楚邱。而封衛焉。不書所會。後也。

公 孰城。城衛也。曷為不言城衛。滅也。孰滅之。蓋狄滅之。曷為不言狄滅之。為桓公諱也。曷為為桓公諱。上無天子。下無方伯。天下諸侯有相滅亡者。桓公不能救。則桓公恥之也。然則孰城之。桓公城之。曷為不言桓公城之。不與諸侯專封也。曷為不與。實與而文不與。文曷為不與。諸侯之義。不得專封。諸侯之義不得專封。則其曰實與之何。上無天子。下無方伯。天下諸侯有相滅亡者。力能救之。則救之可也。

穀 楚邱者何。衛邑也。國而曰城。此邑也。其曰城何也。封衛也。則其不言城衛何也。衛未遷也其不言衛之遷焉何也。不與齊侯專封也。其言城之者。專辭也。故非天子。不得專封諸侯。諸侯不得專封諸侯。雖通其仁。以義而不與也。故曰。仁不勝道。

胡傳曰。楚邱。衛邑。桓公帥諸侯城之而封衛也。不書桓公。不與諸侯專封也。木瓜美桓公而夫子錄之。意豈異乎。不與專封。正王法也。木瓜有取焉。善衛人之情也。曷為善之。報者天下之利。以德報德。則民有所勸矣。城楚邱略而不書。城邢詞繁而不殺。何也。案周制。凡封國大宗伯。儐。司几筵。設黼扆。內史作策命。是天子大權。非諸侯所得擅而行之者也。衛人渡河。野處曹邑。許穆夫人。閔其亡而載馳賦。文公徙居楚邱。而後百姓說。則其國固嘗亡滅而不存矣。城楚邱。是擅天子之大權而封國也。邢遷于夷儀。經以自遷為文。則其遷出於已意。其國未嘗滅也。諸侯城邢。是謂同惡相恤。以從簡書。故詞繁而不殺。美救患也。桓公封衛。而衛國忘亡。其有功於諸侯甚大。為利於衛人甚博。宜有美詞發揚其事。今乃微之若此者。正其義。不謀其利。明其道。不計其功。略小惠。存大節。春秋之法也。

案 邢自遷而城之。則是助其版築楨幹。未有以見其專封也。故邢書遷書城。城楚邱而遷衛焉。專封著矣。故書城而不書遷。然書城邢而不書城夷儀。則亦不與專封之意也。

夏五月辛巳葬我小君哀姜

公 哀姜者何。莊公之夫人也。

虞師晉師滅下陽 公穀作夏陽。晉始。見經。下陽。虢邑。

左 晉荀息請以屈產之乘。與垂棘之璧。假道於虞以伐虢。公曰。是吾寶也。對曰。若得道於虞猶外府也。公曰。宮之奇存焉。對曰。宮之奇之為人也。懦而不能強諫。且少長於君。君暱之。雖諫。將不聽。乃使荀息假道於虞。曰。冀為不道。入自顛軨。伐鄍三門。冀之既病。則亦唯君故。今虢為不道。保於逆旅。以侵敝邑之南鄙。敢請假道。以請罪於虢。虞公許之。且請先伐虢。宮之奇諫。不聽。遂起師。夏。晉里克。荀息帥師會虞師伐虢。滅下陽。先書虞。賄故也。屈產。公羊謂屈產為地名。垂棘。晉地。冀。國名。顛軨。河東大陽縣東北有顛軨坂。鄍。虞邑。

公 虞微國也。曷為序乎大國之上。使虞首惡也。曷為使虞首惡。虞受賂。假滅國者道。以取亡焉。其受賂奈何。獻公朝諸大夫而問焉。曰。寡人夜者寢而不寐。其意也何。諸大夫有進對者曰。寢不安與。其諸侍御有不在側者與。獻公不應。荀息進曰。虞郭見與。獻公揖而進之。遂與之入而謀曰。吾欲攻郭。則虞救之。攻虞。則郭救之。如之何。願與子慮之。荀息對曰。君若用臣之謀。則今日取郭。而明日取虞爾。君何憂焉。獻公曰。然則奈何。荀息曰。請以屈產之乘。與垂

棘之白璧。往。必可得也。則寶出之內藏。藏之外府。馬出之內廄。繫之外廄爾。君何喪焉。獻公曰
諾。雖然。宮之奇存焉。如之何。荀息曰。宮之奇。知則知矣。雖然。虞公貪而好寶。見寶。必不從其言。
請終以往。於是終以往。虞公見寶許諾。宮之奇果諫。記曰。脣亡則齒寒。虞郭之相救。非相為賜。
則晉今日取郭。而明日虞從而亡爾。君請勿許也。虞公不從其言。終假之道以取郭。還。四年。反
取虞。虞公抱寶牽馬而至。荀息見曰。臣之謀何如。獻公曰。子之謀則已行矣。寶則吾寶也。雖然
吾馬之齒亦已長矣。蓋戲之也。夏陽者何。郭之邑也。曷為不繫於郭。國之也。曷為國之。君存焉爾。
穀 非國而曰滅。重夏陽也。虞無師。其曰師何也。以其先晉。不可以不言師也。其先晉何也。為主
乎滅夏陽也。夏陽者。虞虢之塞邑也。滅夏陽。而虞虢舉矣。虞之為主乎滅夏陽。何也。晉獻公欲
伐虢。荀息曰。君何不以屈產之乘。垂棘之璧。而借道乎虞也。公曰。此晉國之寶也。如受吾幣而
不借吾道。則如之何。荀息曰。此小國之所以事大國也。彼不借吾道。必不敢受吾幣。如受吾幣
而借吾道。則是我取之中府。而藏之外府。取之中廄。而置之外廄也。公曰。宮之奇存焉。必不使
受之也。荀息曰。宮之奇之為人也。達心而懦。又少長於君。達心則其言略。懦則不能彊諫。少長
於君。則君輕之。且夫玩好在耳目之前。而患在一國之後。此中知以上。乃能慮之。臣料虞君。中
知以下也。公遂借道而伐虢。宮之奇諫曰。晉國之使者。其辭卑而幣重。必不便於虞。虞公弗聽。
遂受其幣而借之道。宮之奇諫曰。語曰。脣亡則齒寒。其斯之謂與。挈其妻子以奔曹。獻公亡虢。
五年。而後舉虞。荀息牽馬操璧而前曰。璧則猶是也。而馬齒加長矣。
案 戰國策。魏謂趙王曰。晉人欲亡虞而先伐虢。荀息以馬與璧假道於虞。晉人伐
虢。反而收虞。故春秋書之。以罪虞公。然則聖經罪虞之意。其說已著於當時矣。

秋九月。齊侯宋公江人黃人盟于貫。 公作貫澤。 江。國名。在
汝南安陽縣。貫。宋地。
左 秋。盟于貫。服江黃也。
附錄左 齊寺人貂始漏師於多魚。 虢公敗戎於桑田。晉卜偃曰。虢必
有功。是天奪之鑒。而益其疾也。必易晉而不撫其民矣。不可以五稔。
公 江人黃人者何。遠國之辭也。遠國至矣。則中國曷為獨言齊
宋至爾。大國言齊宋。遠國言江黃。則以其餘為莫敢不至也。
穀 貫之盟。不期而至者。江人黃人也。江人黃人者。遠國
之辭也。中國稱齊宋。遠國稱江黃。以為諸侯皆來至也。

冬十月。不雨。 左見三年
公 何以書。記異也。
穀 不雨者。勤雨也。
杜氏預曰。一時不雨。則書首月。

楚人侵鄭。
左 楚人伐鄭。鬭
章囚鄭聃伯。

〔甲子〕惠王二十年　**三年**　齊桓二十九年。晉獻二十年。衛文三年。蔡穆十八年。鄭文十六年。曹昭五年。陳宣三十六年。杞惠十六年。宋桓二十五年。秦穆三年。楚成十五年。

春王正月不雨夏四月不雨　左見六月。

【公】何以書。記異也。

【穀】不雨者。勤雨也。一時言不雨者。閔雨也。閔雨者。有志乎民者也。

徐人取舒　徐。徐國。舒。舒國。

【公】其言取之何。易也。

李氏廉曰。外滅國書取者惟此。左氏公羊皆以為易。趙氏以為不絕其祀也。夫用兵雖有難易。而滅人之罪無重輕。何得以易而滅其滅罪乎。以為不絕其祀。則書降書遷足矣。以為舒自取滅亡。則書潰書亡足矣。何得稱取。稱取者與魯兵書滅曰取同文。蓋徐始見經。而得書人始滅國。而得書取。是必未滅之辭。故先儒林氏以為舒者楚之黨。徐人取舒。為齊桓通伐楚之徑也。春秋以其效順於侯國也。故書人書取。此說疑得之。

【案】徐人取舒。公羊以書取為易。蘇氏轍以書人為美文。皆非也。惟李氏廉會通最合經旨。

六月雨

【左】春不雨。夏六月。雨。自十月不雨。至於五月。不日旱。不為災也。

【公】其言六月雨何。上雨而不甚也。

【穀】雨云者。喜雨也。喜雨者。有志乎民者也。

秋齊侯宋公江人黃人會于陽穀　陽穀。齊地。

【左】謀伐楚也。

【公】此大會也。曷為末言爾。桓公曰。無障谷。無貯粟。無易樹子。無以妾為妻。

【穀】陽穀之會。桓公委端搢笏而朝諸侯。諸侯皆諭乎桓公之志。

【案】陽穀之會。以為謀伐楚者。左氏也。公穀則皆無此意。然下與伐楚事相近。疑左氏說是。故胡傳張注並主是說。蓋伐楚救鄭之謀。已定於會檉。諸侯惟宋最大。江黃最遠。故再為貫與陽穀之好。以堅其信。

冬公子友如齊涖盟　穀作公子季友。涖。公穀作莅。後同。

【左】齊侯為陽穀之會。來尋盟。冬。公子友如齊涖盟。

【公】莅盟者何。往盟乎彼也。其言來盟者何。來盟於我也。

【穀】莅者。位也。其不日。前定也。不言及者。以國與之也。不言其人。亦以國與之也。

汪氏克寬曰。既稱涖盟。則魯君遣使出境之時。已命之往盟。而非大夫之專盟矣。經書涖盟者四。惟此年季友之盟。佐齊桓謀伐楚。有輔伯之善。文七年穆伯如莒。則小國請之。而勉強以結盟。初無恤小之誠。昭七年叔孫昭子之盟齊。定十一年叔還之盟鄭。則皆結好

叛晉。而爲背伯之謀。不足取矣。穀梁以謂不言及者。以國與
之也。不言其人。亦以國與之也。此當在來盟之下。誤重出爾。
宋 僖方遣季友如齊。則盟期未定。自不得日。穀梁以不日爲前定者。非也。

楚人伐鄭

左 楚人伐鄭。鄭伯欲成。孔叔不可。曰。齊方勤我。棄德不祥。

附錄左 齊侯與蔡姬乘舟於囿。蕩公。公懼變色。禁之不可。公怒。歸之。未絕之也。蔡人嫁之。

〔乙丑〕惠王二十一年 **四年** 齊桓三十年。晉獻二十一年。衛文四年。蔡穆十九年。鄭文十七年。曹昭六年。陳宣三十七年。杞惠十七年。宋桓二十六年。秦穆四年。楚成十六年。

春王正月公會齊侯宋公陳侯衛侯鄭伯許男曹伯侵蔡蔡潰遂伐楚次于陘

陘。楚地。

左 四年春。齊侯以諸侯之師侵蔡。蔡潰。遂伐楚。楚子使與師言曰。君處北海。寡人處南海。惟是風馬牛不相及也。不虞君之涉吾地也。何故。管仲對曰。昔召康公命我先君大公曰。五侯九伯。汝實征之。以夾輔周室。賜我先君履。東至於海。西至於河。南至於穆陵。北至於無棣。爾貢包茅不入。王祭不共。無以縮酒。寡人是徵。昭王南征而不復。寡人是問。對曰。貢之不入。寡君之罪也。敢不共給。昭王之不復。君其問諸水濱。師進。次于陘。穆陵。無棣。俱齊境。

公 潰者何。下叛上也。國曰潰。邑曰叛。其言次于陘何。有俟也。孰俟。俟屈完也。

穀 潰之爲言。上下不相得也。侵淺事也。侵蔡而蔡潰。以桓公爲知所侵也。不土其地。不分其民。明正也。遂。繼事也。次。止也。

劉氏敞曰。公羊云。國曰潰。邑曰叛。非也。潰者民潰。叛者臣叛。非繫國邑爲別也。又云。其言次于陘何。有俟也。俟屈完也。亦非也。若實俟。何爲不言屈完如師。啖氏曰。初次之時。安知屈完來乎。

夏許男新臣卒

左見八月。

穀 諸侯死於國。不地。死於外。地。死於師。何爲不地。內桓師也。

趙氏匡曰。許國與楚近。蓋許男遇疾。而歸卒於國。故不言卒於師。劉氏敞曰。左氏云。卒於師。非也。若實卒於師。經何以不記耶。明許男有疾。歸其國而卒。故不得書卒於師也。又曰。穀梁曰。死於師何爲不地。內桓師也。非也。書卒於師。不足貶桓公。不書卒於師。不足褒桓公。諸侯之死。當地不當地。自有常義。不必詭文以申桓公也。

楚屈完來盟于師盟于召陵

屈。居勿反。完。音桓。召。上照反。 召陵。潁川縣也。

左 夏。楚子使屈完如師。師退。次于召陵。齊侯陳諸侯之師。與屈完乘而觀之。齊侯曰。豈不穀是爲。先君之好是繼。與不穀同好。如何。對曰。君惠徼福於敝邑之社稷。辱收寡君。寡君之願也。齊侯曰。以此衆戰。誰能禦之。以此攻城。何城不克。對曰。君若以德綏諸侯。誰敢不服。君若以力。楚國方城以爲城。漢水以爲池。雖衆。無所用之。屈完及諸侯盟。

公 屈完者何。楚大夫也。何以不稱使。尊屈完也。曷爲尊屈完。以當桓公也。其言盟于師盟于召

陵何師在召陵也師在召陵則曷爲再言盟喜服楚也何言乎喜服楚楚有王者則後服無
王者則先叛夷狄也而亟病中國南夷與北狄交中國不絕若綫桓公救中國而攘夷狄卒
怗荊以此爲王者之事也其言來何與桓爲主也前此者有
事矣後此者有事矣則曷爲獨於此焉與桓公爲主序績也

【穀】楚無大夫其曰屈完何也以其來會桓成之爲大夫也其不言使權在屈完也則是正乎
曰非正也以其來會諸侯重之也來者何內桓師也于師前定也于召陵得志乎桓公也得
志者不得志也以桓公得志爲僅矣屈完曰大國之以兵向楚何也桓公曰昭王南征不反
菁茅之貢不至故周室不祭屈完曰菁茅之貢不至則諾昭王南征不反我將問諸江

孔氏穎達曰公羊傳曰何以不稱使尊屈完也曷爲尊屈完以當桓公也其意言屈完楚
之貴者尊之以敵齊侯若屈完足以自專無假君命不爲楚子所使故作自來之文案孔
子曰君使臣以禮臣事君以忠此聖人之明訓也今乃尊人之臣許其不爲君使輕人之
主以爲不合使臣是乃縱羣下以覬覦教强臣以專恣約之以禮豈當然乎穀梁傳曰其
不言使權在屈完也是其權時之便自來與齊盟也完之本意欲即盟於軍齊桓喜其來
服退舍以禮楚言來盟于師書屈完之意也盟于召陵書實盟之所也　李氏廉曰齊晉
謀楚皆於召陵此年及定四年會召陵侵楚是也來盟不稱使正與齊高子同蓋齊桓之
使高子本欲覘魯之成敗楚成之使屈完本只觀齊之强弱皆非有前定之盟也高子至
而安魯屈完至而服齊春秋所以獨以權與二子也穀梁與杜氏得之但春秋內魯則高
子止書來盟足矣若屈完則安得不書于師哉穀梁以于師爲前定則非也　郝氏敬曰
桓公稱霸二十餘年諸侯力能抗齊不受盟者惟秦與楚秦遠而楚近楚屈則東諸侯震
而齊益張故桓公拳拳以楚爲事而心畏楚之强也故先舉蔡嘗楚以示諸侯而次于陘
夫次陘無必進之志矣何以知其然也齊果能討楚於楚使來當首問其稱王問其伐鄭
問其虜蔡侯之罪有辭止無辭進服則止不服則進此堂堂問罪之師矣釋此不言枝梧
遠引包茅不貢昭王不復是明借以易托之辭恐逢彼之怒至戰而自損也陳師以出未
踐郢郊未覿楚子僅僅屈完一來遂振旅歸歸未踰年而楚滅弦矣踰年又圍
許矣自召陵後同盟有事未聞楚一介一旅從其桀驁如故也齊何嘗能服楚耶

【案】五霸桓公爲盛而桓之功莫大於攘楚召陵之役胡傳本公羊以爲序績諸儒多從之者朱
子亦稱其仗義執言不由詭道也但屈完來盟其詞甚亢既盟之後楚人圍許滅弦滅黃敗徐
桀驁如故而桓不能禁則穀梁所謂得志爲僅者豈不信哉況春秋書法公及諸侯之大夫盟
諸侯之大夫來盟皆不書公者諱之也今屈完止書來盟而不書其所與盟者蓋亦爲諸侯諱
爾故兼取穀梁而郝氏敬之說亦附見焉

齊人執陳轅濤塗　轅公穀作袁　◎

【左】陳轅濤塗謂鄭申侯曰師出於陳鄭之間國必甚病若出於東方觀兵於東夷循海而歸其
可也申侯曰善濤塗以告齊侯許之申侯見曰師老矣若出於東方而遇敵懼不可用也若出
於陳鄭之間共其資糧屝屨其可也齊侯說與之虎牢執轅濤塗

【公】濤塗之罪何辟軍之道也其辟軍之道柰何濤塗謂桓公曰君能服南夷矣何不還師濱海

而東。服東東且歸。桓公曰。諾。於是還師濱海而東。大陷於沛澤之中。顧而執濤塗。執者曷爲或稱侯。或稱人。稱侯而執者。伯討也。稱人而執者。非伯討也。此執有罪。何以不得爲伯討。古者周公東征則西國怨。西征則東國怨。桓公假塗於陳而伐楚。則陳人不欲其反由己者。師不正故也。不修其師而執濤塗。古人之討則不然也。

穀 齊人者。齊侯也。其人之何也。於是哆然外齊侯也。不正其踰國而執也。

王氏樵曰。濤塗之言雖私其國。然不聽則已。何至勤師以討。蓋陳蔡近楚。嘗有貳心。今不欲齊師反而由己。齊人以爲叛齊。即楚之漸。故因歸師以威之。觀再侵而陳乃成。則陳初未肯服也。陳不心服。桓再與師。得其成而後已。非專以濤塗也。

案 伐陳之役。先儒皆謂濤塗誤軍道。獨王氏樵以爲陳貳於楚。似亦有理。故附存之。

秋。及江人黃人伐陳。

左 秋。伐陳。討不忠也。

穀 不言其人及之者何。內師也。

八月。公至自伐楚。

公 楚已服矣。何以致伐。楚叛盟也。

穀 有二事偶則以後事致。後事小則以先事致。其以伐楚致。大伐楚也。

范氏甯曰。楚強莫能伐。故以伐楚爲大事。 陸氏淳曰。楚雖已服。何妨告廟云伐還。豈可云公至自服楚乎。公羊之說非也。

葬許穆公。穆公作繆。

左 許穆公卒于師。葬之以侯。禮也。凡諸侯薨于朝會加一等。死王事。加二等。於是有以袞斂。

劉氏敞曰。左氏云。葬之以侯者。似當時臣子欲歸美君父。故引許男方會諸侯而卒。私以加等之禮葬之。其實非禮。何以言之。許男卒於師。是則可褒。今卒於國。不足褒也。卒於師者。言其圖義忘身。知義不惑也。已去師而歸其國。則貪生徇私。不知命人矣。 余氏光曰。郭氏曰。經書許男新臣卒。而傳加一師字。若曰諸侯薨於朝會。加一等。卒於王事。加二等。蓋因許本男爵。謚而爲公。遂生此曲說。文五年十月甲申。許男業卒。明年春葬許僖公。宣十七年春正月。許男錫我卒。夏。葬許昭公。是二公者。薨於朝會乎。王事乎。姑識一二於此。傳之謬妄。不攻自破矣。

冬。十有二月。公孫茲帥師會齊人宋人衛人鄭人許人曹人侵陳。茲。公作慈。後同。

霸國大夫會諸大夫侵與國。自此始。

左 叔孫戴伯帥師。會諸侯之師侵陳。陳成。歸轅濤塗。

附錄 左 初。晉獻公欲以驪姬爲夫人。卜之不吉。筮之吉。公曰。從筮。卜人曰。筮短龜長。不如從長。且其繇曰。專之渝。攘公之羭。一薰一蕕。十年尚猶有臭。必不可。弗聽。立之。生奚齊。其娣生卓子。及將立奚齊。既與中大夫成謀。姬謂大子曰。君夢齊姜。必速祭之。大子祭於曲沃。歸胙於公。公田。姬寘諸宮六日。公至。毒而獻之。公祭之地。地墳。與犬。犬斃。與小臣。小臣亦斃。姬泣曰。賊由大子。大子奔新城。公殺其傅杜原款。或謂大子。子辭。君必辯焉。大子曰。君非姬氏。居不安。食不飽。我辭。姬必有罪。君老矣。吾又不樂。曰。子其行乎。大子曰。君實不察其罪。被此名也以出。人誰納我。十二月戊申。縊於新城。姬遂譖二公子。曰。皆知之。重耳奔蒲。夷吾奔屈。

新城。即曲沃。

【丙寅】惠王二十二年　**五年**　齊桓三十一年。晉獻二十二年。衛文五年。蔡穆二十年。鄭文十八年。曹昭七年。陳宣三十八年。杞惠十八年。宋桓二十七年。秦穆五年。楚成十七年。

春

【附錄左】正月辛亥朔。日南至。公既視朔。遂登觀臺以望。而書。禮也。凡分至啓閉。必書雲物。爲備故也。

晉侯殺其世子申生

【左】晉侯使以殺大子申生之故來告。初。晉侯使士蔿爲二公子築蒲與屈。不愼。寘薪焉。夷吾訴之。公使讓之。士蔿稽首而對曰。臣聞之。無喪而慼。憂必讎焉。無戎而城。讎必保焉。寇讎之保。又何愼焉。守官廢命。不敬。固讎之保。不忠。失忠與敬。何以事君。詩云。懷德惟寧。宗子惟城。君其修德而固宗子。何城如之。三年。將尋師焉。焉用愼。退而賦曰。狐裘尨茸。一國三公。吾誰適從。及難。公使寺人披伐蒲。重耳曰。君父之命不校。乃徇曰。校者。吾讎也。踰垣而走。披斬其祛。遂出奔翟。

【公】曷爲直稱晉侯以殺。殺世子母弟。直稱君者。甚之也。

【穀】目晉侯。斥殺。惡晉侯也。

杞伯姬來朝其子

【公】其言來朝其子何。內辭也。與其子俱來朝也。

【穀】婦人既嫁不踰竟。踰竟非正也。諸侯相見曰朝。伯姬爲志乎朝其子也。伯姬爲志乎朝其子。則是杞伯失夫之道矣。諸侯相見曰朝。以待人父之道。待人之子。非正也。故曰杞伯姬來朝其子。參譏也。

何氏休曰。禮。外孫初冠。有朝外祖之道。　范氏甯曰。參譏。謂伯姬杞伯魯侯也。桓九年。曹使其世子射姑來朝。譏世子也。此不譏者。明子隨母行。年尚幼弱。未可責以人子之道。伯姬以莊二十五年夏嫁。至今十三年。則子幼可知。

夏公孫茲如牟

【左】公孫茲如牟。娶焉。

公及齊侯宋公陳侯衞侯鄭伯許男曹伯會王世子于首止首止。公穀作首戴。後同。

【左】會于首止。會王大子鄭。謀寧周也。

附錄左 陳轅宣仲怨鄭申侯之反已於召陵。故勸之城其賜邑，曰：美城之，大名也，子孫不忘。吾助子請。乃爲之請於諸侯而城之，美。遂譖諸鄭伯曰：美城其賜邑，將以叛也。申侯由是得罪。

公 曷爲殊會王世子？世子貴也。世子，猶世世子也。

穀 及以會，尊之也。何尊焉？王世子云者，唯王之貳也。云可以重之存焉，尊之也。何重焉？天子世子，世天下也。

秋八月諸侯盟于首止

左 秋，諸侯盟。

公 諸侯何以不序？一事而再見者，前目而後凡也。

穀 無中事而復舉諸侯，何也？尊王世子而不敢與盟也。尊則其不敢與盟何也？盟者不相信也，故謹信也。不敢以所不信而加之尊者。桓，諸侯也，不能朝天子，是不臣也。王世子，子也，塊然受諸侯之尊己而立乎其位，是不子也。桓不臣，王世子不子，則其所善焉何也？是則變之正也。天子微，諸侯不享覲。桓控大國，扶小國，統諸侯，不能以朝天子，亦不敢致天王，尊王世子于首戴，乃所以尊天王之命也。世子含王命會齊桓，亦所以尊天王之命也。世子受之可乎？是亦變之正也。天子微，諸侯不享覲，世子受諸侯之尊己，而天王尊矣，世子受之可也。

案 首止之盟，先儒皆與桓，獨蘇氏轍以爲襃世之意，或遂以挾天子譏桓者，非也。逃者，匹夫之事。觀下文鄭伯不盟書逃，則經之與桓無疑。

鄭伯逃歸不盟

左 王使周公召鄭伯曰：吾撫女以從楚，輔之以晉，可以少安。鄭伯喜於王命，而懼其不朝於齊也，故逃歸不盟。孔叔止之曰：國君不可以輕，輕則失親，失親患必至，病而乞盟，所喪多矣，君必悔之。弗聽，逃其師而歸。

公 其言逃歸不盟者何？不可使盟也。不可使盟，則其言逃歸何？魯子曰：蓋不以寡犯衆也。

穀 以其去諸侯，故逃之也。

劉氏敞曰：其言逃歸何？去其衆也。國君去其衆，猶曰匹夫之行也。又曰：公羊曰其言逃歸不盟何？不可使盟也。非也。公羊嫌鄭伯實逃歸者，當在盟首戴之前，故云爾。不知鄭伯本自當盟，及盟之日，更自逃去，但書逃歸，則嫌已盟而逃，故書不盟者，在盟前逃也。

楚人滅弦弦子奔黃 楚滅國之始。弦 國，弋陽軑縣東南。弦

左 楚鬬穀於菟滅弦，弦子奔黃。於是江、黃、道、柏方睦於齊，皆弦姻也。弦子恃之而不事楚，又不設備，故亡。道，道國，在汝南安陽縣。柏，國名，汝南西平縣有柏亭。

穀 弦，國也。其不日，微國也。

案 穀梁謂不日，微國也，非也。國亡無赴告者，失其日爾。滅國重事，豈以微國而略之乎。

九月戊申朔日有食之

冬晉人執虞公

【左】晉侯復假道於虞以伐虢。宮之奇諫曰。虢。虞之表也。虢亡。虞必從之。晉不可啟。寇不可翫。一之爲甚。其可再乎。諺所謂輔車相依。脣亡齒寒者。其虞虢之謂也。公曰。晉。吾宗也。豈害我哉。對曰。大伯虞仲。大王之昭也。大伯不從。是以不嗣。虢仲虢叔。王季之穆也。爲文王卿士。勳在王室。藏於盟府。將虢是滅。何愛於虞。且虞能親於桓莊乎。其愛之也。桓莊之族何罪。而以爲戮。不唯偪乎。親以寵偪。猶尚害之。況以國乎。公曰。吾享祀豐潔。神必據我。對曰。臣聞之。鬼神非人實親。惟德是依。故周書曰。皇天無親。惟德是輔。又曰。黍稷非馨。明德惟馨。又曰。民不易物。惟德繄物。如是則非德民不和。神不享矣。神所馮依。將在德矣。若晉取虞而明德以薦馨香。神其吐之乎。弗聽。許晉使。宮之奇以其族行。曰。虞不臘矣。在此行也。晉不更舉矣。八月甲午。晉侯圍上陽。問於卜偃曰。吾其濟乎。對曰。克之。公曰。何時。對曰。童謠云。丙之晨。龍尾伏辰。均服振振。取虢之旂。鶉之賁賁。天策焞焞。火中成軍。虢公其奔。其九月十月之交乎。丙子旦。日在尾。月在策。鶉火中。必是時也。冬十二月丙子朔。晉滅虢。虢公醜奔京師。師還。館於虞。遂襲虞。滅之。執虞公。及其大夫井伯。以媵秦穆姬。而修虞祀。且歸其職貢於王。故書曰晉人執虞公。罪虞。且言易也。

【公】虞已滅矣。其言執之何。不與滅也。曷爲不與滅。滅者亡國之善辭也。滅者上下之同力者也。

【穀】執不言所於地。縕於晉也。其曰公。何也。猶曰其下執之之辭也。其猶下執之之辭何也。晉命行乎虞民矣。虞虢之相救。非相爲賜也。今日亡虢。而明日亡虞矣。

劉氏敞曰。此滅也。何以不言滅。虞之滅於晉久矣。非一日之積也。此人而執也。何以不言以歸。地之禍於晉久矣。國非其國也。自滅夏陽始焉。又曰。穀梁曰。其曰公。何也。猶曰其下執之之辭也。晉命行乎虞民矣。非也。五等之爵。有尊卑矣。褒貶進退。宜以其類。豈有貶之而反崇其爵哉。

【宋】虞虢之滅。晉人蓋修其祀而不以滅告也。不告滅。因不書滅。然其實已滅矣。故下陽虢邑。不應書滅。而書滅。虞公書執。以比於滅國執君之例。則兩國之亡俱見焉。

【丁卯】惠王二十三年 **六年** 齊桓三十二年。晉獻二十三年。衛文六年。蔡穆二十一年。鄭文十九年。曹昭八年。陳宣三十九年。杞成公元年。宋桓二十八年。秦穆六年。楚成十八年。

春王正月

【附錄左】晉侯使賈華伐屈。夷吾不能守。盟而行。將奔狄。郤芮曰。後出同走。罪也。不如之梁。梁近秦而幸焉。乃之梁。

夏公會齊侯宋公陳侯衛侯曹伯伐鄭圍新城 新城。鄭新密。滎陽密縣。

【左】夏。諸侯伐鄭。以其逃首止之盟故也。圍新密。鄭所以不時城也。

【公】邑不言圍。此其言圍何。彊也。

【穀】伐國不言圍邑。此其言圍何也。病鄭也。著鄭伯之罪也。

【宋】公羊謂邑不言圍。此其言圍何。彊也。非也。謂一邑爲彊。則隱五年長葛之圍。趙氏匡已駁之矣。若謂圍者爲彊。則桓公伐鄭。合六國以圍一邑。久而不舉。其不恃力亦明矣。而以彊目之可乎。

秋楚人圍許諸侯遂救許

左 秋楚子圍許以救鄭諸侯救許乃還冬蔡穆侯將許僖公以見楚子於武城許男面縛銜璧大夫衰絰士輿櫬楚子問諸逢伯對曰昔武王克殷微子啟如是武王親釋其縛受其璧而祓之焚其櫬禮而命之使復其所楚子從之

穀 善救許也

趙氏匡曰左氏云蔡穆侯將許僖公以見楚子於武城許男面縛銜璧案楚本圍許以救鄭諸侯救許鄭圍以解楚師亦退許有何懼乃隨蔡侯爲滅國之禮乎若爾許已從楚齊何故不伐許乎又云昔武王克殷微子啟如是亦可疑

冬公至自伐鄭

穀 其不以救許致何也大伐鄭也

〔戊辰〕惠王二十四年 **七年** 齊桓三十三年晉獻二十四年衛文七年蔡穆二十二年鄭文二十年曹昭九年陳宣四十年杞成二年宋桓二十九年秦穆七年楚成十九年

春齊人伐鄭

左 齊人伐鄭孔叔言於鄭伯曰諺有之曰心則不競何憚於病既不能強又不能弱所以斃也國危矣請下齊以救國公曰吾知其所由來矣姑少待我對曰朝不及夕何以待君

夏小邾子來朝 公作小邾婁子後同 小邾邾之別封故曰小邾宋忠曰邾顏別封小子肥於郳爲小邾子在山東兗州府滕縣嶧縣竝有郳城樂史云郳城在丞縣文獻通考云郳城今沂州嶧縣即古丞地屬沂州據此二說則在嶧者爲近

杜氏預曰郳黎來始得王命而來朝

鄭殺其大夫申侯

左 夏鄭殺申侯以說於齊且用陳轅濤塗之譖也初申侯申出也有寵於楚文王文王將死與之璧使行曰唯我知女女專利而不厭予取予求不女疵瑕也後之人將求多於女女必不免我死女必速行無適小國將不女容焉既葬出奔鄭又有寵於厲公子文聞其死也曰古人有言曰知臣莫若君弗可改也已

公 其稱國以殺何稱國以殺者君殺大夫之辭也

穀 稱國以殺大夫殺無罪也

劉氏敞曰鄭伯內忌而殺申侯申侯雖不當誅其貪侈爭欲亦有以取之

秋七月公會齊侯宋公陳世子款鄭世子華盟于甯母 母音某又音無穀作寧母音同 甯母魯地

左 秋盟于甯母謀鄭故也管仲言於齊侯曰臣聞之招攜以禮懷遠以德德禮不易無人不懷齊侯修禮於諸侯諸侯官受方物鄭伯使大子華聽命於會言於齊侯曰洩氏孔氏子人氏三族實違君命若君去之以爲成我以鄭爲內臣君亦無所不利焉齊侯將許之管仲曰

君以禮與信屬諸侯。而以姦終之。無乃不可乎。子父不奸之謂禮。守命共時之謂信。違此二者。姦莫大焉。公曰。諸侯有討於鄭。未捷。今苟有釁。從之。不亦可乎。對曰。君若綏之以德。加之以訓辭。而帥諸侯以討鄭。鄭將覆亡之不暇。豈敢不懼。若總其罪人以臨之。鄭有辭矣。何懼且夫合諸侯以崇德也。會而列姦。何以示後嗣。夫諸侯之會。其德刑禮義。無國不記。記姦之位。君盟替矣。作而不記。非盛德也。君其勿許。鄭必受盟。夫子華既爲大子。而求介於大國以弱其國。亦必不免。鄭有叔詹。堵叔。師叔。三良爲政。未可間也。齊侯辭焉。子華由是得罪於鄭。

冬。鄭伯使請盟於齊。

【穀】衣裳之會也。

【案】甯母之會五國。而陳鄭皆遣世子。蓋二國皆新被侵伐。陳欲渝盟而未敢渝。姑勉强以應。鄭欲與盟而未得與。猶趦趄不前。故君皆不行。而止遣世子也。

曹伯班卒　班。公作般。

【案】李氏本以不日爲不訃。而張氏溥因之。蓋謂嗣子有爭。故不暇訃也。非也。曹與魯屢同會盟。無不訃之理。若其不訃。則亦不書矣。書卒不書日。闕文也。

公子友如齊

汪氏克寬曰。甫盟甯母。而又使季友修聘。所以勤霸國之好也。十三年夏會鹹。冬。季友復聘。與此同。

冬葬曹昭公

【附錄左】閏月。惠王崩。襄王惡大叔帶之難。懼不立。不發喪而告難於齊。

己巳　惠王二十五年。**八年**　齊桓三十四年。晉獻二十五年。衛文八年。蔡穆二十三年。鄭文二十一年。曹共公襄元年。陳宣四十一年。杞成三年。宋桓三十年。秦穆八年。楚成二十年。

春王正月公會王人齊侯宋公衞侯許男曹伯陳世子欵盟于洮　陳世子欵下。公有鄭世子華。　洮。曹地。

【左】春。盟于洮。謀王室也。襄王定位而後發喪。

【公】王人者何。微者也。曷爲序乎諸侯之上。先王命也。

【穀】王人之先諸侯。何也。貴王命也。朝服雖敝。必加於上。弁冕雖舊。必加於首。周室雖衰。必先諸侯。兵車之會也。

王氏樵曰。左氏謂襄王定位而後發喪。據經今年十二月丁未。方書天王崩。恐秘不發喪難於經年。而叔帶乃襄王親弟。非外國遠人。亦難以秘喪爲欺也。秘不發喪。蓋後世之事。取權一時。信史書之。亦必從其實。歷考後史可見。豈春秋乃有此事。因其權秘一時。遂從其虛日而不改乎。

鄭伯乞盟

【左】鄭伯乞盟。請服也。

公 乞盟者何。處其所而請與也。其處其所而請與奈何。蓋酌之也。

穀 以向之逃歸乞之也。乞者重辭也。重是盟也。乞者處其所而請與也。蓋汋之也。

啖氏助曰。公穀皆云。乞盟者處其所而請與也。蓋酌之也。案乞者卑重之辭爾。言酌與之。迂僻甚矣。假如乞師又如何酌之。

夏狄伐晉

左 晉里克帥師。梁由靡御。虢射爲右。以敗狄於采桑。梁由靡曰。狄無恥。從之必大克。里克曰。懼之而已。無速衆狄。虢射曰。期年狄必至。示之弱矣。夏狄伐晉。報采桑之役也。復期月。

采桑。平陽北屈縣西南有采桑津。

秋七月禘于大廟用致夫人

左 秋。禘而致哀姜焉。非禮也。凡夫人不薨于寢。不殯于廟。不赴于同。不祔于姑。則弗致也。

公 用者何。用者不宜用也。致者何。致者不宜致也。禘用致夫人。非禮也。夫人何以不稱姜氏。貶。曷爲貶。譏以妾爲妻也。其言以妾爲妻奈何。蓋脅於齊媵女之先至者也。

穀 用致夫人。用者。不宜用者也。致者。不宜致者也。言夫人必以其氏姓。言夫人而不以氏姓。非夫人也。立妾之辭也。非正也。夫人之。我可以不夫人之乎。夫人卒葬之。我可以不卒葬之乎。一則以宗廟臨之而後貶焉。一則以外之弗夫人而見正焉。

范氏甯曰。禘三年大祭之名。太廟。周公廟。劉向曰。夫人。成風也。致之于太廟。立之以爲夫人。夫人者正嫡之稱。謂非崇妾之嘉號。以妾體君。則上下無別。雖尊其母。是卑其父。故曰非正也。禮有君之母非夫人者。又庶子爲後。爲其母緦。是妾不爲夫體明矣。鄭嗣曰。君以爲夫人。君以夫人之禮卒葬之。主書者不得不以爲夫人也。成風以文四年薨。五年葬。傳以終說其事。臣無貶君之義。故於太廟去夫人氏姓。以明君之非正。秦人來歸僖公成風之襚。不言夫人。

楊氏士勛曰。左氏以夫人爲哀姜。元年爲齊所殺。何爲今日乃致之。公羊以爲齊之媵女先至。脅公使立爲夫人。則僖公是作頌賢君。縱爲齊所脅。豈得以媵妾爲夫人乎。明知二傳非也。

冬十有二月丁未天王崩

左 冬。王人來告喪。難故也。是以緩。

附錄 左 宋公疾。大子茲父固請曰。目夷長且仁。君其立之。公命子魚。子魚辭曰。能以國讓。仁孰大焉。臣不及也。且又不順。遂走而退。

趙氏匡曰。左氏云。七年閏月。惠王崩。襄王惡太叔之亂。不發喪而告難於齊。八年正月。會于洮。謀王室也。襄王定位而後發喪。據此則正月二月位已定。何得直至十二月而後告喪於諸侯。則左氏不足憑也。

案 左氏稱惠王於七年閏月崩。八年十二月而後告喪。則秘喪一年之久。恐無此理。故王氏樵趙氏匡皆以爲疑也。然春秋事據左氏。滿載王趙之說。而竝存左氏以備考。

【庚午】襄王元年 **九年** 齊桓三十五年。晉獻二十六年。衛文九年。蔡穆二十四年。鄭文二十二年。曹其二年。陳宣四十二年。杞成四年。宋桓三十一年。秦穆九年。楚成二十一年。

春王正月丁丑宋公御說卒 正月。公穀作三月。御魚呂反。公穀作禦。說音悅。

【左】九年。春。宋桓公卒。未葬。而襄公會諸侯。故曰子。凡在喪。王曰小童。公侯曰子。

【公】何以不書葬。爲襄公諱也。

啖氏助曰。左氏云。凡在喪。王曰小童。公侯曰子。案王猛在喪。不曰小童。又伯子男在喪亦當稱子。獨言公侯。亦誤也。　陸氏淳曰。公羊曰。不書葬。爲襄公諱。案不葬者。魯不會爾。爲襄公諱。有何義乎。

夏公會宰周公齊侯宋子衛侯鄭伯許男曹伯于葵丘 葵邱。陳留外黃縣東有葵邱。釋例曰。宋地也。

【左】夏。會于葵邱。尋盟。且修好。禮也。王使宰孔賜齊侯胙。曰。天子有事於文武。使孔賜伯舅胙。齊侯將下拜。孔曰。且有後命。天子使孔曰。以伯舅耋老。加勞。賜一級。無下拜。對曰。天威不違顏咫尺。小白余敢貪天子之命。無下拜。恐隕越於下。以遺天子羞。敢不下拜。下拜登受。

【公】宰周公者何。天子之爲政者也。

【穀】天子之宰。通於四海。宋其稱子。何也。未葬之辭也。禮。柩在堂上。孤無外事。今背殯而出會。以宋子爲無哀矣。

秋七月乙酉伯姬卒

【公】此未適人。何以卒。許嫁矣。婦人許嫁。字而笄之。死則以成人之喪治之。

【穀】內女也。未適人不卒。此何以卒也。許嫁笄而字之。死則以成人之喪治之。

九月戊辰諸侯盟于葵丘

【左】秋。齊侯盟諸侯于葵邱。曰。凡我同盟之人。既盟之後。言歸於好。宰孔先歸。遇晉侯。曰。可無會也。齊侯不務德。而勤遠略。故北伐山戎。南伐楚。西爲此會也。東略之不知。西則否矣。其在亂乎。君務靖亂。無勤於行。晉侯乃還。

【公】桓之盟不日。此何以日。危之也。何危爾。貫澤之會。桓公有憂中國之心。不召而至者。江人黃人也。葵邱之會。桓公震而矜之。叛者九國。震之者何。猶曰振振然。矜之者何。猶曰莫若我也。

【穀】桓盟不日。此何以日。美之也。爲見天子之禁。故備之也。葵邱之盟。陳牲而不殺。讀書加于牲上。壹明天子之禁。曰。毋雍泉。毋訖糴。毋易樹子。毋以妾爲妻。毋使婦人與國事。

劉氏敞曰。九年盟于葵邱。公羊曰。桓之盟不日。此何以日。危之也。非也。葵邱。桓之盛也。孟子嘗言之矣。惟以日月爲例。遂亂於安危。嗚呼。愼言哉。　王氏樵曰。九國叛之說。固無據。但桓公之心。至是滿甚。宰孔料其將亂矣。

【案】左氏宰孔止晉侯語。先儒多疑之者。蓋晉未嘗與齊會盟也。疑經文下與晉侯卒連書。遂傅會爲此說。然事以左氏爲據。姑識所疑於此。

甲子，晉侯詭諸卒。 甲子，公作甲戌。詭，左作佹。

【左】九月，晉獻公卒。里克、平鄭欲納文公，故以三公子之徒作亂。初，獻公使荀息傅奚齊。公疾，召之，曰：以是藐諸孤，辱在大夫，其若之何？稽首而對曰：臣竭其股肱之力，加之以忠貞。其濟，君之靈也；不濟，則以死繼之。公曰：何謂忠貞？對曰：公家之利，知無不爲，忠也；送往事居，耦俱無猜，貞也。及里克將殺奚齊，先告荀息曰：三怨將作，秦、晉輔之，子將何如？荀息曰：將死之。里克曰：無益也。荀叔曰：吾與先君言矣，不可以貳。能欲復言而愛身乎？雖無益也，將焉辟之？且人之欲善，誰不如我？我欲無貳，而能謂人已乎？

張氏洽曰：左氏作甲子，不應甲子在戊辰後，洽從公羊作甲戌。

【案】經書甲子於戊辰之後，杜注孔疏皆以爲赴在盟後也。張氏洽從公羊作甲戌，或戊誤爲子，亦未可定，姑竝存之。

冬，晉里克殺其君之子奚齊。 殺，公作弒。

【左】冬十月，里克殺奚齊于次。書曰殺其君之子，未葬也。荀息將死之。人曰：不如立卓子而輔之。荀息立公子卓以葬。十一月，里克殺公子卓于朝。荀息死之。君子曰：詩所謂白圭之玷，尚可磨也；斯言之玷，不可爲也。荀息有焉。

【附錄左】齊侯以諸侯之師伐晉，及高梁而還，討晉亂也。令不及魯，故不書。　晉郤芮使夷吾重賂秦以求入。曰：人實有國，我何愛焉？入而能民，土於何有？從之。齊隰朋帥師會秦師，納晉惠公。秦伯謂郤芮曰：公子誰恃？對曰：臣聞亡人無黨，有黨必有讎。夷吾弱不好弄，能鬭不過，長亦不改，不識其他。公謂公孫枝曰：夷吾其定乎？對曰：臣聞之，惟則定國。詩曰：不識不知，順帝之則。文王之謂也。又曰：不僭不賊，鮮不爲則。無好無惡，不忌不克之謂也。今其言多忌克，難哉！公曰：忌則多怨，又焉能克？是吾利也。　宋襄公即位，以公子目夷爲仁，使爲左師以聽政。於是宋治。故魚氏世爲左師。　高梁，晉地。

【公】此未踰年之君，其言弒其君之子奚齊何？弒未踰年君之號也。

【穀】其君之子云者，國人不子也。國人不子何也？不正其殺世子申生而立之也。

【案】經書其君之子。公羊曰：未踰年君之號也。非也。公羊以子般爲未踰年之君，而曰君薨稱子某，既葬稱子，其例甚明。蓋子般、子野稱子稱名，君薨故也。子赤稱子不稱名，既葬故也。從子般之例，則但稱子奚齊可矣，何以稱其君之子耶？故以穀梁國人不子之說爲正。

【辛未】襄王十一年　**十年**　齊桓三十六年。晉惠公夷吾元年。衛文十年。蔡穆二十五年。鄭文二十三年。曹共三年。陳宣四十三年。杞成五年。宋襄公茲父元年。秦穆十年。楚成二十二年。

春，王正月，公如齊。

狄滅溫，溫子奔衛。

【左】十年，春，狄滅溫，蘇子無信也。蘇子叛王即狄，又不能於狄，狄人伐之，王不救，故滅。蘇子奔衛。

杜氏預曰。蘇子。周司寇蘇公之後也。國於溫。故曰溫子。

晉里克弒其君卓及其大夫荀息 卓。公作卓子。左見前年。

【公】及者何。累也。弒君多矣。舍此無累者乎。曰有。孔父仇牧皆累也。舍孔父仇牧無累者乎。曰有。有則此何以書。賢也。何賢乎荀息。荀息可謂不食其言矣。其不食其言奈何。奚齊卓子者。驪姬之子也。荀息傳焉。驪姬者。國色也。獻公愛之甚。欲立其子。於是殺世子申生。申生者。里克傳之。獻公病將死。謂荀息曰。士何如則可謂之信矣。荀息對曰。使死者反生。生者不愧乎其言。則可謂信矣。獻公死。奚齊立。里克謂荀息曰。君殺正而立不正。廢長而立幼。如之何。願與子慮之。荀息曰。君嘗訊臣矣。臣對曰。使死者反生。生者不愧乎其言。則可謂信矣。里克知其不可與謀。退弒奚齊。荀息立卓子。里克弒卓子。荀息死之。荀息可謂不食其言矣。

【穀】以尊及卑也。荀息閑也。

司馬氏光曰。獻公溺於嬖寵。廢長立少。荀息爲國正卿。君所倚信。不能明白禮義。以格君心之非。而遽以死許之。是則荀息之言。玷於獻公未歿之前。而不可救於已歿之後也。左氏之志所以貶荀息。而非以爲褒也。

【案】奚齊不書君。所以譏獻公也。卓書弒其君。所以正里克之罪也。荀息以死踐言。固勝於臨難苟免者。然從君於昏。則大非孔父仇牧之比矣。左氏引詩。貶而非褒也。司馬氏光之言甚有理。

夏齊侯許男伐北戎 北戎。山戎。

晉殺其大夫里克

【左】夏。四月。周公忌父。王子黨。會齊隰朋立晉侯。晉侯殺里克以說。將殺里克。公使謂之曰。微子則不及此。雖然。子弒二君與一大夫。爲子君者。不亦難乎。對曰。不有廢也。君何以興。欲加之罪。其無辭乎。臣聞命矣。伏劍而死。於是丕鄭聘於秦。且謝緩賂。故不及。

【公】里克弒二君。則曷爲不以討賊之辭言之。惠公之大夫也。然則孰立惠公。里克也。里克弒奚齊卓子。逆惠公而入。里克立惠公。則惠公曷爲殺之。惠公曰。爾既殺夫二孺子矣。又將圖寡人。爲爾君者。不亦病乎。於是殺之。然則曷爲不言惠公之入。晉之不言出入者。踊爲文公諱也。齊小白入於齊。則曷爲不爲桓公諱。桓公之享國也長。美見乎天下。故不爲之諱本惡也。文公之享國也短。美未見乎天下。故爲之諱本惡也。

【穀】稱國以殺。罪累上也。里克弒二君與一大夫。其以累上之辭言之何也。其殺之不以其罪也。其殺之不以其罪奈何。里克所爲弒者。爲重耳也。夷吾曰。是又將殺我乎。故殺之。不以其罪也。其爲重耳弒奈何。晉獻公伐虢。得麗姬。獻公私之。有二子。長曰奚齊。稚曰卓子。麗姬欲爲亂。故謂君曰。吾夜者夢夫人趨而來曰。吾苦畏。胡不使大夫將衞士而衞家乎。公曰。孰可使。曰。臣莫尊於世子。則世子可。故君謂世子曰。麗姬夢夫人趨而來曰。吾苦畏。女其將衞士而往衞家乎。世子曰。敬諾。築宮。宮成。麗姬又曰。吾夜者夢夫人趨而來曰。吾苦飢。世子之宮已成。則何爲不使祠也。故獻公謂世子曰。其祠。世子祠。已祠。致福於君。君田而不在。麗姬以酖爲酒。藥脯以毒。獻公田來。麗姬曰。世子已祠。故致福於君。君將食。麗姬跪曰。食自外來者。不可不試也。覆酒於地。而地賁。以脯與犬。犬死。麗姬下堂而啼。呼曰。天乎天乎。國子之國也。子何遲於爲君。君喟然歎曰。吾與女未有過切。是何與我之深也。使人謂世子曰。爾其圖之。世子之傅里克謂世子曰。入自明。入自明。則可以生。不入自明。則不可以生。世子曰。吾君已老矣。已昏矣。若此而入自明。則麗姬必死。麗姬死。則吾君不安。所以使吾君不安者。吾不若自死。吾寧自殺以安吾君。以重耳爲寄矣。刎脰而死。故里克所爲弒者。爲重耳也。夷吾曰。是又將殺我也。

啖氏助曰。公羊云。曷爲不書。惠公之入。晉之不言出入者。踊爲文公諱也。案此不知有不告則不書之義。故穿鑿。　葉氏夢得曰。晉里克。衛甯喜。皆弒其君者也。然不書討賊之辭。而與殺大夫一施之。何哉。所以殺者。非討賊也。卓死。惠公求入。里克實迎立焉。則惠公固幸卓之死而竊其位者也。衛獻公之入立。則固與聞乎弒矣。是以求復於喜曰。苟反。政由甯氏。祭則寡人。此豈可責以討賊者歟。及其得國。惠公則曰。子弒二君一大夫。爲子君者不亦難乎。而後殺克。獻公既以政許甯喜。而患其專。乃與公孫無地公孫臣。謀攻甯氏。免餘殺喜而尸諸朝。其討克與喜者。皆畏其害已而除之者也。使惠獻無媿於卓與剽。歸正二臣之罪而誅焉。春秋如之何不書曰。晉人殺里克。衛人殺甯喜乎。

秋七月

附錄左 晉侯改葬共大子。秋。狐突適下國。遇大子。大子使登僕。而告之曰。夷吾無禮。余得請於帝矣。將以晉畀秦。秦將祀余。對曰。臣聞之。神不歆非類。民不祀非族。君祀無乃殄乎。且民何罪。失刑乏祀。君其圖之。君曰。諾。吾將復請。七日新城西偏。將有巫者。而見我焉。許之。遂不見。及期而往。告之曰。帝許我罰有罪矣。敝於韓。丕鄭之如秦也。言於秦伯曰。呂甥郤稱冀芮。實爲不從。若重問以召之。臣出晉君。君納重耳。蔑不濟矣。　下國。曲沃新城。韓。晉地。

冬大雨雪

雨。于付反。雪。公作雹。

附錄左 冬。秦伯使泠至報問。且召三子。郤芮曰。幣重而言甘。誘我也。遂殺丕鄭。祁舉。及七輿大夫。左行共華。右行賈華。叔堅。騅歂。纍虎。特宮。山祁。皆里丕之黨也。丕豹奔秦。言於秦伯曰。晉侯背大主而忌小怨。民弗與也。伐之必出。公曰。失衆。焉能殺。違禍。誰能出君。

公 何以書。記異也。

湛氏若水曰。周之冬。酉戌亥月。即夏之八九十月也。是時陰結而未凝。故以爲異。

〔壬申〕襄王三年 **十有一年** 齊桓三十七年。晉惠二年。衛文十一年。蔡穆二十六年。鄭文二十四年。曹共四年。陳宣四十四年。杞成六年。宋襄二年。秦穆十一年。楚成二十三年。

春晉殺其大夫丕鄭父

丕。普悲反。

左 春。晉侯使以丕鄭之亂來告。

附錄左 天王使召武公。內史過。賜晉侯命。受玉。惰。過歸。告王曰。晉侯其無後乎。王賜之命。而惰於受瑞。先自棄也已。其何繼之有。禮。國之幹也。敬。禮之輿也。不敬。則禮不行。禮不行。則上下昏。

何以長世。

【穀】稱國以殺。罪累上也。

胡傳曰。案左氏。丕鄭言於秦伯。請出晉君。則鄭有罪矣。曷爲稱國以殺而不去其官。惠公以私意殺里克。故其黨皆懼。鄭之有此謀。由殺里克致之也。春秋以大義公天下。爲誅賞。故書法如此。其稱國者。兼罪用事大夫。不能格君心之非。至於多忌濫刑。危其國也。　張氏洽曰。惠公志於得國。而無人君之度。外則失信於秦。內則忌克多殺。故丕鄭雖有私謀貳心。而春秋以累上之辭書之也。

夏公及夫人姜氏會齊侯于陽穀

【附錄左】夏。揚拒。泉皋。伊雒之戎。同伐京師。入王城。焚東門。王子帶召之也。秦晉伐戎以救周。秋。晉侯平戎於王。　揚拒。泉皋。皆戎邑。伊雒之戎。諸雜戎居伊水雒水之間者。

胡傳曰。襄陵許翰曰。先乎陽穀之會爲大雨雪。後乎陽穀之會爲大雩。僖公賢君。不能禮佐齊桓。徵其怠忽。而更與之俱肆於寵樂。是以見戒於天如此。以公夫人陽穀之會觀之。齊桓伯業怠矣。故楚人伐黃不能救。凡此類。屬詞比事。直書於策。而義自見者也。　杜氏預曰。婦人送迎不出門。見兄弟不踰閾。與公俱會齊侯非禮。

秋八月大雩

【穀】雩月。正也。雩。得雨曰雩。不得雨曰旱。

吳氏澂曰。諸侯旱而雩。禮也。大雩。祀及上帝。非禮也。

冬楚人伐黃

【左】黃人不歸楚貢。冬。楚人伐黃。

陳氏傅良曰。滅不言伐。此書伐。病桓公也。以陽穀之會。貫之盟。徒以亡其國爾。　汪氏克寬曰。管仲雖非王佐之才。其輔相桓公。致霸業之盛。則其功大矣。據齊語。則咫尺天顏。俯伏下拜。以敬君命者。皆仲諷諫之力也。蓋葵邱以後。管仲既卒。則懈怠苟簡。而非前日之比矣。然左傳記明年冬。使管仲平戎於王。史記管仲之卒。在桓公四十一年。當僖公十五年。滅黃之時。蓋未卒也。豈史記之說有不足信。抑或仲諫桓公以救黃而不從歟。

（癸酉）襄王四年　**十有二年**　齊桓三十八年。晉惠三年。衛文十二年。蔡穆二十七年。鄭文二十五年。曹共五年。陳宣四十五年。杞成七年。宋襄三年。秦穆十二年。楚成二十四年。

春王三月庚午日有食之

【附錄左】春。諸侯城衛楚邱之郛。懼狄難也。

杜氏預曰。不書朔。官失之。

夏楚人滅黃

左 黃人恃諸侯之睦於齊也不共楚職曰自郢及我九百里焉能害我夏楚滅黃

穀 貫之盟管仲曰江黃遠齊而近楚楚為利之國也若伐而不能救則無以宗諸侯矣桓公不聽遂與之盟管仲死楚伐江滅黃桓公不能救故君子閔之也

趙氏鵬飛曰冬伐而夏始滅黃守以待救也三時而齊救不至黃尚何以存之桓之伯業於是乎不克終矣

案 左傳是年冬管仲平戎於王史記管仲之卒亦在僖十五年則滅黃之時管仲尚在穀梁以為管仲死非也

秋七月

附錄 左 王以戎難故討王子帶秋王子帶奔齊 冬齊侯使管夷吾平戎於王使隰朋平戎於晉王以上卿之禮饗管仲管仲辭曰臣賤有司也有天子之二守國高在若節春秋來承王命何以禮焉陪臣敢辭王曰舅氏余嘉乃勳應乃懿德謂督不忘往踐乃職無逆朕命管仲受下卿之禮而還君子曰管氏之世祀也宜哉讓不忘其上詩曰愷悌君子神所勞矣

冬十有二月丁丑陳侯杵臼卒 杵公作處

甲戌 襄王五年 **十有三年** 齊桓三十九年晉惠四年衛文十三年蔡穆二十八年鄭文二十六年曹共六年陳穆公款元年杞成八年宋襄四年秦穆十三年楚成二十五年

春狄侵衛

附錄 左 十三年春齊侯使仲孫湫聘於周且言王子帶事畢不與王言歸復命曰未可王怒未怠其十年乎不十年王弗召也

趙氏鵬飛曰前年狄滅溫溫子奔衛今狄侵衛以衛納溫子也伯主豈容安視而不討乎楚滅黃畏其大而不救狄滅溫以其小而不恤大者吾畏之小者吾忽之則諸侯安用夫伯主也

夏四月葬陳宣公

公會齊侯宋公陳侯衛侯鄭伯許男曹伯于鹹 鹹衛地

左 夏會于鹹淮夷病杞故且謀王室也秋為戎難故諸侯戍周齊仲孫湫致之 淮夷魯東夷

穀 兵車之會也

趙氏鵬飛曰鹹之會謀城杞也說者蓋其夏會而明年春始城之謂城緣陵非會鹹之諸侯不知夏會而冬城是乃所以為得也然則諸侯止于鹹乎曰非也各返其國矣不然秋大雩豈公不在而雩卽公子友如齊豈齊侯不在而聘邪然則先會於此何也凡土功龍見而戒事龍見夏之二月周之四月也今四月戒事適其時矣十月水昏正而栽十一月日至而畢明年正月夏之十一月於是而事畢諸侯至各書於冊也楚丘之役亦如

是爾。家氏鉉翁曰。諸戎爲子帶所召同伐王城。秦晉伐戎。子帶奔齊。齊侯平戎於王。今二年矣。王室略定。乃爲鹹之會。以致諸侯之戍。是秋戍周。齊仲孫湫致之。則是會也。所以勤王。故皆爵。程氏端學曰。次年春。有諸侯城緣陵事。則此會謀城緣陵也。

案家氏鉉翁。主謀王室。趙氏鵬飛程氏端學。俱主謀杞。當依左傳。兼用二說。

秋九月大雩

冬公子友如齊

附錄左 冬。晉荐饑。使乞糴於秦。秦伯謂子桑與諸乎。對曰。重施而報。君將何求。重施而不報。其民必攜。攜而討焉。無衆必敗。謂百里與諸乎。對曰。天災流行。國家代有。救災恤鄰。道也。行道有福。丕鄭之子豹在秦。請伐晉。秦伯曰。其君是惡。其民何罪。秦於是乎輸粟於晉。自雍及絳相繼。命之曰汎舟之役。雍。秦國都。

張氏洽曰。陽穀甯母及鹹之會。其後公子友皆如齊。蓋伐楚服鄭城緣陵之事。魯皆同之。足以見友專魯政也。張氏溥曰。十年春正月。公如齊。說者曰魯始朝齊也。十三年冬。公子友如齊。則大夫聘問之常矣。三年。公子友如齊涖盟。自此往來者。勤甯母之盟。鹹之會。皆公方會而季友隨聘也。吾大夫正聘於齊者。始於七年。吾君朝齊者。始於十年。魯益恭而齊益驕矣。

（乙亥）襄王十六年 **十有四年** 齊桓四十年。晉惠五年。衛文十四年。蔡穆二十九年。鄭文二十七年。曹共七年。陳穆二年。杞成九年。宋襄五年。秦穆十四年。楚成二十六年。

春諸侯城緣陵 緣陵。杞邑。

左 十四年春。諸侯城緣陵而遷杞焉。不書其人。有闕也。

公 孰城之。城杞也。曷爲城杞。滅也。孰滅之。蓋徐莒脅之。曷爲不言徐莒脅之。爲桓公諱也。曷爲爲桓公諱。上無天子。下無方伯。天下諸侯有相滅亡者。桓公不能救。則桓公恥之也。然則孰城之。桓公城之。曷爲不言桓公城之。不與諸侯專封也。曷爲不與。實與而文不與。文曷爲不與。諸侯之義。不得專封也。諸侯之義不得專封。則其曰實與之何。上無天子。下無方伯。天下諸侯有相滅亡者。力能救之。則救之可也。

穀 其曰諸侯。散辭也。聚而曰散。何也。諸侯城。有散辭也。桓德衰矣。

胡傳曰。齊桓公城三國而書辭不同。城楚邱則沒諸侯而不書。城緣陵則書諸侯而不序。城邢則再序三國之師。何也。邢以自遷爲文。故再列三師而書城邢者。美其得救患分災之義。無封國之嫌也。淮夷病杞。諸侯會于鹹。城緣陵而遷杞焉。則其事專矣。故前目後凡。直書諸侯而不序也。衛爲狄滅。東徙渡河。野處曹邑。桓公使公子無虧戍以甲士。歸其祭服乘馬。凡爲國之用。其力尤勤。其功尤大。其事尤專。而春秋責之尤重。曰城楚邱而不書諸侯。正王法也。是故以功言之。則楚邱爲大。以義言之。則城邢爲美。春秋之法。明其道。不計其功。正其義不謀其利者也。詳著城邢之師。而深沒楚邱之迹。貴王賤霸。羞稱桓文。以正待人之體也。陸氏淳曰。公羊云。曷爲城杞。滅也。孰滅之。蓋徐莒脅之。案明年楚伐徐。諸侯救徐。其謬可知

案公羊專封之說。惟可施於楚邱。蓋衛已滅也。邢以自遷爲文。固不得言專封。杞未嘗滅。則併不

得言封矣。公羊云：杞滅也。孰滅之？蓋徐莒脅之。曷為不言徐莒脅之？為桓公諱也。非也，杞列在三恪，果見滅於徐莒，春秋即為桓諱，猶當如邢衛書伐書入，何得併泯其迹乎。

夏六月，季姬及鄫子遇于防，使鄫子來朝。鄫似綾反，穀作繒，後同。鄫國，琅琊鄫縣。

左 鄫季姬來寧，公怒，止之，以鄫子之不朝也。夏，遇于防，而使來朝。

公 鄫子曷為使乎季姬來朝？內辭也。非使來朝，使來請已也。

穀 遇者，同謀也。來朝者，來請已也。朝不言使，言使非正也。以病繒子也。

案 季姬與鄫子遇，而僖公不禁，使鄫子朝，而鄫子聽之，皆為失禮，故春秋書以譏之。胡傳謂僖公愛女，使自擇配，說本公穀，而諸儒因之，則過矣。僖公魯之賢君，聲姜又有令妻之稱，豈肯聽女自擇配乎？或以為季姬不繫於鄫，為未嫁之文，不知鄫子不朝，公怒而絕之，來朝而後歸之，故遇歸皆不繫於鄫也。如果來朝為請昏，則既朝之後，必有納幣逆女之事，何俱不見於經耶？范氏甯疑公穀為不然，而以左氏為近合人情，良有以也。胡氏又謂孟光伯鸞，變而不失其正，則蕩檢踰閑，安可垂訓於後乎？今故專從左氏，而諸家使來請已之說，皆不錄。

秋八月辛卯，沙鹿崩。沙鹿，山名。

左 秋八月辛卯，沙鹿崩。晉卜偃曰：期年將有大咎，幾亡國。

公 沙鹿者何？河上之邑也。此邑也，其言崩何？襲邑也。沙鹿崩何以書？記異也。外異不書，此何以書？為天下記異也。

穀 林屬於山為鹿。沙，山名也。無崩道而崩，故志之也。其日，重其變也。

胡傳曰：沙鹿，晉地也。詩稱百川沸騰，山冢崒崩，言西周之將亡也。書沙鹿崩於前，書獲晉侯於後，雖不指其事應，而事應具存。此春秋畏物之反常為異，使人恐懼修省之意也。其垂戒明矣。

劉氏敞曰：公羊曰沙鹿河上之邑也，非也。此自山名之，不須繫山者，以可知故也。如禹貢桐柏積石，皆不繫山，至荆山岷山則皆繫山。

案 公羊謂沙鹿崩為天下記異，胡傳於成五年梁山崩用公羊之說，而此獨用左傳以為晉咎。豈以梁山大，故應在天下；沙鹿小，故應在一國耶？要之災異之興，天子諸侯當各引為己咎，有天下者以為天下之異可也，有一國者以為一國之異可也，故兼用二說。

狄侵鄭。

張氏洽曰：狄數犯畿內之諸侯，而齊桓不能治，自入衛伐邢滅溫而至此，霸圖弱而王室卑，諸侯受禍，著齊桓之怠也。

冬，蔡侯肸卒。

附錄 左 冬，秦饑，使乞糴於晉，晉人弗與。慶鄭曰：背施無親，幸災不仁，貪愛不祥，怒鄰不義，四德皆失，何以守國？虢射曰：皮之不存，毛將安傅？慶鄭曰：棄信背鄰，患孰恤之？無信患作，失援必斃，是則然矣。虢射曰：無損於怨，而厚於寇，不如勿與。慶鄭曰：背施幸災，民所棄也，近猶讐之，況怨敵乎？弗聽。退曰：君其悔是哉。

穀 諸侯時卒，惡之也。

（丙子）襄王七年

十有五年 齊桓四十一年。晉惠六年。衛文十五年。蔡莊公甲午元年。鄭文二十八年。曹共八年。陳穆三年。杞成十年。宋襄六年。秦穆十五年。楚成二十七年。

春王正月公如齊

張氏洽曰：公十年朝齊，此又朝齊，純用五年一朝之制，同於事天子之禮矣。汪氏克寬曰：杜預謂諸侯五年再相朝，禮也。何休謂合古五年一朝之義，皆非是。周制諸侯之邦交，但曰世相朝，女得以五年為合禮乎。

楚人伐徐

左 徐即諸夏故也。

季氏本曰：徐在江淮間，亦楚所利之國也。僖三年恃從齊而取舒，舒則楚之與國，其能不甘心於徐乎。

三月公會齊侯宋公陳侯衛侯鄭伯許男曹伯盟于牡丘 牡邱，地名，闕。聊城縣東北有牡邱，或云即春秋會盟處。

左 盟于牡邱，尋葵邱之盟，且救徐也。

穀 兵車之會也。

張氏洽曰：葵邱之盟，諸侯既聽命矣。此為楚人伐徐而合諸侯，即驅之討楚救徐可也。又從而盟之，諸侯不一故也。人心已一而復貳，非但主救災恤患之心怠，而人心始懈乎。君子屢盟，亂是用長。此心之盛衰，霸業之所從而盛衰也。故特書盟于牡邱，而霸主諸侯之心皆疑，不足以保徐，斷可知矣。

遂次于匡 匡，衛地。

穀 遂，繼事也。次，止也。有畏也。

陳氏傅良曰：救不言次，言次，無志於救也。

公孫敖帥師及諸侯之大夫救徐 帥，公作率，後同。

左 孟穆伯帥師，及諸侯之師救徐，諸侯次于匡以待之。

穀 善救徐也。

孫氏復曰：言次言救者，惡諸侯緩於救患也。諸侯既約救徐，而遣大夫往，此緩於救患可知也。陳氏傅良曰：桓公合八國之衆以救徐，而僅使大夫將，桓志荒矣，卒不競於楚，故救而言次，甚譏之也。有諸侯在，而使大夫將，始於牡邱，桓公為之也。有諸侯在，而使大夫盟，始於雞澤，悼公為之也。

夏五月日有食之

左 不書朔與日，官失之也。

秋七月齊師曹師伐厲（厲，楚與國。）

左 秋，伐厲，以救徐也。

張氏洽曰：兵法，攻所必救。厲在徐楚之間，攻楚之必救，以解徐也。然繼此楚敗徐于婁林，則厲在所不必救。明年不克救徐而還，況同盟不同心，而宋已伐同役之曹矣。 姜氏寶曰：諸侯志怠，不欲重煩，而曹共之位，齊所定也，故獨勞之爾。

八月螽（公作蝝。）

穀 螽，蟲災也。甚則月，不甚則時。

九月公至自會

公 桓公之會不致，此何以致？久也。

高氏閌曰：以會致者始於此。春秋致會凡二十有七。公自正月如齊，因而會盟，暴師於外，已踰三時，而以會致，見救徐之無功也。

季姬歸于鄫

蘇氏轍曰：鄫子既朝，乃使歸之，故書曰歸于鄫。

己卯晦震夷伯之廟

左 震夷伯之廟，罪之也。於是展氏有隱慝焉。

公 晦者何？冥也。震之者何？雷電擊夷伯之廟者也。夷伯者曷爲者也？季氏之孚也。季氏之孚則微者，其稱夷伯何？大之也。曷爲大之？天戒之，故大之也。何以書？記異也。

穀 晦，冥也。震，雷也。夷伯，魯大夫也。因此以見天子至於士皆有廟。天子七廟，諸侯五，大夫三，士二。故德厚者流光，德薄者流卑。是以貴始，德之本也。始封必爲祖。

趙氏匡曰：公穀並云晦，冥也。據十六年戊申朔隕石于宋五，成十六年甲午晦，晉楚戰于鄢陵，並書晦朔，則知晦者晦朔之晦爾。古史之體，應合書日，而遇晦朔必書之，以爲歷數之證。穀梁成十六年傳云事遇晦書晦，何得於此獨名晦冥乎？公羊又云夷伯季氏之孚，微者稱夷伯，大之也，天戒之，故大之。案褒貶當以義類，豈有爲天所罰，翻乃書字，反於理甚矣。大夫既死，不更稱名爾，原仲亦是也。 劉氏敞曰：左氏云展氏有隱慝，展氏之謚，非也。春秋，國史也。君前臣名，縱不可名之，猶當繫字於氏，寧有稱其謚，遂舍其族哉？經曰葬桓王，不繫周者，王至尊也。又曰吉禘于莊公，不繫魯者，君至尊也。惟此二者可以謚通，其餘雖大國，必繫謚於國，別內外也。雖貴臣，必繫字於氏，別尊卑也。齊桓晉文皆繫國，原仲高子皆繫氏，臣無舉謚於君側者也。

纂 春秋全經未有書大夫之謚者，夷當依劉氏敞作氏。

冬宋人伐曹

【左】討舊怨也。許氏翰曰。同盟始自相攻。桓不能已矣。趙氏鵬飛曰。自齊桓之霸。至是三十年。諸侯無有擅相侵伐者。服於桓也。今桓德衰矣。宋人加兵於曹。雖不究所以加兵之故。而諸侯擕貳。桓不能制其侵伐矣。家氏鉉翁曰。宋襄於桓之方存。已有圖霸之心。其後執滕圍曹。張本於此。春秋所譏也。

楚人敗徐于婁林敗。必遘反。婁林。徐地。

【左】楚敗徐于婁林。徐恃救也。

【穀】夷狄相敗志也。

高氏閌曰。齊桓大合諸侯以救徐。固有餘力。而師出三時。無功而返。故書楚人敗徐于婁林以罪之。

十有一月壬戌晉侯及秦伯戰于韓獲晉侯秦始見經。

【左】晉侯之入也。秦穆姬屬賈君焉。且曰。盡納羣公子。晉侯烝於賈君。又不納羣公子。是以穆姬怨之。晉侯許賂中大夫。既而皆背之。賂秦伯以河外列城五。東盡虢畧。南及華山。內及解梁城。既而不與。晉饑。秦輸之粟。秦饑。晉閉之糴。故秦伯伐晉。卜徒父筮之。吉。涉河。侯車敗。詰之。對曰。乃大吉也。三敗。必獲晉君。其卦遇蠱。曰。千乘三去。三去之餘。獲其雄狐。夫狐蠱。必其君也。蠱之貞。風也。其悔。山也。歲云秋矣。我落其實。而取其材。所以克也。實落材亡。不敗何待。三敗及韓。晉侯謂慶鄭曰。寇深矣。若之何。對曰。君實深之。可若何。公曰。不孫。卜右。慶鄭吉。弗使。步揚御戎。家僕徒為右。乘小駟。鄭入也。慶鄭曰。古者大事。必乘其產。生其水土。而知其人心。安其教訓。而服習其道。惟所納之。無不如志。今乘異產。以從戎事。及懼而變。將與人易。亂氣狡憤。陰血周作。張脈僨興。外彊中乾。進退不可。周旋不能。君必悔之。弗聽。九月。晉侯逆秦師。使韓簡視師。復曰。師少於我。鬭士倍我。公曰。何故。對曰。出因其資。入用其寵。饑食其粟。三施而無報。是以來也。今又擊之。我怠秦奮。倍猶未也。公曰。一夫不可狃。況國乎。遂使請戰。曰。寡人不佞。能合其衆而不能離也。君若不還。無所逃命。秦伯使公孫枝對曰。君之未入。寡人懼之。入而未定列。猶吾憂也。苟列定矣。敢不承命。韓簡退曰。吾幸而得囚。壬戌。戰于韓原。晉戎馬還濘而止。公號慶鄭。慶鄭曰。愎諫違卜。固敗是求。又何逃焉。遂去之。梁由靡御韓簡。虢射為右。輅秦伯。將止之。鄭以救公誤之。遂失秦伯。秦獲晉侯以歸。晉大夫反首拔舍從之。秦伯使辭焉。曰。二三子何其慼也。寡人之從君而西也。亦晉之妖夢是踐。豈敢以至。晉大夫三拜稽首曰。君履后土而戴皇天。皇天后土。實聞君之言。羣臣敢在下風。穆姬聞晉侯將至。以大子罃弘與女簡璧登臺而履薪焉。使以免服衰絰逆。且告曰。上天降災。使我兩君匪以玉帛相見。而以興戎。若晉君朝以入。則婢子夕以死。夕以入。則朝以死。唯君裁之。乃舍諸靈臺。大夫請以入。公曰。獲晉侯。以厚歸也。既而喪歸。焉用之。大夫其何有焉。且晉人慼憂以重我。天地以要我。不圖晉憂。重其怒也。我食吾言。背天地也。重怒難任。背天不祥。必歸晉君。公子縶曰。不如殺之。無聚慝焉。子桑曰。歸之而質其大子。必得大成。晉未可滅。而殺其君。祗以成惡。且史佚有言曰。無始禍。無怙亂。無重怒。重怒難任。陵人不祥。乃許晉平。晉侯使郤乞告瑕

呂飴甥且召之子金教之言曰朝國人而以君命賞且告之曰孤雖歸辱社稷矣其卜貳圉
也衆皆哭晉於是乎作爰田呂甥曰君亡之不恤而羣臣是憂惠之至也將若君何衆曰何
爲而可對曰征繕以輔孺子諸侯聞之喪君有君羣臣輯睦甲兵益多好我者勸惡我者懼
庶有益乎衆說晉於是乎作州兵初晉獻公筮嫁伯姬於秦遇歸妹之睽史蘇占之曰不吉
其繇曰士刲羊亦無衁也女承筐亦無貺也西鄰責言不可償也歸妹之睽猶無相也震之離
亦離之震爲雷爲火爲嬴敗姬車說其輹火焚其旗不利行師敗于宗丘歸妹睽孤寇張之弧
姪其從姑六年其逋逃歸其國而棄其家明年其死於高梁之虛及惠公在秦曰先君若從史
蘇之占吾不及此夫韓簡侍曰龜象也筮數也物生而後有象象而後有滋滋而後有數先君
之敗德及可數乎史蘇是占勿從何益詩曰下民之孽匪降自天僔沓背憎職競由人　十月
晉陰飴甥會秦伯盟於王城秦伯曰晉國和乎對曰不和小人恥失其君而悼喪其親不憚征
繕以立圉也曰必報讎寧事戎狄君子愛其君而知其罪不憚征繕以待秦命曰必報德有死
無二以此不和秦伯曰國謂君何對曰小人慼謂之不免君子恕以爲必歸小人曰我毒秦秦
豈歸君君子曰我知罪矣秦必歸君貳而執之服而舍之德莫厚焉刑莫威焉服者懷德貳者
畏刑此一役也秦可以霸納而不定廢而不立以德爲怨秦不其然秦伯曰是吾心也改館晉
侯饋七牢焉蛾析謂慶鄭曰盍行乎對曰陷君於敗敗而不死又使失刑非人臣也臣而不臣
行將焉入十一月晉侯歸丁丑殺慶鄭而後入是歲晉又饑秦伯又餼之粟曰吾怨其君而矜
其民且吾聞唐叔之封也箕子曰其後必大晉其庸可冀乎姑樹德焉以待能者於是秦始征
晉河東置官司焉　虢畧從河南而東盡虢界也華山在華陰解梁城在
解縣靈臺在鄠縣有周故臺高梁之虛晉地陰呂甥食采王城秦地

【公】此偏戰也何以不言師敗績君獲不言師敗績也

【穀】韓之戰晉侯失民矣以其民未敗而君獲也
劉氏敞曰穀梁曰晉侯失民矣以其民未敗而君獲也非也凡爲君而見獲苟不失民將焉
取之顧春秋所以不書師敗績者舉君獲爲重爾　陳氏傅良曰於是秦獲晉侯以歸其不
曰以歸何罪晉侯也獲匹夫之辭也言獲則以歸不足言也　卓氏爾康曰此一戰也曲自
在晉韓爲晉地則秦伐晉可知既已戰矣何必書伐不書秦伯伐晉省文也

春秋卷之六

【丁丑】襄王八年　**十有六年**　齊桓四十二年晉惠七年衛文十六年蔡莊二十一年鄭文二十九年曹共九年陳穆四年杞成十一年宋襄七年秦穆十六年楚成二十八年

春王正月戊申朔隕石于宋五是月六鷁退飛過宋都　隕公作霣鷁五歷切穀作鶂過古禾切

【左】十六年春隕石于宋五隕星也六鷁退飛過宋都風也周內史叔興聘於宋宋襄公問焉曰是何祥也吉凶焉在對曰今茲魯多大喪明年齊有亂君將得諸侯而不終退而告人曰君失問是陰陽之事非吉凶所生也吉凶由人吾不敢逆君故也

【公】曷爲先言霣而後言石霣石記聞聞其磌然視之則石察之則五是月者何僅逮是月也何以不日晦日也晦則何以不言晦春秋不書晦也朔有事則書晦雖有事不書曷爲先言六而後言鷁六鷁退飛記見也視之則六察之則鷁徐而察之則退飛五石六鷁何以書記異也外異不書此何以書爲王者之後記異也

【穀】先隕而後石何也隕而後石也于宋四竟之內曰宋後數散辭也耳治也是月者決不日而月也六鶂退飛過宋都先數聚辭也目治也子曰石無知之物鶂微有知之物石無知故日之鶂微有知之物故月之君子之於物無所苟而已石鶂且猶盡其辭而況於人乎故五石六鶂之辭不設則王道不亢矣民所聚曰都

劉氏敞曰公羊云是月者僅逮是月也不日者晦也非也夫晦朔者天之所有春秋取朔棄晦何當於義乎又曰穀梁子曰石無知之物故日之鶂微有知之物故月之非也言是月者宋不告日嫌與五石爲一日故分別之耳穀梁本以日月解經因此以誣聖人欲後世信之豈實然乎

【案】經書是月非止嫌同日也或鶂之退飛不止一日故以是月槩之也公羊以是月爲晦穀梁以有知無知分日月皆非也劉氏駁之詳矣

三月壬申公子季友卒

【公】其稱季友何賢也

【穀】大夫日卒正也稱公弟叔仲賢也大夫不言公子公孫疏之也

【案】季友討逆定亂功在公室經書公子而名字雙舉者公穀以爲賢之是也宣十八年公弟叔肸卒書法與季友同蓋友有社稷之勳肸有通恩之美其賢相等肸以宣公尚存故稱公弟爾胡傳以爲生而賜族其說亦正惟與仲遂並譏似非其倫然季子忠賢仲子弒逆亦各分別言之矣劉氏敞引仲遂以駁公穀不知仲遂之卒削公子而不書正其弒逆之罪也豈季友之比乎又謂仲氏殺子赤季氏出昭公皆世卿成禍者是以仲遂爲仲孫氏尤謬

夏四月丙申鄫季姬卒

【附錄左】夏齊伐厲不克救徐而還

【案】不書葬者魯不會也僖公怒鄫子之不朝而止季姬及來朝而始聽其歸蓋怨尚未釋故葬不

往會也。若果愛其女。使自擇配。則季姬之葬。必有過禮之舉。春秋特書之矣。胡傳書卒奪葬之說不可從。

秋七月甲子公孫茲卒茲公作慈。

【附錄】【左】秋。狄侵晉。取狐廚、受鐸。涉汾。及昆都。因晉敗也。　王以戎難告於齊。齊徵諸侯而戍周。　冬十一月。乙卯。鄭殺子華。狐廚受鐸昆都俱晉邑。

【穀】大夫曰卒。正也。

冬十有二月公會齊侯宋公陳侯衛侯鄭伯許男邢侯曹伯于淮淮。臨淮郡左右。

【左】十二月。會于淮。謀鄫。且東略也。城鄫。役人病。有夜登丘而呼曰。齊有亂。不果城而還。

【穀】兵車之會也。

戊寅　襄王九年　**十有七年**齊桓四十三年。晉惠八年。衛文十七年。蔡莊三年。鄭文三十年。曹共十年。陳穆五年。杞成十二年。宋襄八年。秦穆十七年。楚成二十九年。

春齊人徐人伐英氏英氏。楚與國。

【左】春。齊人為徐伐英氏。以報婁林之役。

【附錄】【左】夏。晉大子圉為質於秦。秦歸河東而妻之。惠公之在梁也。梁伯妻之。梁嬴孕過期。卜招父與其子卜之。其子曰。將生一男一女。招曰。然。男為人臣。女為人妾。故名男曰圉。女曰妾。及子圉西質。妾為宦女焉。

劉氏敞曰。何休曰。稱氏者。春秋前黜之。非也。英氏者國也。國之號。或一字。或二字。或三字。非若甲氏潞氏也。今縣有尉氏者。亦可封國。又何謂乎。

夏滅項項。項國。

【左】師滅項。淮之會。公有諸侯之事。未歸而取項。齊人以為討而止公。

【公】孰滅之。齊滅之。曷為不言齊滅之。為桓公諱也。春秋為賢者諱。此滅人之國。何賢爾。君子之惡惡也。疾始。善善也。樂終。桓公嘗有繼絕存亡之功。故君子為之諱也。

【穀】孰滅之。桓公也。何以不言桓公也。為賢者諱也。項。國也。不可滅而滅之乎。桓公知項之可滅也。而不知己之不可以滅也。既滅人之國矣。何賢乎。君子惡惡疾其始。善善樂其終。桓公嘗有存亡繼絕之功。故君子為之諱也。

【案】左氏謂公未歸而滅項。胡傳及諸家多從之。相沿已久。今主其說。然以城楚丘之例例之。公穀以為齊滅者。於理亦通。蓋不書齊者。蒙伐英氏之文也。春伐英氏。夏滅項。與襄十年春會柤夏滅偪陽同一書法。以項為魯滅。何不以偪陽為魯滅也。若謂彼多一遂字。則此以滅承伐。彼以滅繼會。其文更不相蒙矣。蓋會淮之後。齊以淮夷之事。委魯統率。而自與徐人伐英滅項。故僖公經略之久。至於九月乃歸爾。泮水閟宮之頌。皆言魯僖有服淮夷之功。豈得全無事實。徒爾頌禱。他年又不見有南國之師。其在此役。未可知也。若胡氏安國謂滅項為季孫所為。則非矣。當是時。季友已卒。友子無佚。不見於經。經不書其卒。是未為卿也。友卒之後。魯卿奉命而出者。公子遂。叔孫得臣。公孫敖三人而已。文六年。行父始如齊。是無佚卒。行父幼。及其既長而後爲卿也。然則滅項之季孫何人耶。

秋夫人姜氏會齊侯于卞

卞。皮彥反。魯國卞縣。

【左】秋。聲姜以公故。會齊侯于卞。

九月公至自會

【左】九月。公至。書曰至自會。猶有諸侯之事焉。且諱之也。

【纂】齊以滅項止公。聲姜會齊侯。請而釋之。因以至自會爲諱。此左氏之說也。公穀以項爲齊滅。而夫人會卞。公至自會皆不發傳。或謂公以滅項而見止。則夫人當往請於齊。不能致齊侯於魯地。公爲齊所正而歸。則當至自齊以見意。不必致會以沒其實。其說亦通。

冬十有二月乙亥齊侯小白卒

【左】齊侯之夫人三。王姬。徐嬴。蔡姬。皆無子。齊侯好內。多內寵。內嬖如夫人者六人。長衛姬。生武孟。少衛姬。生惠公。鄭姬生孝公。葛嬴生昭公。密姬生懿公。宋華子生公子雍。公與管仲屬孝公於宋襄公。以爲大子。雍巫有寵於衛共姬。因寺人貂以薦羞於公。亦有寵。公許之。立武孟。管仲卒。五公子皆求立。冬十月。乙亥。齊桓公卒。易牙入。與寺人貂。因內寵以殺羣吏。而立公子無虧。孝公奔宋。十二月。乙亥。赴。辛巳。夜殯。

【穀】此不正其日之。何也。其不正前見矣。其不正之前見何也。以不正入虛國。故稱嫌焉爾。

李氏廉曰。桓公自莊九年入國。十三年始伯。迄僖十七年。凡三十九年。吳郡李氏曰。王道流行。侯伯受職。古未始有伯也。以古之未始有伯。而齊桓實造端。則桓爲首罪矣。而春秋或予桓。何哉。蓋黜其義而錄其功也。功義不相掩。而後伯者之是非斷矣。大抵春秋之世。盛衰凡三變。桓公之未興。與桓公之方伯。及桓公之既沒。世變各異也。王臣下聘而不報。王師出伐而無功。凡伯書伐。戎強於北。蔡師書敗。荊盛於南。鄭分許鄙。宋廢鄭嗣。紀小而併於齊。郕弱而偪於魯。此桓公之未興也。王禁明而王臣不下聘者六十年。盟會同而諸侯無私爭者三十載。序績召陵而荊帖矣。陳旅聶北而狄退矣。獻捷過魯而戎弭矣。此桓公之主伯也。天王既出居。而官守不問。衛滅懿親。而義師無討。楚書子而主會矣。狄書人而參盟矣。此桓公之既沒也。然桓公一人之身。盛衰又凡三變。圖伯之初。定伯之日。及成伯之後。得失頗殊也。伐郯侵宋。侯度未一。入蔡侵鄭。戎疾未殄。滅遂降鄣。履事未久。設施多舛。遇穀盟扈。閱理未熟。檢防易肆。蓋桓公圖伯之初也。貫澤而下。葵邱以前。衣裳不歃血。兵車無大戰。仲尼稱其一匡。孟子與其爲盛。在是數年。桓公定伯之日也。九國叛而萌震矜。管仲死而放繩墨。城杞殺於城邢。救徐怠於救許。伐黃則外憂起。會卞則家法虧。蓋桓公成伯之後也。驗春秋大勢之三變。則桓公主伯爲有功。即桓公一身之三變。則桓公立功爲不遠。功過乘除。齊伯之顛末可考矣。

呂氏本中曰。仲無正心誠意格君之學。徒急於一時之功利。卒致五子之亂。其所以有始無終者。家法不正也。

己卯襄王十年

十有八年宋襄九年。齊孝公昭元年。晉惠九年。衛文十八年。蔡莊四年。鄭文三十一年。曹共十一年。陳穆六年。杞成十三年。秦穆十八年。楚成三十年。

春王正月宋公曹伯衛人邾人伐齊公宋公下。有會字。

左 宋襄公以諸侯伐齊。三月。齊人殺無虧。

附錄左 鄭伯始朝於楚。楚子賜之金。既而悔之。與之盟曰。無以鑄兵。故以鑄三鍾。

穀 非伐喪也。

夏師救齊

穀 善救齊也。

五月戊寅宋師及齊師戰于甗齊師敗績甗齊地。

左 齊人將立孝公。不勝四公子之徒。遂與宋人戰。夏五月。宋敗齊師于甗。立孝公而還。

公 戰不言伐。此其言伐何。宋公與伐而不與戰。故言伐。春秋伐者爲客。伐者爲主。曷爲不使齊主之。與襄公之征齊也。曷爲與襄公之征齊。桓公死。豎刁易牙爭權。不葬。爲是故伐之也。

穀 戰不言伐。客不言及。言及。惡宋也。

劉氏敞曰。公羊曰。曷爲不使齊主之。與襄公之征齊也。非也。晉郤克及齊侯戰于鞌。寧可亦曰。與晉郤克之征齊乎。所異於晉者何哉。

狄救齊

穀 善救齊也。

秋八月丁亥葬齊桓公

左 秋八月。葬齊桓公。

冬邢人狄人伐衛狄始書人。

左 冬。邢人狄人伐衛。圍菟圃。衛侯以國讓其父兄子弟。及朝衆。曰。苟能治之。燬請從焉。衆不可。而後師於訾婁。狄師還。

穀 狄其稱人何也。善累而後進之。伐衛所以救齊也。功近而德遠矣。

案 穀梁以書人爲善救齊。胡傳從之。今主是說。惟劉氏敞引角弓之義責邢。今附存之。蓋衛雖可伐。而邢與衛親。不當連狄以伐之也。然則狄稱人奈何。趙氏鵬飛曰。狄書人。使文爾。如襄五年戚之會。書吳人鄫人。蓋不可曰吳鄫人也。故十四年向之會。復書吳而已。今狄與邢伐衛書人。至二十一年。狄獨伐衛。則復書狄而已。

庚辰襄王十一年

十有九年宋襄十年。齊孝二年。晉惠十年。衛文十九年。蔡莊五年。鄭文三十二年。曹共十二年。陳穆七年。杞成十四年。秦穆十九年。楚成三十一年。

春

附錄左 梁伯益其國。而不能實也。命曰新里。秦取之。十九年。春。遂城而居之。

王三月宋人執滕子嬰齊

左 宋人執滕宣公。
陳氏傳良曰。執不言歸。未失國之辭也。言歸。危不得歸也。是故執君不名。歸然後名之。執稱曹伯。歸稱曹伯。襄。執稱衛侯。歸稱衛侯。鄭。此執也。則其名何。遂失國也。虞公失國。則其不名何也。虞自亡矣。晉人之罪。徒執其君焉爾。不於執焉。加以遂失國之辭。所以見虞之自亡也。

纂 胡傳謂齊桓之盛。九合諸侯。而滕不與。及宋襄繼起。又不尊事大國。其見執則有由矣。書名著其罪也。此說非也。齊桓創霸。自北杏以後。衣裳兵車。會盟之事屢矣。大國如秦晉。小國如薛莒杞鄫蕭宿小邾之屬。皆未嘗與。何得以不會獨責一滕耶。至謂宋襄繼起。又不尊事大國。則傳無事蹟。亦爲臆揣之見。未可據也。然則滕子何以名。禮所謂諸侯不生名。失地則名也。必欲別求其罪。則諸侯被執者十有三。若鄭之從楚。莒之病魯。罪皆浮於滕。而何以皆不名耶。惟陳氏傳良。深得聖人之意。其用胡傳罪滕之說者。皆不錄。

夏六月宋公曹人邾人盟于曹南 公作宋人。

鄫子會盟于邾

公 其言會盟何。後會也。

已酉邾人執鄫子用之

左 夏。宋公使邾文公用鄫子於次睢之社。欲以屬東夷。司馬子魚曰。古者六畜不相爲用。小事不用大牲。而況敢用人乎。祭祀以爲人也。民。神之主也。用人。其誰饗之。齊桓公存三亡國。以屬諸侯。義士猶曰薄德。今一會而虐二國之君。又用諸淫昏之鬼。將以求霸。不亦難乎。得死爲幸。

公 惡乎用之。用之社也。其用之社奈何。蓋叩其鼻以血社也。

穀 微國之君。因邾以求與之盟。人因已以求與之盟。已迎而執之。惡之。故謹而日之也。用之者。叩其鼻以衈社也。

秋宋人圍曹

左 宋人圍曹。討不服也。子魚言於宋公曰。文王聞崇德亂而伐之。軍三旬而不降。退。修教而復伐之。因壘而降。詩曰。刑于寡妻。至于兄弟。以御于家邦。今君德無乃猶有所闕。而以伐人。若之何。盍姑內省德乎。無闕而後動。

衛人伐邢

左 秋。衛人伐邢。以報菟圃之役。於是衛大旱。卜有事於山川。不吉。甯莊子曰。昔周饑。克殷而年豐。今邢方無道。諸侯無伯。天或者欲使衛討邢乎。從之。師興而雨。

陸氏淳曰。啖子曰。邢之無道。未應如紂。衛侯之賢。不可比於武王。皆飾妄之辭也。

冬會陳人蔡人楚人鄭人盟于齊

楚始與齊盟。公作公會。

左 陳穆公請修好於諸侯。以無忘齊桓之德。冬。盟于齊。修桓公之好也。

梁亡

左 梁亡。不書其主。自取之也。初。梁伯好土功。亟城而弗處。民罷而弗堪。則曰某寇將至。乃溝公宮。曰秦將襲我。民懼而潰。秦遂取梁。

公 此未有伐者。其言梁亡何。自亡也。其自亡奈何。魚爛而亡也。

穀 自亡也。湎於酒。淫於色。心昏耳目塞。上無正長之治。大臣背叛。民爲寇盜。梁亡。自亡也。如加力役焉。湎不足道也。梁亡。鄭棄其師。我無加損焉。正名而已矣。梁亡。出惡正也。鄭棄其師。惡其長也。

（辛巳）襄王十二年 **二十年** 宋襄十一年。齊孝三年。晉惠十一年。衛文二十年。蔡莊六年。鄭文三十三年。曹共十三年。陳穆八年。杞成十五年。秦穆二十年。楚成三十二年。

春新作南門

左 書不時也。凡啓塞從時。

公 何以書。譏。何譏爾。門有古常也。

穀 作。爲也。有加其度也。言新。故也。非作也。南門者。法門也。

夏郜子來朝

公 郜子者何。失地之君也。何以不名。兄弟辭也。

劉氏敞曰。公羊云。失地之君。非也。若失地之君。何得言來朝。朝者。施於有國有家之辭爾。

又公羊以郜滅在春秋前。案春秋以來。且九十年矣。郜子失地。殆三世矣。猶能自歸同姓。躬行朝禮乎。

鄭氏樵曰。郜有二。桓二年。取郜大鼎。北郜也。在單州成武。郜子來朝。南郜也。單州有二郜城。

五月乙巳西宮災

公 西宮者何。小寢也。小寢則曷爲謂之西宮。有西宮則有東宮矣。魯子曰。以有西宮。亦知諸侯之有三宮也。西宮災。何以書。記異也。

穀 謂之新宮。則近爲禰宮。以謚言之。則如疏之然。以是爲閔宮也。

何氏休曰。禮夫人居中宮。少在前。右媵居西宮。左媵居東宮。少在後。

孫氏覺曰。西宮僖

公所居之西宮，以其在西，故云西爾。公羊曰：有西宮則有東宮，此說是也。穀梁以為閔宮，案僖公繼閔而立，若實閔公，何妨言新宮乎？為其已久，何妨言閔宮乎。

鄭人入滑

【左】滑人叛鄭而服於衛。夏，鄭公子士、洩堵寇帥師入滑。

秋齊人狄人盟于邢

【左】秋，齊狄盟于邢，為邢謀衛難也。於是衛方病邢。

【穀】邢為主焉爾。邢小，其為主何也？其為主乎救齊。

【案】左傳以為謀衛難，穀梁以為主救齊，說若不同，而其實一也。衛方病邢，故齊狄盟邢以謀之，而衛之所以病邢者，以其救齊也。宋衛伐齊之喪，邢援狄以救之，是救齊之役，邢主之也，故曰邢為主。

冬楚人伐隨

【左】隨以漢東諸侯叛楚。冬，楚鬬穀於菟帥師伐隨，取成而還。君子曰：隨之見伐，不量力也。量力而動，其過鮮矣。善敗由己，而由人乎哉？詩曰：豈不夙夜，謂行多露。

【附錄】【左】宋襄公欲合諸侯，臧文仲聞之曰：以欲從人則可，以人從欲，鮮濟。

【穀】隨國也。

【壬午】襄王十三年。**二十有一年** 宋襄十二年，齊孝四年，晉惠十二年，衛文二十一年，蔡莊七年，鄭文三十四年，曹共十四年，陳穆九年，杞成十六年，秦穆二十一年，楚成三十三年。

春狄侵衛

杜氏預曰：為邢故。

宋人齊人楚人盟于鹿上 鹿上，宋地。

【左】春，宋人為鹿上之盟，以求諸侯於楚，楚人許之。公子目夷曰：小國爭盟，禍也。宋其亡乎，幸而後敗。

夏大旱

【左】公欲焚巫尪。臧文仲曰：非旱備也。修城郭，貶食省用，務穡勸分，此其務也。巫尪何為？天欲殺之，則如勿生；若能為旱，焚之滋甚。公從之。是歲也，饑而不害。

【公】何以書？記災也。

【穀】旱時，正也。

【案】穀梁以旱時為正，楊氏因謂旱必歷時，非一月之事。此說非也。經書夏大旱者，直據其旱之時而記之爾，豈必以為旱當書時乎？假使大旱在兩時之際，或不止於一時，聖人將何以書之也。

秋宋公楚子陳侯蔡侯鄭伯許男曹伯會于盂執宋公以伐宋盂公作霍穀作雩或爲宇。

左　秋。諸侯會宋公于盂。子魚曰。禍其在此乎。君欲已甚。其何以堪之。於是楚執宋公以伐宋。楚始稱子。　盂宋地。

公　孰執之。楚子執之。曷爲不言楚子執之。不與夷狄之執中國也。

穀　以重辭也。

胡傳曰。執宋公者楚子也。何以不言楚子執之。分惡於諸侯也。諸侯皆在會。拱手以聽。而莫之敢違。其不勇於爲義亦甚矣。故特列楚子於陳蔡之上。而以同執爲文。夫以楚之强。豈能勝秦。五國之衆。何弱於趙。然澠池之會。藺相如一奮其氣。威信敵國。秦雖虎狼。猶不敢動。況以五國之君。而不能得志於荆楚乎。宋以乘車之會往。而楚伏兵車以執之。則宋直楚曲。其義已明。雖以匹夫。自反而縮。猶不可恥。矧南面之君也哉。然春秋爲賢者諱。宋公見執不少隱之。何也。夫盟主者。所以合天下之諸侯。攘荆楚。尊王室者也。宋公欲繼齊桓之烈。而與楚盟會。豈尊王室之義乎。故人宋公於鹿上之盟。而盂之會。直書其事而不隱。所以深貶之也。趙氏匡曰。此楚執爾。其以諸侯執之之辭。何也。譏諸侯也。南面之君。兵馬非不多也。力非不足也。而聽荆楚執辱盟主。故譏之。宋公德不足懷。慮不及遠。而求諸侯以及於難。故罪之。湛氏若水曰。宋公不智。楚不義。五國之君不勇。交譏之。

案　楚執宋公。不書楚子者。趙氏匡以爲譏諸侯。胡傳因之。其說較公羊爲勝。蓋宋公被執。五國坐視而不救。故春秋以同執之辭書之也。若楚之挾詐攘伯。則不待貶而自見矣。

冬公伐邾

左　任。宿。須句。顓臾。風姓也。實司大皥與有濟之祀。以服事諸夏。邾人滅須句。須句子來奔。因成風也。成風爲之言於公曰。崇明祀。保小寡。周禮也。蠻夷猾夏。周禍也。若封須句。是崇皥濟而修祀紓禍也。任。任城縣也。須句。在東平須昌縣西北。顓臾在泰山南武陽縣東北。

楚人使宜申來獻捷

公　此楚子也。其稱人何。貶。曷爲貶。爲執宋公貶。曷爲爲執宋公貶。宋公與楚子期以乘車之會。公子目夷諫曰。楚夷國也。彊而無義。請君以兵車之會往。宋公曰。不可。吾與之約以乘車之會。自我爲之。自我墮之。曰不可。終以乘車之會往。楚人果伏兵車。執宋公以伐宋。宋公謂公子目夷曰。子歸守國矣。國子之國也。吾不從子之言以至此乎。公子目夷復曰。君雖不言國。國固臣之國也。於是歸設守械而守國。楚人謂宋人曰。子不與我國。吾將殺子君矣。宋人應之曰。吾賴社稷之神靈。吾國已有君矣。楚人知雖殺宋公猶不得宋國。於是釋宋公。宋公釋乎執。走之衞。公子目夷復曰。國爲君守之。君曷爲不入。然後逆襄公歸。惡乎捷。捷乎宋。曷爲不言捷乎宋。爲襄公諱也。此圍辭也。曷爲不言其圍。爲公子目夷諱也。

穀　捷軍得也。其不曰宋捷何也。不與楚捷於宋也。

十有二月癸丑公會諸侯盟于薄釋宋公薄宋地。

左　冬。會于薄以釋之。子魚曰。禍猶未也。未足以懲君。

【公】執未有言釋之者。此其言釋之何。公與爲爾也。公與爲爾奈何。公與議爾也。

【穀】會者。外爲主焉爾。外釋不志。此其志何也。以公之與之盟目之也。不言楚。不與楚專釋也。

【案】諸侯見執而不失國者。於歸名之。書曰某侯某歸于某。此不名而言釋。先儒未有明言其義者。惟蘇氏轍云。書曰歸於某而名則自名也。書曰釋宋公而名。則以諸侯名之也。皆諸侯也。而可以相名乎。此說亦迂。夫諸侯不生名。雖見執而歸。豈有自以其名赴於同列者。以諸侯而釋諸侯。亦未必以被執者之名赴於同列也。然則宋公之釋而不名奈何。曰。曹襄衛鄭。執於盟主。故其歸也名之。宋公執於荊楚。故其釋也不名。是則春秋之義也夫。

【癸未】襄王十四年 **二十有二年** 宋襄十三年。齊孝五年。晉惠十三年。衛文二十二年。蔡莊八年。鄭文三十五年。曹共十五年。陳穆十年。杞成十七年。秦穆二十二年。楚成三十四年。

春公伐邾取須句 句。其俱切。公作胊。

【左】伐邾取須句。反其君焉。禮也。

胡傳曰。案左氏。須句風姓。實司大皞與有濟之祀。邾人滅之。須句子來奔。因成風也。公伐邾。取須句而反其君焉。審如是。固得崇明祀。保小寡之禮。何以書取乎。不請於王命。而專爲母家報怨。謀動干戈於邦內。擅取人國而反其君。是以亂易亂。非所以爲禮也。與收奪者無以異矣。

【案】須句爲邾所滅。公伐邾而反其君。劉氏敞以經無明文。遂疑左氏之妄。趙氏鵬飛。李氏廉。汪氏克寬皆從之。似亦有理。然春秋事據左傳。胡傳謂不稟王命。專爲母家報怨。其義尤正。故仍主二傳之說。

夏宋公衛侯許男滕子伐鄭

【左】三月。鄭伯如楚。夏。宋公伐鄭。子魚曰。所謂禍在此矣。

【附錄左】初。平王之東遷也。辛有適伊川。見被髮而祭於野者。曰。不及百年。此其戎乎。其禮先亡矣。秋。秦晉遷陸渾之戎於伊川。　晉太子圉爲質於秦。將逃歸。謂嬴氏曰。與子歸乎。對曰。子。晉太子。而辱於秦。子之欲歸。不亦宜乎。寡君之使婢子侍執巾櫛。以固子也。從子而歸。棄君命也。不敢從。亦不敢言。遂逃歸。　富辰言於王曰。請召大叔。詩曰。協比其鄰。昏姻孔云。吾兄弟之不協。焉能怨諸侯之不睦。王說。王子帶自齊復歸於京師。王召之也。　伊川。周地。伊水也。

秋八月丁未及邾人戰于升陘 陘音刑。升陘。魯地。

【左】邾人以須句故出師。公卑邾。不設備而禦之。臧文仲曰。國無小。不可易也。無備。雖衆。不可恃也。詩曰。戰戰兢兢。如臨深淵。如履薄冰。又曰。敬之敬之。天惟顯思。命不易哉。先王之明德。猶無不難也。無不懼也。況我小國乎。君其無謂邾小。蠭蠆有毒。而況國乎。弗聽。八月。丁未。公及邾師戰于升陘。我師敗績。邾人獲公胄。縣諸魚門。

【穀】內諱敗。舉其可道者也。不言其人。以吾敗也。不言及之者。爲內諱也。

冬十有一月己巳朔宋公及楚人戰于泓宋師敗績 泓。水名。

左 楚人伐宋以救鄭宋公將戰大司馬固諫曰天之棄商久矣君將興之弗敢赦也已弗聽冬十一月己巳朔宋公及楚人戰于泓宋人既成列楚人未既濟司馬曰彼衆我寡及其未既濟也請擊之公曰不可既濟而未成列又以告公曰未可既陳而後擊之宋師敗績公傷股門官殲焉國人皆咎公公曰君子不重傷不禽二毛古之爲軍也不以阻隘也寡人雖亡國之餘不鼓不成列子魚曰君未知戰勍敵之人隘而不列天贊我也阻而鼓之不亦可乎猶有懼焉且今之勍者皆吾敵也雖及胡耇獲則取之何有於二毛明恥教戰求殺敵也傷未及死如何勿重若愛重傷則如勿傷愛其二毛則如服焉三軍以利用也金鼓以聲氣也利而用之阻隘可也聲盛致志鼓儳可也

附錄左 丙子晨鄭文夫人芊氏姜氏勞楚子於柯澤楚子使師縉示之俘馘君子曰非禮也婦人送迎不出門見兄弟不踰閾戎事不邇女器丁丑楚子入饗於鄭九獻庭實旅百加籩豆六品饗畢夜出文芊送於軍取鄭二姬以歸叔詹曰楚王其不沒乎爲禮卒於無別無別不可謂禮將何以沒諸侯是以知其不遂霸也 柯澤鄭地

公 偏戰者日爾此其言朔何春秋辭繁而不殺者正也何正爾宋公與楚人期戰于泓之陽楚人濟泓而來有司復曰請迨其未畢濟而擊之宋公曰不可吾聞之也君子不厄人吾雖喪國之餘寡人不忍行也既濟未畢陳有司復曰請迨其未畢陳而擊之宋公曰不可吾聞之也君子不鼓不成列已陳然後襄公鼓之宋師大敗故君子大其不鼓不成列臨大事而不忘大禮有君而無臣以爲雖文王之戰亦不過此也

穀 日事遇朔曰朔春秋三十有四戰未有以尊敗乎卑以師敗乎人者也以尊敗乎卑以師敗乎人則驕其敵襄公以師敗乎人而不驕其敵何也責之也泓之戰以爲復雩之恥也雩之恥宋襄公有以自取之伐齊之喪執滕子圍曹爲雩之會不顧其力之不足而致楚成王成王怒而執之故曰禮人而不答則反其敬愛人而不親則反其仁治人而不治則反其知過而不改又之是謂之過襄公之謂也古者被甲嬰冑非以興國也則以征無道也豈曰以報其恥哉宋公與楚人戰于泓水之上司馬子反曰楚衆我少鼓險而擊之勝無幸焉襄公曰君子不推人危不攻人厄須其出既出旌亂於上陳亂於下子反曰楚衆我少擊之勝無幸焉襄公曰不鼓不成列須其成列而後擊之則衆敗而身傷焉七月而死倍則攻敵則戰少則守人之所以爲人者言也人而不能言何以爲人言之所以爲言者信也言而不信何以爲言信之所以爲信者道也信而不道何以爲道道之貴者時其行勢也

劉氏敞曰公羊以謂雖文王之戰不過是也非也文王何容易哉論其守信之節而忘其殘民之本而以比之文王其不知聖人亦深矣又曰穀梁曰春秋三十四戰未有以尊敗乎卑以師敗乎人者也非也適宋公以師敗乎人爾春秋據事實錄非以爲襃貶也今年及邾人戰于升陘穀梁曰不言及之者爲內諱也蓋指魯公公尊人卑何謂未有以尊敗乎卑者哉又曰以尊敗乎卑以師敗乎人則驕其敵襄公以師敗乎人而不驕其敵何也責之也吾不知於春秋何以爲驕其敵何以爲不驕其敵其驕其敵也如何襃之其不驕其敵也如何責之所以爲襃之責之也如何書之今此宋公穀梁以謂不驕其敵者於經何以驗之哉又曰道之貴者時其行勢也似責宋公不早擊楚於險而失機會也何其悖乎如宋公之用心不鼓不成列懍懍乎忠厚有德之人哉雖師敗國削猶非其恥也春秋豈惡其不能以詐取勝

哉。凡泓之戰。公羊以爲褒。穀梁以爲貶。言貶者非也。言褒者亦忝是。

〔甲申〕襄王十五年　**二十有三年**　宋襄十四年。齊孝六年。晉惠十四年。衞文二十三年。蔡莊九年。鄭文三十六年。曹共十六年。陳穆十一年。杞成十八年。秦穆二十三年。楚成三十五年。

春齊侯伐宋圍緡　緡。忙巾切。穀作閔。後同。緡。宋邑。

【左】以討其不與盟於齊也。

【公】邑不言圍。此其言圍何。疾重故也。

【穀】伐國不言圍邑。此其言圍何也。不正其以惡報惡也。

夏五月庚寅宋公茲父卒　茲。公作慈。

【左】夏。五月。宋襄公卒。傷於泓故也。

【公】何以不書葬。盈乎諱也。

【穀】不葬何也。失民也。其失民何也。以其不教民戰。則是棄其師也。爲人君而棄其師。其民孰以爲君哉。

劉氏敞曰。穀梁曰。其不葬何也。失民也。其失民何也。以其不教民戰。則是棄其師也。非也。宋公不忍厄人於險而致敗爾。豈不教民戰者乎。審如穀梁言。泓之敗。何不書宋棄其師乎。周末時諸侯交爭。恥守信而好奇功。故穀梁子亦以宋公爲非。

秋楚人伐陳

【左】秋。楚成得臣帥師伐陳。討其貳於宋也。遂取焦夷。城頓而還。子文以爲之功。使爲令尹。叔伯曰。子若國何。對曰。吾以靖國也。夫有大功而無貴仕。其人能靖者與有幾。　焦。陳邑。譙縣也。夷。陳邑。譙郡城父縣。頓。頓國。汝陰南頓縣。

【附錄左】九月。晉惠公卒。懷公命無從亡人。期。期而不至。無赦。狐突之子毛及偃從重耳在秦。弗召。冬。懷公執狐突。曰。子來則免。對曰。子之能仕。父教之忠。古之制也。策名委質。貳乃辟也。今臣之子。名在重耳。有年數矣。若又召之。教之貳也。父教子貳。何以事君。刑之不濫。君之明也。臣之願也。淫刑以逞。誰則無罪。臣聞命矣。乃殺之。卜偃稱疾不出。曰。周書有之。乃大明服。己則不明。而殺人以逞。不亦難乎。民不見德。而惟戮是聞。其何後之有。

冬十有一月杞子卒

【左】杞成公卒。書曰子。杞夷也。不書名。未同盟也。凡諸侯同盟。死則赴以名。禮也。赴以名。則亦書之。不然則否。辟不敏也。

【附錄左】晉公子重耳之及於難也。晉人伐諸蒲城。蒲城人欲戰。重耳不可。曰。保君父之命。而享其生祿。於是乎得人。有人而校。罪莫大焉。吾其奔也。遂奔狄。從者。狐偃。趙衰。顛頡。魏武子。司空季子。狄人伐廧咎如。獲其二女。叔隗。季隗。納諸公子。公子取季隗。生伯儵。叔劉。以叔隗妻趙衰。生盾。將適齊。謂季隗曰。待我二十五年。不來而後嫁。對曰。我二十五年矣。又如是而嫁。則就木焉。請待子。處狄十二年而行。過衞。衞文公不禮焉。出於五鹿。乞食於野人。野人與之塊。公子怒。

欲鞭之。子犯曰。天賜也。稽首受而載之。及齊。齊桓公妻之。有馬二十乘。公子安之。從者以爲不可。將行。謀於桑下。蠶妾在其上。以告姜氏。姜氏殺之。而謂公子曰。子有四方之志。其聞之者。吾殺之矣。公子曰。無之。姜曰。行也。懷與安。實敗名。公子不可。姜與子犯謀。醉而遣之。醒。以戈逐子犯。及曹。曹共公聞其駢脅。欲觀其裸。浴。薄而觀之。僖負羈之妻曰。吾觀晉公子之從者。皆足以相國。若以相。夫子必反其國。反其國。必得志於諸侯。得志於諸侯。而誅無禮。曹其首也。子盍早自貳焉。乃饋盤飧。寘璧焉。公子受飧反璧。及宋。宋襄公贈之以馬二十乘。及鄭。鄭文公亦不禮焉。叔詹諫曰。臣聞天之所啓。人弗及也。晉公子有三焉。天其或者將建諸君。其禮焉。男女同姓。其生不蕃。晉公子。姬出也。而至於今。一也。離外之患。而天不靖晉國。殆將啓之。二也。有三士足以上人。而從之。三也。晉鄭同儕。其過子弟。固將禮焉。況天之所啓乎。弗聽。及楚。楚子饗之。曰。公子若反晉國。則何以報不穀。對曰。子女玉帛。則君有之。羽毛齒革。則君地生焉。其波及晉國者。君之餘也。其何以報君。曰。雖然。何以報我。對曰。若以君之靈。得反晉國。晉楚治兵。遇於中原。其辟君三舍。若不獲命。其左執鞭弭。右屬櫜鞬。以與君周旋。子玉請殺之。楚子曰。晉公子廣而儉。文而有禮。其從者肅而寬。忠而能力。晉侯無親。外內惡之。吾聞姬姓。唐叔之後。其後衰者也。其將由晉公子乎。天將興之。誰能廢之。違天必有大咎。乃送諸秦。秦伯納女五人。懷嬴與焉。奉匜沃盥。旣而揮之。怒曰。秦晉匹也。何以卑我。公子懼。降服而囚。他日。公享之。子犯曰。吾不如衰之文也。請使衰從。公子賦河水。公賦六月。趙衰曰。重耳拜賜。公子降拜稽首。公降一級而辭焉。衰曰。君稱所以佐天子者。命重耳。重耳敢不拜。

廧咎如。赤狄之別種也。五鹿。衛地。

〔乙酉〕 襄王十六年

二十有四年

齊孝七年。晉惠十五年。衛文二十四年。蔡莊十年。鄭文三十七年。曹共十七年。陳穆十二年。杞桓公姑容元年。宋成公王臣元年。秦穆二十四年。楚成三十六年。

春王正月

附錄左 春王正月。秦伯納之。不書。不告入也。及河。子犯以璧授公子曰。臣負羈紲從君巡於天下。臣之罪甚多矣。臣猶知之。而況君乎。請由此亡。公子曰。所不與舅氏同心者。有如白水。投其璧於河。濟河。圍令狐。入桑泉。取臼衰。二月甲午。晉師軍於廬柳。秦伯使公子縶如晉師。師退軍於郇。辛丑。狐偃及秦晉之大夫盟於郇。壬寅。公子入於晉師。丙午。入於曲沃。丁未。朝於武宮。戊申。使殺懷公於高梁。不書。亦不告也。

呂郤畏偪。將焚公宮而弒晉侯。寺人披請見。公使讓之。且辭焉。曰。蒲城之役。君命一宿。女即至。其後余從狄君以田渭濱。女爲惠公來求殺余。命女三宿。女中宿至。雖有君命。何其速也。夫袪猶在。女其行乎。對曰。臣謂君之入也。其知之矣。若猶未也。又將及難。君命無二。古之制也。除君之惡。唯力是視。蒲人狄人。余何有焉。今君卽位。其無蒲狄乎。齊桓公置射鉤。而使管仲相。君若易之。何辱命焉。行者甚衆。豈唯刑臣。公見之。以難告。三月。晉侯潛會秦伯於王城。己丑晦。公宮火。瑕甥郤芮不獲公。乃如河上。秦伯誘而殺之。晉侯逆夫人嬴氏以歸。秦伯送衛於晉三千人。實紀綱之僕。

初。晉侯之豎頭須。守藏者也。其出也。竊藏以逃。盡用以求納之。及入。求見。公辭焉以沐。謂僕人曰。沐則心覆。心覆則圖反。宜吾不得見也。居者爲社稷之守。行者爲羈紲之僕。其亦可也。何必罪居者。國君而讎匹夫。懼者甚衆矣。僕人以告。公遽見之。

狄人歸季隗於晉。而請其二子。文公妻趙衰。生原同屏括樓嬰。趙姬請逆盾與其母子餘辭姬曰得寵而忘舊何以使人必逆之固請許之來以盾爲才固請於公以爲嫡子而使其三子下之以叔隗爲內子而己下之晉侯賞從亡者介之推不言祿祿亦弗及推曰獻公之子九人唯君在矣惠懷無親外內棄之天未絶晉必將有主主晉祀者非君而誰天實置之而二三子以爲己力不亦誣乎竊人之財猶謂之盜況貪天之功以爲己力乎下義其罪上賞其姦上下相蒙難與處矣其母曰盍亦求之以死誰懟對曰尤而效之罪又甚焉且出怨言不食其食其母曰亦使知之若何對曰言身之文也身將隱焉用文之是求顯也其母曰能如是乎與女偕隱遂隱而死晉侯求之不獲以緜上爲之田曰以志吾過且旌善人令狐在山西平陽府猗氏縣西十五里有令狐城桑泉在河東解縣西臼衰解縣東南有臼城廬柳在山西平陽府猗氏縣西北有廬柳城郇解縣西北有郇城高梁平陽楊縣西南僖九年十五年及此杜氏三注猾異其實一地也緜上西河介休縣南有地名緜上

夏狄伐鄭

左　鄭之入滑也滑人聽命師還又即衛鄭公子士洩堵俞彌帥師伐滑王使伯服游孫伯如鄭請滑鄭伯怨惠王之入而不與厲公爵也又怨襄王之與衛滑也故不聽王命而執二子王怒將以狄伐鄭富辰諫曰不可臣聞之大上以德撫民其次親親以相及也昔周公弔二叔之不咸故封建親戚以蕃屏周管蔡郕霍魯衛毛聃郜雍曹滕畢原酆郇文之昭也邘晉應韓武之穆也凡蔣邢茅胙祭周公之胤也召穆公思周德之不類故糾合宗族於成周而作詩曰常棣之華鄂不韡韡凡今之人莫如兄弟其四章曰兄弟閱于牆外禦其侮如是則兄弟雖有小忿不廢懿親今天子不忍小忿以棄鄭親其若之何庸勳親親暱近尊賢德之大者也即聾從昧與頑用嚚姦之大者也棄德崇姦禍之大者也鄭有平惠之勳又有厲宣之親棄嬖寵而用三良於諸姬爲近四德具矣耳不聽五聲之和爲聾目不別五色之章爲昧心不則德義之經爲頑口不道忠信之言爲嚚狄皆則之四姦具矣周之有懿德也猶曰莫如兄弟故封建之其懷柔天下也猶懼有外侮扞禦侮者莫如親親故以親屏周召穆公亦云今周德既衰於是乎又渝周召以從諸姦無乃不可乎民未忘禍王又興之其若文武何王弗聽使頹叔桃子出狄師　夏狄伐鄭取櫟王德狄人將以其女爲后富辰諫曰不可臣聞之曰報者倦矣施者未厭狄固貪惏王又啓之女德無極婦怨無終狄必爲患王又弗聽初甘昭公有寵於惠后惠后將立之未及而卒昭公奔齊王復之又通於隗氏王替隗氏頹叔桃子曰我實使狄狄其怨我遂奉大叔以狄師攻王王御士將禦之王曰先后其謂我何寧使諸侯圖之王遂出及坎欿國人納之秋頹叔桃子奉大叔以狄師伐周大敗周師獲周公忌父原伯毛伯富辰王出適鄭處於氾大叔以隗氏居於溫　管管國在滎陽京縣東北隋置管城縣毛宋邑雍雍國在河內山陽縣西畢畢國在長安縣西北酆酆國在始平鄠縣東應應國在襄陽城父縣西蔣在弋陽期思縣茅高平昌邑縣西有茅鄉胙東郡燕縣西南有胙亭召召穆公采地甘王子帶食邑坎欿周地氾鄭南氾也

附錄　左　鄭子華之弟子臧出奔宋好聚鷸冠鄭伯聞而惡之使盜誘之八月盜殺之於陳宋之間君子曰服之不衷身之災也詩曰彼己之子不稱其服子臧之服不稱也夫詩曰自詒伊慼其子臧之謂矣夏書曰地平天成稱也　宋及楚平宋成公如楚還入於鄭鄭伯將享

之問禮於皇武子。對曰。宋。先代之後也。於周爲客。天子有事膰焉。有喪拜焉。豐厚可也。鄭伯從之。享宋公有加。禮也。

秋七月

冬天王出居于鄭

左 冬。王使來告難曰。不穀不德。得罪於母弟之寵子帶。鄙在鄭地氾。敢告叔父。臧文仲對曰。天子蒙塵於外。敢不奔問官守。王使簡師父告於晉。使左鄢父告於秦。天子無出。書曰。天王出居於鄭。辟母弟之難也。天子凶服降名。禮也。鄭伯與孔將鉏。石甲父。侯宣多。省視官具於氾。而後聽其私政。禮也。

公 王者無外。此其言出何。不能乎母也。曾子曰。是王也。不能乎母者。其諸此之謂與。

穀 天子無出。出。失天下也。居者。居其所也。雖失天下。莫敢有也。

趙氏鵬飛曰。天王出居于鄭。志出入之實爾。三傳鑿爲異論。曰天子無出。又曰王者無外。故不言出。出失天下也。夫一視同仁。王者之心。此所謂無外也。豈謂王者一出而遂有外乎。一舉足而出。天下遂非其天下乎。

案 襄王之於叔帶。有孝友之心。而未得孝友之術也。奔齊十年。而必復之於周。雖未合於有庳封象之制。然其心不可謂非友。以狄來攻。而不敢忘先后。雖未合於東征滅親之義。然其心不可謂非孝。顧先儒多譏之者。則以經書出居。而三傳有天子無出之說也。獨趙氏鵬飛釋出居之義。異於衆說。其論襄王。亦頗平允。而天子無出之義。相承已久。故以三傳爲主。而並存趙氏

晉侯夷吾卒

附錄左 衞人將伐邢。禮至曰。不得其守。國不可得也。我請昆弟仕焉。乃往得仕。

杜氏預曰。晉文定位而後告惠公之喪。故書於今年。

丙戌 襄王十七年。

二十有五年 晉文公重耳元年。齊孝八年。衞文二十五年。蔡莊十一年。鄭文三十八年。曹共十八年。陳穆十三年。杞桓二年。宋成二年。秦穆二十五年。楚成三十七年。

春王正月丙午衞侯燬滅邢

左 春。衞人伐邢。二禮從國子巡城。掖以赴外。殺之。正月丙午。衞侯燬滅邢。同姓也。故名。禮至爲銘曰。余掖殺國子。莫余敢止。

公 衞侯燬何以名。絕。曷爲絕之。滅同姓也。

穀 燬之名何也。不正其伐本而滅同姓也。

案 衞燬滅邢書名。三傳以爲滅同姓。胡傳從之。蓋惡其使禮至仕邢。陰謀以取人國。故劉氏敞比諸秦穆謀鄭。張氏洽例以楚虔誘蔡也。朱子謂諸侯滅國。未嘗書名。今經文只隔夏四月癸酉一句。便書衞侯燬卒。恐是傳寫之誤。此說亦有理。

夏四月癸酉衞侯燬卒

宋蕩伯姬來逆婦

【公】宋蕩伯姬者何蕩氏之母也其言來逆婦何兄弟辭也其稱婦何有姑之辭也

【穀】婦人既嫁不踰竟宋蕩伯姬來逆婦非正也其曰婦何也緣姑言之之辭也

陸氏淳曰公羊云其言來逆婦何兄弟辭也案經文直書其事以明非禮爾兄弟辭有何義乎

宋殺其大夫

【附錄左】秦伯師於河上將納王狐偃言於晉侯曰求諸侯莫如勤王諸侯信之且大義也繼文之業而信宣於諸侯今為可矣使卜偃卜之曰吉遇黃帝戰於阪泉之兆公曰吾不堪也對曰周禮未改今之王古之帝也公曰筮之筮之遇大有之睽曰吉遇公用享于天子之卦戰克而王饗吉孰大焉且是卦也天為澤以當日天子降心以逆公不亦可乎大有去睽而復亦其所也晉侯辭秦師而下三月甲辰次於陽樊右師圍溫左師逆王夏四月丁巳王入於王城取大叔於溫殺之於隰城戊午晉侯朝王王饗醴命之宥請隧弗許曰王章也未有代德而有二王亦叔父之所惡也與之陽樊溫原攢茅之田晉於是始啓南陽陽樊不服圍之倉葛呼曰德以柔中國刑以威四夷宜吾不敢服也此誰非王之親姻其俘之也乃出其民

【公】何以不名宋三世無大夫三世內娶也

【穀】其不稱名姓以其在祖之位尊之也

劉氏敞曰宋殺其大夫公羊曰不名者宋三世無大夫三世內娶也非也文稱大夫是有大夫非無大夫明矣且君娶一卿而一國之內何得悉無大夫哉詭僻不經乃至於此又曰穀梁曰其不稱名姓以其在祖之位尊之也非也春秋非孔氏家牒當為後世書法爾何得擅諱其祖名哉且傳曰臨文不諱安得諱祖之名遂不書乎

【案】晉侯有功於王室未有不告諸侯者其事不見於經蓋夫子削之也求諸侯而勤王受田請隧且以兵威彊取畿內之邑過大於功故削之

秋楚人圍陳納頓子于頓

【左】秋秦晉伐鄀楚鬬克屈禦寇以申息之師戍商密秦人過析隈入而係與人以圍商密昏而傅焉宵坎血加書偽與子儀子邊盟者商密人懼曰秦取析矣戍人反矣乃降秦師秦師囚申公子儀息公子邊以歸楚令尹子玉追秦師弗及遂圍陳納頓子于頓鄀本在商密界上小國其後遷於南郡鄀縣商密鄀別邑析楚邑一名白羽

【公】何以不言遂兩之也

【穀】納者內弗受也圍一事也納一事也而遂言之蓋納頓子者陳也

陸氏淳曰穀梁云納頓子者陳也案經文楚自納之何關陳事

葬衞文公

附錄左 冬，晉侯圍原，命三日之糧。原不降，命去之。諜出，曰：原將降矣。軍吏曰：請待之。公曰：信國之寶也，民之所庇也。得原失信，何以庇之？所亡滋多。退一舍而原降。遷原伯貫於冀。趙衰為原大夫，狐溱為溫大夫。

冬十有二月癸亥，公會衛子、莒慶盟于洮。 洮，魯地。孔氏穎達曰：八年盟于洮，曹地。三十一年，魯始得曹田。此時不得為魯地，誤爾。

左 衛人平莒於我。十二月，盟于洮，修衛文公之好，且及莒平也。

附錄左 晉侯問原守於寺人勃鞮。對曰：昔趙衰以壺飧從徑，餒而弗食。故使處原。

穀 莒無大夫。其曰莒慶，何也？以公之會目之也。

劉氏敞曰：公會衛子、莒慶盟于洮。杜云：衛文公既葬，成公不稱爵者，述父之志，降名從未成君。故書子以善之。非也。諸侯踰年即位，即位稱君；不即位不稱君。此乃常禮。以年為限，不以葬為限。若即以葬為限，葬畢可以稱君，何待明年乃改元耶？春秋之時，禮法放絕，見諸侯葬畢輒稱君，因謂禮矣。此衰世習俗之敝，何足據耶？諸杜所言，天子諸侯喪制，皆若此，非古法也。又曰：何休曰：莒無大夫，書慶者，尊敬壻之義。推此言也觀之，其妄可勝計乎？又曰：穀梁曰：莒無大夫。其曰莒慶，何也？以公之會目之也。非也。直云衛子、莒人，豈不可乎？在春秋之中，此類多矣，何獨至于慶也，而目之乎？趙氏鵬飛曰：莒自獲拏之後，未嘗通於魯，其怨亦可謂深矣。衛成繼立，嶄然在衰絰之中，為會于洮以平之。其為心蓋有比小事大之義。周禮有調人，調和萬民。合方氏除其怨惡，同其好善，則平怨於人者，亦聖人之所許也。然平莒而莒子不至，以慶如會，何益於平？蓋平之意出於衛，莒蓋疑魯之不肯平也。故以大夫聽命焉，則夫洮之盟，平未成也。明年向之會而後成矣。

案經凡書盟者，惡之。況衛子居喪出盟，莒慶又以大夫盟諸侯，而趙氏鵬飛獨以為子釋怨，豈以內不諱公，而莒慶書名，經固無惡於洮之盟耶？故今從趙說。

丁亥 襄王十八年

二十有六年 晉文二年。齊孝九年。衛成公元年。蔡莊十二年。鄭文三十九年。曹共十九年。陳穆十四年。杞桓三年。宋成三年。秦穆二十六年。楚成三十八年。

春王正月己未，公會莒子、衛甯速盟于向。 速，公作遬。後同。向，莒地。

左 春王正月，公會莒茲㔻公、甯莊子盟于向，尋洮之盟也。

穀 公不會大夫。其日甯速，何也？以其隨莒子，可以言會也。

張氏洽曰：十二月已盟，今又屢盟，所以致齊之討也。

齊人侵我西鄙，公追齊師至酅，弗及。 酅，戶圭反。公作嶲，穀作嶲。弗，左作不。酅，齊地。

左 齊師侵我西鄙，討是二盟也。

公 其言至嶲弗及何？侈也。

穀 人，微者也。侵，淺事也。公之追之，非正也。至嶲，急辭也。弗及者，弗與也，可以及而不敢及也。其侵也曰人，其追也曰師，以公之弗及，大之也。弗及，內辭也。

劉氏敞曰：追之者何？逐之也。其言弗及何？弗者，遷辭也。為畏而弗敢及，使若不及然。齊師者，齊人也。其稱師何？為公之弗敢及，張之也。然則何言爾？譏畏也。譏畏奈何？諸侯有道，守在四鄭。聞以百里爲政乎天下者矣。未聞以千乘畏人者也。又曰。穀梁曰。人。微者也。侵。淺事也。公之追之。非正也。案穀梁例。苞人民。驅牛馬曰侵。今齊爲無道。至如此矣。追之。是也。反蒙不正之貶乎。又曰。弗及者。弗與也。可以及而弗敢及也。內辭也。然則穀梁譏公之弗敢及。又何云追之非正乎。

案 侵書人。追書師。穀梁謂以公之弗及大之。蓋謂弗及爲怯。故大齊師以諱其怯。即劉氏敞所謂爲公之弗敢及。張之。而公羊以至嶲弗及爲侈。意亦如此。非如孔疏所云。變文以美公能遂齊師也。胡傳乃謂齊爲誘。以爲少稱人。衆稱師。前書齊人。是見其弱以誘魯。後書齊師。是伏其衆以邀魯。信斯言也。則城濮伯舉二役。俱戰書楚人。敗書楚師。豈亦楚爲誘以誘晉與吳耶。於義亦未安也。若孫氏復蘇氏轍。謂不可言公追齊人。故曰師。例爲近理。然經嘗書衞人敗績。可以人敗。則亦可言追齊人矣。故仍主穀梁。而釋以劉氏敞之說。而孔疏則刪而不錄。

夏齊人伐我北鄙

衞人伐齊

左 夏。齊孝公伐我北鄙。衞人伐齊。洮之盟故也。公使展喜犒師。使受命於展禽。齊侯未入竟。展喜從之。曰。寡君聞君親舉玉趾。將辱於敝邑。使下臣犒執事。齊侯曰。魯人恐乎。對曰。小人恐矣。君子則否。齊侯曰。室如懸罄。野無青草。何恃而不恐。對曰。恃先王之命。昔周公大公。股肱周室。夾輔成王。成王勞之。而賜之盟。曰。世世子孫。無相害也。載在盟府。大師職之。桓公是以糾合諸侯。而謀其不協。彌縫其闕。而匡救其災。昭舊職也。及君即位。諸侯之望曰。其率桓之功。我敝邑用不敢保聚。曰。豈其嗣世九年。而棄命廢職。其若先君何。君必不然。恃此以不恐。齊侯乃還。

公子遂如楚乞師 書乞師始此。

左 東門襄仲。臧文仲。如楚乞師。臧孫見子玉。而道之伐齊宋。以其不臣也。

公 乞師者何。卑辭也。曷爲以外內同若辭。重師也。曷爲重師。師出不正反。戰不正勝也。

穀 乞。重辭也。何重焉。重人之死也。非所乞也。師出不必反。戰不必勝。故重之也。

秋楚人滅夔以夔子歸 夔求龜反。公作隗。夔楚同姓國。

左 夔子不祀祝融與鬻熊。楚人讓之。對曰。我先王熊摯有疾。鬼神弗赦。而自竄於夔。吾是以失楚。又何祀焉。秋。楚成得臣鬬宜申。帥師滅夔。以夔子歸。

穀 夔國也。不日。微國也。以歸。猶愈乎執也。

杜氏預曰。夔楚同姓國。祝融。高辛氏之火正。楚之遠祖也。鬻熊。祝融十二世孫。

案 楚滅同姓。經不書名者。蓋欲削其爵。故不得而名之也。穀梁以爲不日。微國也。非也。赴告闕爾。

冬楚人伐宋圍緡 緡。穀作閔。

左 宋以其善於晉侯也。叛楚即晉。冬。楚令尹子玉。司馬子西。帥師伐宋。圍緡。

公 邑不言圍。此其言圍何。刺道用師也。

〔穀〕伐國不言圍邑。此其言圍。何也。以吾用其師。目其事也。非道用師也。

公以楚師伐齊取穀

〔左〕凡師能左右之曰以。寘桓公子雍於穀。易牙奉之以爲魯援。楚申公叔侯戍之。桓公之子七人。爲七大夫於楚。

〔穀〕以者。不以者也。民者。君之本也。使民以其死。非其正也。

公至自伐齊

〔公〕此已取穀矣。何以致伐。未得乎取穀也。曷爲未得乎取穀。曰。患之起。必自此始也。

〔穀〕惡事不致。此其致之。何也。危之也。

戊子 襄王十九年 **二十有七年** 晉文三年。齊孝十年。衛成二年。蔡莊十三年。鄭文四十年。曹共二十年。陳穆十五年。杞桓四年。宋成四年。秦穆二十七年。楚成三十九年。

春杞子來朝

〔左〕春。杞桓公來朝。用夷禮。故曰子。公卑杞。杞不共也。

〔案〕杞稱子。時王黜之也。左氏以謂孔子黜之。非也。春秋有褒貶而無黜陟。孔子惡諸侯之僭天子者。乃以黜陟諸侯之權自予。是身爲僭也。而可乎。杜氏預於滕子。既以爲時王所黜。此復曲徇左傳。辟亦甚矣。

夏六月庚寅齊侯昭卒

〔左〕夏。齊孝公卒。有齊怨。不廢喪紀。禮也。

秋八月乙未葬齊孝公

乙巳公子遂帥師入杞

〔左〕秋。入杞。責無禮也。

杜氏預曰。弗地曰入。八月無乙巳。乙巳。九月六日。

冬楚人陳侯蔡侯鄭伯許男圍宋

〔左〕楚子將圍宋。使子文治兵於睽。終朝而畢。不戮一人。子玉復治兵於蔿。終日而畢。鞭七人。貫三人耳。國老皆賀子文。子文飲之酒。蔿賈尙幼。後至。不賀。子文問之。對曰。不知所賀。子之傳政於子玉。曰。以靖國也。靖諸內而敗諸外。所獲幾何。子玉之敗。子之舉也。舉以敗國。將何賀焉。子玉剛而無禮。不可以治民。過三百乘。其不能以入矣。苟入而賀。何後之有。冬。楚子及諸侯圍宋。宋公孫固如晉告急。先軫曰。報施救患。取威定伯。於是乎在矣。狐偃曰。楚始得曹。而新昏於衛。若伐曹衛。楚必救之。則齊宋免矣。於是乎蒐於被廬。作三軍。謀元帥。趙衰曰。郤縠可。臣亟聞其言矣。說禮樂而敦詩書。詩書。義之府也。禮樂。德之則也。德義。利之本也。夏書曰。賦納以言。明試以功。車服以庸。君其試之。乃使郤縠將中軍。郤溱佐之。使狐偃將上軍。讓於狐毛而佐之。命趙衰為卿。讓於欒枝先軫。使欒枝將下軍。先軫佐之。荀林父御戎。魏犨為右。晉侯始入而教其民。二年。欲用之。子犯曰。民未知義。未安其居。於是乎出定襄王。入務利民。民懷生矣。將用之。子犯曰。民未知信。未宣其用。於是乎伐原以示之信。民易資者。不求豐焉。明徵其辭。公曰。可矣乎。子犯曰。民未知禮。未生其共。於是乎大蒐以示之禮。作執秩以正其官。民聽不惑。而後用之。出穀戍。釋宋圍。一戰而伯。文之教也。睽。蔿。俱楚邑。被廬。晉地。

【公】此楚子也。其稱人何。貶。曷為貶。為執宋公貶。故終僖之篇貶也。

【穀】楚人者。楚子也。其曰人何也。人楚子。所以人諸侯也。其人諸侯何也。不正其信夷狄而伐中國也。

劉氏敞曰。公羊曰。其稱人為執宋公貶也。非也。宋襄公死久矣。春秋前貶之明矣。又終僖篇貶。何為。

十有二月甲戌。公會諸侯盟于宋

【案】齊之盟不書公。而盟于宋則書公。家氏鉉翁以為不為公諱。其責公深矣。然經沒楚子不書。亦所以為公諱也。與薄之盟同。

己丑　襄王二十年　**二十有八年**　晉文四年。齊昭公潘元年。衛成三年。蔡莊十四年。鄭文四十一年。曹共二十一年。陳穆十六年。杞桓五年。宋成五年。秦穆二十八年。楚成四十年。

春。晉侯侵曹。晉侯伐衛

【左】二十八年。春。晉侯將伐曹。假道於衛。衛人弗許。還。自南河濟。侵曹伐衛。正月戊申。取五鹿。二月。晉郤縠卒。原軫將中軍。胥臣佐下軍。上德也。晉侯齊侯盟于斂盂。衛侯請盟。晉人弗許。衛侯欲與楚。國人不欲。故出其君以說於晉。衛侯出居於襄牛。南河。從汲縣南渡。出衛南而東。五鹿。斂盂。襄牛。俱衛地。

【公】曷為再言晉侯。非兩之也。然則何以不言遂。未侵曹也。未侵曹。則其言侵曹何。致其意也。其意侵曹。則曷為伐衛。晉侯將侵曹。假塗于衛。衛曰。不可得。則固將伐之也。

【穀】再稱晉侯。忌也。

孫氏復曰。曹衛楚與國也。晉侯將救宋。故侵曹伐衛。不言遂者。非繼事也。此侵曹既反而後伐衛爾。故曰晉侯侵曹。晉侯伐衛也。　劉氏敞曰。曷為再言晉侯。侵。一事也。伐。一事也。公羊曰。未侵曹也。非也。若未侵曹者。春秋豈探其情而先書之。穀梁曰。再稱晉侯。忌也。非也。即實再出。何以知之。　呂氏大圭曰。從楚圍宋者。陳蔡鄭許。晉文不攻陳蔡鄭許。而乃及於無罪之曹衛。陳蔡鄭許。邇楚之國也。曹衛。邇宋之國也。楚方圍宋。而晉乃遠攻陳蔡鄭許。則無以釋宋之圍。而亦無及於楚。安有城濮之戰。曹衛二國。雖曰其師不與圍。然楚之所以敢於橫行者。實以得曹而新昏於衛故也。齊侯伐楚。猶恃江黃。楚人伐宋。豈無資於曹衛哉。

【案】侵曹伐衛。胡傳以為譏復怨者。據左氏晉文出亡。不為曹衛所禮爾。然宋人告急。子犯已定侵曹伐衛之計。蓋取威定霸。實出於此。豈得僅以為復怨而譏之乎。又以下書楚人救衛。為譏晉。夫楚頵嘗書子矣。經於晉之伐衛則書爵。楚之救衛則書人。謂予楚而譏晉者。亦非也。至於不攻陳蔡鄭許而攻曹衛。辨見於呂氏大圭。再稱晉侯之義。則孫氏復劉氏敞之說得之。今故不錄胡傳。

公子買戍衞不卒戍刺之 刺七賜反。

左 公子買戍衞。楚人救衞，不克。公懼於晉，殺子叢以說焉。謂楚人曰：不卒戍也。

公 不卒戍者何？不卒戍者，內辭也。不可使往也。不可使往，則其言戍衞何？遂公意也。刺之者何？殺之也。殺之，則曷為謂之刺之？內諱殺大夫，謂之刺之也。

穀 先名後刺，殺有罪也。公子啟曰：不卒戍者，可以卒也。可以卒而不卒，譏在公子也。刺之可也。

孔氏穎達曰：經言買，傳言叢，蓋名買字叢，或字相似而一謬也。

劉氏敞曰：殺大夫不著其罪。其著之罪，則是加之。加之則濫矣。春秋直記之，見濫也。公羊謂不可使往，非也。若不可使往而刺之，是得其罪矣，又何更其文為不卒戍乎。穀梁云：先名後刺，刺有罪也。亦非也。會不言所為。言所為，皆譏也。然則刺不言所坐。言所坐，皆諱也。

案 說文云：刺，直傷也。君殺大夫曰刺。周官司刺之刺，蓋審察之義，與此刺字不同。故一刺曰訊羣臣，再刺曰訊羣吏，三刺曰訊萬民，皆謂審問之而已。自鄭康成誤釋刺為殺，於是杜氏預以下，皆引三刺之義以釋此經。然胡傳謂刺審其情，與衆棄之，則亦以刺為審矣。以刺為審，而猶用三刺之說，是謂公子買戍衞不卒，戍審之也，可乎。今故以公羊傳為主，而凡引周官者，皆不錄。

楚人救衞

高氏閌曰：此書救者，非善之也。著衞國附楚之罪。晉文果能致楚師之出也。楚師既出，故有城濮之戰。

三月丙午晉侯入曹執曹伯畀宋人 畀必利反。

左 晉侯圍曹，門焉，多死。曹人尸諸城上。晉侯患之。聽輿人之謀曰：稱舍於墓。師遷焉。曹人兇懼，為其所得者，棺而出之。因其兇也而攻之。三月丙午，入曹。數之以其不用僖負羈，而乘軒者三百人也。且曰獻狀。令無入僖負羈之宮，而免其族，報施也。魏犨、顛頡怒曰：勞之不圖，報於何有。爇僖負羈氏。魏犨傷於胸。公欲殺之，而愛其材。使問且視之。病，將殺之。魏犨束胸見使者曰：以君之靈，不有寧也。距躍三百，曲踊三百。乃舍之。殺顛頡以徇於師。立舟之僑以為戎右。宋人使門尹般如晉師告急。公曰：宋人告急，舍之則絕。告楚不許。我欲戰矣，齊秦未可，若之何。先軫曰：使宋舍我而賂齊秦，藉之告楚。我執曹君，而分曹衞之田以賜宋人。楚愛曹衞，必不許也。喜賂怒頑，能無戰乎。公說。執曹伯，分曹衞之田以畀宋人。

公 畀者何？與也。其言畀宋人何？與使聽之也。曹伯之罪何？甚惡也。其甚惡奈何？不可以一罪言也。

穀 入者，內弗受也。日入，惡入者也。以晉侯而斥執曹伯，惡晉侯也。畀，與也。其曰人，何也？不以晉侯畀宋公也。

劉氏敞曰：其稱侯以執何？稱侯以執者，伯討也。此其為伯討奈何？曹共公為無道，遠君子而近小人，服赤芾者三百也。其言畀宋人何？與宋人也。晉侯執曹伯，則曷為與宋人？為譎也。又曰：穀梁曰以晉侯而斥執曹伯，惡晉侯也，非也。向若稱晉人執曹伯，則穀梁毋乃又如齊人執陳袁濤塗，而譏其踰國以執乎。

夏四月己巳晉侯齊師宋師秦師及楚人戰于城濮楚師敗績

左 楚子入居於申使申叔去穀使子玉去宋曰無從晉師晉侯在外十九年矣而果得晉國險阻艱難備嘗之矣民之情僞盡知之矣天假之年而除其害天之所置其可廢乎軍志曰允當則歸又曰知難而退又曰有德不可敵此三志者晉之謂矣子玉使伯棼請戰曰非敢必有功也願以間執讒慝之口王怒少與之師唯西廣東宮與若敖之六卒實從之子玉使宛春告於晉師曰請復衞侯而封曹臣亦釋宋之圍子犯曰子玉無禮哉君取一臣取二不可失矣先軫曰子與之定人之謂禮楚一言而定三國我一言而亡之我則無禮何以戰乎不許楚言是棄宋也救而棄之謂諸侯何楚有三施我有三怨怨讎已多將何以戰不如私許復曹衞以攜之執宛春以怒楚既戰而後圖之公說乃拘宛春於衞且私許復曹衞曹衞告絕於楚子玉怒從晉師晉師退軍吏曰以君辟臣辱也且楚師老矣何故退子犯曰師直爲壯曲爲老豈在久乎微楚之惠不及此退三舍辟之所以報也背惠食言以亢其讎我曲楚直其衆素飽不可謂老我退而楚還我將何求若其不還君退臣犯曲在彼矣退三舍楚衆欲止子玉不可夏四月戊辰晉侯宋公齊國歸父崔夭秦小子慭次于城濮楚師背酅而舍晉侯患之聽輿人之誦曰原田每每舍其舊而新是謀公疑焉子犯曰戰也戰而捷必得諸侯若其不捷表裏山河必無害也公曰若楚惠何欒貞子曰漢陽諸姬楚實盡之思小惠而忘大恥不如戰也晉侯夢與楚子搏楚子伏己而盬其腦是以懼子犯曰吉我得天楚伏其罪吾且柔之矣子玉使鬬勃請戰曰請與君之士戲君馮軾而觀之得臣與寓目焉晉侯使欒枝對曰寡君聞命矣楚君之惠未之敢忘是以在此爲大夫退其敢當君乎既不獲命矣敢煩大夫謂二三子戒爾車乘敬爾君事詰朝將見晉車七百乘韅靷鞅靽晉侯登有莘之虛以觀師曰少長有禮其可用也遂伐其木以益其兵己巳晉師陳於莘北胥臣以下軍之佐當陳蔡子玉以若敖之六卒將中軍曰今日必無晉矣子西將左子上將右胥臣蒙馬以虎皮先犯陳蔡陳蔡奔楚右師潰狐毛設二旆而退之欒枝使輿曳柴而僞遁楚師馳之原軫郤溱以中軍公族橫擊之狐毛狐偃以上軍夾攻子西楚左師潰楚師敗績子玉收其卒而止故不敗

晉師三日館穀及癸酉而還有莘之虛故國名

公 此大戰也曷爲使微者子玉得臣也子玉得臣則其稱人何貶曷爲貶大夫不敵君也

案 城濮之戰宋公在焉乃三國皆稱師而晉獨稱爵與北杏曹南同是予晉以霸也得臣之殺書大夫而此戰貶而書人皆所以予晉也齊桓用兵皆書人惟伐楚救鄭書爵晉文自用兵以來侵伐人執戰無不爵者其予晉可知矣胡傳謂書之畧而無美辭似未合經意故不錄

楚殺其大夫得臣

楚始書大夫

左 初楚子玉自爲瓊弁玉纓未之服也先戰夢河神謂己曰畀余余賜女孟諸之麋弗致也大心與子西使榮黃諫弗聽榮季曰死而利國猶或爲之況瓊玉乎是糞土也而可以濟師將何愛焉弗聽出告二子曰非神敗令尹令尹其不勤民實自敗也既敗王使謂之曰大夫若入其若申息之老何子西孫伯曰得臣將死二臣止之曰君其將以爲戮及連穀而死晉侯聞之而後喜可知也曰莫余毒也已蔿呂臣實爲令尹奉己而已不在民矣孟諸宋藪澤連穀楚地

胡傳曰。案左氏。子玉從晉師。文公退三舍辟之。楚衆欲止。子玉不可。戰于城濮。楚師敗績。夫得臣信有罪矣。而楚子知其不可敵。不能使之勿敵。而少與之師。又以一敗殺之。是以師爲重。而棄其將以與之也。是晉再克而楚再敗也。故稱國以殺。而不去其官。以仲尼書鄭棄其師。與楚殺得臣之事觀之。可爲來世之永鑒矣。

案 得臣有才。而剛愎自用。治其罪而廢之。誨其不及而復用之。斯爲善矣。先儒因稱國以殺。而不去其官。爲罪累上。遂偏責楚子。似未盡得經傳之意。罪累上者。謂臣之罪累及上爾。非謂臣不當罪也。胡傳主再勝再敗之說。先儒多從之者。獨郝氏仲輿。以爲謀人軍師。敗則死之。城濮敗而誅子玉。泜水退而誅子上。鄢陵敗而誅子反。屬國叛而誅子辛。是乃楚所以振爾。其說似亦有理。

衛侯出奔楚。左見下。

陸氏淳曰。令叔武攝位而去。故不名也。　劉氏敞曰。諸侯去其社稷。或有代之者。或無代之者。有代之者。衛侯衎是也。無代之者。魯昭公是也。春秋書有代之者則名之。書無代之者則不名。今衛侯有代之者矣。而不名。何哉。言叔武之代之也。非奪之也。乃將復之也。故正其號謂之衛子。

案 諸侯失地則名。未失地則不名。衛侯之出也。使元咺奉叔武以受盟。則國固衛侯之國也。是以不名也。其歸也。疑叔武爲簒。已而殺之。是自處於失國也。是以名之也。胡傳謂晉文修怨。故不名衛侯。以著晉罪。夫晉文君臣之謀。特欲致楚戰而敗之。以爲取威定霸之大計。故致師於曹衛爾。未嘗一言及於修怨也。是故未與楚戰。則衛侯不可許盟。而曹伯不得不執。其既敗楚師。則執者可釋。而出者可反。其不爲修怨亦明矣。故衛侯不名之說。以陸氏淳劉氏敞之說爲主。而胡傳張注皆不錄。

五月癸丑。公會晉侯齊侯宋公蔡侯鄭伯衛子莒子盟于踐土。踐在演反。踐土。鄭地。

左 甲午。至於衡雍。作王宮於踐土。鄉役之三月。鄭伯如楚致其師。爲楚師既敗而懼。使子人九行成於晉。晉欒枝入盟鄭伯。五月丙午。晉侯及鄭伯盟于衡雍。丁未。獻楚俘於王。駟介百乘。徒兵千。鄭伯傅王。用平禮也。己酉。王享醴。命晉侯宥。王命尹氏及王子虎內史叔興父策命晉侯爲侯伯。賜之大輅之服。戎輅之服。彤弓一。彤矢百。玈弓矢千。秬鬯一卣。虎賁三百人。曰。王謂叔父。敬服王命。以綏四國。糾逖王慝。晉侯三辭。從命。曰。重耳敢再拜稽首。奉揚天子之丕顯休命。受策以出。出入三覲。衛侯聞楚師敗。懼。出奔楚。遂適陳。使元咺奉叔武以受盟。癸亥。王子虎盟諸侯於王庭。要言曰。皆獎王室。無相害也。有渝此盟。明神殛之。俾隊其師。無克祚國。及其元孫。無有老幼。君子謂是盟也信。謂晉於是役也。能以德攻。　衡雍。鄭地。

穀 諱會天王也。

劉氏敞曰。穀梁曰。諱會天王也。非也。若實會天王者。罪大矣。可得諱乎。

案 踐土之役。先儒相承。謂天王下勞晉侯。惟項氏安世。以爲天王出居于鄭。亦既五年。諸侯未嘗救。天王未嘗歸也。又趙氏鵬飛亦謂聖人作春秋。以周爲重。安有晉侯納王之事。而不書者。不知晉文欲求諸侯。故納王以爲圖伯之計。而又恃功請隧。畫畿內之邑而取之。故春秋削之也。說見僖二十五年。

陳侯如會

公其言如會何。後會也。
穀如會。外乎會也。於會受命也。

公朝于王所

公曷為不言公如京師。天子在是也。天子在是則曷為不言天子在是。不與致天子也。
穀朝不言所。言所者。非其所也。
孔氏穎達曰。公羊傳曰。曷為不言公如京師。天子在是也。曷為不言天子在是。不與致天子也。其意言晉文公召王來踐土。左傳於此無召王之事。直云作王宮于踐土。杜云。襄王聞戰勝。自往勞之。故為作宮。則以王意自往。非晉召之。不同公羊說也。

六月衞侯鄭自楚復歸于衞衞元咺出奔晉

左或訴元咺於衞侯。曰。立叔武矣。其子角從公。公使殺之。咺不廢命。奉夷叔以入守。六月。晉人復衞侯。甯武子與衞人盟於宛濮。曰。天禍衞國。君臣不協。以及此憂也。今天誘其衷。使皆降心以相從也。不有居者。誰守社稷。不有行者。誰扞牧圉。不協之故。用昭乞盟於爾大神。以誘天衷。自今日以往。既盟之後。行者無保其力。居者無懼其罪。有渝此盟。以相及也。明神先君。是糾是殛。國人聞此盟也。而後不貳。衞侯先期入。甯子先。長牂守門。以為使也。與之乘而入。公子歂犬華仲前驅。叔武將沐。聞君至。喜。捉髮走出。前驅射而殺之。公知其無罪也。枕之股而哭之。歂犬走出。公使殺之。元咺出奔晉。
穀自楚。楚有奉焉爾。復者。復國也。歸者。歸其所也。鄭之名。失國也。
李氏廉曰。胡氏所引叔武之事。本公羊與左傳所載小異。由左氏言之。則衞侯為誤殺。由公羊言之。則衞侯為忌殺。然衞侯之內忌信讒。始於殺角之時。今之殺叔武乃其本心。特誣罪於前驅。以告諸侯爾。此公羊所以為實錄也。

陳侯款卒

秋杞伯姬來

公子遂如齊

附錄左城濮之戰。晉中軍風於澤。亡大旆之左旃。祁瞞奸命。司馬殺之。以徇於諸侯。使茅茷代之。師還。壬午。濟河。舟之僑先歸。士會攝右。秋。七月。丙申。振旅。愷以入於晉。獻俘。授馘。飲至。大賞。徵會討貳。殺舟之僑以徇於國。民於是大服。君子謂文公其能刑矣。三罪而民服。詩云。惠此中國。以綏四方。不失賞刑之謂也。
張氏洽曰。杞伯姬來而入杞之怨釋。公子遂如齊。而取穀之憾解。伯權之立如此。此邵子所謂功之首也。

冬。公會晉侯齊侯宋公蔡侯鄭伯陳子莒子邾子秦人于溫 晉侯下。穀無齊侯。秦與諸侯會始此。

【左】冬。會于溫。討不服也。

【穀】諱會天王也。

孔氏穎達曰。陳侯款經不書葬。正以稱子。知其先君未葬也。　湛氏若水曰。穀梁曰。諱會天王。非也。夫溫會將以朝王討罪。而天王亦會有何義乎。若以此會為諱王會。則下不當又有天王狩河陽之文矣。

天王狩于河陽 狩。穀作守。河陽。晉地。

【左】是會也。晉侯召王。以諸侯見。且使王狩。仲尼曰。以臣召君。不可以訓。故書曰。天王狩于河陽。言非其地也。且明德也。

【公】狩不書。此何以書。不與再致天子也。魯子曰。溫近而踐土遠也。

【穀】全天王之行也。為若將守而遇諸侯之朝也。為天王諱也。水北為陽。山南為陽。溫。河陽也。

胡傳曰。案左氏。晉侯召王。以諸侯見。仲尼曰。以臣召君。不可以訓。故書曰。天王狩于河陽。以尊周而全晉也。啖助謂以常禮言之。晉侯召君。名義之罪人也。其可訓乎。若原其自嫌之心。嘉其尊王之意。則請王之狩。忠亦至焉。故夫子特書狩于河陽。所謂原情為制。以誠變禮者也。夫踐土之會。王實自往。非晉罪也。故為王諱而足矣。溫之會。晉則有罪。而其情順也。故既為王諱之。又為晉解之。於以見春秋忠恕也。　趙氏匡曰。左氏云。且明德也。未及於禮而謂之為德。無乃過乎。若謂此為德。則率諸侯朝於京師者。謂之何哉。以德為自非施於伯者。

【案】胡氏安國。本啖氏助蘇氏轍之說。以為尊周全晉。其義甚正。公羊謂不與再致天子。則專責晉文。似非經旨。

壬申。公朝于王所

【公】其日何。錄乎內也。

【穀】朝於廟。禮也。於外。非禮也。獨公朝。與諸侯盡朝也。其日。以其再致天子。故謹而日之。主善以內。目惡以外。言曰公朝。逆辭也。而尊天子。會于溫。言小諸侯。溫。河北地。以河陽言之。大天子也。日繫于月。月繫於時。壬申。公朝于王所。其不月。失其所繫也。以為晉文公之行事。為已傎矣

杜氏預曰。壬申。十月十日。有日而無月。史闕文。　趙氏匡曰。若錄內而書日。何不書月乎。公羊之說非也。　劉氏敞曰。穀梁曰。朝于外。非禮也。然則天王在是。諸侯可勿朝乎。又曰。日繫月。月繫時。以晉文之行事。為已傎矣。亦非也。晉文行事之傎。豈患不見乎。必待日月乃見哉。此皆不足以論春秋。

晉人執衛侯歸之于京師

【左】衛侯與元咺訟。甯武子為輔。鍼莊子為坐。士榮為大士。衛侯不勝。殺士榮。刖鍼莊子。謂甯俞忠。而免之。執衛侯歸之于京師。寘諸深室。甯子職納橐饘焉。

【公】歸之于者何？歸于者何？歸之于者，罪已定矣。歸于者，罪未定也。罪未定則何以得爲伯討？歸之于者，執之于天子之側者也，罪定不定已可知矣。歸于者，非執之于天子之側者也，罪定不定未可知也。衛侯之罪何？殺叔武也。何以不書？爲叔武諱也。春秋爲賢者諱。何賢乎叔武？讓國也。其讓國奈何？文公逐衛侯而立叔武，叔武辭立而他人立，則恐衛侯之不得反也，故於是已立，然後爲踐土之會，治反衛侯。衛侯得反，曰：叔武篡我。元咺爭之曰：叔武無罪。終殺叔武，元咺走而出。此晉侯也，其稱人何？貶。曷爲貶？衛之禍，文公爲之也。文公爲之奈何？文公逐衛侯而立叔武，使人兄弟相疑，放乎殺母弟者，文公爲之也。

【穀】此入而執，其不言入何也？不外王命於衛也。歸之于京師，緩辭也，斷在京師也。

孫氏復曰：晉人執衛侯歸之于京師者，元咺故也。晉文既勝彊楚，不能招攜撫貳以崇大德，助其臣而執其君，非所以示諸侯也。故曰晉人以疾之。程子曰：歸于者，順易之辭。歸之于者，強歸之辭。君臣無獄，而文公惡衛侯，故衛侯使與元咺辨曲直，衛侯不勝，遂刑其大夫，執其君，其聽頗矣。雖歸于王，而實強致之，故曰歸之于京師。

【案】左氏稱衛侯出居襄牛，聞楚敗而後出奔，使元咺奉叔武以受盟。公羊謂晉逐衛侯而立叔武。二說不同。然衛侯懼晉而出奔，則亦晉逐之也。叔武與踐土之盟，則亦晉立之也。故可並存。

衛元咺自晉復歸于衛

【左】元咺歸于衛，立公子瑕。

【公】自者何？有力焉者也。此執其君，其言自何？爲叔武爭也。

【穀】自晉，晉有奉焉爾。復者，復中國也。歸者，歸其所也。

劉氏敞曰：其言復歸何？大夫無復，復者位已絕也。已絕而復，惡也。惡則其言歸何？易也。其易奈何？以文公爲之主也。高氏閌曰：晉文聽其臣子之訟而執其君，非伯者所以靖亂之義也。書曰自晉，晉侯之罪亦已明矣。

諸侯遂圍許

【穀】遂，繼事也。

許氏翰曰：許能從齊而不能從晉，何也？齊桓自北杏之會，十有七年而後侵許服之，又九年而後從於伐楚，又二年，許坐受圍，救而後定。自桓公之沒，諸侯從楚衆矣，許在鄭之南，密邇於楚，久服楚之威令，是以難變也。

曹伯襄復歸于曹遂會諸侯圍許

【左】丁丑，諸侯圍許。晉侯有疾，曹伯之豎侯獳貨筮史，使曰：以曹爲解。齊桓公爲會而封異姓，今君爲會而滅同姓。曹叔振鐸，文之昭也；先君唐叔，武之穆也。且合諸侯而滅兄弟，非禮也。與衛偕命而不與偕復，非信也。同罪異罰，非刑也。禮以行義，信以守禮，刑以正邪。舍此三者，君將若之何？公說，復曹伯，遂會諸侯圍許。

【附錄】【左】晉侯作三行以禦狄，荀林父將中行，屠擊將右行，先蔑將左行。

【穀】復者，復中國也。天子免之，因與之會。其曰復，通王命也。遂，繼事也。

陸氏淳曰。穀梁云。天子免之。案晉以曹伯畀宋人。非天子之命也。汪氏克寬曰。曹共公之歸。不書自。蓋言自晉。則曹伯始執畀於宋。若言自宋。則其歸實出於晉侯。而非宋之得歸。故不書自而止曰復歸。

庚寅 襄王二十一年 **二十有九年** 晉文五年。齊昭二年。衛成四年。蔡莊十五年。鄭文四十二年。曹共二十二年。陳共公朔元年。杞桓六年。宋成六年。秦穆二十九年。楚成四十一年。

春介葛盧來 介。在城陽黔陬縣。

左 介葛盧來朝。舍於昌衍之上。公在會。饋之芻米。禮也。 昌衍。魯縣。東南有昌平城。

公 介葛盧者何。夷狄之君也。何以不言朝。不能乎朝也。

穀 介。國也。葛盧。微國之君未爵者也。其曰來。卑也。

陳氏傅良曰。介一歲再至。其意將安在乎。故亟書之。介人侵蕭。蓋有以來之也。

公至自圍許

案 汪氏克寬謂此年僖公不以王所致而致圍許。亦猶成十三年。如京師會伐秦。不以京師致而致伐秦。皆以著其本心不在於尊王。其說非也。汪氏於齊桓圍鄭。固嘗與晉文圍許並稱矣。以為齊桓圍鄭。所以討其逃首止之盟。晉文圍許。所以討其不會踐土河陽之朝。圍非美事。而桓文之圍實為王室討。故晉文遂圍許。與齊桓遂救許書法無異。朱子所謂春秋明王法而不廢五霸之功。意蓋謂此。既以為為王室討。忽又以為意不在尊王。一人之言。前後互異。此豈可以釋經也哉。三傳而外。辭義違背者。皆刪而不駁。緣汪氏此說為大全所採。又世之學者承襲已久。故為辨之如此。

夏六月會王人晉人宋人齊人陳人蔡人秦人盟于翟泉 會上。公。穀有公字。翟。亭歷反。公作狄。 翟泉。洛陽城內太倉西南池水也。

左 夏。公會王子虎。晉狐偃。宋公孫固。齊國歸父。陳轅濤塗。秦小子憖。盟于翟泉。尋踐土之盟。且謀伐鄭也。卿不書。罪之也。在禮。卿不會公侯。會伯子男可也。

案 先儒皆依左傳。謂列國大夫貶而稱人。程子獨謂諸侯貶而稱人。不知何據。疑是文誤。

秋大雨雹

左 為災也。

案 僖公之世。季友子無佚不見於經傳。胡傳以季氏世卿為大雨雹之戒誤矣。

冬介葛盧來

左 以未見公。故復來朝。禮之。加燕好。介葛盧聞牛鳴。曰。是生三犧。皆用之矣。其音云。問而信之。

辛卯 襄王二十二年 **三十年** 晉文六年。齊昭三年。衛成五年。蔡莊十六年。鄭文四十三年。曹共二十三年。陳共二年。杞桓七年。宋成七年。秦穆三十年。楚成四十二年。

春王正月

夏狄侵齊

【左】晉人侵鄭以觀其可攻與否狄間晉之有鄭虞也夏狄侵齊

胡傳曰左氏曰狄間晉之有鄭虞也遂侵齊晉文公若移圍鄭之師以伐之則方伯連帥之職修矣上書狄侵齊下書圍鄭此直書其事而義自見者也高氏閌曰狄之侵齊自背其盟也齊桓召陵之後書狄侵晉晉文城濮之後書狄侵齊狄之輒敢陵侮如此而二伯不攘斥之趙氏鵬飛曰晉文一勝楚兩朝天王至翟泉之會則已不親之矣盟王臣且怠於行何有於狄文公剛毅果敢有過於齊桓惜其老而力有所不逮也

秋衛殺其大夫元咺

【左】晉侯使醫衍酖衛侯甯俞貨醫使薄其酖不死公為之請納玉於王與晉侯皆十瑴王許之秋乃釋衛侯衛侯使賂周歂冶廑曰苟能納我吾使爾為卿周冶殺元咺及子適子儀公入祀先君周冶既服將命周歂先人及門遇疾而死冶廑辭卿

【公】衛侯未至其稱國以殺何道殺也

【穀】稱國以殺罪累上也以是為訟君也衛侯在外其以累上之辭言之何也待其殺而後入也

范氏甯曰案宣九年陳殺其大夫泄冶傳曰稱國以殺其大夫殺無罪也此傳曰稱國以殺罪累上也凡稱國以殺大夫或殺無罪或罪累上參互不同畧當近半然則稱國以殺有二殺泄冶忠賢而君殺之是君無道也衛侯雖有不德臣無訟君之道元咺之罪亦已重矣衛侯不思致訟之愆過而不改而又怨忌上下皆失故曰罪累上

及公子瑕

【穀】公子瑕累也以尊及卑也

杜氏預曰瑕立經年未會諸侯故不稱君

【案】公子瑕立已逾年不成之為君而止稱公子劉氏敞遂疑左氏元咺立瑕之說為無有夫春秋事據左氏不得於經而遂疑傳劉固過矣胡傳則疑咺雖立瑕瑕自不敢為君謂不與衛剽同者是瑕能拒咺辭其位而不立也不與陳佗同者是瑕能守節不為國人之所惡也此以瑕為賢褒而稱公子也王氏沿則疑瑕與咺比謂叔武為君命奉之以受盟故稱衛子若瑕者元咺君之非君而君者也今與咺同戮故稱公子不與咺君之也此以瑕為惡貶而稱公子也斯二者皆未達於春秋之例者也惟杜氏預以為未會諸侯故不稱君庶幾得之而其說未備春秋之法國無二君則雖立未逾年未會諸侯亦得稱君國不可無君也齊君荼是也國無二君而得列於會則雖其人為篡弒之賊亦得稱君國不可無君又諸侯已君之也曹伯負芻是也國有二君而皆嘗列於會則皆得稱君以諸侯皆君之也衛衍與剽是也國有二君而其一未列於會則在位雖久亦不稱君以國既有君諸侯又未嘗君之也鄭忽與儀是也公子瑕與子儀正同國既有君已又未列於會故子儀不紀弒而瑕不稱君也然則瑕賢耶惡耶褒之耶貶之耶曰咺實立之而累及之瑕既無曹臧之節亦未有朱焉之謀則書曰及公子瑕而已矣

衞侯鄭歸于衞

〔公〕此殺其大夫。其言歸何。歸惡乎元咺也。曷爲歸惡乎元咺。元咺之事君也。君出則己入。君入則己出。以爲不臣也。

胡傳曰。衞侯出奔於楚則不名。見執於晉則不名。今既歸國復有其土地矣。何以反名之乎。衞侯始歸而殺叔武。再歸而及公子瑕。春秋之所惡也。故再書其名。爲後世戒。陳氏傅良曰。向也言復歸。今歸不言復何。奔失國之辭也。執未失國之辭也。凡執不言歸。執而言歸。危不得歸也。是故執君不名。歸然後名之。執書衞侯歸書衞侯鄭。執書曹伯歸書曹伯襄。名之者。亦失國之辭也。

晉人秦人圍鄭

〔左〕九月甲午。晉侯秦伯圍鄭。以其無禮於晉。且貳於楚也。晉軍函陵。秦軍氾南。佚之狐言於鄭伯曰。國危矣。若使燭之武見秦君。師必退。公從之。辭曰。臣之壯也。猶不如人。今老矣。無能爲也已。公曰。吾不能早用子。今急而求子。是寡人之過也。然鄭亡。子亦有不利焉。許之。夜縋而出。見秦伯曰。秦晉圍鄭。鄭既知亡矣。若亡鄭而有益於君。敢以煩執事。越國以鄙遠。君知其難也。焉用亡鄭以倍鄰。鄰之厚。君之薄也。若舍鄭以爲東道主。行李之往來。共其乏困。君亦無所害。且君嘗爲晉君賜矣。許君焦瑕。朝濟而夕設版焉。君之所知也。夫晉何厭之有。既東封鄭。又欲肆其西封。若不闕秦。將焉取之。闕秦以利晉。唯君圖之。秦伯說。與鄭人盟。使杞子逢孫楊孫戍之。乃還。子犯請擊之。公曰。不可。微夫人之力不及此。因人之力而敝之。不仁。失其所與。不知。以亂易整。不武。吾其還也。亦去之。初。鄭公子蘭出奔晉。從於晉侯伐鄭。請無與圍鄭。許之。使待命於東。鄭石甲父侯宣多逆以爲大子。以求成於晉。晉人許之。函陵。寰宇記。函陵在新鄭縣北十三里。山形如函。氾南。東氾也。焦瑕。晉河外五城之二邑。

家氏鉉翁曰。左傳謂秦晉圍鄭。以其無禮於晉。且貳於楚也。鄭之貳楚固有之矣。晉文始入猶曰舊怨未忘。今幾年矣。鄭預會盟。不應猶以舊怨加兵。蓋翟泉之會不至。是以疑其貳於楚耳。去年會溫朝王。今一不預盟。即加之兵。春秋是以貶。秦伯苟知義之不可。則當相率俱去。不當私及鄭盟。舍之徑歸。故俱貶而人之。汪氏克寬曰。翟泉之盟。實謀討鄭。而鄭不請服。故是春晉人侵鄭。侵之而猶不服。故晉文復偕秦以圍之。蓋以鄭貳心於楚而數加兵。非專爲釋私忿而已也。然諸侯不見德而惟虐是聞。豈伯者服貳之道哉。況二國同役而不同心。春秋貶而人之。蓋有在矣。

〔案〕圍鄭之役。孫氏復胡氏瑗俱據經文以爲責鄭不與翟泉之盟。左氏傳亦謂無禮於晉。且貳於楚。貳楚即謂其不與盟也。鄭在王畿。於翟泉爲近。伯主盟於近地而不至。是亦無禮。不必專指出亡時事也。況王享晉侯。鄭伯爲傳。又屢同盟會。豈晉至此時猶修舊怨哉。故不錄胡傳。而獨取家氏鉉翁汪氏克寬之說。

介人侵蕭

張氏洽曰。介再來魯。而次年遂侵蕭。求援而後舉兵也。與荊人秦術之聘同。

冬天王使宰周公來聘

左冬。王使周公閱來聘。饗有昌歜。白。黑。形鹽。辭曰。國君文足昭也。武可畏也。則有備物之饗。以象其德。薦五味。羞嘉穀。鹽虎形。以獻其功。吾何以堪之。

穀天子之宰。通於四海。

程氏端學曰。禮雖有天子聘諸侯之文。然魯未嘗朝王。不過因會盟晉侯朝於王所而已。襄王不能正王法而下聘焉。已失道矣。況遣冢宰乎。陵遲甚矣。

公子遂如京師之始。此聘周

遂如晉之始。此聘晉

左東門襄仲將聘於周。遂初聘於晉。

公大夫無遂事。此其言遂何。公不得為政爾。

穀以尊遂乎卑。此言不敢叛京師也。

胡傳曰。大夫出疆。有以二事出者。有以一事出而專繼事者。其書皆曰遂。公子遂如周及晉。與祭公自魯逆王后。皆所謂以二事出者也。公子結往媵而及齊宋盟。則專繼事者也。是非得失。則存乎其事矣。冢宰上兼三公。其職任為至重。而來聘於魯。天王之禮意莫厚焉。魯侯既不朝京師。而使公子遂往。又以二事出。夷周室於列國。此大不恭之罪。履霜堅冰之漸。春秋之所誅而不以聽者也。則何以無貶乎。有不待貶絕而罪惡見者。不貶絕以見罪惡。趙氏匡曰。公羊曰大夫無遂事。此亦受命於君。而何得指大夫也。又云公不得為政爾。非也。僖公之時。大夫初未強。豈敢專行哉。此殆誣之矣。汪氏克寬曰。經書天王來聘者七。惟此使冢宰兼三公下聘。蓋非常之禮。莫大之寵。自春秋以來。未之有也。或者以僖有兩朝王所之勤。而報之歟。經書卿大夫如周聘者四。而惟此以二事出。自入春秋未嘗朝聘於京師。以魯之望國。僖之賢君。而對揚天子之休命者。如是其簡慢。況晉未聘魯而魯往聘。周先聘魯而魯苟答聘。是尊王之禮。不如事伯之謹也。雖然。猶勝於隱桓之受聘而不報者也。王朝冢宰四見於經。咺糾以瀆三綱而書名。閱之來聘。禮雖過厚。覿昭寵妾。命篡弒者。則其罪薄乎云爾。

壬辰襄王二十三年**三十有一年**晉文七年。齊昭四年。衛成六年。蔡莊十七年。鄭文四十四年。曹共二十四年。陳共三年。杞桓八年。宋成八年。秦穆三十一年。楚成四十三年。

春取濟西田濟。子禮反。

左春。取濟西田。分曹地也。使臧文仲往。宿于重館。重館人告曰。晉新得諸侯。必親其共。不速行。將無及也。從之。分曹地。自洮以南。東傅于濟。盡曹地也。

公惡乎取之。取之曹也。曷為不言取之曹。諱取同姓之田也。此未有伐曹者。則其言取之曹何。晉侯執曹伯。班其所取侵地於諸侯也。晉侯執曹伯。班其所取侵地於諸侯。則何諱乎取同姓之田。久也。

劉氏敞曰。孰取之。吾故也。取邑必繫國。取邑不繫國。非也。取附庸也。取田必繫國。取田不繫國。吾故也。非外取之也。又曰。左氏曰使臧文仲往。非也。若實臧文仲往。不應不書。注謂文仲但請田，非聘饗會同，故不書，亦非也。告糴乞師弔葬致女皆書，請田非常，自應書。又叔孫豹鄫世子巫如晉亦書，即請田之比也。禮曰：卿非君命不越境，越境則書之，何爲請田獨不書哉？又曰分曹地自洮以南東傅於濟，若然，當謂之取曹田自濟水，不得云取濟西田而已。汪氏克寬曰：春秋書內取者十有七，以兵力取他國之地則書戰伐，若敗宋之師取郜取防，伐齊取穀，伐莒取向，伐邾取訾婁取繹取漷東田及沂西田是也。藉大國之威不以兵力而復故地，則不書侵伐而止書取，濟西汶陽之田是也。非故地則繫之國，取邾田自漷水是也。取附庸之小國而滅之，則諱不言侵伐而亦止書取，取根牟取鄟取邿取鄫是也。取之而存其祀，則伐邾取須句是也。若取鄟則乘亂取邑，故不詳錄。取闞則昭公在外而取內邑，又春秋之變例也。或謂濟西乃晉人侵魯之故疆，是時晉霸方强，豈肯歸地於魯？況魯晉非接壤之國，何謬之甚哉。

公子遂如晉

（左）襄仲如晉，拜曹田也。

高氏閌曰：晉未嘗來聘，而公子遂去冬既聘，今春又往謝取濟西之田，何厚於晉而薄於周也。

夏四月四卜郊

（公）曷爲或言三卜，或言四卜？三卜禮也，四卜非禮也。三卜何以禮？四卜何以非禮？求古之道三，禘嘗不卜，郊何以卜？卜郊非禮也。卜郊何以非禮？魯郊非禮也。魯郊何以非禮？天子祭天，諸侯祭土。天子有方望之事，無所不通；諸侯山川有不在其封內者，則不祭也。

（穀）夏四月，不時也。四卜，非禮也。

胡傳曰：記禮者曰：祭帝於郊，所以定天位也。禮行於郊，而百神受職焉。魯諸侯，何以有郊？成王以周公有大勳勞於天下，命魯公世世祀周公以天子之禮樂，是故魯君孟春乘大輅，載弧韣，旂十有二旒，日月之章，祀帝於郊，配以后稷，天子之禮也。以人臣而用天子之禮，可乎？是成王過賜，而魯公伯禽受之，非也。揚子曰：天子之制，諸侯庸節，節莫差於僭，僭莫重於祭，祭莫重於地，地莫重於天。諸侯而祀天，其僭極矣。聖人於春秋，欲削而不存，則無以志其失，爲後世戒；悉書之乎，則歲事之常，有不勝書者。是故因禮之變而書於策，或以卜，或以時，或以望，或以牲，或以牛，於變之中又有變焉者，悉書其事，而謂言偃曰：魯之郊禘，非禮也，周公其衰矣。杞之郊也，禹也；宋之郊也，契也，是天子之事守也。言杞宋夏商之後，受命於周，作賓王家，統承先王，修其禮物，其得行郊祀而配以其祖，非列國諸侯之比也。是故天子祭天地，諸侯祭社稷，祝嘏莫敢易其常古，易則亂名犯分，人道之大經拂矣。故曰：郊社之禮，所以事上帝也；宗廟之禮，所以祀乎其先也。明乎郊社之禮、禘嘗之義，治國其如指諸掌乎。夫庶人之不得祭五祀，大夫之不得祭社稷，諸侯之不得祭天地，非欲故爲等衰，蓋不易之定理也。知其理之不可易，則安於分守，無欲僭之心矣，爲天下國家乎何有。

啖氏助曰：天子以冬至祭上帝，又以夏之孟春祈穀於上帝，亦謂之郊。郊皆用辛日，故以二月卜三月上辛，不郊。魯以周公之故，特以孟春祈穀於上帝，亦謂之郊。

吉則卜中辛又不吉則卜下辛所謂吉事先近日也卜三旬皆不吉則不郊 程子曰周公之功固大矣皆臣子之分所當為魯安得獨用天子禮樂哉成王之賜伯禽之受皆非也

不從乃免牲

【公】【穀】曷為或言免牲或言免牛免牲禮也免牛非禮也免牛何以非禮傷者曰牛免牲者為之緇衣纁裳有司元端奉送至於南郊免牛亦然乃者亡乎人之辭也

啖氏助曰凡牲必養二牲一以祀上帝一以祀后稷凡卜三旬皆不吉則不郊牛死及牛有災害則卜稷牛而代之若卜稷牛不吉及稷牛又死亦皆不郊凡不郊皆卜免牲卜免牲吉則免之不吉則但不郊而已 汪氏克寬曰免牲不言不郊蓋卜免牲而吉則不可郊矣免牛則猶可再卜牛故復言不郊

猶三望

【左】四卜郊不從乃免牲非禮也猶三望亦非禮也禮不卜常祀而卜其牲日牛卜日曰牲牲成而卜郊上怠慢也望郊之細也不郊亦無望可也

【公】三望者何望祭也然則曷祭祭泰山河海曷為祭泰山河海山川有能潤於百里者天子秩而祭之觸石而出膚寸而合不崇朝而徧雨乎天下者唯泰山爾河海潤於千里猶者何通可以已也何以書譏不郊而望祭也

【穀】猶者可以已之辭也

胡傳曰望祭也有虞氏受終而望因於類巡守而望因於柴皆天子之事也今魯不郊而望故特書曰猶猶者可以已之辭其言三望何也天子有方望無所不通諸侯非名山大川在其封內者則不祭魯得用重禮視王室則殺故望止於三比諸侯則隆故河海雖不在其封而亦祭然非諸侯之所得為也 孫氏復曰公羊謂泰山河海鄭氏謂海岱淮杜預稱分野之皇及境內山川據鄭杜止以諸侯祭其封內云爾況河海淮非魯封內又諸侯無祭分野星辰之事且魯既僭天子蓋於四望之中祭其大者三爾公羊得之 朱子曰猶三望是不必望而猶望也猶繹是不必繹而猶繹之也 張氏洽曰鄭杜恐臆說蓋天子四望王雖令魯郊止行祈穀之郊令魯得望特比天子闕其一故三望與郊書之無異而書曰猶言不當望而望祭也如使魯望不出境何為言猶以譏之若壬午猶繹之書乎公羊之說必有所傳

【纂】三望之說諸家不同胡傳獨取公羊以為泰山河海蓋以虞帝受終巡守望秩山川則望者祭山川之名而境內山川乃諸侯所當祭者常事可不書也孫氏復張氏洽汪氏克寬皆主公羊於理為近但周禮大司樂分樂而祀之奏黃鍾歌大呂舞雲門以祠天神奏太簇歌應鍾舞咸池以祭地示奏姑洗歌南呂舞大磬以祀四望奏蕤賓歌函鍾舞大夏以祭山川既曰四望又曰山川是山川之外別有四望矣天神曰祀四望亦曰祀地示曰祭山川亦曰祭是四望附於天神山川附於地示不得以山川列於四望矣祭祀各從其類故近世郊祀之禮必以星辰風雨從祀於圜丘嶽鎮海瀆從祭於方澤也鄭注賈疏謂日月星辰在天神之列又謂司中司命風師雨師當在四望意者四望為天神之屬而日月星辰司中司命風雨皆在祀中乎姑附存之以俟考

秋七月

【附錄左】秋。晉蒐於淸原。作五軍以禦狄。趙衰爲卿。淸原。河東聞喜縣有淸原。

冬杞伯姬來求婦

【公】其言來求婦何。兄弟辭也。其稱婦何。有姑之辭也。

【穀】婦人旣嫁不踰竟。杞伯姬來求婦。非正也。

陸氏淳曰。經文直書之。以志其非禮耳。公羊云。兄弟之辭。有何義乎。

狄圍衛

吳氏澂曰。狄去年侵齊。今又圍衛。若無晉霸然。豈以晉文居狄之久而狎之歟。

十有二月衛遷于帝丘于。穀作於。帝邱。東郡濮陽縣。故帝顓頊之虛。

【左】冬。狄圍衛。衛遷于帝邱。卜曰三百年。衛成公夢康叔曰。相奪予享。公命祀相。甯武子不可。曰。鬼神非其族類。不歆其祀。杞鄫何事。相之不享。於此久矣。非衛之罪也。不可以間成王周公之命祀。請改祀命。

【附錄左】鄭洩駕惡公子瑕。鄭伯亦惡之。故公子瑕出奔楚。

張氏洽曰。狄以閔二年入衛。齊桓救而封之。自此狄不敢加兵於衛。桓公之力也。齊桓卽世。衛文忘齊之大德。從宋襄伐齊。殺家嗣而立不正。於是狄人乃假義伐衛。衛人忘恩而啓狄之寇。蓋始於此。自晉文興。不復侵伐相攻矣。今復迫衛。致其遷都。此胡傳所以罪晉文也。

黃氏仲炎曰。傳曰。諸侯有道。守在四鄰。夫何遷之有。不知出此。而惟偪是畏。惟地利是擇。偪者無已。則遷者亦將無已。是徒勤民而已。非善爲謀也。

〔癸巳〕襄王二十四年 **三十有二年** 晉文八年。齊昭五年。衛成七年。蔡莊十八年。鄭文四十五年。曹共二十五年。陳共四年。杞桓九年。宋成九年。秦穆三十二年。楚成四十四年。

春王正月

【附錄左】春。楚鬬章請平於晉。晉陽處父報之。晉楚始通。

夏四月己丑鄭伯捷卒捷。公作接。

衛人侵狄秋衛人及狄盟

【左】夏。狄有亂。衛人侵狄。狄請平焉。秋。衛人及狄盟。

吳氏澂曰。衛畏狄之彊。遷都以避之。今乘其亂。始敢以兵攻其境。言侵不言伐。不敢聲其罪而討之也。

冬十有二月己卯晉侯重耳卒

【左】冬。晉文公卒。庚辰。將殯於曲沃。出絳。柩有聲如牛。卜偃使大夫拜。曰。君命大事。將有西師過整我擊之。必大捷焉。杞子自鄭使告於秦。曰。鄭人使我掌其北門之管。若潛師以來。國可得也。穆公訪諸蹇叔。蹇叔曰。勞師以襲遠。非所聞也。師勞力竭。遠主備之。無乃不可乎。師知所爲。鄭必知之。勤而無所。必有悖心。且行千里。其誰不知。公辭焉。召孟明。西乞。白乙。使出師於東門之外。蹇叔哭之曰。孟子。吾見師之出。而不見其入也。公使謂之曰。爾何知。中壽。爾墓之木拱矣。蹇叔之子與師。哭而送之。曰。晉人禦師必於殽。殽有二陵焉。其南陵。夏后皐之墓也。其北陵。文王之所辟風雨也。必死是間。余收爾骨焉。秦師遂東。

家氏鉉翁曰。齊桓優游不迫。有周家盛時氣象。晉文淺狹迫急。漸有戰國秦漢之風。城濮之役。左傳所謂三罪而民服。皆失刑也。顛頡。祁瞞。舟之僑。皆在議勳。議能之科。有罪猶宥。而況罪不至死乎。晉文執心不宏。狐趙諸人。濟以深刻。每每如此。王氏元杰曰。齊孝不能繼桓之業。晉襄能紹文之伯。傳之累世。其故何耶。夫國家之盛衰。繫乎人才之進退。桓公之於管仲。權歸一己。身沒而事業竟衰。文公入國之始。則能選用狐趙之徒。以成伯業。傳之子孫。奕世而不已。則是用人之道。有國家之先務。可不鑒乎。李氏廉曰。晉文以二十四年入國。至二十八年城濮。始主伯。迄三十二年。凡五年。李氏曰。晉有二文之業。蓋文侯文公也。書錄文侯之命。捍王於艱。錫以秬鬯。爲東周賢侯。春秋詳文公之伯。蓋文侯家法也。文公之興。其事易於齊桓。固有自來矣。然文公既入國。而事之不載於經者。凡四年。雖以納王之懿功。削而不見。至二十八年。一簡之中。乃五摯晉侯。不以爲繁。何哉。蓋自武公以支代宗。并吞專立。讀無衣之詩。雖晉之臣民。不能自安也。春秋爲是黜晉不書。文公奔而復國。內何所承。上何所稟。經復略之。勤王固爲大美。然特以求諸侯之利心而爲之。豈眞知有君臣之義哉。至二十八年。晉楚之事。乃關中外之盛衰。非繫一國之得失。春秋抑楚之深。故與晉之亟。則晉亦不爲無績於列國矣。此其與桓公並稱歟。大抵桓文雖並稱。而文固非桓匹也。桓公二十餘年。蓄威養晦。始能問罪於楚。文公一駕。而城濮之功多於召陵。桓公屢盟屢會。遲迴晚歲。始會宰周公。文公再合。而溫之事敏乎葵邱。桓公會鄄失魯盟幽失衛。首止失鄭。葵邱失陳。文公三會。而大侯小伯。莫有不至。其得諸侯。又盛乎桓公。而曰文非桓匹。何也。文公之功多於桓公者。罪亦多於桓公也。事速就乎桓公者。義尤壞乎桓公者也。名盛乎桓公者。實衰乎桓公者也。春秋不以功蓋罪。不以事掩義。不以名誣實。此其非桓匹歟。桓公得江黃而不用於伐楚。文公謂非致秦。則不可與楚爭。楚抑而秦與矣。此桓公之所不肯爲也。桓公會則不邇三川。盟則不加王人。文公會畿內。則伉矣。盟子虎則悖矣。此桓公之不敢爲也。桓公寧不得鄭。不納子華。懼其獎臣抑君。不可以訓。文公爲元咺執君。則三綱五常。於是廢矣。此又桓公不忍爲也。夫子正譎之辨。獨不深切著明哉。

【甲午】襄王二十五年

三十有三年

晉襄公驩元年。齊昭六年。衛成八年。蔡莊十九年。鄭穆公蘭元年。曹共二十六年。陳共五年。杞桓十年。宋成十年。秦穆三十三年。楚成四十五年。

春王二月。秦人入滑

【左】三十三年。春。秦師過周北門。左右免冑而下。超乘者三百乘。王孫滿尚幼。觀之。言於王曰。秦師輕而無禮。必敗。輕則寡謀。無禮則脫。入險而脫。又不能謀。能無敗乎。及滑。鄭商人弦高。將市於周。遇之。以乘韋先。牛十二犒師。曰。寡君聞吾子將步師出於敝邑。敢犒從者。不腆敝邑。爲從者之淹，居則具一日之積，行則備一夕之衛。且使遽告於鄭。鄭穆公使視客館，則束載厲兵秣馬矣。使皇武子辭焉，曰：吾子淹久於敝邑，唯是脯資餼牽竭矣，為吾子之將行也，鄭之有原圃，猶秦之有具囿也，吾子取其麋鹿以閒敝邑，若何？杞子奔齊，逢孫、楊孫奔宋。孟明曰：鄭有備矣，不可冀也。攻之不克，圍之不繼，吾其還也。滅滑而還。

【穀】滑國也。

胡氏寧曰：秦人滅滑而書入者，不能有地，非未滅之也。而肆其悖心，無故滅人之罪著矣。

齊侯使國歸父來聘

【左】齊國莊子來聘，自郊勞至於贈賄，禮成而加之以敏。臧文仲言於公曰：國子為政，齊猶有禮，君其朝焉。臣聞之，服於有禮，社稷之衛也。

吳氏澂曰：二十六年，有伐齊取穀之怨，二十八年，晉文既伯，公子遂聘齊以解讎而講好。越六年而歸父來報，公子遂之聘也。

夏四月辛巳晉人及姜戎敗秦于殽

敗，必邁反。敗秦下，左、穀有師字。殽在宏農澠池縣西。

【左】晉原軫曰：秦違蹇叔，而以貪勤民，天奉我也。奉不可失，敵不可縱。縱敵患生，違天不祥，必伐秦師。欒枝曰：未報秦施，而伐其師，其為死君乎？先軫曰：秦不哀吾喪，而伐吾同姓，秦則無禮，何施之為？吾聞之：一日縱敵，數世之患也。謀及子孫，可謂死君乎？遂發命，遽興姜戎。子墨衰絰，梁宏御戎，萊駒為右。夏四月辛巳，敗秦師于殽，獲百里孟明視、西乞術、白乙丙以歸，遂墨以葬文公。晉於是始墨。文嬴請三帥，曰：彼實構吾二君，寡君若得而食之，不厭，君何辱討焉？使歸就戮於秦，以逞寡君之志，若何？公許之。先軫朝，問秦囚。公曰：夫人請之，吾舍之矣。先軫怒曰：武夫力而拘諸原，婦人暫而免諸國，墮軍實而長寇讎，亡無日矣。不顧而唾。公使陽處父追之，及諸河，則在舟中矣。釋左驂，以公命贈孟明。孟明稽首曰：君之惠，不以纍臣釁鼓，使歸就戮於秦，寡君之以為戮，死且不朽。若從君惠而免之，三年將拜君賜。秦伯素服郊次，鄉師而哭曰：孤違蹇叔，以辱二三子，孤之罪也。不替孟明，曰：孤之過也，大夫何罪？且吾不以一眚掩大德。

【公】其謂之秦何？夷狄之也。曷為夷狄之？秦伯將襲鄭，百里子與蹇叔子諫曰：千里而襲人，未有不亡者也。秦伯怒曰：若爾之年者，宰上之木拱矣，爾曷知？師出，百里子與蹇叔子送其子而戒之曰：爾即死，必于殽之嶔巖，是文王之所辟風雨者也，吾將尸爾焉。子揖師而行，百里子與蹇叔子從其子而哭之。秦伯怒曰：爾曷為哭吾師？對曰：臣非敢哭君師，哭臣之子也。弦高者，鄭商也，遇之殽，矯以鄭伯之命而犒師焉。或曰往矣，或曰反矣，然而晉人與姜戎要之殽而擊之，匹馬隻輪無反者。其言及姜戎何？姜戎微也。稱人亦微者也，何言乎姜戎之微？先軫也。或曰襄公親之。襄公親之，則其稱人何？貶。曷為貶？君在乎殯而用師，危不得葬也。詐戰不日，此何以日？盡也。

【穀】不言戰而言敗，何也？狄秦也。其狄之何也？秦越千里之險，入虛國，進不能守，退敗其師徒，亂人子女之教，無男女之別，秦之為狄，自殽之戰始也。秦伯將襲鄭，百里子與蹇叔子諫曰：千里而襲人，未有不亡者也。秦伯曰：子之冢木已拱矣，何知？師行，百里子與蹇叔子送其子曰而戒之曰。女死必于殽之巖唫之下。我將尸女於是。師行。百里子與蹇叔子隨其子而哭之。秦伯怒曰。何爲哭吾師也。二子曰。非敢哭師也。哭吾子也。我老矣。彼不死。則我死矣。晉人與姜戎要而擊之殽。匹馬倚輪無反者。晉人者。晉子也。其曰人何也。微之也。何爲微之。不正其釋殯而主乎戰也。

陸氏淳曰。淳聞於師曰。晉文公未葬。晉襄用師。不書曰子而曰人何也。曰。諸侯之孝。在乎保其社稷而和其民人者也。晉爲盟主。諸侯服之久矣。秦不哀其喪。而襲其同姓。若不能救。則先父之業墜矣。故聖人爲之諱。許其以權變禮。異乎匹夫之孝也。

程子曰。晉不稱君。居喪未葬。不可從戎也。秦爲無道。越晉踰周以襲人。衆所共憤。故書晉人。其稱及姜戎亦然。

張氏洽曰。左穀作秦師。公羊無師字。蓋得聖人之意。必有所傳。故劉氏胡氏從之也。

【案】殽之戰。左氏載先軫之論。是曲在秦也。胡傳因程子忘親背惠之言。以墨衰卽戎爲惡之甚也。又比先軫之謀於杞子。則責晉蓋與秦等。其於當日情理。可謂顚矣。秦背晉戍鄭。自絕前好。使晉文不念舊德。而從子犯之請。則秦已當擊矣。觀不哀吾喪之言。是晉文卒而秦不弔也。秦則無禮。何施之爲。先軫非過激也。至以墨衰卽戎爲不可。則古人有行之者矣。徐淮竝興。魯公凶服命師。費誓一篇。列於周書。夫豈不義而聖人取之乎。或謂魯拒門庭之寇。晉徼鄭國之利。不可以竝論。此又不考之甚。滑。今河南府偃師縣。殽。今河南府陝州。滑國近晉。而殽則晉境也。晉爲盟主。天下諸侯有相滅亡者。雖在遠地。猶當救之。況乘晉喪。踐晉境。滅晉切近之同姓。以視東郊不啓。亦復何異。晉之君臣。豈得晏然而已乎。彼固將繼先君之志。爲子孫之謀。而反斥爲忘親。可乎。自敗殽之後。秦不敢越晉而圖東諸侯。是敗楚者文之功。而制秦者襄之力。殽師之烈。亞於城濮。而顧重訾之。必欲晉襄率已絕之好。守居廬之節。坐視秦師馳騁四境之近。盡諸姬而不恤。然後爲孝乎。然則晉何以書人。諱晉子也。外以諱爲善。釋殯而戰。是亦有罪焉爾。諱而稱人。若晉子未嘗親行者然。陸氏淳所謂許其以權變禮。異乎匹夫之孝也。公穀二家。責晉固非。而罪秦亦未當。蓋秦伯之罪。在於用詐襲遠。違諫棄師。而必以爲亂子女之教。無男女之別。則過矣。今故去胡傳。而公穀首末數語。皆無取焉。程子以書人爲衆辭。謂秦爲不道。衆所共憤。故書晉人。共稱及也亦然。此與陸說又異。然亦不以書人爲罪晉也。故竝存之。

癸巳葬晉文公

【穀】日葬。危不得葬也。

狄侵齊

【左】因晉喪也

【案】狄因晉閒。輒出侵齊。自是狄有箕之敗。然後狄師三年不敢輕出。乃秦與晉交兵。三年四戰。由是狄侵齊魯。楚滅江六。而伯政遂弛。則皆秦爲之撓也。

公伐邾取訾婁

訾子斯反。訾婁。公作叢。穀作訾樓。訾婁。邾地。

秋公子遂帥師伐邾

【左】公伐邾，取訾婁，以報升陘之役。邾人不設備。秋，襄仲復伐邾。

薛氏季宣曰：升陘之役十歲矣，邾未始侵伐我也。夏，公伐邾，取其邑，秋，公子遂又伐之，無名甚矣。

晉人敗狄于箕 箕，太原陽邑。縣南有箕城。

【左】狄伐晉，及箕。八月戊子，晉侯敗狄于箕，郤缺獲白狄子。先軫曰：匹夫逞志於君，而無討，敢不自討乎。免冑入狄師，死焉。狄人歸其元，面如生。初，臼季使過冀，見冀缺耨，其妻饁之，敬，相待如賓。與之歸，言諸文公曰：敬，德之聚也。能敬必有德。德以治民，君請用之。臣聞之，出門如賓，承事如祭，仁之則也。公曰：其父有罪，可乎。對曰：舜之罪也殛鯀，其舉也興禹。管敬仲，桓之賊也，實相以濟。康誥曰：父不慈，子不祇，兄不友，弟不共，不相及也。詩曰：采葑采菲，無以下體。君取節焉可也。文公以為下軍大夫。反自箕，襄公以三命命先且居將中軍，以再命命先茅之縣賞胥臣，曰：舉郤缺，子之功也。以一命命郤缺為卿，復與之冀，亦未有軍行。

【案】箕之役，晉侯先軫在焉，杜氏預以郤缺未為卿，故書晉人。豈郤缺實獲白狄子，故以郤缺敗狄告於諸侯耶。若如陳氏傅良、家氏鉉翁，謂狄病齊衛，晉為盟主而不能救，故貶書人，則非也。狄圍衛，衛旋侵狄，及狄盟矣。狄再侵齊，一則曰狄間晉之有鄭虞，一則曰狄因晉喪，皆非無故而不救也。

冬十月公如齊

家氏鉉翁曰：天王聘，不往朝。國歸父來，乃躬報謝，不加貶而義自見矣。

十有二月公至自齊

汪氏克寬曰：天王使宰周公來聘，以三公冢宰之重，下臨於魯，實非常之禮也。僖公不能入覲京師，恭拜寵光，而使公子遂報聘，又以二事出，幾若邾滕之交爾。今齊侯使國歸父來聘，不過交鄰之常禮，命大夫往荅其勤，斯云可矣。顧乃躬往朝之，於所厚者薄，而其所薄者厚也。

乙巳公薨于小寢

【左】冬，公如齊朝，且弔有狄師也。反，薨于小寢，即安也。

【穀】小寢，非正也。

李氏廉曰：僖公在位三十三年，實為魯之賢君。當其初歲，內用公子友、臧文仲，外則堅事齊桓，故能去慶父之姦蠹，使魯國既危而復安。自十七年以前，除從齊會盟征伐外，魯事之見經者甚少。觀詩之所頌，如務農重穀，則勤於為民也；春秋享祀，則謹於奉先也；立閟宮，復泮宮，克淮夷，牧坰野，雖一時夸大之辭，有過其實，然禮樂政事之修明，君臣上下之協洽，槩可想矣。但盟壇未返，遠有邾師之敗；葵邱稍怠，遂肆陽穀之樂，則公豈眞能以禮信輔齊耶。厥後宋襄繼起，雖其伯事有不足以得魯，然與其南向以從楚，孰若尊奬先代，協贊姻郲，糾為列國之重，乃乞師荊楚，導之以伐齊宋，其失大矣。蓋自十六年季友卒後，臧文仲之竊位，公子遂之專權，如滅項、會楚之失，備見於經，向非晉文肇造，一戰勝楚，則中原之禍，僖公何以

追其責哉。況乎季友受費。而季孫氏始。公孫茲帥師。而叔孫氏始。公孫敖帥師
而孟孫氏始。三桓之基。皆肇於僖公之編。則僖公亦魯國功之首罪之魁也歟。

隕霜不殺草李梅實隕。公作霣。

公穀何以書。記異也。何異爾。不時也。
未可殺而殺。舉重也。可殺而不殺。舉輕也。實之為言猶實也。
胡傳曰。哀公問於仲尼曰。春秋記隕霜不殺草。何為記之也。曰。此言可殺也。夫宜殺而不殺。
則李梅冬實。天失其道。草木猶干犯之。而況君乎。是故以天道言。四時失其序。則其施必悖。
無以統萬象矣。以君道言。五刑失其用。則其權必喪。無以服萬民矣。

案胡傳既用孔子對哀公隕霜之言。又引孔子責宰我論社之語。以為在聖人。則能處變而不失
其常。在賢者。則必有小貞吉。大貞凶之戒。斯言非也。春秋垂教萬世。人人所當奉若。豈必聖人乃
可用。賢者遂不可用耶。蓋失道之對。乃法天之常理。戰栗之言。非立社
之本意。權不可下移。而威不可偏勝。道固竝行而不悖也。故節去之。

晉人陳人鄭人伐許

左晉陳鄭伐許。討其貳於楚也。
楚令尹子上侵陳蔡。陳蔡成。遂伐鄭。將納公子瑕。門於桔柣之門。瑕覆於周氏之汪。外
附錄左僕髡屯禽之以獻。文夫人斂而葬之鄶城之下。晉陽處父侵蔡。楚子上救之。與晉師夾泜而
軍。陽子患之。使謂子上曰。吾聞之。文不犯順。武不違敵。子若欲戰。則吾退舍。子濟而陳。遲速唯
命。不然。紓我。老師費財。亦無益也。乃駕以待。子上欲涉。大孫伯曰。不可。晉人無信。半涉而薄我
悔敗何及。不如紓之。乃退舍。陽子宣言曰。楚師遁矣。遂歸。楚師亦歸。大子商臣譖子上曰。受晉
賂而辟之。楚之恥也。罪莫大焉。王殺子上。　葬僖公。緩作主。非禮也。凡君薨。卒哭而祔。祔而作
主。特祀於主。烝嘗禘於廟。　鄶故鄶國。在滎陽密縣東北。

案左止稱晉陳鄭伐許而已。是君與卿未親行也。稱人自是將卑師少。不必別立議論。是
時與晉抗者秦楚狄也。襄既敗秦狄。故圍許以震楚。家氏謂非急務。亦不審於事勢矣。

國家圖書館出版品預行編目資料

春秋三傳／孔子著；（晉）杜預，（漢）何休，（戰國魯人）穀梁子注釋. -- 初版. -- 新北市：華夏出版有限公司, 2024.04
冊； 公分. --（傳世經典；006-008）
ISBN 978-626-7296-96-7（上冊；平裝） --
ISBN 978-626-7296-97-4（中冊；平裝） --
ISBN 978-626-7296-98-1（下冊；平裝）
1.CST：春秋三傳 2.CST：注釋

621.7 112016093

傳世經典 006
春秋三傳（上）

著　作　孔子
注　釋　（晉）杜預、（漢）何休、（戰國魯人）穀梁子
出　版　華夏出版有限公司
220 新北市板橋區縣民大道 3 段 93 巷 30 弄 25 號 1 樓
電話：02-32343788　傳真：02-22234544
E-mail：pftwsdom@ms7.hinet.net
印　刷　百通科技股份有限公司
電話：02-86926066 傳真：02-86926016
總 經 銷　貿騰發賣股份有限公司
新北市 235 中和區立德街 136 號 6 樓
電話：02-82275988　傳真：02-82275989
網址：www.namode.com
版　次　2024 年 4 月初版—刷
特　價　新台幣 360 元（缺頁或破損的書，請寄回更換）

ISBN-13： 978-626-7296-96-7